1987 年与余秋里（前排左三）、李人俊（前排右二）等领导合影
（后排右一为汪燮卿）

1986 年 6 月 29 日石科院 30 周年院庆前夕余秋里（前排左六）、陈锦华（前排右六）来院考察（后排左四为汪燮卿）

汪燮卿院士

**图书在版编目(CIP)数据**

汪燮卿自传／汪燮卿著．—北京：中国石化出版社，2018.11(2023.2 重印)
(中国工程院院士传记)
ISBN 978-7-5114-5091-3

Ⅰ．①汪… Ⅱ．①汪… Ⅲ．①汪燮卿-自传
Ⅳ．①K826.16

中国版本图书馆 CIP 数据核字(2018)第 254614 号

未经本社书面授权，本书任何部分不得被复制、抄袭，或者以任何形式或任何方式传播。版权所有，侵权必究。

**中国石化出版社出版发行**

地址:北京市东城区安定门外大街 58 号
邮编:100011 电话:(010)57512500
发行部电话:(010)57512575
http://www.sinopec-press.com
E-mail:press@sinopec.com
北京科信印刷有限公司印刷
全国各地新华书店经销
*
710×1000 毫米 16 开本 12 彩页 36 印张 459 千字
2018 年 11 月第 1 版 2023 年 2 月第 2 次印刷
定价:88.00 元

# 汪燮卿自传

中国工程院院士传记

汪燮卿 著

中国石化出版社
人民出版社

中国工程院院士

是国家设立的工程科学技术方面的最高学术称号，为终身荣誉。

2004 年 4 月 26 日海南顾问委员会
陈锦华（前排左六）、沈国舫（前排左五）、汪啸风（前排右五）、
卫留成（前排左四）、汪燮卿（后排左六）

1989 年 10 月在淀山湖与孙晓峰（左四）、陈俊武（右三）、侯芙生（左二）
等人合影（右一为汪燮卿）

1997 年中国科学院、中国工程院院士大会，与侯祥麟（前排左二）、闫三忠（前排左一）、侯芙生（二排左二）、闵恩泽（二排右一）、李大东（三排右一）、陆婉珍（前排右一）、徐承恩（二排左一）、关兴亚（三排左一）等人合影（三排左二为汪燮卿）

1996 年 9 月 5 日中国石化总公司科学技术委员会第九次会议
盛华仁（前排左九）、侯祥麟（前排右八）、汪燮卿（前排右一）

1994 年《石油炼制与化工》
编委会
林风（前排左三）、
卢成锹（前排右二）、
汪燮卿（前排左二）

1986 年与赵宗燠（左三）
接见麻省理工学院霍戴尔
教授一行
（左二为汪燮卿）

1990 年在济南炼油厂
DCC 工业试验现场
（后排左四为汪燮卿）

1992 年兰州炼油化工总厂 MGG 工业试验时在仪表室合影（右三为汪燮卿）

1997 年石油化工科学研究院领导班子成员合影
（前排从左至右：丁友声、宋启宏、李大东、汪燮卿、朱义勤；
后排从左至右：景振华、李永朴、杨宝春、佟志纯）

2001 年 9 月贵阳《石油炼制与化工》及《China Petroleum Processing and Petrochemical Technology》编委会扩大会议
（前排右六为侯芙生、右五为汪燮卿）

2011 年 11 月《中国炼油技术》第三版审稿会
（前排左五为汪燮卿、右五为徐承恩、左四为陆婉珍）

2003年石油化工科学研究院学位授予典礼
（前排右六为李大东、左六为汪燮卿）

1998年8月全家福
（前排从左至右：外孙里奥、汪燮卿、夫人叶嗣懋、女儿汪宜和外孙女文文；
后排从左至右：儿子汪山、儿媳乔杏文、女婿秦钧）

# 中国工程院院士传记系列丛书


**领导小组**

顾　问：宋　健　徐匡迪

组　长：周　济

副组长：陈左宁　黄书元　辛广伟

成　员：董庆九　任　超　沈水荣　于　青　高中琪
　　　　王元晶　高战军

**编审委员会**

主　任：陈左宁　黄书元

副主任：于　青　高中琪　董庆九

成　员：葛能全　王元晶　陈鹏鸣　侯俊智　王　萍
　　　　吴晓东　黎青山　侯　春

**编撰出版办公室**

主　任：侯俊智　吴晓东

成　员：侯　春　贺　畅　徐　晖　邵永忠　陈佳冉
　　　　汪　逸　吴广庆　常军乾　郑召霞　郭永新
　　　　王晓俊　范桂梅　王爱红　宗玉生　唐海英
　　　　张　健　黄海涛　李冬梅　于泽华

# 总　序

20世纪是中华民族千载难逢的伟大时代。千百万先烈前贤用鲜血和生命争得了百年巨变、民族复兴，推翻了帝制，肇始了共和，击败了外侮，建立了新中国，独立于世界，赢得了尊严，不再受辱。改革开放，经济腾飞，科教兴国，生产力大发展，告别了饥寒，实现了小康。工业化雷鸣电掣，现代化指日可待。巨潮洪流，不容阻抑。

忆百年前之清末，从慈禧太后到满朝文武开始感到科学技术的重要，办“洋务”，派留学，改教育。但时机瞬逝，清廷被辛亥革命推翻。五四运动，民情激昂，吁求“德、赛”升堂，民主治国，科教兴邦。接踵而来的，是连年的内战、抗战和解放战争。恃科学救国的青年学子，负笈留学或寒窗苦读，多数未遇机会，辜负了碧血丹心。

1928年6月9日，蔡元培主持建立了中国近代第一个国立综合性科研机构——中央研究院，设理化实业研究所、地质研究所、社会科学研究所和观象台四个研究机构，标志着国家建制科研机构的诞生。20年后，1948年3月26日遴选出81位院士（理工53，人文28），几乎都是20世纪初留学海外、卓有成就的科学家。

中国科技事业的大发展是在新中国成立以后。1949年11月1日成立了中国科学院，郭沫若任院长。1950—1960年有2500多名留学海外的科学家、工程师回到祖国，成为大规模发展中国科技事业的第一批领导骨干。国家按计划向苏联、东欧各国派遣1.8万各类科技人员留学，全都按期回国，成为建立科研和现代工业的骨干力量。高等学校从新中国成立初期的200所增加到600多所，年招生增至28万人。到21世纪初，高等学校2263所，年招生600多万人，科技人力总资源量超过5000万人，具有大学本科以上学历科技人才达1600万人，已接近最发达国家水平。

新中国成立60多年来，从一穷二白成长为科技大国。年产钢铁从1949年的15万吨增加到2011年的粗钢6.8亿吨、钢材8.8亿吨，几乎是8个最发达国家（G8）总年产量的2倍。20世纪50年代钢铁超英赶美的梦想终于成真。水泥年产20亿吨，超过全世界其它国家总产量。中国已是粮、棉、肉、蛋、水产、化肥等第一生产大国，保障了13亿人口的食品和穿衣安全。制造业、土木、水利、电力、交通、运输、电子通讯、超级计算机等领域正迅速逼近世界前沿。“两弹一星”、高峡平湖、南水北调、高公高铁、航空航天等伟大工程的成功实施，无可争议地表明了中国科技事业的进步。

党的十一届三中全会以后，实行改革开放，全国工作转向以经济建设为中心。加速实现工业化是当务之急。大规模社会性基础建设，大科学工程、国防工程等是工业化社会的命脉，是数十年、上百年才能完成的任务。中国科学院张光斗、王大珩、师昌绪、张维、侯祥麟、罗沛霖等学部委员（院士）认为，为了顺利完成中华民族这项历史性任务，必须提高工程科学的地位，加速培养更多的工程科技人才。中国科学院原设的技术科学部已不能满足工程科学发展的时代需要。他们于1992年致书党中央、国务院，建议建立“中国工程科学技术院”，选举那些在工程科学中做出重大的、创造性成就和贡献、热爱祖国、学风正派的科学家和工程师为院士，授予终身荣誉，赋予科研和建设任务，请他们指导学科发展，培养人才，对国家重大工程科学问题提出咨询建议。中央接受了他们的建议，于1993年决定建立中国工程院，聘请30名中国科学院院士和遴选66

名院士共96名为中国工程院首批院士。于1994年6月3日，召开了中国工程院成立大会，选举朱光亚院士为首任院长。中国工程院成立后，全体院士紧密团结全国工程科技界共同奋斗，在各条战线上都发挥了重要作用，做出了新的贡献。

中国的现代科技事业比欧美落后了200年。虽然在20世纪有了巨大进步，但与发达国家相比，还有较大差距。祖国的工业化、现代化建设，任重道远，还需要有数代人的持续奋斗才能完成。况且，世界在进步，科学无止境，社会无终态。欲把中国建设成科技强国，屹立于世界，必须持续培养造就数代以千万计的优秀科学家和工程师，服膺接力，担当使命，开拓创新，更立新功。

中国工程院决定组织出版“中国工程院院士传记”丛书，以记录他们对祖国和社会的丰功伟绩，传承他们治学为人的高尚品德、开拓创新的科学精神。他们是科技战线的功臣，民族振兴的脊梁。我们相信，这套传记的出版，能为史书增添新章，成为史乘中宝贵的科学财富，俾后人传承前贤筚路蓝缕的创业勇气、魄力和为国家、人民舍身奋斗的奉献精神。这就是中国前进的路。

宋健

# 汪燮卿简介

汪燮卿，1951年入清华大学化工系，1956年于北京石油学院人造石油专业毕业，1961年于民主德国获自然科学博士学位。曾任中国石化石油化工科学研究院副院长、总工程师。现任中国石化科技委资深顾问。

长期从事炼油和石油化工科技开发。主持石油组成、油品和添加剂分析研究。率先主持开发成功一条炼油与石油化工相结合的，以重质石油为原料生产乙烯、丙烯DCC工艺和高质量汽油MGG工艺的新技术路线，完成了具有独创性的、处于国际领先水平的技术攻关。其中DCC技术已于1994年经美国SWEC公司代理转让给泰国石油公司，实现了我国重大成套炼油技术的首项出口。20世纪90年代后，主持劣质原油加工的研究开发，完成了高酸原油直接流化催化脱酸的研究，并实现工业化生产。指导钛硅分子筛的合成应用研究，实现有机化工氧化的清洁生产技术。获1978年全国科学大会奖2项；国家发明二等奖1项，国家科技进步二等奖1项，省部级发明和科技进步奖14项。发表论文210余篇、出版专著4部，获国内专利授权258件，国外专利授权56件。培养硕士、博士生和博士后60人。

1995年当选为中国工程院院士。

# 目　　录

# 引　子

生在浙西衢水边，
幼逢国破负笈难。
挫折不堕鸿鹄志，
逆境持恒驽马前。
明辨慎思勤作本，
笃行致远念为先。
终身砥砺兴石化，
科技功成绩斐然。

——敬贺汪燮卿院士八十五华诞

这首七律是2018年我八十五周岁生日时，石油化工科学研究院的左佳齐同志所赠的贺寿诗。

我如今已经进入耄耋之年了，看到此诗不禁令我浮想联翩，昔日的往事就像过电影一样在脑子里闪回，想起了我出生的衢江边的那个小镇，想起了日本鬼子的烧杀抢掠，想起了因日寇的入侵我不得不数次更换学校的求学经历，想起了已经成为记忆的那一年年、一事事、一幕幕……

回首平生，风风雨雨一路走来，我不觉感慨万千，一股怀旧的情愫油然而生……

# 第一章

# 家乡与童年

我的祖籍是皖南最南边的休宁，但生于斯长于斯的家乡却是浙江的龙游。



## 父亲和茶圩镇

1933年阴历正月二十一，我出生在浙江省龙游县衢江边的茶圩镇，是家里的第一个男孩。那年父亲38岁，是镇上合盛俊酱园的老板。年近不惑才喜得贵子，父亲自是喜出望外，特请镇上的算命先生给我算了一卦。可能是因“汪”姓的偏旁是三点水，所以这个算命先生就故弄玄虚地说我命里缺“火”，补救的方法是，取名时要选带火字偏旁的字。于是，父亲回家后翻阅字典，精心地从中挑选火字偏旁的字，最后选定了“燮”字。当时还没有简化字，“燮”的繁体字是“爕”，三个“火”正好对“汪”姓偏旁的三点“水”。父亲又在“燮”字后面挂上一个古时对“人”敬称的“卿”字。就这样，父亲虽一天学堂都没有上过，却给自己寄予厚望的大儿子起了一个斯斯文文的名字：汪燮卿。

我的父亲叫汪高俊，出生于安徽古徽州“一府六县之一”的休宁县一个贫苦家庭，出生后1岁零3个月时我的祖父就去世了。父亲是家里的独子，无兄弟姐妹。年轻守寡的祖母拉扯着这个幼子，日子过得极其艰难。父亲长到五、六岁时，家里日子穷得实在过不下去了。为了让孩子能活下去，祖母忍痛将年幼的父亲交给了一个同族的堂叔，由这个堂叔带到浙江东部沿海的海宁县去学徒，想以此寻找一条活路。就这样，年仅6岁的父亲随堂叔背井离乡，风餐露宿，历尽种种磨难，徒步走了一个多星期才到了位于东海之滨钱塘江口的海宁，开始了他的学徒生涯。

幼年的父亲在海宁仅过了3年，从老家休宁那边过来的乡亲就带来了祖母已经去世的消息。听到噩耗后，当时年仅9岁的父亲不仅无钱回家奔丧，而且因寄人篱下还不敢声张，只能悄悄地撕了两小块白布缝在鞋上，然后趁夜深人静之际，一个人默默地来到钱塘江边，烧上几张纸，流泪跪下身，朝着家乡的方向，重重地磕了几个头，隔空祭拜母亲的亡灵。从那时起，父亲已经是一个无父无母无兄弟姐妹的小孤儿了。因家乡已再无直系亲人，了无牵挂的父亲后来从未回过安徽的老家休宁。

在旧社会，当学徒是非常辛酸和艰苦的。我当然没有见过父亲怎么样当学徒，但小时候却见过父亲是怎么样带学徒的，由此可以类推出，父亲过去是怎么熬出来的。学徒经过拜师后，清晨起来第一件事就是给老板倒尿壶，把店门的门板卸下，扫地、擦桌椅、擦柜台，然后自己才能洗脸。匆匆吃完早餐就开始上柜台接待顾客，到晚上把店门的门板上好后，就开始练习珠算，先从背珠算口诀开始，然后是打算盘，一直要练到把算盘放在头顶上用手打加减乘

父亲汪高俊

除，要每分钟打多少次准确无误，练成这样一手好功夫才算合格。学徒期间，稍不如老板的意，挨打罚跪，那就更是家常便饭了。

但是，即便如此，父亲在海宁依然没有站住脚。因生计所迫，11 岁时他又随那个堂叔沿着钱塘江水系溯流而上，向西南方向辗转漂泊，经富春江、兰江，最后在浙江西部衢江边上的龙游县茶圩镇落了脚，继续给人家当学徒做伙计。

艰难困苦，玉汝于成。自强不息的父亲勤奋钻研，通过刻苦自学，不仅学会了打算盘、记账等，还认识了不少字，具备了一定的文化底子，闲时还喜欢读一些古诗词，唱几句安徽黄梅戏。经过十几年的不懈努力和顽强打拼，自幼学徒出身的父亲不仅在茶圩镇站住了脚，而且还在镇上开了一家自己的酱坊，当上了老板。为昭示自己是酱坊的主人，他挪用名字里的“俊”字，给酱坊起名叫作“合盛俊酱园”，前店后厂，制作和销售酱油、酱菜及酒、醋等。

龙游地处浙西金衢盆地，东毗金华，西接衢州，南邻遂昌，北交建德，东北与兰溪接壤，而茶圩镇则位于灵山江和衢江的汇合处。自古以来，两条黄金水道的汇合处，必然会形成商贸重镇。南来的灵山江是龙游县境内衢江的第一大支流，是一条典型的山溪性源流，上游中游的河道在峻岭峡谷中蜿蜒曲折，两岸群山起伏跌宕，溪流时隐时现，时而似玉带飘拂、步态轻盈，时而似游龙狂舞、气势磅礴，流经之处多山林，植被繁茂，物产丰富，旧时尤以纸、竹和冬笋闻名。而下游流经的灵山畈、寺下畈等地，地域开阔，土层深厚，土壤肥沃，阳光充足，非常适宜种植水稻，为旧时的米粮之地，被誉为“龙南粮仓”，曾有“灵山畈的稻，看看不大好，割割挑不了，割稻客吃不消，半夜爬起逃”的说法。灵山江水在茶圩镇处汇入衢江，又滚滚东去。

作为明清时期著名“龙游商帮”与境外通商的主要航道，旧时的灵山江上常常呈现出一派川流不息的繁忙景象：巨龙般的竹排、木排呼啸而下；货船载着南纸、茶叶和大米随清流蜿蜒而来。抵达驿前码头或茶圩码头后，集散中转，运往各地。

茶圩与驿前(原名“官驿前”)，是繁盛于明清时期的商埠闹市。茶圩位于衢江北岸，驿前处于衢江南岸，一江之隔，遥遥相望。宋宣和年间始创浮桥，其后屡经兴废。清光绪十四年(1888年)七月初二，龙游知县高英选择距茶圩西边2里地的虎头山与南边的平政路之间再架浮桥，并在众多绅董的簇拥下举行了驾船铺板仪式。“驿前之对岸茶圩，乃北乡入金华之兰溪、严州之寿昌，各邑赴处州温州大路，熙来攘往络绎于途。”于是，茶圩与驿前两个商埠又连成了一个既各自独立又相互联系的商贸中心。驿前主要承接并转运灵山江运出的山货，茶圩则主要集运粮食。江边桅杆林立，商船云集；码头上木材、稻米、竹、纸等堆积如山；搬运工们忙着装卸起运货物，喧闹异常，一片繁忙景象。

茶圩初名盐仓，因盐商储盐仓库所在得名。后因茶叶在此集散，清咸丰元年(1851年)改称茶圩。店面100多家，其中以汪怡乐米行贸易规模最大，每年运往杭州、上海等地的大米达百万斤。此外有木行、盐店、磨坊、染坊、酱油坊、绸布店、南北货店、药店、烟店、酒店、豆腐店等。街面沿江边一字形单向排列，这里的商家一般店面在茶圩镇，仓库——当时人称“栈房”则在镇西二里地的茶圩里。

因清朝末年太平天国侍王李世贤率部，曾在金华、龙游这一带与进剿的浙江巡抚左宗棠指挥的湘军拉锯鏖战了数年，繁华一时的茶圩镇遭受过太平军为坚壁清野而进行的空前洗劫，从此元气大伤。我父亲汪高俊落脚龙游时，茶圩镇虽已经不似昔日明清时的繁华，但经过战后的慢慢调理，渐渐也恢复了些许活力，店面依旧有几十家，客流熙来攘往，生意还算好做。

由于父亲的勤奋和经营有方，合盛俊酱坊的生意节节攀升、蒸蒸日上，越干越红火，规模不断扩大。到1941年时，合盛俊雇用的伙计已达二十几人，所产的酒、酱油等不仅供应本地，还顺水路销往衢江下游的兰溪、建德；顺陆路向北销往寿昌等地。

合盛俊当时还生产一种用竹筒盛装的叫做“龙游小辣椒”的名牌酱菜。这种具有地方特色的酱菜，一是原料所用的小辣椒品种很特别。可能与土壤有关，当时它只生长在我家所在的龙游北乡，因而产量很有限。这种人称“寸钉椒”的小辣椒，最大也只能长到3~4厘米长，1厘米直径，外观呈青绿色。二是加工过程很特别。这种小辣椒加工成酱菜后泡在酱油里，吃起来有一股味甘、微辣、清香的口感。当年这种酱菜，在整个龙游县只有王正丰和合盛俊两家酱坊能制作。

我至今还保存着七十多年前的合盛俊酱园小辣椒的包装说明书，内容如下：小椒一物以龙游出品为最佳，天然特产，遐迩闻名，本园特聘技师用科学方法精制，味鲜无毒，美观适口，盛佐盘餐，卫生有益，投赠亲友，所至欢迎，如蒙惠顾，请尝试之。龙游茶圩合盛俊酱园出品。听说1972年美国总统尼克松访华到杭州时，曾作为地方名菜招待。因尼克松对其特有的风味赞不绝口，使得“龙游小辣椒”名声大噪，上世纪八十年代连建了几个生产厂，在北乡也扩大了种植面积，产量翻了不知多少倍，远销沪、甬、京、皖、粤等省市，港、台同胞也常慕名求购。不过，所标品牌早已全

合盛俊小辣椒小广告(大约是1942年的彩色广告)

是“王正丰”的了。

富字田打底，贫苦出身的父亲赚到钱后，一面扩大生产，一面买地盖房置办家业。由于茶圩镇一带相对比较富，没有人家卖地，父亲就在外婆家的西徐村和附近的钱家、横堰等地先后共买了五十四亩地，租出去，收地租。同时，还在茶圩镇西边的茶圩里盖起了一片漂漂亮亮的新宅邸。

新宅1941年落成，这是当时全村最高大最气派的一处宅院。因自己是徽州人，父亲刻意盖了一幢典型的徽式建筑，高屋建瓴，青砖黛瓦马头墙。房屋结构为上下两层，木梯拾级而上，青砖门罩，石雕漏窗，木雕楹柱。房前开辟有院，肃穆的照壁墙，圆圆的月亮门；屋内有天井，方方正正，光线充足，空气流通，兼做收集雨水之用，以合徽商讲究的“肥水不流外人田”之说。最具标志意义的是，父亲在新宅前厅正中央的墙上悬挂了一块木匾，上书3个大字：

当年刻有“兰畹堂汪界”的石桩

"兰畹堂"。这是他为自己宅邸起的名称，并在院落几个拐角处打下石桩，上刻5个字"兰畹堂汪界"。

"兰畹"是南宋爱国诗人曾几所写的一首五言绝句的诗名，内容为"深林以芗名，花木不知数，一点无俗氛，兰芽在幽处。"兰，清香而幽雅；畹，古时30亩为一畹，当时父亲的田产已超过30亩，用一个"畹"字不算吹嘘；芗，是指一种调味的香草，父亲是开酱园的，从事的是酿造业，离不开"调味"二字，所以附会诗中的"以芗名"，倒也恰当；兰芽是兰的嫩芽，古人常用以比喻子弟挺秀。曾几是陆游的老师，是被奸臣秦桧排挤的抗金主战派，还是被史学家与包拯相提并论的廉洁得近乎苛刻的著名清官。他的诗多属抒情遣兴、唱酬题赠之作，讲究用字炼句，对仗自然，气韵疏畅，咏物重神似。因曾任职浙西提刑，故而写下了不少描写衢州、龙游一带山川风物的诗歌作品。诗言志，由于曾几诗作的风格闲雅清淡，不用奇字、僻韵，且贴近自己的生活和境况，所以深得高兴时常吟几句古诗的父亲的喜欢，并以曾几的诗名做为自己的家宅之名。由此可以看出，他的品位、情趣、襟怀及对子女的殷殷期望。

院落一侧是库房和制作场所。这里有酿酒的作坊和制酱的作坊，平时贮存的酿造原料有：制酱用的大豆和面粉，酿酒用的糯米和高粱。还有一片晒场，二十几个大缸里盛满了黄酱、酱油等。

事业有成，家境殷实，置地建宅，这个阶段是父亲人生志得意满的鼎盛时期，也是命运给他这个自幼父母双亡的贫苦孤儿自强不息的丰厚回馈。

不过，茶圩里的新宅建成后，我们汪家人还未入住就被国民党驻军强行征用了。1941年，国民党军队的一个师进驻了龙游北乡，师长及其家眷则住在了茶圩里我家新落成的宅邸里，师长每天骑马去离茶圩里三里地的后周村师部上班。

我那时常随父亲去看自家的新宅。有一次，撞见衣着华贵的师长太太正在院子里大发雷霆地教训一个小婢女，命令她下跪，小婢女眼泪汪汪跪在地上求饶。看到这一幕，令我惊骇不已，心里暗骂：这个官太太简直太可恨了！



## 童　年

我9岁以前一直是居住和生活在茶圩镇的。合盛俊前店后厂，既是店面、作坊，也是一家人生活和居住的地方，因而童年时是在父亲的酱园里玩耍和长大的。有一个叫廖阿善的账房先生，特别喜欢我，在4岁时就教我念字。廖阿善将纸质较硬的香烟盒剪成一个个小方块，每个上面用毛笔写一个中文字教我念，然后把几十张小方块像洗扑克牌一样反复洗，再抽出一张张叫我念。后来，父亲也用这种方法考我，但父亲很严格，我念错了多少个字就要打多少下手心，但这确实提高了我的认字进度和认真程度。就这样，今天认几个，明天认几个，到进小学时我已经基本上掌握了好几百个中文字。

我从小就在父亲的酱园作坊里玩耍长大，耳濡目染，很早就熟悉了酱油、酒、醋等的酿造工艺。它们都属于生物化工过程，只是原料不同，酵母菌种不同，从而生成不同的目的产品。这些几千年来劳动人民的智慧结晶，对童年的我产生了启蒙作用，使我从小就对这种奇幻的变化产生兴趣。

在我的印象里，制酱程序是：先将大豆浸泡一晚，然后蒸煮熟了放置晾凉至室温，加粗面粉，再加上少量酱黄酵母，搅拌均匀后，均匀铺平放在一个个竹篾制成的大匾上，摊开，在温度湿度合适的条件下，发酵变成酱黄。经过不到两天的功夫，酱黄表面就会长一层毛。毛是黄色的是好的；如发黑了，就不行了。将发酵好的酱黄铲开，翻过来在太阳光下晒干，最后将晒干的酱黄倒入大酱缸，加盐加水用力搅拌，直至搅拌到豆饼全部被打开并稀稠适度后，在太阳光下暴晒，一晒就是几个月，期间要多次在清晨掀盖搅拌，几月后酱就制成了。

把制成的黄酱加水稀释，再用长条布袋过滤，滤出来的液体就是酱油。这种酱油叫新鲜酱油，还要在太阳光下继续暴晒，然后加上天然色素的着色剂，才是正式产品，而滤剩下来的酱渣则拿去喂猪。

从左至右四个弟弟：友卿、晓卿、和卿、景卿

从现在观点来看，合盛俊酱坊颇有点现在提倡的“循环经济”的味道。做酱油的原料是大豆和面粉，做黄酒的原料是糯米，经过发酵制成酱油和黄酒，酱渣和酒渣用来喂猪，猪的排泄物用作大田的肥料，长出的小麦、大豆、高粱和糯米又用来制酱油和酒，酒又进一步氧化发酵制成醋，以这三种调料为基础制成各种酱菜，所以在

当地颇有名气，酱油不但在本地销售，还远销到离本地六七十里地的寿昌县。

给我印象最深的有两件事。一是做酱油时需要加着色剂。这是一种深黑色的黏稠液体，制作方法是在一口大锅里，把饴糖加水稀释后用文火慢熬直至冒出烟，然后加水急冷，就成为深黑色的黏稠液体，把这种“着色剂”少量加入到酱油中就成为现在的“老抽”，但它完全是天然食品，不加防腐剂。

在熬制过程中，师傅还常会把一个厚厚的柚子皮放到饴糖中去煮，过十来分钟又把它取出来，如此反复几次，饴糖柚子壳就成为香甜的食品了，在中药里具有止咳化痰的功效。这经过饴糖熬煮过的柚子皮，切成一条条、一块块后就是儿时我很爱吃的糖果。

第二件事是用糯米制黄酒。先把糯米用水浸泡一夜，次日放到蒸笼屉去蒸，每当快蒸好的时候我就等在笼屉旁，到出锅时师傅就会把一个热腾腾的糯米团塞给我，再加点白糖，又香又甜很好吃。

父亲会酿酒会评酒但自己却不喝酒，也不赌博不会打麻将，除了爱哼几句安徽的黄梅戏小调外，生活内容显得很单调。在我的童年记忆里印象最深的就是，我每天晚上上床后总是会听到父亲清脆的噼噼啪啪的打算盘声，那是店里一天营业以后的盘点。那声音好似催眠曲一般，等母亲哝声细语地劝父亲“天晚了，该休息啦”时，我也在这噼噼啪啪声中迷迷糊糊地睡着了。

龙游物产丰富，气候宜人。我小时候印象最深刻的是，一年到头都有竹笋吃。腌菜竹笋加辣椒几乎是家常便饭，到现在还保持着原来的习惯，但以毛竹为主体的工业已开始发展成为技术产业了。金华火腿是全国有名的，但它所用的猪腿却很多来自龙游的乌猪。这是一种适宜于制作火腿的良种猪，叫做“龙游乌”。每逢春节，大户人家都要杀口猪过年。看屠夫杀猪，对我们这些小孩子们来说，是一件难得的快乐的事。把肥大的猪从猪圈子里赶出来后，先把四条腿两两用草绳子捆起来，然后一刀从脖子下面处进去直插猪心脏，干净利落。宰完以后，家里总要分赠一些给左邻右舍，从猪肉、下水到猪油都有，我小时候就常常为母亲担当这份差使，用大碗盛好，一碗一碗的一家家去送，跑来跑去，逢年过节街坊邻里都显得亲近而和睦。

在外婆的西徐乡下，到了夏天收获的季节，农民把辛苦了半年割下的稻谷子挑到场上晒，一般是由小孩子看场，以免鸡进去吃谷子和拉屎。这又是外婆分给我干的常规差事。夏收的日子天气变化无常，万里晴空突然会飞来一片乌云，接着便下起倾盆大雨，晒谷的农村妇女们总是互相帮忙，把稻谷赶紧从地上收起来。

夏天的晚上热得无法睡觉，家里像火炉子一样，只得到外面场院里乘凉，其实外面也不见得比屋子里凉快多少，只是场地空旷些，给大家提供了一个聚集聊天的机会和场所。晚上蚊子成群，乱碰乱咬，人们对付的办法是把割下晒干的蒿草点着，然后把明火扑灭，使它只冒烟不起火，这种用烟熏驱蚊的办法颇为有效。男人们拿起旱烟袋抽烟，以抵消烟雾的“副作用”，然后就天南海北地聊起来。我还记得，聊的内容除了张家长李家短外，最多的是鬼故事，吓得小孩子们都不敢在黑夜里自己单独行动。现在想来，蒲松龄的“聊斋志异”大概也是在这种氛围下聊出来的。

我喜爱自己的家乡。在家乡茶圩镇的东边有一条小河，叫“塔石溪”。塔石溪上有一座小石桥，叫“靖端桥”。清澈的溪水慢悠悠地从桥下穿流而过，平静地注入了衢江。在靖端桥的左前方有一个小水推子，溪水的落差推动着水轮，年复一年日复一日的吱吱呀呀地转着，带动水轮轴上一排交错突兀的大木桩不停地旋转，所产生的动力传导给一个大石锤像叩头机似的做上下往复运动，直到把那一担担稻谷舂成了米和糠。到了夏天天热时，我喜欢晚上跟着农民在水推子的小草屋里过夜，那哗哗的溪水声和低沉而有节奏的大石锤上下往复舂米声，伴着夏夜的虫鸣蛙唱，构成了大自然和谐的奏鸣曲。和风拂熙，溪水清凉，童年的我就在这大自然奏鸣曲的催眠下，慢慢地进入了香甜的梦乡……几十年过去了，这大自然的奏鸣曲一直回旋在我的记忆里，直到文革初期到北京东郊农场劳动，领导分配我在东坝村碾稻米时，又见到了水推磨转的景象，使我仿佛又回到了30年前的孩提时代，回味起童年的乐趣，真是别有一番滋味在心头。

我的母亲叫徐东凤，是一个典型的旧社会农村妇女，斗大的字不识一升，她是在清政府被推翻以后出生的，但在少年时落后的农村里，外祖母还是给她缠上了脚，成了“三寸金莲”。在她86岁高龄时，母亲要我在北京给她买双鞋，苦得我这个老孝子竟无处给她买到合脚的鞋，以前还有小号的解放鞋可买，勉强作为代用品，而现在连解放鞋也买不到了，只能到王府井儿童用品商店里去想办法了。母亲的这双小脚走过了多少崎岖不平的山路和小道，带大了我们8个兄弟姐妹。文化大革命中她被打成地主婆，在劳改队里她仍然迈着小脚老老实实拼命干活，红卫兵每天对劳改犯都要进行评比，而她居然能得到造反派的好评，实在不容易。

父亲、母亲和妹妹翠英、弟弟景卿

和睦家庭

我的家庭真可爱，美丽清洁又安详。
虽然没有小花园，月季凤仙常飘香。
虽然没有大厅堂，冬天温暖夏天凉。
啊！可爱的家庭呀！
我不能离开你　一切恩惠比天长！

这是儿童时代的一首外国民歌，现在还能背唱出来。

父母亲养育了我们八个兄弟姐妹，成活率百分之百，在动乱的年代确实不易。年龄最大的我已八十高龄，最小的弟弟也六十三岁了。我不知是DNA排列得好，还是母亲的精心呵护，还是父母一身修行，还是祖上的阴功积德，总之我们活下来了，躲过了日本鬼子的屠刀，度过了饥饿的艰苦日子，经历了一场场政治运动的洗礼。在旧社会生八个孩子不稀奇，但要个个都活到六十、八十恐怕很少，即使是大财主大资本家也很难做到。根据马寅初的人口论，下一代每人生二个孩子，就成几何级数的增长。幸好国家提出来计划生育刹住车，否则后果不堪设想。现在他们都过着幸福的生活，有孙子、孙女、外孙和外孙女。

# 第二章

# 小学生涯

1938 年，我 5 岁时父亲就送我上学了。那正是卢沟桥“七七”事变后的第二年，因而我的小学时代是在抗日战争的硝烟和灾难中度过的，几经辗转，先后上了 4 所小学。

## 靖端小学

我上的第一所小学，叫做“靖端小学”，离茶圩镇不远，校名取自塔石溪上的靖端桥。小学离我们家约二里多地，每天早上吃完饭背起书包，沿门前的一条街往北直走，沿街都是店铺，在北面的两家最有名的店铺是王乾康杂货店和汪怡乐米行。再往前走有一小片荒地和洼地，然后上坡后又有一排排小店铺，最后一个店面是棺材铺，每当我走到这里就加快脚步，深怕棺材里会有鬼跑出来，走过棺材铺后就高高兴兴地跨过靖端桥走进了校门。

我还清楚地记得，上小学的第一天首先是拜孔夫子。阴暗而高大的祭孔牌位高挂在墙上，那是“天地君亲师”的灵位，三跪九叩首以后就算完成了入学典礼。以后每天早晨上学首先是念“总理遗嘱”，但直到背得滚瓜烂熟，我还不知道是什么意思。接下来是背十二守则，这十二条的第一条是“忠勇为爱国之本”，第二条是“孝顺为齐家之本”，其他几条已经记不清了，但最后一条“有恒为成功之本”，记忆非常深刻，并真的成了我的人生守则。

但是，美好童年很快就被日本鬼子的炸弹摧毁了。1941 年 4 月一个春光明媚的上午，正在学校上课时，突然从东北方向传来隆隆的飞机声，十几架日本鬼子的飞机来到上空。在老师的带领下，我们立即躲藏到附近山丘的小树林里。看见飞机翅膀上涂着日本的膏药旗，在低飞盘旋一阵子以后，接着就对衢江南面的驿前镇一通狂轰滥炸。驿前镇离我们的小学只不过五里地，飞机在俯冲时连日本鬼子的头都看得见，约半个小时以后日本飞机才向杭州方向飞去。驿前镇被炸房子烧起的浓烟和灰尘随风飘过来，一直飘到学校门前的空地。过了一会儿，一具具尸体横放到了江边，有孩子寻找父母的，也有父母寻找子女的，嚎哭声响成一片，真是惨不忍睹。这是我第一次亲眼看到日本鬼子对无辜平民百姓的残酷暴行，从而在一生中埋下了要抗日救国的志向。

早在清代的《浙江通志》上，就对衢州的地理位置有过很重要的定位："守两浙而不守衢州，是以浙与敌也；争两浙而不争衢州，是以命与敌也。"也就是说，浙江的防守，如果不守衢州，就相当于把整个浙江拱手送给敌人。在衢州的各种介绍资料中都提到，衢州是闽浙赣皖四省边际交通枢纽，其地理位置非常重要，而龙游就是衢州东面的门户。

日寇对衢州的攻击一直没有停止过。到了1942年春夏之交，日军为了打通上海到南昌的铁路线，遂从杭州大举进攻金华到衢州的浙赣铁路段，龙游就是必经之地。

知道战火荼蘼在劫难逃，父亲早早地就停了生意，结工钱、发路费，将伙计们遣散了。但有几个无家可归的老伙计和学徒自愿留下，与我们一起躲避战乱。

待到敌人离茶圩镇只有20里地的时候，父亲才带领全家及几个伙计逃到了外婆家。外婆家也在龙游北乡，离龙游城较远，是从我家再往北约十里地，叫西徐村。

## 逃难在西徐的日子

日军占领龙游后，把龙游县城作为了据点。大约是1942年6月份的一天下午，鬼子出城扫荡，来到了西徐村。事前，父母亲就带着弟弟和妹妹躲藏到后院的小茅草屋里。我那时年幼还不知道害怕，就藏在了外婆家的大门后面。而给我家茶圩里看门的老大爷坐在堂前根本就没有走，自以为鬼子不会去伤害一个老人。不料一个荷枪实弹端着刺刀的鬼子推门进来，把看门的大爷抓去当了“挑夫”。所谓挑夫，就是鬼子们强迫老百姓把他们掠夺来的粮食财物挑运到他们的据点里去。此后，这位老大爷生死不明，再也没有音信了。目睹老大爷被鬼子刺刀顶着抓走了，我才害怕起来，急忙逃到房屋后面的一片小竹林子里。刚躲进小竹林，就听见一声枪响，接着传出一阵哀号声，后来才知道是我家一个叫孙观明的学徒，鬼子来时他慌不择路，就近爬到了身边的一棵大树上，不料被鬼子发现，一枪命中打了下来。鬼子走了以后，父亲他们把他从树下抬出来，只见左侧肺部被打了一个眼，子弹从前面穿进，从背后穿出，血流不止。当时村里根本没有医疗条件，父亲就把他送到北乡的杜山坞村，那里有一个中医，用中草药给人治病。那时，父亲还到附近村里花很多钱买了一支人参给孙观明补身子，但都无济于事，不久他便去世了。后来我听父亲说，孙观明在临死前回光返照，连日昏迷不醒的他突然从床上坐了起来，发出嘿嘿嘿地一阵傻笑……其情其景真是很惨。孙观明是从安徽来合盛俊酱园做学徒的，也是孤儿，因安徽老家没什么亲人了，所以鬼子来时没走留下了。父亲对他平时要求很严，但心里一直把他当作自己的孩子相待。他去世后就近安葬在了杜山坞的山上，每年农历七月十五，父亲总要我们把事先叠好的锡箔纸作为冥钱，一袋子一袋子装起来，上面写着“冥银一袋送孙观明收”，好像现在写信封或汇款单一样，寄给他在阴间用，以表达对他的哀思。

我从外婆家门口躲到竹林里后不久，父母和弟妹也从茅屋里出来了。据母亲说，他们也是经历劫波侥幸逃生的。原来他们躲到茅屋里后，还是被鬼子搜出来了。鬼子先是把父亲五花大绑地捆了起来，要他交出金银财宝。父亲对他们说，实在没有，交不出来。鬼子不信，用刺刀把屋里的几只皮箱用刺刀划开检查，结果除了衣服和法币以外什么都没有，这才把父亲放掉，总算逃过了这一劫。

但只过了一会儿，突然一股浓烟烧了起来，原来隔壁一家房子起火了，是鬼子点火烧起来的。我赶紧跑过去看，只见隔壁大妈一边哭泣一边忙着把家中的衣物抢出来，而鬼子们却在一旁哈哈大笑。我又转身回家一看，外婆自家楼梯上已经堆放了很多稻草，鬼子正准备把外婆家放火烧掉，幸亏火还没有点着，鬼子的集合哨响了，鬼子们听到哨音就撤退了，就这样我们家又逃过了一劫。

外婆家门口有一个池塘，鬼子走后不久，邻居家的一位中年妇女从池塘对面光着身子哭喊着飞奔过来。她是不幸被鬼子奸污了，一位老太太赶快过去用衣服裹住她的身体。

短短不到两个小时，我亲眼看到了日本鬼子在这次扫荡中的奸淫、烧杀、抢劫。时隔 70 多年了，犹历历在目，永世难忘。

这次扫荡中，鬼子在逃难已逃得几乎空无一人的茶圩镇里四处放火，火势非常大，救都无法救，以后陆陆续续烧了近一个星期，茶圩镇就全部被烧光了，合盛俊酱坊也在这场大火中化为了一片废墟。接着又是衢江洪水泛滥，淹没了整个茶圩镇。据衢州市志上记载，这次衢江洪水泛滥，确实滞缓了日寇进军的步伐，使他们艰难地跋涉在泥沼中，最后不得不撤军，但茶圩镇却连续遭受了人祸天灾两次劫难。1954 年衢江又再次泛洪改道，将茶圩镇彻底淹没，现在连遗址都看不见了，只有江心中一块突兀的礁石作为象征，标志着当年这个繁华古镇所在的位置。

在西徐村遭日本鬼子劫难的第二天，父母觉得西徐村离龙游城里太近，鬼子随时都会来，因此又辗转往北边的山区躲避，外婆又把我们安排到离西徐村往北十里地的里贤村去避难。里贤村是我大姨母家，她家是一个大家族，姨父兄弟六个，上面由老父母当家，姨祖父叫余树藩，是本地的著名绅士。虽然房子很宽敞，但毕竟还有一户从龙游城里来的人在此避难，我们一家六口挤在一个房间里也不是办法，于是把一间空闲堆杂物的小屋腾出来，自家开火做饭。这小屋就在山边，是在把山砌开的一块空地上建的。一个小的二层楼，从楼上架一块小木板就到小山顶。真是山清水秀，有点世外桃源的风味。住了个把月，鬼子又到离里贤只有二里地的石南村来扫荡了，我们又往北边山区逃避，白天走晚上回，一直到 8 月份鬼子从龙游撤退才回到茶圩里。

在日本鬼子 1942 年 5 月侵占龙游 3 个月又撤出以后，实事求是地说，国民党当局还是很重视教育的。在被鬼子蹂躏得满目疮痍的土地上，勤劳勇敢的人民从一片废墟上重建家园，首先是恢复学校上课。

1943 年春天，我上小学五年级春季班，是在北乡的模环小学。那是一个风景秀丽的小村庄，离外婆家约五里地，我的小舅舅广荣(学名徐亮)也在那里念的书。小学离模环村还有 500 米远，中间是农田，我们一班寄宿生，晚上自习后肚子饿得发慌，就到地里偷萝卜，用盐和辣椒腌了后很下饭。学校前面是操场，墙壁上写着“健身救国，复兴民族”八个大字。操场前面有一条小溪，小溪的对岸有个村子叫小溪村。溪水清澈见底，魚儿在水里怡然自乐地游着，有的同学用碎瓦片按切线的方向掷过去，瓦片会在水面上弹跳十几下，最后落入远处的水中。年纪大了，我很怀念模环村那犹如陶渊明诗意般的乡间美景，很想能再看一眼，重温过去的那段美好时光。

1941 年，浙江省杭嘉湖一带沦陷，人们逃难就往西跑，有一个从海宁逃过来的叫岑子英的老人一路打听找上门来。因他是父亲小时在海宁学徒时的同伴，父亲就将他留了下来。岑先生比父亲岁数大，写得一手好字，于是常帮村里人写对联。我至今还记得，他给外婆家写的对联是：数笏石山成意思，一流溪水迎钱江。

茶圩镇全毁了，茶圩里也难逃一劫。鬼子先是在茶圩里驻扎了一段时间，之后就龟缩进了城里。但由于茶圩里离城很近，仅一江之隔，人们还不敢马上搬回去，这样茶圩里一度就成为了无人管的真空地带，很多农民趁此机会来偷窃打劫。我们汪家是茶圩里的大户人家，人去楼空无人居住，自然就成为了打劫的主要对象，家里能搬走的东西全被洗劫一空。听说一天夜里，几个农民打着火把结伙到汪家偷黄酱，慌乱中不慎火把脱手落地，点着了檐下的竹篾筛箩，起火后又无人马上救火，结果引燃了汪家院内的一幢新宅，天亮后跑回茶圩里一看，果然如此。家里摆放杂物的一排房子被彻底烧毁了，幸亏没有殃及老屋和酱坊酒坊，已是万幸。

汪家茶圩里新宅里的所有财物被洗劫一空，连酱缸里的十几缸黄酱也被人明目张胆地全挑走了，甚至还有农民挑着黄酱，在二十多里地远的村庄里走街过巷地叫卖。我们全家逃到北乡上王村和中王村时就听到了这叫卖声："卖酱啦！卖酱啦！"声音此起彼伏。明知这是自己家被抢的东西，父母听到这吆喝声，心里有一股说不出来的难受，但又仔细想想，大家都遭到了日本鬼子的抢劫，农民也是穷得没办法才会有这些举动。父母心胸开阔，深明大义，把这笔账都算到了日本鬼子头上，对外从不吭一声。父母对人宽容，对自己严格，给我们作出了很好的榜样。

记得大约在 1940 年前后，当时家里制酱造酒的生意非常兴旺，自然要用很多水，而茶圩里只有一口井，就在小溪底下用石头围起来，实际上是把小溪的水经过过滤，作为饮用水。因为我们家制酱耗水量大，村里的保长就向我们家提出交涉，说你们挑水去做酱可以，但是用水必须要交钱。父亲迫于无奈，就请风水先生看地，问在我们家酱园里能不能打井取水。风水先生看了以后认为完全可能，于是双方立下契约开始打井。果然不出所料，挖了不到 10 米就见水了。井打成后，父亲十分高兴，专门请海宁的书法家岑子英先生题了 3 个大字"井如泉"，刻在井口的水泥围拦上以作纪念。这样就地取水，方便了做酱师傅，劳动生产率也大大提高了。后来，衢江发大水，村里的那口公用井被水淹了，我们汪家这口井就成了村里唯一的一口井，全村的人家排起长队到我们家院子中的井里来打水饮用。对此，我们家不计前嫌，为打水的乡邻们提供一切方便，而且不论早晨多早还是晚上多晚，只要有人要打水立即打开院门。从这两件事情可以看出，父亲对人宽容、关爱，对己严格，这种品质对我们全家兄弟姐妹起到了潜移默化的示范作用。

当年的井(因石栏裂了，用水泥重砌，“井如泉”三字见不到了)

鬼子扫荡以后接踵而来的就是流行病，主要是疟疾和疥疮两种，几乎每个人都不能幸免。我先是患了疥疮，全身起小疙瘩，痒得难受，而且越抓越痒。没有什么药，就用硫黄加点油调和以后涂上，但根本解决不了问题。最痒的地方是在手指之间，挤出血也不解痒。这时外婆要我到泥塘里去挖块污泥放在手心托着，说污泥虽脏，可以“以毒攻毒”，但无论是把脚还是手泡在污泥里，始终解决不了问题。

疟疾又叫“打摆子”，得了这种病先是全身发冷，冷得直打哆嗦，上牙和下牙“打架”，这时盖上三条厚棉被都顶不住。过了半天以后，又渴得要喝大量的水，接着是发高烧，一直烧到40度左右，过了大半天出一身大汗，才能慢慢恢复过来，然后是下一个周期开始，有隔日的也有每天来的。那时听说珍珠港战争爆发以后，盟军在东南亚与日军作战时，也有大批军人得这种病而完全丧失战斗力。盟军用一种叫做奎宁的白色外裹糖衣的药丸可治，但这对于我们来说只是天方夜谭，那时根本不可能得到这种药。

有一个星期天，我拖着虚弱的身体从模环小学回到外婆家，坐在桌子旁边，忽然昏了过去，双腿发僵倒在地上，口吐白沫，双唇紧闭，把外婆吓坏了。她一手赶紧按住我的人中部位大喊救命，一手掰开我的嘴唇，给我灌米汤，过了半个多小时我才慢慢苏醒过来。后来父亲从茶圩里赶过来时，我已经省人事了。父亲带来一包枇杷，看我醒来就给我剥着吃。下午外婆又请来一个巫婆给我消灾，只见她口中念念有词，然后把她头上戴的银簪插到一枚煮熟的鸡蛋里，过了一会儿再拔出来，看到那银簪上有黑颜色，告诉我们这是邪气，已经消灾了。其实那都是骗人的鬼话，学过中学化学课的人全都知道，那是鸡蛋腐败后产生的硫化氢与银反应生成了黑色的硫化银。

为了给我治疟疾，外婆外公真是想尽了一切办法。他们听说疟疾是个鬼魂，看见鱼或闻到腥味就会找来，因此家里不能见鱼更不能吃鱼。为了防止疟疾鬼魂第二天再找上门来，外婆前一天下午就与我约好，在次日清晨天还没有亮就带我从家里逃走，而且要静悄悄不能惊动疟疾鬼神。当晚让我早早睡觉，到了次日清晨天还没有亮，外婆来到我床边，把我推醒后，不声不响地拉着我的手蹑手蹑脚地往田野里跑，跑了约莫两里地，在一条小溪边坐下休息。天亮以后，外公如约给我和外婆送来了稀饭。但我在田野里躲藏了一个上午后，又开始全身发冷打哆嗦，无奈只好回家了。

日本鬼子残酷的侵略，掠夺，饥饿和流行病并不能摧毁一个青少年热爱祖国的坚强意志。特别值得一提的是小学老师，他们教学生“读书为了救国，救国不忘读书”的口号。一位音乐老师教我们唱的歌，有两首歌词我至今还隐约记得，一首是《梦江南》，另一首是《红杜鹃》，歌词大致如下：

《梦江南》

昨夜我梦江南/满地花如雪/小楼上的人影/正遥望着点点归帆/丛林里的歌声/飘拂在傍晚的晴天。

今夜我见江南/白骨如山积/天在哭泣/地在燃烧/江在哀号/鸟在悲鸣/侵略者的铁蹄/卷起了漫天的烟尘滚滚。

《红杜鹃》

杜鹃啼在山岗/声声充满凄凉/勇敢的健儿们/为祖国流血在疆场。

长眠吧战士们/壮士的阴魂/祖国的人民/同声为你们歌唱。

现在我回忆起这些歌词和当时的情景，仍不禁潸然泪下。

少年时代，我最敬佩彩荣舅舅。外婆生了5个孩子，两女三男。我的母亲徐东凤是老二，下面有3个弟弟：继荣、彩荣和广荣。在大舅徐继荣19岁时因食道癌去世以后，彩荣就算是我的大舅舅了，但我仍叫他彩荣舅舅。彩荣比我大11岁，我刚上小学时彩荣舅舅已经上初中了。彩荣舅舅学习成绩优异，在当时的省立衢中念书时常常是全班第一。那时外婆家比较穷，要自己花钱上学根本是不可能的。外婆全家都是文盲，但又想要孩子识几个字，于是一心想培养彩荣舅舅上学。当时民国时代还是比较重视教育的，在艰苦的抗日战争年代，在衢中凡是成绩在全班名列前三名的，都是公费生，上学一切费用全免，因此从初一到高三彩荣舅舅都拿到了公费上学。在村子里，彩荣舅舅可算是个秀才了，凡是写地契，立借据等村里的大事，大人们都要请他写，而且写完以后还要给人们念一遍看有无差错才放心。那时，在我的心目中，彩荣舅舅就是一个值得崇拜的天才，除了书读得好以外，写字、画画、劳作，音乐都很好。

我在六七岁时，放暑假总要到外婆家玩，夏天南方天气很热，中午我们把凉席铺在阴凉的地上午睡。睡醒后彩荣舅舅就教我唱歌，而且教了很多抗日战争的歌曲。尽管当时因年纪太小，既不会

2001年5月17日汪燮卿(左二)和叶嗣懋(左一)与彩荣舅舅(左三)全家合影

歌谱也不知歌词的意思是什么，但有的歌曲的歌词我至今还能背诵几句，其中有一首印象很深的歌曲叫《中华颂》。到解放后听了《延安颂》才恍然大悟，原来当时在国民党统治区是把延安颂的歌词中的“延安”二个字改成了“中华”，而歌谱却完全是一样的，可见当时在延安确实聚集了一大批年轻的爱国志士。在我的记忆里，好的歌曲几乎全部来自解放区，或是当时国民党统治区进步的作曲家写的。

彩荣舅舅的字写得苍劲有力，为人也很厚道。记得他告诉我，在高中时差一点被开除学籍，原因是有一次考试时他把卷子故意拉下来给另一位同学偷抄，被当时的衢州中学教导主任程本一发现并要严惩，后经几位老师说情，念他品学皆优，这次纯系偶犯，才未被开除，从轻给他了个停学一年的处分。那时每周还有劳作课，主要是在劳作老师的教导下，自己动手做点能工巧匠的小活儿。劳作先生的名字已记不清了，但还记得他操着义乌的口音，说劳作是“劳心劳力的”，用现在的话来说就是体力劳动与脑力劳动相结合。

彩荣舅舅的手很灵巧，他做了一个笔筒子，是用竹子做的，利用竹子的节作笔筒的底部，在竹子的中部雕刻出山水，然后用硝酸把表面腐蚀，经洗净抛光后确实很好看，可以说是艺术品了。

父亲在生活最困难的条件下，得到了老朋友们的帮助，他先是在朋友的帮助下做账房先生，这有赖于“徽帮”老乡们的帮忙。衢州盛产毛竹，而用竹子为原料造的纸张过去一直畅销杭州上海一带。当时日军把衢江封锁了，从衢州生产的纸只能先从衢州水运到龙游，再由龙游通过陆路绕道到淳安，然后运到沪杭地区。父亲凭借着他的经商技巧，获得了杭州老板熊重祥先生的赏识，全家勉强还能维持生活。父亲经常给我讲岳飞精忠报国的故事，把岳飞出生后遇难在木桶里漂浮在水面上与我们现在家中房子被水淹相比拟，再用他南腔北调的徽腔给我唱岳飞的词作《满江红》，特别勉励我“莫等闲，白了少年头，空悲切”这句词要身体力行。这句词可以说影响了我的一生，在从小学到中学教科书的扉页上，我都写上这句词，自勉不懈。

尽管家庭遭此重大变迁，但即便是在生活最窘迫的时候，父亲仍坚持要送我这个大儿子去上学。但是，我的 7 个弟弟妹妹，除大弟弟上了大学外，其余弟妹则因家里实在无力供养而由此辍学，未能继续学业。

## 进城上育德高小

1942 年，在日本鬼子撤退几个月后，我们全家就从西徐村搬回了茶圩里，但此时我们家那全村最好的徽式建筑已被日本鬼子破坏得不成样子了，楼上楼下的前墙后墙被打了十几个大洞，每个大洞足有一米见方。我到今天也猜不透鬼子凿墙的意图，如作为对外射击的枪孔明显太大，如作为对外通风之用又何必如此。我们从外婆家搬回来后，足足修了一个月才勉强能住人。那时过春节时照样要写对联，我还记得有一句是“看大好河山满目疮痍”。

家已是空徒四壁，一无所有。一家只好饥一顿饱一顿地艰难度日，有时用野菜充饥。最使我难忘的是在闷热的夏天阵雨以后，在野山坡的岩石小草之间会长出一种绿色的苔菌，就像木耳一样，叫做地皮苔菌，有的地方叫地耳。每到下午刚雨过天晴时，母亲就发动全家提着篮子到山上去挖这种地皮苔，把上面的泥土洗掉以后，用它来烧腌菜，真是又脆又鲜。直到2006年夏天，中组部组织院士专家到黑龙江镜泊湖疗养，好客的主人上了一道风味特菜，经询问才知道是半个多世纪以前吃的野菜，回忆当年，不禁感慨万千！

1943年上半年，我在模环小学只念了五年级的第一学期，因家搬到茶圩里后离学校太远，所以第二学期就转到龙游城里上学了。当时县城里只有两所小学，一所是天主教会办的育德小学，另一所是西门小学。我对自己的学习水平拿不准，就报考了好考的育德小学。当时这所学校设在天主教堂内，进了大门左边是龙游县无线电台，右边的二层楼上是天主教堂，是信徒们做礼拜的大厅。教堂的一层是县卫生院，再往右边有一排平房，其中有两间就是我们的教室。

无线电台在大门左面的一间小房子里，相当于一个传达室，约十来平方米，可能是政府占用了天主堂的房子。室内有一张床，一台手摇发电机和一套收发报机。有两个人工作，一个是收发报员，我们叫他张台长。他们每天上下午按规定时间收发报，身穿黄军装，头带耳机，手上按着发报机，很神气，那是县里与外界通信联络的最先进工具了。通信的内容，我们当然不知道。那时全县都没有电，无线电台的电是用手摇发电机提供的。摇发电机的是一位年轻的农民，他生活很苦，睡觉连被子都没有，就与我同睡一条被子。吃饭是自己做，烧菜没有一滴油，只是锅烧红了以后把切好的青菜放进去，再加水和辣椒，煮熟后就是下饭的菜了。

最使我难忘的是县卫生院，当时的县卫生院是全县唯一的西医医院，那是我第一次看到穿白大褂的医生和听诊器、血压计及消毒设备等。医生和护士整天忙忙碌碌，印象最深的是血吸虫病患者，这是家乡最常见的而中医又难治的传染病。传染源是水稻田里的钉螺，农民在水田里干活时，钉螺附在人的腿上吸血，就把血吸虫的卵子排入到人的血液中去，最后在人的肝脏孵化，通过破坏肝功能等一系列病变直至肝硬化、肝腹水，最后不治身亡。在病发初期还可以用针剂治疗，但当患者到病晚期时，腹中充满腹水，挺着大肚子才来治病时，已是无能为力了。医生唯一能做的只是在腹部插进一根导管把腹水排出去，那是晚期的血吸虫病患者唯一能减轻痛苦的对症疗法。因血吸虫病，在我们家乡真是年年死人，村村死人，“万户萧疏鬼唱歌”。正是由于南方血吸虫危害如此之大，毛泽东主席听到余江县消灭血吸虫病的时候，竟夜不能寐，激动地写下七律《送瘟神》，体现了领袖对人民的关怀。

话说到了二十一世纪初，时隔 70 来年后，我在北医三院查体，做 B 超时一位年轻的医生发现我有肝硬化的痕迹，把我夫人吓了一跳，后来她去找了北医三院超声波专家张武大夫。张大夫仔细看了片子提出意见，认为这是陈旧性的斑块，可能与过去得过血吸虫病有关，因北方这种疾病比较少，建议我去南方复查一次。第二年我去杭州做了检查，结论很快证实为陈旧性血吸虫性病变，后来自愈了。我小时候得了血吸虫病自己还不知道，但竟能在缺医少药的条件下自愈，真是万幸。

育德小学只有一个五年级的班，这个班只有我一个寄宿生，全班 30 来个学生，只有一位教师，全部的课程都由这位教师担当。这位从溪口来的老师也是穷得可怜，冬天连被子都没有，只有一条毛毯，于是我又离开电报室的那个青年人，搬出来和他同睡。

在育德小学五年级所学的国语课程中，给我印象最深的是一篇语文课文，内容是描写英国大文豪萨谬尔对儿时的回忆与忏悔。这篇短文的大致内容是：萨谬尔从小很爱看书，终日手不释卷，家里什么家务事也不干。他家境贫困，靠父亲赶集做小生意谋生。有一天父亲早早起来，把一筐筐东西装好，正想赶着牛车出发到集市上去，突然天下大雨，父亲就叫他一起去赶集。小萨谬尔当时正看书看得入迷，根本没有听见父亲的话，还是在全神贯注地看书，父亲只好闷声不响地自己单独一人赶着牛车走了。等到萨谬尔醒悟过来，眼望着牛车在瓢泼大雨中远远离去，心里感到非常内疚。这件事情对他的印象太深了，几十年后他成为了英国的大文豪，当他回忆起这件事时，感慨万千。有一天下起了大雨，于是老萨谬尔就独自一人脱下帽子站到露天地里，让大雨将自己全身淋得透湿，以此来表达对过去的忏悔和对父亲的怀念。这个故事情节很简单，但是很感人。

虽然育德小学是所教会小学，却看不出与普通小学有什么不同之处，学生只是上课，偶尔有兴趣去看教徒们每周做礼拜唱诗，教堂音乐很庄重严肃。神父讲完圣经后，发给每人一片薄饼，味道很一般，对于我们这些孩子们来说，只是好奇而已。

## 入读西门小学

我小学六年级是在龙游西门小学读的。西门小学是一所历史悠久的老校，师资阵容比较整齐，其前身为凤梧书院，院址在县学街，道光二十一年(1841 年)由知县秦淳熙募捐筹建，次年落成。光绪二十九年(1903 年)更名为“龙游县凤梧高等小学堂”。民国建立后，改为“龙游县凤梧高等小学校”。1927年下半年，改校名为“龙游县立中山小学”。1940年改名为“龙游县城区镇中心学校”。抗日战争中，为避日本飞机轰炸，学校曾暂迁城郊兰石村。我入学时，学校已于两年前迁回城里，占用西门的鹰武殿作为校舍。

鹰武殿位于龙游城西门内，离城门只有20来米。在龙游，一提起西门，大家都认为是个不吉利的地方，因为西门外是枪毙犯人的地方，相当于北京的菜市口。西门外稻田荒芜，只有一片荒凉的野草，一到晚上人们就不敢出门了。鹰武殿是座道观，殿主人是两个信徒，一个老头子和一个老太太，留着长头发，除了烧香拜神就是在殿里打扫卫生，看管着殿里的一切。学生、教职员工的全部生活和活动也都在殿里。殿外面有一块平地作操场，教学设备基本齐全。六年级是两个班，但只有我一人是寄宿生。

西门小学的学风很好，学生学习和教师教学都很正规，给我印象深的至今还留在脑子里的有语文和音乐。语文在期末有一次默写课，是“华脱曼的故事”，老师念完一遍后要学生根据自己的记忆默写下来。故事的内容大致是这样的：华脱曼是一个经纪商，靠拉成买卖赚钱。有一次他做成了一笔大买卖，准备好了签字仪式，在甲乙双方的桌子上各放了一支签字的钢笔，当双方正拿起钢笔要签字时，钢笔上掉下一大滴墨水，弄脏了合同。签字人认为是很不吉利的，拒绝签字，当即扬长而去，一大笔买卖就此泡汤。这下把华脱曼气得要死，回家大发脾气，但他在老婆安慰鼓励后，很快醒悟过来，决心要发明一种不会自动掉水的钢笔。后来，经过苦心钻研，他终于发明了一种书写流畅的世界闻名的华脱曼牌金笔。当时国际上最有名的钢笔是派克，其次便是华脱曼；国内最有名的钢笔是金星，其次是新民。我现在回想起来，要使钢笔书写过程中不掉墨水，其实并不复杂，只要在选择钢笔各个部件的材料时，注意它们的热膨胀系数一致就可以了。但当时这个真实的故事却给了我一个重要的人生启示，告诉我，遇事不要怕挫折，不要灰心丧气，要在逆境中求发展。这个故事一直深深印在我的脑子里，受益终生。现在我每年给研究生讲课，都要讲这个故事给他们听。

1944年第二次世界大战德意日法西斯已是强弩之末了，日子虽然艰苦，但人们的精神状态却很好。有一天学校里开庆祝长沙大捷的晚会，县长陈谟也来参加了，会场秩序很不好，他就拔出手枪朝天开了两枪，把同学们都吓坏了。秩序安定以后先是奏国歌，接着是文娱表演，抗日歌声嘹亮，现在还清楚地记得其中一首是《中华颂》，也就是那首我已经听彩荣舅舅唱过多次的，把"延安"二字换成了"中华"二字的《延安颂》。

那时，我是每周的星期六下午放学后回一次家。回家的主要的目的，一是把脏衣服带回家洗，二是美餐一顿。从学校走，回到家要走六里多路。我们家养了一条大黄狗叫阿里。每次回家，在我离家门口还有20米远时，阿里就会飞快地跑过来，两只前腿扑到我的肩上亲我，我前进它后退，一步步走进家门，然后它放下双腿在我身上嗅，显得十分亲切。这时，母亲就会带着慈祥的微笑接过我的书包，把一件件脏衣取出，然后赶紧到厨房烧菜。她当然知道自己的儿子喜欢吃牛肉丝炒萝卜丝，而且要放不少辣椒，那喷香扑鼻的菜使我狼吞虎咽，五分钟就吃完了饭。七十多年后的今天我还念念不忘这道菜，要家里的小保姆重复这道菜，但怎么做也做不出当年的味道。

我带回的那些脏衣服，若是在秋冬之交，内衣领子上长的虱子和虱子卵就会结成一串。虱子把我的血吸得饱饱的，全身透明，中间是鼓起的红红的一肚子血，已经爬不动了。母亲先用清水泡，再用开水淋洗一个放有稻草灰的捞兜，让浸有稻草灰的热水淋在脏衣服上，过了约半小时，再用油菜籽饼作为当时的洗涤剂搓洗干净。稻草灰含有氢氧化钾或碳酸钾，它的浸渍液就是稀碱可以去油腻。油菜籽饼为什么会有洗涤剂作用呢？现在能想明白了，油菜籽榨出的油是食用油，是甘油三酯，榨完油的渣除了纤维残渣还有剩下的油，在榨油过程中受温度和压力的作用，残渣中的钾钠等元素与脂肪酸生成盐，就是现在肥皂中的有效组分，而菜籽饼的固体颗粒还可以起摩擦作用把脏物除去。

母亲在打跳蚤方面也有绝招，那时冬天床上填的是稻草和凉席，没有褥子更没有席梦思，跳蚤最容易藏在席子的缝隙里。要消灭它的办法是：先把稻草换成新的，再把席子卷起来提起，用棒槌不断猛打，只见跳蚤纷纷落地，而且还能跳到一尺多高。母亲消灭跳蚤的另一种手段却是落后的，跳蚤落地后四处奔跳，她一个人忙不过来，就用几个手指头沾上吐沫去抓，抓到跳蚤后放到嘴里用牙咬，咬得咯咯响，然后吐出来，现在想想是蛮恶心的。

1944 年秋，断断续续地读完了小学的课程。在告别小学阶段前，全班同学和老师一起照了一张正正规规的毕业照。照片发下来后，我看到老师在照片上方标题位置洗印下了一行题词："君乘车，我戴笠，他日相逢下车揖。"

"君乘车，我戴笠，他日相逢下车揖"出自《越谣歌》。《越谣歌》是衢州当地自古流传下来的一首歌谣，全篇为：君乘车，我戴笠，他日相逢下车揖；君担簦，我跨马，他日相逢为君下。那时这首古歌谣同学们都会背诵，意为：如果将来你是坐着车的贵人，而我还是戴斗笠的平民，那么有朝一日相见，你应下车跟我打招呼；如果将来你撑着伞，而我骑着高头大马，那么有朝一日见到你，我也会下马来同你相问候。这就是人们所说的"车笠之交"，是一种时间和空间都无法磨灭的君子之交。当年西门小学的老师是用这句题词来告诫同学们：将来你们无论是富贵还是贫贱，都不要忘记今日同学之间的情谊。

这张照片后来在文革中不知去向了，但照片上老师的这句题词，却深深地印在了我的脑海里。它所表达的为人处世的道理，使我铭记对人要有感情，要平等待人，不要趋炎附势。

半个世纪后，我回家省亲，专程去看望了一些还健在的小学同学。见到一位曾经与我上学时同坐一张板凳的叫朱柄松的同学，他已双目失明退休在家。朱柄松说，万万没有想到我还会来看望他。我答道：我当然会来，因为我还记得老师在照片上的那句题词，“君乘车，我戴笠，他日相逢下车揖”。我们两个老人回忆起半个多世纪以前的那些上学往事，犹如身临其境，历历在目，感慨万千。

# 第三章

# 中学时代

1944年年底小学毕业后，由于刻苦努力，学习成绩一直很好，因而我很顺利地就考上了本地的龙游中学，并已交了学杂费。但过了没几天，彩荣舅舅带回了衢州中学春季招生的消息，于是渴望上最好中学的我，决定再报考省立衢州中学。创办于1902年的衢州中学，为衢州府所属5县的最高学府，是浙江省的重点中学，也是文化名人金庸的母校。

# 考入衢中

衢州中学1945年春季初中招生考试的时间，安排在春节前的一月份。那年南方的冬季天气异常阴冷，考试前一个多星期还下了一场大雪。由于没有胶鞋穿，我的脚上和小腿上多处生了冻疮，仅过了几天这些冻疮就从红肿转为溃烂化脓，人也因炎症发起烧来。考试时间一天天临近，但由于战乱年代乡下缺医少药，脚上的溃烂部位还是脓血依旧，高烧也是迟迟不退，家里人急得够呛。考试耽误不得呀，情急之下彩荣舅舅提出背病中的12岁的我去衢州赶考。

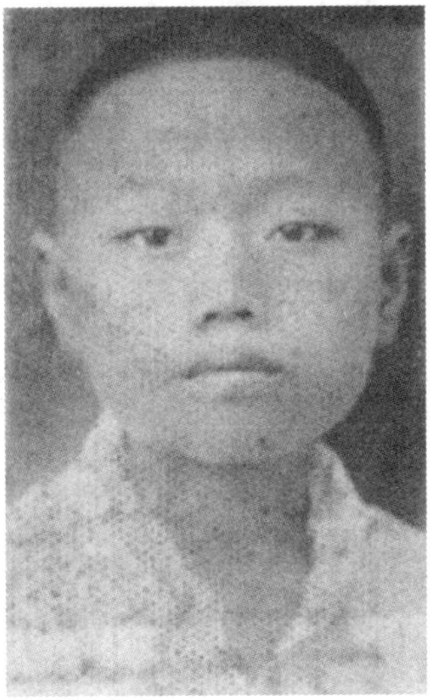

刚上中学时(1945年)

这是我第一次乘船沿衢江溯流而上，上船的地点就是家对面的村子驿前。那天天还没亮，彩荣舅舅就背起身上发着低烧、腿上冻疮处还溃烂流着脓血的我，先乘小船赶到江对岸的驿前，然后登上了一条载客的大船。这时约是早上四、五点钟，船老大吹起海螺，呜呜呜的海螺声催促着乘客们赶快登船。人上的基本快满了后，船老大在船头点亮了马灯，吹着号子，船就在灰蒙蒙的晨雾中启航了。我们乘坐的这条船是专门载客的，大约载了20余人，分上下铺，可以睡觉休息。时值冬天的枯水季节，航道上水不深，到衢州约70里地，需一整天时间。开船以后，由于是逆水行舟，船速很慢，遇到急流险滩，四个船夫就下水去拉纤。他们下水前先在双腿上涂上一层菜油来防寒和保护皮肤，然后拖着长长的纤绳子噗通噗通地先后跳入水中，弯着身子沿江边费劲地往前拉，嘴里还哼唱着拉纤的小调，其情其景有几分像俄国画家列宾笔下的名作《伏尔加河上的纤夫》，那纤夫哼唱的小调与男低音歌唱家夏里亚宾的“伏尔加河船夫曲”也很合拍，这些给少年时代的我留下深刻印象，使我获得了一种源自艰难的艺术美的享受。

客船溯衢江缓缓前行。船上没有厕所，要大小便就在船舷边上直截了当地排入江中，男女都一样。那时也不知什么叫卫生，吃喝拉撒全是取之于江水排之于江水。中午船老大管大家一顿饭，有几片肥肉可真香，我们这一群赴“州府”赶考的小伙子们说不出来心里有多高兴了。饭后接下来的“余兴”是，大家各出节目进行文艺表演。彩荣舅舅唱了一首歌，歌名已经记不清了，但肯定是抗日救亡歌曲，歌词中有“看啊，敌人正在到处横行；听啊，同胞正在呻吟……人生自古谁能免一死，要领千秋万世名。”

客船逆流而上行走了整整一天，天傍黑的时分才靠上衢州城的码头。上岸后彩荣舅舅先背着我找了家车马店住下，然后他就急匆匆地上街买吃食、消炎药膏和医用的纱布、绷带。晚饭虽简单，但却是近几年最好的伙食了，因而吃得很香。两人吃过晚饭后，彩荣舅舅打来一盆热水，先轻轻地将我脚上的溃烂部位清洗干净，然后涂上一层消炎药膏，再用纱布、绷带精心地裹好。显然是脚上的消炎药膏起了作用，这一夜睡得很安稳。睡梦中身上出了点汗，烧退去了不少，清晨一觉醒来精神特别好。

那时为了躲避敌机的轰炸，衢州中学已迁移到离县城20里地的乡下——石梁。这是个比较大的村镇，学校的教室、宿舍、办公室都分散在祠堂或大宅里。那天早上，彩荣舅舅专门为我雇了个滑竿，但却先将我抬到石梁附近的静岩村，进了衢州师范学校的考场，要我给另一个考生当枪手。原来北乡有一位大财主的女儿叫徐淑华，有钱人家的孩子念书不行，对考取衢师没有把握，于是就在准考证上做了手脚，让我的考试成绩落到她的名下，等于将两个人的考卷互换，成绩颠倒一下。因我已考取了龙游中学，所以考衢师对我来说是驾轻就熟。结果也正如所料，我的答卷获得高分，徐淑华就这样被衢师录取了。那年过春节时，她们家给我家送来了两斤蛋糕，这在当时是最实惠的珍贵礼物了。

从静岩的衢师考场出来后，下午又乘滑竿到了石梁的衢州中学考场，顺利地考完试，也得偿所愿地被录取了。在考地静岩和石梁，我的一切起居饮食都是由舅舅照顾的，上下考场都是舅舅背进背出的，冻疮烂得如此厉害令我终生难忘，至今左小腿上还留有了

修葺后的静岩的天主堂，1945年衢州师范就在此附近

两个疮疤。俗话说，不能好了疮疤忘了痛，彩荣舅舅的恩情，令我永生难忘。

# 初一在塘公

考取衢中后，初中一年级是在塘公村上的。塘公村离石梁校本部还有二里地，上课的课堂和睡觉的寝室同是在一个祠堂里。祠堂很大，朝南的大门被封死，只能在东边的门进出。祠堂中间是天井，天井南边是教室，北边是宿舍，吃饭则要走 100 米去另外的一个大宅子，所以我们生活学习是两点一线，但并不枯燥。要活动要锻炼，山坡上有一块作为篮球场的平地；要念书，就去野外的小树林里，环境幽静，空气清新，可以旁若无人地大声朗读，读书声和鸟鸣声形成了天然的合唱。塘公的学习生活可用一副对联来概括：

书声鸟声，声声入耳同郊野。

教室寝室，室室相邻共祠堂。

所以，条件虽然艰苦，但感到还是很有趣的。记得在语文课中有一篇文章，描述担任过国民党外交部长的王世杰是如何刻苦学习的，如何锻炼自己的口才的。大意是，王世杰本来口才不好，一到大庭广众面前就心慌说不出话来，他下决心要克服自己的这个缺点，于是每天清晨起床后就来到一片菜地边，把一颗颗大白菜当作听众，大胆地发表演讲，久而久之，练就了一副出众的口才。每当他到公共场所去演讲时，仍把听众都看做是一颗颗大白菜，这样心里就一点也不紧张了。这篇课文对我的启发很大，做事一方面要有恒心，另一方面还需要有魄力和诀窍。

那时，每个星期一早上，学生们要到石梁校本部去开纪念周。

这是全校学生的集会，先进行升国旗仪式，接着是背诵总理遗嘱、校长训话、教导主任讲话，中心思想都是读书救国。特别是美国在日本投下了原子弹以后，校长在集会上慷慨激昂地说：“人家美国能投原子弹，而我们还在喊大刀向鬼子们的头上砍去。同学们，要科学救国啊!”

衢州中学毕竟是一个有着悠久历史的老校，既有校训也有校歌。它的校训是：敦品励学。这 4 个字出自清朝学者梁章钜《归田琐记》中的“先生敦品励学，实为儒宗”一语。校训的释义就是：砥砺品德，发奋学习。

衢中的校歌是：峥嵘东峙瀫西流/钟灵毓秀/群英相聚乐悠悠/风雨鸡鸣候/声起应求/把学问造就/还期身健行优，身健行优/他日在社会作完人/方无所负，方无所负。

我进入衢州中学也确实如校训校歌所言，砥砺品德，身健行优，发奋学习，努力做一个不负社会之人，所以学习成绩一直很好。

当然，我学习好也要归功于衢州中学的老师很棒。初一在学语文课本中的曾国藩家书《致沅季二弟》时，老师就谆谆教导我们做事要勤奋，为人要诚实，要我们每人都写读后感。那时别的我写不出，连“虚心”两个字的内涵都搞不清楚，但对勤奋与诚实却记得很清楚，并身体力行。解放后批判曾国藩为镇压太平天国起义的刽子手、杀人如麻的“曾剃头”，他的著作包括书信自然都成了违禁品。直到改革开放以后才逐渐解禁，一哄而起出版了很多曾国藩的著作，但我看了以后觉得都很啰嗦。实际上他的为人之道有两条，一是“屡战屡败，屡败屡战”，第二条是“慎独”。

我最早见“慎独”二字是在刘少奇的《论共产党员修养》中，要求共产党员能在任何条件下都要自律，严格要求自己。

慎独是儒家的一个重要概念，最早出现于四书五经中的《大学》。“慎”就是小心谨慎、随时戒备。“独”就是独处，独自行事。

意思是说，不靠别人监督，自觉控制自己的欲望。《辞海》解释为“在独处无人注意时，自己的行为也要谨慎不苟”，《辞源》解释为“在独处时能谨慎不苟”。“慎独”讲究个人道德水平的修养，看重个人品行的操守，是个人风范的最高境界。要达到“慎独”这种境界，就要树立远大理想和抱负，谨慎治学态度，不断地提高自己的修养。正是在衢中的语文课上学习了曾国藩家书，老师虽未讲解“慎独”二字，但曾国藩家书中关于要严于律己等方面的内容，还是潜移默化地影响了我一生。

1945年秋天，抗日战争胜利的消息传来以后，衢州一片欢腾。对我们这些中学生来说，最实惠的是伙食改善了，中午每个饭桌加一碗猪肉。那时是8个人一桌，肉少人多，每人能分到两三小块已经很不错了，但包厨的老板还要从中克扣牟利，于是就有同学领导“罢食”，但不是“绝食”，而是把碗全部摔在地上，以示抗议。后来，由校长出面进行交涉，才算了事。

1945年考入衢州中学后，彩荣舅舅却从衢中高中毕业了。在以后的几年里，国民党兵败如山倒，政治、经济形势一片混乱，贪官污吏横行霸道，印象最深的是把当时的法币兑换成金元券，说是含金量有保证，因为中央银行里有足够的黄金储备作保证。法币兑换金元券的比例是一万元法币兑换一元金元券，兑换以后，老百姓都抱着很大的希望，以为从此可以遏制通货膨胀了。殊不知这是蒋介石要的花招，贪官、污吏、内战使人民生活在水深火热之中，民怨沸腾，蒋家王朝摇摇欲坠，毕业即失业成为当时的社会主流。彩荣舅舅为寻找职业而在上海、杭州之间奔波，1946年给我来信说已在福建轮船公司找到一份工作。之后，他用微薄的薪水买了一本英汉四用辞典送给我。这在当时对我来说，是最宝贵的礼物了，但仅仅用了不到一年就被人偷走，使我几个晚上都没睡着觉。

# 初二迁回城里天宁寺

1946年，抗战胜利后的第二年，学校就迁回衢州城里了。原来的校址在府山上，但不知为什么还是进不去，我们初中二年级就在天宁寺里安了家。这是一座大寺院，进门就是四大金刚，大雄宝殿和千手观音也都是标准的佛教建筑样式。我们第一学期教室就在香客住的厢房里，位于大雄宝殿的左侧，到第二学期干脆就在千手观音的楼上了。

那时抗战刚刚胜利，学校纪律还比较松懈。记得当时上课要点名，叫到你的名字时必须站起来并回答“到!”而有一位年纪较大的同学因前一天晚上搓麻将睡得很晚，还没有完全醒过来，迷迷糊糊地来上课，屁股一落座就睡着了，当老师点到他名字时，他猛地醒了，站起来大喊一声“碰!”逗得全班哄堂大笑，老师见状无奈地直摇头。

这一年，给我印象很深的是蒋总统介石六十大寿，天宁寺的和尚给他做寿念了三天三夜的经。殊不知，蒋总统是信基督教的，用佛教的仪式给他做寿，他是否能领情？那时正值国共内战，国民党在东北已吃了败仗，反内战反饥饿的口号已蔓延到浙江西部的这座小城了，偶尔也能听到“吃菜要吃白菜心，打仗要打新一军”的小道消息，但对于共产党闹革命我们这些初中学生还是不甚了了，不过在教师中已有流传。当时教我们地理的老师王多祥先生就是共产党员，解放前夕被地下党的叛徒出卖，汤恩伯亲自下令将王多祥、林维雁等多名共产党员抓去活埋。

我们初二的班主任是语文老师陈运鑫，在讲解《与陈伯之书》

1994年4月16日和杨大方(右一)拜访初二时的班主任陈运鑫(左二)

时，特别欣赏以家乡情景劝降的那段“暮春三月，江南草长，杂花生树，群莺乱飞”文句，短短十六个字，把江南暮春的景色作了高度的概括。总之，中学的语文中这些有名的文章和句子，像涓涓细流，渗入我的精神毛细血管中，使我受益终生。

教我们地理的是一位刚从上海暨南大学毕业的女老师叫叶味真，长得眉清目秀，但因为太紧张，一上课堂就半天说不出话来，而且常用“好像，好像”的口头禅来表达。有一次她要同学回答问题，同学也学她的模样用“好像，好像”来回答，弄得哄堂大笑，把老师的脸也搞红了。60年后，我作为中国工程院的一员参加杭州西湖博览会，接待我的竟是叶老师的儿子何西华。他说，看到接待名单就知道我是从衢中毕业的，相见以后格外亲切，以后我们每到杭州都要相聚。他是杭州科协副主席，现已退休，每次见面他总要把从西湖里钓到的大鲤鱼送给我们。

1946年读初二时，还出现了一件我个人生平中的重要之事，就是这一年从开化中学转来了一名插班女生，叫叶嗣懋。她长着一双大眼，娇小柔嫩，沉默寡言，后来成了我的终身伴侣。

到了 1948 年，初中三年级时，我们从天宁寺迁回了府山上的学校原址。



## 初三回到衢中原址

府山是位于衢州城南城墙边上的一片高地，与火车站相距不远。附近的中山公园，是当时衢州城里唯一的公园，古树参天，小桥流水，亭台楼阁。靠东边是衢州专员公署，当时的绥靖公署主任是国民党军的余汉谋上将。内战吃紧，扼浙闽赣皖“四省通衢”咽喉的衢州，派一员上将军来坐镇防守，也理所当然。

当时的绥靖公署的级别很高，自然就有一番排场。他们在中山公园里修建了一个大礼堂，叫“中正堂”，前面有一个大操场，每逢纪念周我们都要去看规模宏大的仪式。余汉谋出来时威风凛凛，军乐队高奏迎宾曲，在奏完国歌以后就发表演讲，那一口广东话我一句也听不懂。印象最深的是，每周末要在公园里举办音乐会，军乐队所拥有的那套西式大型管弦乐器，与现在的水平几乎完全相同，而所奏出的乐曲无论是进行曲还是其他西方古典乐曲，我都是平生第一次听到，虽然听不懂，但听起来很震撼很过瘾。这是我有生以来第一次听到各种不同的西方乐曲，对我的内在音乐细胞起了共振作用。

在 1946 年到 1948 年间，可以说是我真正幸福的少年时代。地处远离战事的大后方，不知道国共打仗的激烈程度，整天无忧无虑，除了读书以外，喜欢到中正堂去看电影，有些电影如《夜半歌声》和《青青河边草》，至今记忆犹新。而对解放后 1985 年翻拍的《夜半歌声》，无论是编剧、导演，还是摄影、插曲，我总感到“今不如昔”，远不如在衢州中正堂看的1937年版的老《夜半歌声》。

《青青河边草》是讲一对男女青年在抗日战争期间的爱情故事片。一个年轻工程师与漂亮姑娘恋爱，战乱中他们被拆散了，女的在逃难的路上遇到了一个发国难财的大资本家。他故意用酒把她灌醉后，把她糟蹋了，后来女的当上了护士。而这位男工程师则在一次工程施工中被炸瞎了双眼，两人重逢，不胜感慨，最后以一首曲子结束了这部故事片，歌词是这么几句：

> 青青河边草，相逢恨不早，莫为浮萍聚，愿成比翼鸟；青青河边草，春去秋来颜色老，欢爱需及时，花无百日好；青青河边草，为君洒泪知多少，梦里长相亲，觉来远隔道；青青河边草，为君洒泪知多少！

音乐的感染力是很大的，特别对于青年人更是如此，它不但可以抒发或激发一个人的感情，有时甚至可以塑造人的意志和性格。我们中学里不但有很好的数学和语文老师，还有很优秀的音乐和图画老师。初二俞淮老师教音乐，在天宁寺教我们唱唐朝李欣《古从军行》诗中的“白日登山望峰火，黄昏饮马傍交河……”把吟唐诗变成用近代歌曲唱古诗，别有风味。而在初三时的孙杏叔老师则自编词曲《大军南征》，描述抗日战争后期，国民党与盟军打通滇缅公路，由孙立人将军指挥打了胜仗。那时蒋介石实行征兵制，对于在校学生，年龄符合征兵条件的仍继续上学，不抓去当兵，还是看重知识分子将来对国家建设有用。但到了1943年以后，为了与英、美盟军共同作战，必须要有知识的青年参军，于是就从高年级学生中召募青年军。当时的口号是：一寸山河一寸血，十万青年十万军。

世界上最伟大的爱是母爱，我看古今中外都一样，而在少年时代能表达对母爱最好的渠道是唱歌。那时同学之间有互相抄歌以表达同学之间感情的作法，就是你爱唱的歌我给你抄一首送给你作留念，真情相见于笔墨纸砚，与现在年青人之间则用一些名人格言互相赠送是一个道理。因为当时印刷材料昂贵，而抄的歌词很实用。那时没有录音机，没有录像带，当然更谈不上卡拉 OK，有一本手抄歌本，有闲时就拿来唱唱。当时我最喜欢周璇唱的《慈母心》，而且在初中三年级全校歌咏比赛时凭此得了个第一名。说实话，与其说唱得好，还不如说是我对母爱回报的真情流露。

由于唱出了真实的感情，同学们有空闲时总要我再唱一遍，而另外的同学则在我的背后用摇留声机的姿势给我上发条。现在我还能背出全部歌词，并能唱出它的旋律。我每次逛书店和小书摊时，总寻找有没有周璇唱原曲的录音带或 VCD，后来是朋友给我想办法买到了周璇的珍藏 VCD。现在我们老俩口还经常在家听听这些老歌，共同怀念那多难的少年时代。母亲在 91 岁的高龄去世，我把这首歌词献给所有从心底里热爱母亲的青少年。

《慈母心》

慈母心像三春晖/只有温暖只有爱/早晨起来晚间安睡/整天都为儿女关怀。

慈母心像三春晖/没有怨恨没有悔/身上寒冷腹中饥馁/整天都为儿女劳瘁。

只因你们是新生的第二代/需要你们创造未来的社会/但愿你们奋发有为/才不枉母亲的教诲/但愿你们光大门楣/就是给母亲的安慰！

在那时的最流行乐器是口琴、二胡和笛子。名牌口琴是国光和石人望，我买不起，而二胡和笛因制作成本较低都买得起，课余就吹吹拉拉，煞是有趣，虽然水平不高，但也能自得其乐，其中如《阳春三迭》《夜深沉》《秋水伊人》等，到现在还能哼几声。而在初三全校音乐比赛时得第一名时所唱的《慈母心》，除了得益于少年时期的童子音以外，主要是对母亲的深厚感情所形成的感染力所致。轮到第二年歌咏比赛时，所选的歌曲抒发不出这种深厚的感情，就名落孙山了。不过无论得奖与否，都是瞬间的事情，而音乐对于我一生情操的感染和陶冶，追求美的享受，甚至事业的成就都有不可磨灭的作用。

初中三年级在府山念书时校长是钟士杰先生，浦江县人，长得矮矮胖胖，戴一副深色边框的眼镜，剃个光头，满口操着浦江的官话，除了开全校大会训话令同学们讨厌外，还规定男生一律剃光头，女生发长不得过耳，而且在入学通知书上就写明，否则不得注册入学。因此全校发式是清一色的，但总有些女生长得漂亮一些，“浓妆美，淡妆也美”者也不乏其人，于是那些高中生就来评“校花”，一旦公认为校花后，每当她们上课及走进教室的路上，就有人起哄。

记得初三那年，大家把高二的一名叫孔庆翠的女生称为校花。她是衢州本地人，每天来上学的路上，小伙子们就大吼大叫，她只好低着头快跑进教室。直到 1985 年左右，衢中的校长来北京来看望衢中校友，老同学相聚时，碰巧她也在场，我与嗣懋都看见了她，但已经是老太太啦，而且不久就听说她患上乳腺癌去世了。

1947 年的毕业典礼是在大操场举行的，全校师生都参加了，相当隆重。我记得代表全体毕业生讲话的是高三的毕业生王学珍。他是全校的姣姣者，讲话的内容已记不清了，但那慷慨激昂的铿锵语调、追求进步的满腔热忱和对国民党统治的不满情绪，却印象十分深刻。当时王学珍是否是地下党还不知道，他毕业后考入北京大学法律系，并一直从事学生运动，解放后在北大一直担任领导工作，先后任教务长、副校长、党委书记和第十二、十三届中央候补委员。王学珍是衢州中学出来的职位最高的领导。小时候我们都住在茶圩镇上。王学珍的父亲叫王海珊，经营布店和杂货店，是镇上富有的大户。我父亲与他父亲关系很好，因此我们不仅是校友，而且还是同时在茶圩长大的同乡。但因为王学珍比我大七岁，小时候很少见面，倒是他的弟弟王金鹏和妹妹王秀珠与我一起在靖端小学是同学。

2002 年 3 月衢州一中百年校庆北京校友会

（前排右七为王学珍、右三为汪燮卿）

说起王学珍，我们之间的感情颇深。他 1926 年出生，2018 年就 92 岁了，住在北京蓝旗营北大宿舍 12 楼。2017 年春节前的 1 月 18 日我去拜年，见他红光满面，谈笑风生，思维敏捷。我们谈起在茶圩镇的幼年生活，那江面上来往如梭的大小船只，拥挤的码头上运货工人来来回回地装卸物资。远处的几只鱼鹰猛扑到水面下去抓鱼，因为渔民已把它们的脖子用绳子捆住了，抓到鱼后只能含在嘴里无法吞下。鱼鹰抓到鱼上船以后，渔民用力卡它的脖子，把活鱼从鱼鹰嘴里挤出来，然后又猛敲锣鼓把鱼鹰赶回水中去抓鱼……儿时的一幕幕情景仿佛又在眼前。他说现在还在为北大编年鉴，与清华相比，北大校史资料很不全，如果再不抓紧，就后继无人了。我们谈起茶圩镇从地图上消失了，如果我们再不写点东西就要失传了。他说自己没有精力再写了，主要原因是不会用电脑，这件事只能由我来做了。王学珍的夫人已去世好几年了，两个女儿都在国外，平时只雇了一位保姆照顾，年纪大身体抵抗力差，两个月前得了带状疱疹，每天都要去北大校医院打针。好在再过五天女儿就回京陪他过春节。我给他带去一点家乡的小吃，有龙游发糕、粽子、莲子和冬米糖，这些都是家乡过年的传统饮食。

与我家相似，王学珍他们家在经商赚到钱后，也买了不少田地，所不同的是他父亲从保长当上了乡长，这样在解放后土改中就遭殃了。但在我的印象中，他父亲是一个很善于经营的老板。

蒋介石从抗战胜利到发动内战，物价飞涨，民不聊生，学生们自己种菜，晚上在宿舍里盛小便的马桶，第二天清晨大家都抢着拿去浇菜。老师们举着“反饥饿、反内战”的旗子大游行，学生们也跟着喊口号。

我小学的启蒙阶段是在日本侵略的铁蹄下度过的，因此主要是抗日、科学、救国的主导思想。而在当时国民党统治腐败的环境下，认为只有兴科学才能强中国，而想当科学家的欲望则渐渐形成，这不能不归功于中学教师的循循善诱的教学方法。在初中三年级学物理时，物理学老师何应龙给我们讲的误差概念的故事。这故事说，一个农民去买布，他买了一丈三尺布，那个卖布的伙计在量完以后，又放了三寸布，这在以前是做买卖的正常做法，可旁边有个小孩子看了以后就记在心里，在农民买完布以后就要求卖布的伙计也给他三寸布，那卖布的伙计当然不会给他，是什么原因呢？老师解释这就是“误差”与“错误”的概念的区别，买了布再放给他一点就是“误差”，而白给小孩三寸布就是“错误”。

还有一些使我终身难忘的事例，至今仍清楚地记得另外一位物理老师江成标在讲“功”与“力”的概念区别时所讲的那个故事：说从前有一个精明的老财主，雇了一个长工，要他挑一担谷子进城，进城后给了他五毛钱，长工很高兴地回家了。又有一天，长工看到财主家的一片围墙快要倒了，急忙伸出双臂去撑着，过了老半天才见财主走过来，他向财主要钱，但财主不给，说你只用了“力”而没有作“功”，因为只要用一根木头把一块木板顶在那快要倒塌的地方就行了，这就是“功”与“力”的差别。



我还记得那时吃不到白糖，只能吃一种用麦芽发酵制成的麦芽糖。这种糖做成饼状，上面撒上一层滑石粉，很软，咬得动但掰不开，不过你只要把它在桌子上用力一拍，它就会像玻璃一样碎成好几块。在讲牛顿三大定律时，江成标老师就抓住这个现象，问我们：“怎么去解释？牛顿能从掉下的苹果发现万有引力，你们能不能发现一个糖饼‘破碎’定律呢？”这些把书本知识与日常的生活现象相结合的思考方法，引起了我对自然科学的兴趣，并启迪我要不断探索去解决实际问题。

衢中的语文(当时叫国语)老师教学方法各有特点，这可能与他们自己的性格有关。初三的蒋仁培老师在讲解项羽那四句词的《垓下歌》“力拔山兮气盖世，时不利兮骓不逝。骓不逝兮可奈何，虞兮虞兮奈若何”时，整整用了一堂课，慷慨激昂，甚至到声泪俱下。他的心声和精神状态已和项羽融为一体了。2016年中国石化总部组织我们到庐山休假，偶尔与徐承恩院士谈及中学生活，我谈到蒋仁培老师讲课给我的印象。想不到蒋仁培老师也曾经是他高中时的语文老师。日寇侵占杭州后，他们的学校搬迁到浙南缙云县，临行前徐承恩没有钱了，蒋老师慷慨借给他路费。虽然后来天各一方，但蒋老师的课讲得好都给我们留下深深的印象。

虽远离战火，而且我是一个一心只读圣贤书的老老实实的中学生，年纪尚幼，不过问政治，但是国民党军事的惨败、经济的崩溃和民不聊生却是在生活中都能感受到的，当时确有“山雨欲来风满楼”的感觉。我每天早上在府山城墙上念书时，可以看到一列列火车从杭州开往南昌，列车车厢顶上都坐满了逃难的人，真不知道他们是如何过山洞的，要是人掉下来肯定一命呜呼。当时从东北逃到浙江的，还有许多知识青年，估计也是大中学生，当局只好成立临时中学来安置他们。后来不到一年衢州就解放了，这批流亡青年也就不知去向了。在解放前夕，学校里年轻人的思想已相当活跃，差不多每个班级都办墙报。我所在的初三班也办了一个叫“荒岛”的墙报，刊面是由同班同学王昌安画的：在一望无际的海洋上有一个小荒岛，荒岛上有一个灯塔，光芒射向黑暗的海洋，照亮来往的航船……表明我们要用真理照亮这黑暗世界的决心。

1948 年初中毕业时于衢州府山公园

（从左至右前排：戴昌达、杨大方、叶大均、汪燮卿、郑凤瑞；二排：方明达、孔繁笏、方宝琛、郑懿义；三排：张基阳、王昌安、郑福林、孔庆延）

1948 年浙江省衢州中学初中毕业

（从左至右：王昌安、吴承璜、张绳裕、汪燮卿、张锡光）

# 衢中的高中阶段

上衢州中学时，在校寄宿的同学不少，最关心的是伙食的好坏，当时成立了学生自治会，其中任务之一是监督包厨的开支。由同学们自己来管理伙食，每天轮流派两个同学去督厨，而轮到当督厨却是一种享受。当天清晨四点要起床，用钥匙打开米仓后，先过秤称出多少斤大米，亲眼看着厨师把米下锅做饭，然后跟着他上街去买菜，一一记账不误，如此一天过去再移交给下一个督厨。这种监督的实际效果令人质疑，因为老板厨师在任何环节上做点手脚根本无从觉察，而当督厨一天最大的享受却是可以单独吃两顿小炒。厨师单独给二位督厨做菜，虽然没有另外加肉，但小炒的油要多一些，这在当时就很高兴了。由于住校生吃得差，往往到晚自习下课后肚子早已饿得发慌，那时我们几个寄宿生就想办法去偷食堂的腌菜和冷饭吃。看厨房的老头子早早就睡了，腌菜放在一只大缸里，上面用大石头压着，要撬开确实不易。我们趁天黑蹑手蹑脚地搬开大石头，再撬开大木板，把一大颗腌菜偷出来拌冷饭。我们这边吃得津津有味，那边还听得见老头子呼噜呼噜的打呼噜声，边吃边窃窃私语，觉得很是好笑。

我在中学时也很喜欢数学，是数学课代表，除了课本作业以外还买一些参考书并做大量的练习题，我在参考书的扉页上都要写上岳飞《满江红》里的那句词“莫等闲，白了少年头，空悲切”，以作自勉。高三上学期的数学老师毛以泉很喜欢我，解析几何中有的难题别的同学做不出，我白天想晚上想也要把它做出来。毛以泉老师也说他在念中学时要把难的数学题死啃下来，直到第二天起床时，看

1948 年存照

蓝色的天空时“天都黄了”，这一点我深有体会。毛先生身体不好，曾患过肺结核，有六七个孩子，家庭经济负担很重。我作为数学课代表，提议出钱集资给他买点东西，班上的全体同学一致同意，最后决定给他买了一块布料，由我代表全班同学送给他。第二年他就调到浙江大学去当数学老师了。我在清华一年级时，别的课考试成绩都在 80 分以下，勉强及格，唯有数学考了 86 分，这可能与我在中学打的底子较好有关。

由于校长的从严治校和中学教师们循循善诱的教学方法，从那时起，立志要当一名科学家的愿望，就在我的心中逐渐形成，不想长大后再像父辈那样去经商了。尤其是进入高中以后，我的学习成绩不仅依然相当优异，学习兴趣和学习重心已经明显地偏向数理化，并且钻研得非常厉害。同班同学王昌安回忆：那时汪燮卿夜里开夜车攻读数理化已成家常便饭，往往每天夜里最迟就寝就是他，经常超过半夜了还在演算数理化题。

衢州是 1949 年 5 月解放的，6 月同班同学杨大方与汪樟泰就到军政大学去报名参军了。那时他们虽只是高中一年级的学生，但在部队里却算是知识分子，因而被分到了航校，大方学飞行，樟泰学地勤。半年后，1950 年的 1 月，同班同学谢力士也报名参军进了航校，成了空军飞行员。为欢送谢力士，那月的 24 日团支部召集大家在教学楼前拍了一张 28 人的集体照以作纪念，并在照片上方洗印了一行大字：“衢中团支部欢送入航校团员摄影”。其实那时我还不是团员，我的入团发展会是拍照后 3 天的 1 月 27 日开的，3 个月后转正。谢力士参军虽只比杨大方晚了半年，但由于是在 1949 年 10 月

1 日新中国成立后，所以数十年后从岗位上退下来，他们一个是离休，一个是退休。

杨大方与我是 1945 年春同时进入衢中初一的。他是衢州城里人，我是从龙游乡下来的，入学后按身高排队，我就排在他后面，分配座位时我们两人共用一张书桌一条板凳。他生性活泼，爱打篮球，而我内向好静，但两个人相处很好。那时，晚自习 4 个人把两张桌子一拼，中间放一盏青油灯，油灯里有灯草，把灯草拨到灯的外缘后点燃，发出一苗忽忽悠悠的光。

有一晚，因为油灯光线太暗，于是对面的两位同学把灯草往自己那边拨，但我们这边不买账，就往自己一边拨，这样他们拨过去我们又拨过来，一来二去就吵起来了，愈吵愈历害，性子急的杨大方先动手了，对面的两位同学就把那盏灯的油泼到了大方的衣服

1990 年 5 月 28 日与杨大方(右)在衢州府山公园

上，差点着起大火。我迅速用书包把火苗扑灭，又把他身上的油擦拭掉，其他同学也赶过来劝架。事情就此了结，但我和大方却因此变成了好哥儿俩。

杨大方有一个悲痛的少年时代。1940 年 10 月 4 日，一架日本飞机从西面飞过来，在衢州城上空绕了两圈以后，就开始向下投细菌。当时衢州罗汉井 5 号属于一个姓黄的有钱人家，房子的中间有一个池子，里面养着鱼。日本鬼子最早一批带着鼠疫杆菌和跳蚤的麦粒、小米、棉花、黄豆等，就是投进了黄家大院的这个池子里，然后再从这里一路往南播撒。据统计，当时鬼子在衢州播撒的鼠疫杆菌等细菌多达 8 公斤，相当于后来在宁波开明街播撒的 4 倍。潜伏了一个月以后，到 1940 年 11 月，衢县城区鼠疫爆发。第二年 3 月，杨大方的父亲因不幸染上鼠疫，从开始发烧之日算起，仅 6 天时间就病故了。杨大方和母亲因被送上了衢江中心的隔离船长达半个月而侥幸活了下来，返回时发现家宅已被烧成一片废墟。那场鼠疫，两万多人的衢州城，死了 2000 人。大方的叔叔逃到乡下，也未能幸免，还是死于鼠疫。父亲死后，母亲含辛茹苦地把大方拉扯大并送他上了学。

到了 1946 年，抗战胜利后我们学校搬回衢州城里，1947 年，鼠疫又死灰复燃，衢州南街杨大方家附近一带被封锁了起来，没有什么药可治，就是把那条街上的人全都集中在一起进行隔离，然后把整条街道用硫黄薰。我们这些家在外地的同学则放假回家，过了大约一个月，没有发现新疫情，学校才又复课了。

我 1951 年到北京上大学后，10 月初，杨大方突然专门到清华大学来看我。我问他参军的情况，他只告诉我在空军，一切很好，别的什么也没说。后来谢力士告诉我，其实那时作为新中国的第一代飞行员，他已驾驶轰炸机在朝鲜战场上立了功，这次来北京是国庆游行那天驾驶战机，飞过天安门广场接受毛主席检阅的。如此光荣的任务当然是他一生中最高兴的事情，但为了严守纪律没有对我

衢州中学同学 1990 年 10 月 3 日聚会于北京

（从左至右：戴昌达、张锡光、叶大钧、汪爕卿、杨大方、叶嗣懋、谢力士）

说。后来杨大方告诉我，抗美援朝时他驾驶轰炸机去炸敌军的小岛，第一次轰炸他们很成功地完成了任务，但第二次再去轰炸时遭到美方的还击，几乎全军覆灭，只有他驾驶的轰炸机在遭到攻击起火后还飞回了基地，可谓九死一生，并因此荣立了一等功。尽管有战功在身，但由于他的哥哥在国民党空军做地勤工作，受这个台湾亲属关系所连累，后来大方一直被严格控制使用。随着阶级斗争的尖锐化，和对台关系的紧张，最后还是被部队刷了下来，先是分配到航校当教官，后来又转业到衢州任体委副主任，给了他一个团级待遇直到离休。

1956 年我去东德留学，和杨大方还彼此常通信。他告诉我，已与高中的同学叶大娴结婚了，于是我在德国买了一条漂亮的尼龙围巾，塞在信中寄给了他。过了一个月，收到了他的回信，附有他和叶大娴的合影照片，叶大娴脖子上的围巾就是我送她的那一条，我看了当然非常高兴。

后来，杨大方做为日本细菌战真正的亲历者，1997 年参加了细菌战中国受害者诉讼原告团，曾 3 次赴日本，站在东京的法庭上，为给衢州细菌战受害者讨回迟到的公道，举证和控诉日军的暴行。2005 年，在原来的罗汉井 5 号院，杨大方又发起成立了侵华日军细菌战衢州展览馆。他们在院子中庭水池的位置立了一块“细菌战死难民众纪念碑”，而房屋其他的外部陈设，几乎都和当年一样。与杨大方共同创办展览馆的另外一个负责人、原衢州卫生防疫站站长邱明轩，也是我高中一年级的同学，相处时间虽短但印象颇深，他京剧唱得很好，特别是《萧何月下追韩信》。

2012 年 11 月 11 日衢州中学(现称衢州第一中学)成立 110 周年，我和嗣懋都回校参加了庆祝典礼，校长和党支部书记热情接待了我们。北大医学院韩济生院士也应邀参加，并在庆祝大会上发了言。他回顾了在母校上学时难忘的美好记忆，并赠送他的著作给母校留念。我应邀与校长一起共同封好一个“时空胶囊”。所谓“时空胶囊”就是一个椭圆形的大塑料筒子，里面放着每个人写的一张小纸条，上面写自己对母校未来的愿望或祝福，现在把它封存起来，等十年后再打开来看。衢州中学历史悠久，为国家培育了大批人才，其中有两院院士 6 名，学校专门开辟一个展览室介绍他们的事迹。而最有名的校友是武侠小说家金庸和当代女影视明星周迅。你

在衢州中学 110 周年校庆会上封存时间胶囊(左一为汪燮卿)

要问学生：谁是你的崇拜对象？绝大多数同学都首选他们两位，而对于科学家则感到茫然。我和嗣懋乘校庆的日子给学生作科普讲座，同学们踊跃参加，并提出不少有趣的问题。

在校庆典礼上，我们有幸见到了杨大方。多年未见，分外亲切，我们一起照相留念，一起重温中学时代的学习生活，一起登上府山旧地重游。余汉谋在府山上建的中正堂不见了，倒是那军乐队演奏的地方——八角亭还在，不过已翻修一新。

我与杨大方似乎有一个不成文的约定，每年春节都要互相通电话拜年。2017 年春节前一天他来电话，没有说完 3 个字我就叫他大方。他还是那样声音宏亮，而且谈笑风生。我问他身体如何，他说自己很好没问题，他担心的是老伴叶大娴身体近来一直不好。没想到才过半月，2 月 11 日晚上谢力士就发来了杨大方昨天去世的消息。原来 2013 年大方曾突发脑溢血，之后便一直在衢州康复医院住院静养。虽然经历过心脏搭桥等大手术，但这两年他身体状况总体不错，2017 年春节前还参加了衢州市体育局的离退休干部座谈会，并慷慨激昂地发了个言。杨大方每天晚饭后都有散步的习惯，2017 年 2 月 10 日晚 6 时许，外出散步的他被路人发现倚靠在衢州康复医院附近的电力设备旁，神志已经昏迷。送回医院经过两个小时的全力抢救后，终因医治无效而离世。

1950 年欢送进入航校的同学方明达(前排左五)和谢力士(前排左六)
刚解放不到半年，党吸收大批知识分子参军，方明达退役后当律师，
谢力士退役后在石景山安度晚年(后排右三为汪燮卿)

听说杨大方生命中的最后两年，在病榻前忙于写一本回忆录，书中记录了自己经历的风雨一生，钩忆起那些不能沉没的如烟往事。现在斯人已逝，手稿依然摆在床头。他那老而弥坚、坚持真理、坚持正义的大无畏精神，永远是我学习的榜样。

衢州解放后，我拥护共产党，拥护党和国家的各项主张，积极参加各项政治运动，积极要求进步，并于1950年3月光荣地加入了共青团的前身——中国新民主主义青年团。在高三毕业的前夕，根据国家教育事业的需要，学校动员高三学生报名上师范院校，而且报名者可以直接获得保送，不用参加高考。王昌安等多半个班的同班同学都报名了，但作为团员的我这次却没有响应国家的号召，没有接受组织动员，没有报名师范院校，因为将来想要搞技术工作，要想成为科学家的人生志向已定，因而我不为所动地继续复习自己的功课，准备报考理工类的名牌大学。

# 第四章

# 参加土改

因为革命形势发展太快，国家急需有一批年轻的知识分子补充革命干部队伍，1950 年 10 月，中共浙江衢州地委号召衢中和衢师在读的高三学生参加土改，并且明确规定，土改任务结束后仍可继续学习，也可参加革命干部队伍。

那时在衢州解放后不到一年的时间里，我们班从五十几个人锐减到只有 12 个人，其中：1949 年衢州解放不久就进入航校的有杨大方和汪樟泰，还有张基阳、汪立能等进入了军政大学。汪立能后来在四川剿匪时不幸牺牲，活着的人现在都享受离休待遇。谢力士和方明达是 1950 年 1 月进入航校的，还有一批同学进入了各地的军政大学。他们的革命行动对留下的同学鼓舞太大了，革命热情再也按捺不住了，全班除两个同学外都参加了土改。在那个热火朝天的革命气氛中，参加土改的同学个个摩拳擦掌，呈现出一派积极要求进步的新气象，都准备在这场运动中好好干一番事业，把自己锻炼改造成为新中国的有用人才。

而没参加土改的这两个同学：一个是叶大均，学习成绩很好。他家是本地的大财主、衢州的巨商，解放不久就不再上学，在家准备考大学。他 1950 年秋就考取了杭州之江大学，接着又在第二年考取上海交大，后来又从西安交大考到清华大学研究生。清华毕业后留校任教，曾任清华热能工程系的系主任。现退休在家，住在学院路北的清华大学宿舍区，离我们家很近，每年我们这几个中学老同学都要聚会。另一位就是叶嗣懋，她是书香人家的子弟，她家的老人认为现在去投身革命的学生，一般都是学习上没有什么出息的人，所以才去土改，而叶嗣懋是要上大学的，因此不让她去土改，把她留在家里继续读书，准备考大学。而她一介弱女子，也不敢违背长辈的意愿，就利用在家学习之余当了我们的“通讯员”。她作为各地参加土改同学的总联络，大家就都把情况向她通报，由她汇总后油印成简报，分别寄出，传递土改动态和土改队员的消息。这项工作也很有意义，为土改做出一份积极贡献。由于出身书香人家，叶嗣懋自幼练习书法，写得一手好字，正好可用于刻蜡板。那时各个班级都给自己取名字，我们班取名为“激流”，意为激流勇进，因而叶嗣懋每次简报的开篇都是：激流班的同学们……

土改前，我们先集中进行了一个多月的学习培训。在解放前，能上得起中学的贫下中农子弟凤毛麟角，我们班只有郑福林一位同学是贫农出身，他刚一解放就参加革命了。其余同学的出身不是地主就是资本家。党和政府号召每个人必须与家庭划清阶级界限，要背叛自己的家庭，领导提出来的口号是：每个人的家庭出身是不能选择的，但革命道路是可以自己选的。这些话当时不只是口头上说说而已，是要确确实实落实在行动上的，在当时的历史条件下很多年轻人都是这样做的。以我自己来说，我父亲是从安徽休宁老家几经艰辛来到龙游茶圩当学徒，白手起家开了酱坊和酒坊，不仅当了老板，还购置了五十几亩田产及房产。通过政治学习，我认识到一个人即便是一天工作干到晚，也不可能置办那么多的家产，那多余的部分就是剩余价值，它是由剩余劳动产生的，这就是剥削劳动人民得来的。这些道理，那时我似是而非地搞清楚了，知道父亲是通过剥削劳动人民发家致富的。因此，当我在外边作为土改干部斗地主时，我父亲在家也在挨斗，我觉得这很正常，是理所当然的。

一个多月的学习培训，首先明确地主不是勤劳起家的，而是靠剥削起家的，这样在斗争中才能站稳阶级立场，才能执行和贯彻党的方针政策。而土地改革的方针是要贫苦农民翻身，要在政治上和经济上都翻身。政治上的翻身就是要夺取政权，把农村的政权从国民党反动派和地主阶级手中真正夺回来，在党的领导下建立农会和乡、镇、区、县的各级人民政府。在经济上的翻身就是打土豪分田地，把地主手中的田地夺回来还给农民。

这两件大事是考察土改胜利成败与否的关键。不能简单地丈量土地，分给农民，那就叫“和平土改”，而是必须从思想上根本打掉地主阶级的威风。在几千年的封建制度压迫下，地主阶级的政权在农民思想上是很稳固的，有的农民白天拿到了地主的田契，晚上偷偷地又送回给地主，因为心存恐惧而不敢收。这就是没有充分发动群众，没有使农民树立真正当家作主思想，这就是“和平土改”，是决不允许的。

要使农民树立当家作主的思想，主要办法有两条：一条是通过忆苦思甜发动群众，访问贫下中农，深入了解农民的受苦情况。通过忆苦思甜，启发他们的阶级觉悟，敢于与地主阶级作斗争，同时为选出农会干部打基础。另一条是大力宣传共产党和毛主席，歌颂共产党和毛主席，是党和毛主席使广大劳苦人民得解放，党是领导的核心力量和事业成功的保证。

在忆苦思甜和阶级教育的基础上，通过访贫问苦，用民主的方法，选出农会干部。建立了农会这个基层组织，群众思想发动了以后，就可按地委的统一部署开展土改具体工作了。

在群众发动起来以后，就要按照1950年6月中央人民政府颁布的《中华人民共和国土地改革法的决定》和《关于划分农村阶级成分的决定》两个文件的精神，认真学习贯彻落实。

当年的土改日记封面

学习结束后，我被分配到樟树坛区云溪乡塔石塘自然村全面负责整个土改工作，一个人独当一面。一个乡成立一个土改工作队，队长是部队里派出来的一位营级教导员叫陈伟，我们小分队的队长是一位解放军干部叫郭榕。

我至今还保留了从 1950 年 12 月 15 日起参加土改时所写的日记，六十多年前用钢笔写的，字迹颜色已淡得很难看清楚了。现在只能靠回忆加原件做点补充，整理出部分较有代表性的内容，作为自己亲身经历的资料保存。

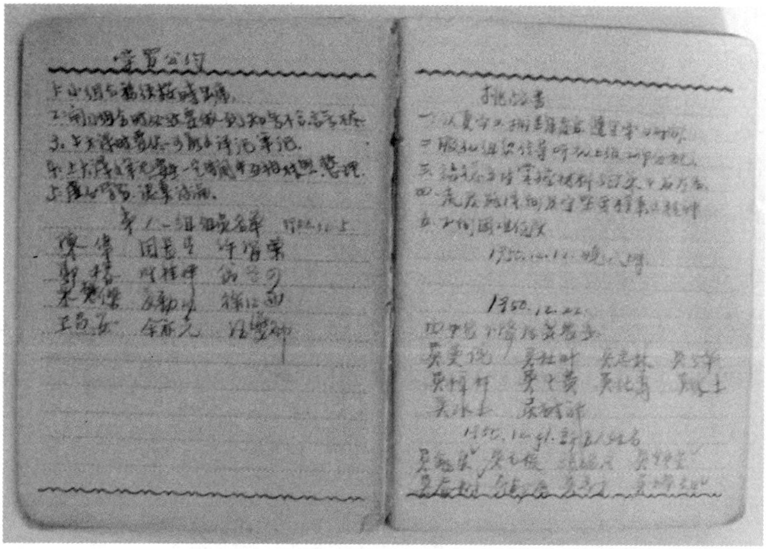

当年的土改日记

1950 年 12 月 17 日　晴

早上起得很早，洗过脸就开始打行李包，准备行军出发了。背包打好了，可惜缺少一根背带，棕绳太粗糙扎手，实在有点吃不消。上街买了一根粗布带，花了 1200 元（注：当时的币值 1 万元相当于今天的 1 元）。我们乘的是 11 点 30 分的火车。我们一大队两个分队从衢州城里到樟树坛乘车约 15 分钟就到了。下车走了里把路，到了区公所，肚子已饿得咕噜咕噜叫，幸而休息片刻就吃饭了。在这里碰到了陈伦同学，他也在本区土改，樟潭乡已于近日完成，他要和我们再到另外的地方，全面展开新区的土改。

今天已踏上征途，来迎接新的战斗了。在这里思想上要明确起来，要站稳立场，坚决为人民服务，同时要打破以前怕羞的恶习，想想看怎样与农民接近，怎样能持久下去，完成这个任务。

晚上开了一个土改队与文化馆业余文工团联欢晚会。因为恰巧文工团也在今天来樟树坛。晚会开得简单而有趣，正如区队里的郭榕同志说的，我们有唱不完的歌，说不完的话，可是晚会总是要结束的。我们青年是富有热情的，但要把这些热情和勇气用到我们的岗位上去。

晚上住在区公所楼上。

1950年12月19日　阴

清晨我们整队离开了区公所，出发到塔石塘乡，塔石塘位于衢江的北岸，要横渡衢江，我们十几个人坐在一条渡船上，一位船夫掌舵，另一位划桨，慢慢驶向江心前行，大家向岸上的同志挥手告别，我们去战斗了！

衢江上船慢慢向对岸漂行，解放军同志们在船上朝天放枪以示庆祝，大家唱着歌，“我们是民主青年，我们是人民的前锋”“团结就是力量”。许多同志说，这好像是解放军打过长江。是的，我们是一支坚强无比的生力军，我们有着繁重的任务，去打垮这四五千年的封建统治，建设新民主主义的社会，我们的任务与解放军的任务同样重要。

啊！我要振作精神来搞好这次土改。

19日晚开会内容：1)组织土改领导机构。2)分配工作。3)明天开全乡干部会内容。4)到村后应注意若干问题。

土改队员名单：陈伟、栗懋杰、徐江西、叶桂祥、夏勤功、汪燮卿、郭榕、袁子如。

注意事项：1)站稳立场，依靠贫、雇农，虚心学习，实行八大纪律。2)住的地方：不随便住到地主房屋里，以免农民误会，与农民接触大有妨碍。3)接近什么人，要眼耳并用。要真正依靠贫雇农，要特别小心赌博为生的穷人不可靠，做小生意的也要注意，因为他们不很需土改，滑头而会说话的不一定工作积极，不要去依靠他们。4)随时研究发现问题，如未上报的田(指隐瞒的黑田)要随时发现随时上报。要整理材料收集问题，包括有无恶霸地主的血案等。

我分配工作的地点是塔石塘村。

下午，塔石乡乡长吴根林介绍全乡总体情况：全乡有8个自然村，每个自然村都成立了农会。它们是：塔石塘、才家、航头街、徐家坞、王家大路、苏连塘、姜家坞、瓜园里。

塔石塘村村长吴樟标和村农会主任吴荣春给我简要介绍村里的情况后，把我安排在一间地主家腾出的空房子里，由青年民兵吴公宪与我同住。公宪一家只有母子俩，家里只有一条棉被，母子俩同盖一条棉被，也很不方便。现在我自己带来了一条棉被，我们两个青年人合盖一条被，也解决了他的困难了。上级规定土改队员要与贫农同吃同住，我也干脆在他家吃饭了。好在住宿的地方与他家是对面邻居，一切都很方便。公宪他妈对我像自己家里人一样，每天虽然一起吃饭，但她总要做一小碗好吃点的菜放在我面前。

1990年5月29日又见到了40年前同盖一条被子的吴公宪(右)

我们学生参加土改享受供给制。但因没有正式参加革命，待遇要差些。每月发伙食费15万元(相当于现在15元人民币)；肥皂一条；抽烟的发两条光荣牌香烟。不发棉衣棉被。这对我困难不小，因为高中三年我穿的都是父亲的长袍，现在连棉制服都没有，人家一看你就是一个破落地主家出身的子弟。好在农村里有的青年也穿破旧的长袍，大家互相都不见外。

1950年12月20日　晴

塔石塘自然村是一个中等大小的村庄，全村共有72户，人口408人，土地约600多亩。在土改工作队到来之前，已建立农会和村组织，对全村的土地占有情况已作过初步调研工作。其中农会有会员108人，自耕田261亩。

1950年12月21日　晴

早上到村里访贫问苦，我首先找到一位双目失明的老人，名叫吴癞痢头。他住的是一间茅草房，所谓茅草房是屋顶没有瓦，是用稻草铺盖起来的，墙不是用砖块砌成的，而是用泥土夯实的。到了12月下旬已进入冬季，在没有取暖的南方，家里的温度有时比屋外还低，一进门寒风嗖嗖就有点阴冷。屋的东边放了一张床，床上铺着厚厚的一层稻草，上面铺着一张凉席和一条薄棉被。屋的西边有一个灶头，旁边放着一捆稻草，那是来煮饭和取暖的燃料。中央摆了一张小桌子和两张小板凳。

我一进门老大爷就叫我先生，要跪下给我磕头。我赶紧把他扶起，说我不是先生，是革命干部，为贫苦农民翻身来搞土改工作的。他摸索着要给我倒茶，我赶紧扶他坐下，说明来意是访贫问苦来的。

吴癞痢头说："原来我父亲手上还有6分地。我们有四个兄弟姐妹，我是老大，老二和老三都是女儿，老四是男孩子。家里地少人多，父母养不活我们全家6口。1943年夏天，日本鬼子从衢州城里来扫荡，把我的大妹妹奸污了，她觉得没有面子，就跳河自杀了。鬼子走后全村闹流行病疟疾，家里吃不饱饭，又没有钱看病，老三和老四都病死了。父母没有办法，只好向地主借高利贷，一担谷子100斤到秋收后要还150斤。那年天大旱，稻田里收到的谷子都是空壳多，碾不出多少米。把这样的稻谷还给地主，地主不收，他要田地作当。于是只好把田地当给地主。我们没有了田地，只好为地主当长工。当长工不久，我父亲积劳成疾，得了肺结核，整天咳嗽不停，白天咳，晚上也咳。用点中草药煎汤喝也不见效，过了半年就去世了。买棺材没有钱又向人家借，这样家庭就一贫如洗。不久我母亲也去世了，留下我孤苦伶仃一个人，只好当长工，没有活儿时只能讨饭过日子，饥一顿饱一顿，好不容易活到现在。”

我说：“现在毛主席共产党来了，是来帮助我们贫苦大众翻身解放的。你可以分到田地了，再也不会给地主做牛当马了。”

他说：“没有想到能活到今天，有盼头了，只要有地种就能活下去，只要能活下去就不会忘记对地主的深仇大恨，这个仇是一定要报的。”说罢呜呜大哭。

我安慰他说：“你说得对，现在毛主席领导农民翻身解放，你一定要好好活下去，日子会越过越好。”

说到这里，他收起哭脸，露出一丝笑容说道：“这都是毛主席共产党好。我还有一件事心中放不下，我今年已经42岁了，还没有讨老婆。我们吴家不能断子绝孙呀！我过去几次想死，用刀割破了喉咙，烂了以后又好了。”

我说：“今后你分到田地，只要勤力劳动，就能成家立业。你盼望的日子就会到来的。”

他微笑地说：“我想也是的，想起过去受苦的日子，现在都过来了，这也是命好。”

我们谈了将近一个小时，之后就和这位老农民分手道别了。

1950年12月23日星期六　晴

在以往工作的基础上，初步核实了有吴卹跃等两名国民党党员，吴任生等4名地主和富农分子，但要等按中央文件关于划分阶级成分的要求正式界定。

由陈伟教导员亲自拟定斗争大会呼的口号如下：

团结起来，保卫胜利果实！

巩固农会组织，团结全体农民！
严密地管制地主！
树立农民当家作主的思想！
消灭地主阶级！
我们要齐心来抗美援朝！
解放全中国！
拥护共产党，拥护人民解放军，拥护人民政府！
中国共产党万岁，毛主席万岁！

1950 年 12 月 24 日星期日　晴

今天由土改工作队陈伟队长主持，在我们塔石塘村召开全乡贫雇农诉苦大会。有六位贫雇农在会上发言，控诉万恶的旧社会，逼得劳动人民家破人亡。陈队长提出要充分发动群众，掌握好政策。我村的两位贫农也在会上诉了苦。

从今天开始对全村的土地占有情况造表册，包括每户人口(劳动力)、土地、农具、耕牛和房屋等。而对地主富农统计要更详细些，包括：总田亩数、出租和租入亩数、雇工数、放债、农具、耕畜、房屋和自己参加劳动情况等。根据上级要求在 26 日完成，因此组织了村文书和小学教师日夜加班突击。

1951 年 1 月 1 日　晴

下午召开塔石塘的青年民兵工作会议。

根据上级规定，凡年满 18~25 岁的中、贫、雇农都可参加青年民兵。这支队伍在解放后成立农民协会时就已基本形成。年轻人工作热情，接受新事物快，又受过苦，精力旺盛，这是土改工作的中坚力量。对他们来说，不是要求他们去忆苦思甜，因为这些活动都举办过好几次了。这次会议的主要目的，是要求大家认真执行党的方针政策。重点是要守纪律，具体要求：1) 斗地主不要搞体罚；2) 不要贪小便宜，到地主富农家乱拿东西，包括衣服、食品、金银首饰等浮财。

这方面已经发生过几桩事了。我举了几个例子，并作了自我检查。

有一天晚上民兵值班，天气冷肚子饿。有几个民兵就跑到地主家的鸡窝里去摸鸡蛋，摸到以后就放到炉灶的热灰里去烤。这种烤鸡蛋还有一个窍门，即在烤前用一根稻草把鸡蛋沿圆周捆扎起来，然后放到热的炉灰里去，待烤熟了这根稻草就开始发黑但还没有烧断，这时鸡蛋烤得正合适。这种事情发生不止一次了。有一天晚上开完会后我也觉得肚子饿，那位民兵也给我烤了一个，吃得又热又香。这件事责任在我，我要检讨。

还有一次是几个民兵晚上没有回家睡觉，要与我同睡在一间屋前的大堂里，没有被子，就到地主家去抱了一条棉被来，我当即要他们把棉被送回去，他们不肯，与我吵起来了，这一帮年轻人不讲道理，我也比较软，就默认了。第二天我写了一张借条给地主，他们还说我对地主太软。

还有更大的一件事是前天发生的。几个青年民兵拿着木棍把地主家的一条狗活活打死，把狗皮剥了，挖去内脏砍掉头，切成大块肉放入酒坛里，加点盐和老酒，然后把酒坛口用黄泥封好，再放到炉灶的热灰里，焖了一个晚上，到第二天中午把泥块砸碎，打开以后闻到一股股香气扑鼻，真是诱人。说快过年了，大家辛苦了，应当慰劳一下，当然我也吃了。

（现在回想这种烹任的方法颇为讲究，与杭州的一道名菜“叫化子鸡”的做法非常相似，而且这种文火慢焖的时间比酒店里更加长。）

我在这次会上把这些不守纪律的事都讲了，而且作了自我检讨，要求大家吸取教训。他们听了以后都很感动，认为老汪能严格要求自己，我们今后决不再犯类似的错误了。

1951 年 1 月 2 日　晴

今天下午召开全村妇女大会。

按规定，凡贫农、雇农和中农家的妇女都可以参加妇女会，虽然现在还没有正式划分阶级，但以前成立农会时基本队伍已组织起来了。妇女会里的姐妹连是积极分子和骨干，她们都是年轻的妇女，大部分都没有结婚，有的十七八岁正处于谈婚论嫁的阶段。

妇女会的工作最难做，原因是思想认识不一致。首先是有些人对地主婆的认识不一致，对地主恨不起来。举例来说，农村里过春节好多农户都吃不上猪肉，而地主家过春节都要杀猪，杀猪以后地主婆就把猪下水和猪血等一碗一碗分别送给邻居，一家大小有点肉吃很高兴，就觉得地主婆对他们很好。夏天孩子头上长疖子，就请地主用毛笔蘸墨水，一边在疖子上画符，一边念念有词给孩子免费治疗等，都说明地主好行乐施。妇女们最关心的是能不能从地主家分到几件新衣服，给孩子穿。有的妇女更羡慕地主婆的金耳钻，戴起来很好看。但这些浮财都是不能分的，要地主自己自报，不得隐瞒，最后由上级决定如何处理。要向农民解释清楚，农民穷是因为没有土地，没有土地就没有粮食和棉花，就吃不饱穿不暖。地主家的金银首饰细软是要向政府登记的，由国家按照政策处理。对多余的棉被衣服等要在土改后期统一处理。

另一个难题是农村里的童养媳，有的中农家里生活还过得去，好不容易生了个小男孩，为了香火延续不断，就设法去抱童养媳。到了童养媳长大成人，有的与未婚男人关系不好，是典型的包办婚姻；有的婆媳关系不好，遇有一点小事就挨打挨骂，甚至想跳水寻死。塔石塘村里就有一个14岁的童养媳，已经开始发育了，长得眉清目秀。而比她小4岁的未婚夫还干瘪得像个小孩子，成天在地上玩也不懂事。这位小姑娘居然胆大来到妇女会诉苦，说自己活不下去了，要土改队给她作主。针对这些问题，我提出来要把这笔账算到旧社会身上。只有消灭封建制度，妇女才能解放，劳苦人民要一条心，共同向旧社会和地主阶级开火。

这次妇女会虽然人到得稀稀拉拉，开会的时候下面是叽叽喳喳，大人骂小孩叫，但总算开下来了。散会前，我叫妇女主任吴菊香送这位姑娘回家，并要做好她婆婆的工作。

1951年1月5日　雨、晴

准备明天晚上斗争会。

主席团：吴荣春、吴樟标、吴银泉、吴春如；

诉苦人：吴杏林、吴银泉、吴石根、吴忠林、吴小吉、吴金根、吴小荣、吴渭心；

布置民兵站岗放哨，由民兵队长负责；

由主席团吴荣春命令地主吴耀奎前来接受群众斗争，富农陪斗；

由青年民兵布置会场；呼喊口号；

地主材料：吴耀奎。1)逼死人命一条，吴金泉。民国31年(1942年)2月，吴耀奎任保长时，乡政府下达每个村分派去当国民党壮丁的人数，保长一般都用抽签的办法解决，抽到谁就谁去。但这次吴金泉没抽到签，还要逼他去当兵，这就很不合理了。吴金泉没有办法，就逃到外地，无衣无食，病死在外地了。此事吴金泉的弟弟吴银泉可证明。2)民国29年(1940年)3月28日，向吴回心勒索敲诈稻谷299斤。3)民国31年(1942年)，向吴小吉勒索稻谷800斤。4)民国31年(1942年)下半年，向吴荣林勒索大木料39根。

群情激愤，在一系列铁证如山的事实面前，吴耀奎只得低头认罪。

1951年1月7日　雨

地主、富农的阶级划分已根据中央文件精神，划分完毕，全体农会会员一致同意。

参考姜家坞村的试点经验，要划分贫农、下中农和中农阶级。为此，昨天晚上召开了干部会讨论具体名单，结果吵得一塌糊涂。一些中农自称是贫农，因为怕在土改中分不到东西。一位农民说："我以前是放过几担高利贷，但这是我双手做活做出来的，我天天喝粥过日子，难道不是贫农吗?"另外有些农民因为怕抽壮丁，自己逃出去干苦活，把家里的几亩田租给别人种，你划他什么成分？总之，中农在土改中分不到田地和其他生产资料，在政策上有明确规定。

在吵吵闹闹中，总算把贫农、雇农、下中农和中农的阶级划分的工作搞完了。



1951年1月9日

组织设立没收委员会。下设：检查组8人，吴石根负责；搬运组40人，吴荣春负责；登记组4人，吴忠林负责；保管组4人，吴忠星负责。

1951年1月17日

在普查造册的材料基础上，经过全村农会会员核实同意，报上级批准，决定：

没收田地300.55亩；房子21间；牛3头。

分田户：贫农，20户；雇农，5户；下中农，6户；共计31户。

分农具：60户。

整顿后，农会会员181人；青年会员50人；姐妹连12人；团员15人；妇女会员24人。

1951年1月18日

今天搬运组开始搬运地主家被没收的生产资料。

只有少数农会和村干部亲自到地主家去指挥，还有一些干部拉不开情面没有去。地主家里是一片嘈杂声，楼上楼下，叽叽喳喳，又笑又闹，喜气洋洋。但也出了点问题，吴樟标是农会领导，突然跑出来阻止妇女搜查地主家的家具。他大声一喝，说："你们是来搬家具还是搬农具?"吓得那些妇女都不敢动了。他是在执行党的政策，但在地主家里，在群众场合，这种做法欠妥。这是"长敌人的志气，灭自己的威风。"

1951年1月22日　晴、阴

上午去访问吴杏林老农，他今年54岁，我们前天就约好要去他家的。

他一早就坐在门口小板凳上抽旱烟，看见我老远就打招呼："老汪，欢迎，欢迎！"进门以后，看他家住的是一间泥瓦房。泥瓦房的结构材料比稻草房高一个档次。墙体是用泥土夯实的，但屋顶是用瓦盖的，挡风雨比较好，不会外面下大雨，屋内下小雨，而且保温也比较好。

吴杏林家的摆设与吴癞痢头家差不多，但堂前有一张大方桌，有四条长板凳。北墙上挂有三代先辈的画像。我看吴杏林老农的堂前放有发糕和粽子，当然还有一个小香炉供祭拜。

（"百事孝为先"，这是当地农村的习惯，而它的体现方式是从春节到元宵节，在堂前都要挂一张祖宗的肖像，是祖宗前三代，如已去世的父亲和母亲、祖父和祖母以及曾祖父和曾祖母肖像。肖像大约是有一米多长的画卷，都是人工画的。堂前摆着祭品，有糕点等过年的食物，一般都要先供祖先然后才能自己吃。）

我一进门老两口就请我在堂前坐下，他老伴就去沏茶。水烧开了，吴杏林端起大碗，放点茶叶用开水冲好，放到我面前，我们一边喝茶一边聊天，谈起他们一家的苦难。

（南方的灶头烧稻草，大灶头有两口锅，用来蒸饭、烧菜和煮猪饲料，小灶头用来烧开水。烧开水的壶是用当地泥土由专门的泥瓦匠制作的。这种制作过程很有意思。泥瓦工先把一块湿的泥坯放在一个在圆盘上，用脚推动圆盘旋转，用手捏这块湿泥，用不同的姿势捏造出一个泥坯，再在一个临时搭制的烧窑炉里，用干草、小木头片和柳条枝烧一天一夜，经自然冷却后就可取出来用了，这是我们家乡的"陶器"。这种陶器比宜兴的陶器质量要差一些，主要是当地的泥土质量远不如宜兴的，而且表面呈深灰色。几年前中国石化总部组织院士去景德镇考察，安排我们参观瓷器原坯的手工制作过程，我看了整个过程与我小时候看到的一模一样。）

吴杏林说："我们家在民国30年(1941年)以前日子过得还不错，家里有5亩田，一家5口人，父母靠种地为生，三个兄弟我最小，两个哥哥从小在田里干活，忙时给富人家打点零工。到了民国31年(1942年)抽壮丁，我们家有三个男青年，根据当时政府的规定，除非一家是独生子，必须要抽一个去当兵。当时全村有五个当兵指标，符合条件的有15个青年，于是就用抽签的办法，抽到谁去就谁去。我大哥不幸中了签，在劫难逃了。出去当兵后不到两年就牺牲在战场上。家里虽然挂上了烈士的牌子，但什么补贴待遇都没有。民国32年(1943年)5月日本鬼子侵占衢州城里，塔石塘离城里不过十多里地，鬼子经常来扫荡，杀人放火无恶不作。我们天天躲也不是办法，田里的活还要做，否则吃什么？一天中午我二哥正在田里干活，忽然听说鬼子开着摩托车又来了，来不及躲避又被抓走了。"杏林老农一边说一边掉眼泪，又继续说："父亲气得病倒了，整天唉声叹气地躺在床上，不吃饭不喝水，邻居说是吓得灵魂丢了，要请巫婆去找回来。我妈信以为真，就到隔壁村子里去请巫婆。那巫婆请来后坐在父亲的床边，口中念念有词，最后说你们要雇一小伙子去把灵魂找回来。我们当然就同意了。过了一天，那巫婆说她找到了一个年青力壮的小伙子，带到我家里。那巫婆要小伙子站在她面前，闭起双眼，双手下垂。然后口中再念经，喝了一口水含在嘴里，再喷到那小伙子的脸上。小伙子马上跳了起来，闭起眼睛一边蹦一边跑，后面跟着一个小孩拿着一个小布袋，说是去把灵魂接回来。走了约两个时辰，来到一个小庙旁停下，说你父亲的灵魂就在这里。接着他捧起一小手掌的沙土，说拿回家放在父亲胸前，灵魂就归来了。结果当然无济于事，母亲又去烧香拜佛，从道士那里拿了什么仙草熬汤喝，父亲就这样被折腾死了。田拿去抵债了，自己的田现在变成地主的田，佃农要向地主交租，交不起租又要借谷子吃高利贷，落得这样的下场。”杏林喝了口茶，接着说：“以前我总以为我家的命不好，现在知道这都是日本鬼子、国民党旧社会和封建迷信把我们全家坑害的。今天共产党毛主席救了我们，翻身作了主人，真是前世没有想到的。”

我说：“你是千千万万旧社会受苦受难的贫苦农民中的一个代表，现在要土改了，把土地还给农民，是共产党的政策。你要相信党的政策，而且要在土改中作积极分子，把苦水倒出来，带领大家把土改工作搞好。”

他立即回答说：“你是共产党派来的土改工作队的干部，只要你老汪叫我干什么我就干什么。”

1951年1月24日

今天传达华东区谭震林政委关于华东地区土改工作的形势报告。

1951年1月27日

布置拥军优属工作。

重要性：是巩固部队，加强国防力量的一个关键，更重要的是保卫农民的胜利果实。按省里规定，2月份是“拥优月”。

具体工作：1) 发救济粮；2) 开拥军优属联欢会。

开村干部会，传达谭政委讲话精神，对照检查我们自己前一段的工作。进一步收集地主的材料。明确四个典型，明确分工，回忆诉苦：吴荣春；管制地主：吴春树；生产：吴公教；拥军：吴樟标。

1951年1月29日

再次汇总地主吴耀奎的材料：

1）逼死人命一条：吴金泉。地主吴耀奎当保长时，吴金泉没有抽到签，还要他去当兵。民国31年(1942年)2月1日，他逃到外地，无衣无食饿死在外地。

2）民国29年(1940年)3月8日，勒索敲诈吴回心稻谷299斤半。

3）民国31年(1942年)勒索吴小吉稻谷800斤。

4）破坏生产打农民。民国37年(1948年)8月，为马料豆(黑小豆)事打吴小吉。

5）民国31年(1942年)下半年勒索吴荣林大木料39根。

6）民国34年(1945年)收租时，打吴金根耳光，损失稻谷一担(100斤)。

7）民国30年(1941年)7月，带警备队员敲诈勒索吴曼宜。

8）抽壮丁敲诈勒索吴石根。

1951年2月2日

一、管制地主富农。由民兵负责，每天要他们到乌柏树上抓毛毛虫。晚上拿回来称重记账。

二、订立干部公约。

1951年2月6日　春节

全体土改队员在云溪集中，边过春节边检查总结工作。

根据谭政委的重要指示，各村都回顾检查了前一阶段的工作，并向地委民运部高部长汇报了各村的土改工作情况。

1951 年 2 月 7 日

下方乡作典型报告：征收、没收和分配。

云溪乡总结土改工作典型报告。

1951 年 2 月 8 日

民运部宣传科李克难科长作樟坛区土改总结报告。

划错成分：全区多划地主 19 户；其他成分划成富农 31 户；民兵违法乱纪有 21 个村；私自扣人有 2 个村；有两个民兵队长强奸妇女。

对缺点和错误的认识：

1）总的来说，成绩是基本的，主要的；错误是个别的，偏差是部分的。

2）从上次高部长传达华东局的指示后，有很多乡有很多转变，首先在镇压反动地主方面，每个乡都做了计划，有明显进步。全区共杀了 34 个；判了 40 多个，给群众撑了腰。

分析了目前干部的思想情况。(略)

提出今后如何补救的意见。(略)

在今后工作步骤中应当掌握的关键问题。(略)

1951 年 2 月 9 日

上午高部长作报告(衢州地委民运部部长高希圣，曾任浙江军区第三军分区司令员，1952 年任衢州地委副书记)。

报告的主要内容是总结土改，关于抗美援朝和动员青年参军。

1951年2月10日

上午讨论高部长报告。

下午：高部长总结。

1951年2月13日

召开村干部会，传达高部长报告。

1951年2月14日

召开民兵会议，传达大会精神，评选干部，选积极分子。

1951年2月15日　晚

召开全村会员大会，传达高部长报告精神。

1951年2月16日

成立乡委员会。

订立爱民公约：

1）做事没有顾虑，公事公办，不能压制群众，让群众充分发表意见。

2）要团结得像兄弟一样，不能发脾气。

3）干部没有特权，要起带头作用。

4）做事要对得起毛主席。

5）有事与会员一齐商量，干部不能私自决定。

6）干部之间要相互尊重，共同做事。

7）不贪污吃私。

1951年2月17日

召开土改胜利庆祝大会。布置参军工作。培养拥军典型。调查日寇鼠疫罪行。

1951年2月23日

召开妇女会，布置参军拥军工作。

1951年2月24日　雨

晚上召开干部会讨论问题。

慰劳品共收：大米109.5斤；人民币82600元；蛋96个；蜡烛半斤。

1951年2月25日

省委办公厅总结。(略)

1951年2月27日　下午

总结大会，听李克难科长作报告。

1951年3月2日

晚上召开群众大会，讨论以下几个问题：

发动代耕队为军属装柴；

讨论村主任荣春是否准其辞职；

查有本村造谣分子吴凤林(当过清党)，吴曼宜头(当过甲长)利用新任干部不了解情况，进行造谣破坏，说国民党好共产党不好，并说："眼光要看得远一点"，威吓村长要"留心"。情况甚复杂，要深入调查。



1951年3月3日　晚

召开干部会。

后记：土改日记从1950年12月15日写到1951年3月21日为止。总的工作可分两个阶段，第一阶段是土改，时间是从1950年12月到1951年2月这两个多月。第二阶段是抗美援朝动员参军。从1951年2月9日高部长在云溪土改干部大会开始动员，这一个月的时间里都在宣传抗美援朝的形势，动员翻身农民参军。从方针政策到具体做法和步骤，都布置得非常具体仔细。土改工作完全是按中央两个文件的精神进行的。而抗美援朝和参军完全按衢州地委民运部高希圣部长和李克难科长所作报告进行。

我现在回想在解放前当时的历史条件下，地方上国民党时期的区长、镇长、乡长几乎都是被镇压的对象，因为他们最严重的民愤就是抽壮丁，敲诈勒索农民，有的还有血债。在土改时，对民愤大的恶霸地主，包括区长，乡长，镇长或国民党区分队长，只要有人诉苦，设立一个临时法庭，没有什么法律程序，也无处可上诉，只要开个公审大会一宣布，就一粒子弹了事。根据当时国民党政府的编制，地方上的区、镇、乡都有国民党支部组织，摧毁政权的基层组织就是摧毁国民党支部。因此，只要把区、乡、镇长消灭了，就摧毁了国民党的基层组织，农村政权才能巩固。而对于县以上的官员，除了民愤极大者，一般都是统战对象。所以毛泽东选集中提出的“党的领导、武装斗争和统一战线”这三大法宝，在土改中得到完整的实现。

土改结束后紧接着就是动员青年报名参军，因为当时正值抗美援朝急需新兵补充上前线。但在当时，动员参军并不轻松，农民对国民党统治下的抽壮丁记忆犹新，所以提出来要保卫胜利果实，决不受二遍苦受二茬罪，再进行一次抗美援朝保家卫国的教育，在此基础上号召大家报名参军。

经过动员后，塔石塘村有三位青年报了名，经过体检，只有一位青年合格。他回家以后，大人拉后腿，晚上在家里故意用开水把自己的脚烫伤了。第二天给他披红戴花送乡公所时，因他脚烫伤不能行走，只能用椅子抬着去，弄得我们很狼狈。到乡公所后，上级一看心里就明白了，于是就把他送了回来。后来经过再三动员，有一个贫农的儿子叫吴种树报名参了军。他们家就父子二人，住在茅草屋里，相依为命。我当时心里真有些舍不得，但为了完成任务也没有办法。

短短的土改工作，包括动员参军才四个多月。我与贫下中农建立起了亲密的感情，我们吃饭是派饭，一户贫下中农家庭吃一个星期，大家一起吃，没有特殊化。我甚至还和一个贫农的儿子同盖一条被子，因为他们穷得全家只有一条被子，于是一起盖我自己带的被子，让他与我同睡。冬天的南方阴冷，我们住在一间地主的空屋里，与青年民兵关系特亲密，因为当时大家都是十七、八岁的青年。2012 年 11 月回衢州参加母校成立 110 周年庆典后，我顺便回到塔石塘想访问一下老友。我带了原来日记本上的土改积极分子和诉苦人的名单，好不容易找到了塔石塘村党支书。他热情地接待了我，但所有名单上的人要么他不认识，要么去世了，只与他八十多

2012 年重访 62 年前土改地塔石塘村，会见当年贫农吴大爷(右)

岁的年迈父亲交谈了几句，老人因为耳聋根本听不见，是由书记给我转述的。

到了 1951 年 3 月底，土改和参军工作已基本结束，农村要开展大生产、春耕和兴修水利了。土改工作队员有的也陆陆续续离开了，我们的队长陈伟教导员已另有任用，原来在一起的队员还有一半多一点。这时，我向组织提出要回校补课准备考大学，领导同意我回校并要给我做个鉴定。鉴定会是专为我一个人开的，因为同来的衢州师范高三的孔兰芳和袁志明两位同学已不准备再上学，他们不打算离开工作了。

1951 年 3 月底组织上给我一张鉴定表。这是一张手刻蜡板的油印表格，表格的名称为《参加土改的积极分子和学生鉴定表》，上有：姓名、年龄、性别、籍贯、何处调来、参加何种工作和时间、文化程度、部别、职别、是否党团员、工作表现、优缺点、小组意见、备考和机关负责人、填表日期等项，自己填写上半部，组织填写下半部。

“工作表现”一栏为自我评价，我填的是：对工作还能负责，不过面临困难时容易懊恼，有时自己主张不定，容易迁就群众中一部分落后思想。

“优缺点”一栏也是自我评价，我填的是，优点：1) 能始终站稳立场；2) 不贪污吃私；3) 未强迫命令；4) 对工作负责，与群众联系好。缺点：1) 工作做得好时情绪很高，遇有困难，办法很少，容易迁就群众落后思想；2) 没有深入艰苦工作，以致群众还没有全部发动起来，只是一般化的工作。

“小组意见”一栏组织上填的是：斗争性不够坚强，遇有困难办法很少，容易迁就群众落后思想。对工作耐心。

“备考”一栏，是塔石土改队的鉴定意见，为：该同志在土改中表现积极、负责、耐心，缺点：斗争性不强，容易迁就群众的落后思想。落款是：塔石土改队 郭榕。

参会人员（签字盖章）：郭榕；夏勤功；孔兰芳；叶桂祥；袁志明。

“机关负责人”一栏，盖的是地委宣传科长“李克难”的章。

填表日期是：1951 年 4 月 3 日。

鉴定会是在我的工作地塔石塘村开的，由郭榕同志主持。他买了一点花生瓜子，既是来开会，也是来送行。我准备了茶水。我们六个人在一起又说又笑，会议开得亲切而轻松，因为大家在一起工作了四个多月，互相比较了解。而对为什么要鉴定和鉴定能起什么作用，当时我都不太清楚，因为毕竟是生平第一次。

我的发言只有十分钟，谈自己的工作与体会。这是我生平第一次走向社会，在农村接触了贫下中农并与他们在一起，斗地主、分田地、大会小会发言、动员忆苦思甜和参军，一幕幕犹在眼前。

与会同志也给我提出了诚恳的意见和希望。那时大家都没有相机，无法拍个合影照作为临别纪念。倒是我们的组长郭榕想出了一个送行方式，他说：“大家没有意见，会议就结束了，我提议到村外去，让你们每个人放一枪，为老汪送行。”

大家热烈鼓掌赞成。他是我们组里唯一的解放军干部，带有一支驳壳枪，平时我们想玩玩他的枪，他都不同意，这次可让大家过瘾了。

那天我们说说笑笑地一起走到村外，然后同志们轮流开枪为我送行。至此，我 4 个多月的土改工作也就在这送行的枪声中圆满地结束了。

# 第五章

# 大学时代

1951年土改工作结束后，同学们各奔东西，有的考大学，有的参加工作，也有回家自找出路的。我经过短期的高三补课，就去杭州参加了全国高考，并有幸考取了清华大学化工系。



## 离家北上

我考上了大学，这远远超出了父亲的预期。他原来的想法是，大儿子高中毕业后，要么子承父业跟他学做生意，要么去邮局、信用社或税务所，当一个在当地有头有脸的挣工资的国家公职人员，早点挣钱贴补家用。我们父子俩为此曾大吵过一次，以致两人一个多星期没说话，但父亲最终拗不过执意要继续上学深造的我，同意我报考大学了。尽管事与愿违，但当我真的顺利地考上了大学，而且是首都的名牌大学，汪家破天荒地出了一个大学生时，他由衷地为有这样一个儿子而感到骄傲，在乡亲邻里面前也觉得脸上特别有光彩。

1951年高考已是全国统一招生了，每位考生可以填报5个志愿。我感兴趣的是化学，主要是受吴良和孔庆震二位老师的启发。在一次做肥皂的实验中，用牛油与氢氧化钠加热后产生的肥皂居然能洗去油渍，觉得很神秘。在抗日战争年代家里很穷，洗衣服用不起肥皂，外婆就把脏衣服放在木盆里，然后把稻草灰用开水冲，冲出来的浸渍水可以洗掉油渍，后来才知道，原来稻草灰里含有氢氧化钾。

报考清华大学的动机很简单，是因1950年夏衢中高三的优秀毕业生刘佳有考取了清华的财政专修班。他是衢州樟树坛人，是1950年刚建成的中国新民主主义青年团衢州中学团支部的支部书记，而我又是通过他介绍入团的第一批团员，对他的佩服和把他作为学习榜样促使我报考了清华，而喜欢化学又促使我选择了化工专业。

接到录取通知书时，最高兴的一件事是能在北京参加十一国庆游行，到天安门见毛主席。学校专为南方学生赴北京组织了北上联络队，集合地点是上海。临行前父母亲把家里所有的积蓄都拿出来给我做棉袄、棉裤、棉鞋和棉被四大件。因为在高中我穿的棉衣全是父亲旧衣服改的，冬天全班只有我一个人穿长棉袍，所以在那时的照片上一看就能认出是我。出发那天，我们家唯一的雇工毛南把我的行李挑到火车站，然后我们就一起在车站等火车。

毛南是个老老实实的酿酱工人。1942 年前在茶圩镇开酱坊时，他就在我父亲手下工作，直到日本鬼子扫荡，茶圩镇被毁才离开。1945 年父亲恢复酱油业，又把他雇了回来。毛南是个单身汉，平时沉默寡言，但对我很好。他先后曾找过几个女人，但那些女人把他的钱骗走以后，就把他抛弃了。1960 年我回老家时，买了两斤蛋糕专门去看他，他已年老体衰卧床不起了。

我们等火车一直等到半夜三更，从南昌到杭州的火车才开进龙游站，上车的只有我一人。毛南把我送上车厢，随着汽笛一声长鸣，在车门处与他挥手告别。我回到车厢里，显得格外孤单，远行千里，不知何时才能再回家。儿时的一幕幕闪回眼前：上小学时得疟疾外婆带我逃到田野里躲避鬼神；日本鬼子扫荡时把父亲用绳子捆绑起来用刺刀对准胸膛；从城里放学回家母亲给我做的萝卜丝炒牛肉……想起这一切，不禁潸然泪下。

南昌到杭州的火车是趟慢车，慢车一站站停靠，到杭州车站时已是早上七、八点钟了。我从这里再转车，到上海时已是傍晚时分，父亲的一位老同事已派人到车站来接我。

父亲的这位老同事叫徐善冶，原来是 1942 年信大运输行的伙计，夫妻俩曾在我们家住过两年，现自己又在上海开了个小运输公司。这次父亲事先写了封信给他，请他在我路过上海时照顾一下。他的公司离车站不远，来迎接我的学徒叫了一辆三轮车，走了约五里地就到了。他们夫妇俩对我非常热情，听说我考取了清华大学真是羡慕不已。我在他家住了一个晚上，第二天上午还去看了一场电影，下午徐善冶又把我送到车站，与清华北上的工作队汇合。

北上工作队是由本届考取清华的上海学生带领的，为南方录取生北上提供帮助。对我这个第一次出门就远行千里的乡下人来说，真是提供了莫大的方便。我们的领队是李安朴和马德坤两位同学，我把录取通知书给他们看了以后就加入了他们的队伍。这次北上团约有二十几个同学，都是十七八岁的小伙子和姑娘们，大多是上海人，叽叽喳喳讲的上海话也听不懂，只有我一个乡巴佬坐在车厢的角落里发呆。列车到南京后要上渡轮摆渡过长江，到了江边把每四五节车厢分成一组拆开，然后用小火车头拉到渡轮的铁轨上，为了安全起见乘客必须下车。如此摆渡经过三个多小时才到对岸，经重新组装后再行驶北上。北国风光与江南水乡就是不一样，列车一路向北，车窗外郁郁葱葱的风景渐渐地不见了，映入眼帘的是一片片的黄土和稀疏散落的小草，给人带来了一丝丝初秋的凉意。列车到了符离集小站车停下来时，只见一大群旅客奔向月台去买烧鸡。听说这里的烧鸡全国有名，周围的小伙子和姑娘们自然是一马当先不甘落后，而我却因囊中羞涩只能望鸡兴叹。

经过两天多的行程，列车终于驶达北京的前门老北京火车站。我虽然感到有些疲劳，但还是非常兴奋和好奇。学校的大卡车从站台直接把我们送到了清华园。进清华后，车子停在了体育馆旁边，要我们下车，起初有点丈二金刚摸不着头脑，后来被告知因宿舍未腾出来，要在体育馆里住几天。我们被安排在体育馆的后院，是练单杠、双杠的地方，大家把行李打开，因下面有厚厚的垫子，睡得很舒服。过了一星期左右，我们就搬到二院去住了。

# 在清华二院

二院是清华同方部北面的一排排平房，那是化工系的基地。因为化工系在清华是1946年抗战胜利后成立的，所以暂时还没有“馆”。从系主任到助教都在一间间隔开的平房里，上面写着各自的姓名，找起来非常方便。前面三排是教学用的房子，我们的宿舍在第四排的东侧，一共有两个大房间，可能比现在的军营宿舍略小点，每间住二十几个人，都是上下铺。虽然条件比较艰苦，但没有一个人发牢骚。我与黄训豪同学是上下铺，黄训豪是广东人，操着一口广东腔的普通话，勉强还能听得懂，原先我们都是化工系，第二年院系调整后把他分配到了矿产机械系。我们隔壁的徐运祥和罗齐原是上下铺，第二年分专业后，他们三位都转入“矿产机械系”了。

说起与黄训豪的关系，近年还发生了一件趣事。2015年3月的一个下午，我突然接到一个长途电话，是一位广东老人的口音。

“老汪哎，你好啊！你还记得我吗？”电话中的一个操着广东官腔的老人说。

“我怎会忘记你呢？我们俩1951年进清华时住在二院宿舍里还是上下铺哩！”我一听声音很像黄训豪的口音，马上激动地回答。

“是呀！我很想你呀，你什么时候有机会来广州我们见见面好吗？”对方问。

“当然好啦！我有机会到广州一定去拜访你。”我回答。

“是这样，有件事要请老同学帮忙。我最近胃病又犯了，医生说要住院动手术，一时拿不出那么多钱，你能暂时借给我一点钱，支援一下好吗?”对方问道。

“嗨，老同学有困难，支援是理所应当的。”我毫不犹豫地答道。

“那你先借给我5万元，我把银行卡号告诉你，谢谢啦!”

电话就此挂断。

放下电话后，我冷静地思考了一下，觉得有点不对头，老同学多年不见一开口怎么就要钱呢?我多了一个心眼，决定先打电话问问我们的老班长徐亦方，打听关于黄训豪的情况。徐亦方当即告诉我，黄训豪现在香港经商发了大财，怎么会向你借钱呢?

恍然大悟，我差一点中了一场电信诈骗的骗局。后来知道，这种骗局还有个名称，叫：猜猜我是谁?

那时在我们大宿舍里，冬天取暖是烧煤球炉子。最使我难忘的是，进清华后的第一个冬天下了一场大雪，我因没有雨鞋，只能穿着母亲做的一双新棉鞋趟雪，棉鞋很快就被雪浸湿了。晚上，我把湿棉鞋放在炉子旁边烘烤，到了第二天早上发现，棉鞋被烧出了两个大洞，没法穿了。真是欲哭无泪，这可是母亲一针针缝起来的呀!

我们这排房子的西侧住的是解放军，后来才知道他们是总后油料部派来学习油料分析化验的。当时正值抗美援朝的战争时期，化工系专门为部队办了油料训练班，由系主任曹本熹和侯祥麟教授亲自给他们讲课。

报到后不久，班长徐亦方就代表系里征询同学们的家庭经济状况，家庭经济有困难的同学可申请助学金。我把村里农会给自己开的介绍信递了上去，证明我家人口多，土改后经济困难，建议学校给予助学金。我真害怕因为出身成分不好拿不到助学金，弄得不好只能退学回家。所幸系里讨论的结果是，同意给我乙等助学金，每月交够伙食费后，还能有2元零花钱。这样就能在学校生活下去了。

正式上课前，系里在同方部为新生办了一个迎新晚会。晚会的内容非常简单，主要介绍化工系的专业概况和老师。除了系主任曹本熹外，我记得还有赵锡霖副主任(后来到北京钢铁学院任教)、武迟教授等。其中印象最深的是侯祥麟教授，因为他个子比较矮小，而且穿着红衬衫。

开学后，我遇到的第一件大事是，参加庆祝建国两周年的国庆游行。为参加国庆游行所有的同学都要进行十天的操练，大家都十分认真，做到步伐整齐，纵横方块都要像豆腐干一样方方正正。但由于当时经济条件所限，做不到服装统一，于是我们就把各自参差不齐的白衬衫一律染成了红色，英姿勃发，鲜艳夺目，这样排成游行方阵，看起来就既整齐又美观了。

参加国庆游行的队伍在10月1日当天的清晨3点钟就出发了，每人发两个馒头两根香肠，步行到清华园火车站坐上闷罐车，沿当时的环城铁道坐至朝阳门车站下车，再列队走到天安门。嚇，天安门前人山人海，人声鼎沸，锣鼓声和口号声交织成了激情的海洋。从队伍到主席台距离好几百米，我根本没看清毛主席和中央领导人的身影，但兴奋的心情把一切都掩盖过去了，只顾奋力挥舞手臂，大声地高呼口号。这是我有生以来见到的第一个激动人心的大场面，亢奋的心情久久不能平静，回到学校后才感到四肢犹如瘫痪一般，已经累得几乎不能动弹了。

作为从农村出来的高中生，进入全国一流大学，起初我接二连三地出洋相，而且还犯过错误。

首先，入学前需再进行一次体检，在眼科对颜色分辨率测试时，一本五颜六色的图集检出了我是红绿色弱，离色盲只差一步之遥，后经系里研究，认为读化工尚可，读化学就不行，我侥幸地过了第一关。

到校后我们的宿舍还没有安排好，暂时住在体育馆内，一天到晚没有什么事，同来的一位同学叫唐均安，他是从复旦大学念过一年大一再考到清华化工系的。根据当时高教部的规定，只有应届生才能入学，因此他就没有注册。为此，他要去高教部反应自己的困难，他要我把校徽借他用一下，说否则进不了高教部。这是帮助同学呀，我毫不犹豫地就把校徽借给了他。但唐均安一到高教部的传达室，在说明来意办登记时就露出了马脚。传达室的人问他，既然你没有注册，那么你佩戴的校徽是哪儿来的？被如此一问，这位老兄只能如实坦白，说是向别人借的。这一下好了，事没有办成校徽却给扣下了。根据校徽的编号很快就查出了我的名字，于是系里和校方领导逐级找我谈话，最后是教务长李广田先生亲自面谈。为此，我写了好几份检查，最后是校方姑念我年轻幼稚，从轻给了个警告处分。

上课才几天就挨了个处分，而且是好心办错事，我心里真感窝囊。但也说明学校的校风严格，它给我的人生上了一课。

# 清华老师和同学那些事

当年浙江省高考只有杭州一个考区，清华化工系录取了 6 人，登在《光明日报》上，我记得有董世华、我、陈建存和万邦烈，其他两人名字忘了。董世华入清华不久得了肺结核，一年后退学了，而我们 3 人以后都转入了石油学院。我在炼制系，陈建存在炼厂机械系，万邦烈在矿产机械系。五十年后见面，陈建存执教于深圳大学，万邦烈毕业后去苏联留学，获副博士学位，回国后在石油大学执教。

那时考上清华的学生，收到的录取通知书中对院系有详尽的描述。在录取通知书中，有当时清华化工系最高端的设备——一台铜制的精馏塔。当时化工系在学校的北面有四台设备，其中一台就是那个精馏塔。虽然现在任何一个石油学院、中等职业学校有精馏塔很普遍，但在当时那种“一穷二白”的条件下，这台精馏塔还是让我引以为豪的。

1997年9月21日清华同学北海仿膳聚会

（从左至右：钱婉维、胡莹君、吴朝华、徐亦方、张凤亭、汪燮卿、柴正弦）

回忆起蒋南翔校长提出的“为祖国健康工作五十年”的口号，和印象最深的两堂课——马约翰的体育课以及艾思奇的哲学课。自1961年参加工作以来，到现在已经有五十多年了，每谈到这里，我就会自豪地说：“我已经达到蒋南翔校长的要求了。”全校的大一学生第一节体育课和政治课是在大礼堂上的，我对马约翰先生冬天穿短裤跑步的事仍然记忆犹新。而对于艾思奇的《大众哲学》中的三大定律，现在还记得两条：对立的统一和否定之否定，但在当时是靠生吞活剥和考试时死记硬背的，在经历了半个多世纪的沧桑，现在觉得蛮有道理。

我大学一年级学得很吃力，特别是无机化学和分析化学这两门课。无机化学是张青莲教授授课。那时班上很多上海考来的同学，大一的普通化学他们在高中就学了一些，因此对他们来说学得很轻松。我就不同了，过去没学过，加之张先生一口常州话不易听懂，学起来很吃力。为此，班上给我们开辅导课。我记得最清楚是周佩正同学，他给我们讲得非常清楚。后来我与周佩正关系很好，成为他的入团介绍人。周佩正学习非常优秀，改革开放前期就编辑《德汉炼油技术辞典》，其实那时他的英语已很棒了，德语是他的第二外语，因要去美国进修，只好把未完稿给了我，要我继续完成。我因工作繁忙又把此事委托给留德的胡振荣同学，他继续完稿后于1988年由烃加工出版社(现中国石化出版社)正式出版。

周佩正1980年去美国德克萨斯(Texas)大学进修，以优异成绩获博士学位，并被授予凤凰奖，1986年在纽约城市大学从教，1987年在美国能源部匹茨堡能源中心工作，后又转入纽约碳氢科技公司(Hydrocarbon Technology Incorporation)主持工作，并与我经常保持着联系。他在学术上颇有成就，曾接手了碳氢科技公司任CEO，回国讲学时曾多次来我院授课，如美国的新配方汽油开发和制订的规格标准，对我们关于油品质量升级很有启发，另外在煤加氢液化方面也有建树。我去美国也到匹茨堡大学拜访过他们一家。遗憾的是，周佩正同学不幸于2007年因患癌症去世。

教我们分析化学(定性部分)的是魏娱之教授，教定量化学部分的是唐伟英老师。我在作定量分析滴定时，因眼睛色差还要别人帮助看终点，基础差、恐惧、紧张，使我这门课学得最差，但没有想到毕业后还要从我最发怵的工作起步——从事石油的分析研究。当时我唯一的想法就是：祖国的需要就是我的志愿。

在度过了学习最困难的阶段以后，在名师的授课启发下，我学习渐渐地由被动转为主动，印象最深的是傅鹰教授讲的物理化学。他把深奥的理论讲得深入简出，并与日常生活密切结合，把物理化学的一些基本原理讲活了。我记忆深刻的，如讲相的转变，他要同学们观察一个现象，在冬天下雪的地面上，如果有一辆汽车跑过，车轮子底下会出水是什么道理，要用相转变与压力的关系来解释就明白了。

傅鹰教授的夫人张锦教授讲的有机化学也使人产生兴趣，她要求同学们不要死背化学反应式而要能灵活应用。她把煤化工讲活了，一开始就是从碳化钙制乙炔，乙炔制氯乙烯，乙炔制乙醛，乙醛制醋酸，然后是醋酸乙烯，她讲的有机化学反应式基本上都能在现在的四川维尼纶厂体现出来。遗憾的是生产氯乙烯的催化剂现在还是汞剂，汞化物对环境和人体的毒害直到现在还困扰着煤化工的发展。而无论是传统的煤化工或天然气化工，现在还是从乙炔开头的。

那时的师生关系十分亲切。同学们在春节都要到照澜院教授家去拜年。记得1952年正是傅鹰和张锦两位教授抚养他们宝贝孩子的时候，只见他们在墙上画了几条曲线，我们感到很好奇，就问张老师，张锦教授笑着说："这是每天给孩子喂奶和体重增加的曲线"，足见大科学家严谨的生活和工作风范。

# 团支部工作

我是1950年3月在衢州中学入新民主主义青年团的(后改为共青团)，到清华应该把团关系转过来，衢中的团组织给我开了一张介绍信要我自己带过来，我当时不解其意就把介绍信一直放在箱子里，直到有一天化工系的团支书黄圣伦问我："你是不是同志呀?"

同志？我脑子一时转不过弯子来，不明白他说的是什么意思。

他又问："你是不是团员呀?"

我懵懵懂懂地答道："我是团员。"

直到黄圣伦接着再问："你有没有带转组织关系的介绍信?"这时我才恍然大悟，赶紧把衢中开的介绍信送到了团委。

过了两个星期，黄圣伦同志找我谈话，说组织上决定要我当支部宣传委员。当时我的心里很紧张，因为直面化工系全班的同学，觉得他们都比自己强。他们大多来自北京、上海、天津等大城市，学习基础比自己好，见识比自己广，自己怎么能领导他们呢？不过，既然是组织的决定，也只好硬着头皮去干了。

一年级化工系的团支部班子由3人组成：支部书记黄圣伦，是1950年考入清华大学化学工程系的，那时他只有16岁，所以他比我高一届却小二岁。黄圣伦也是南方人，出生在上海，父亲开了一家制造鱼肝油丸的药厂。他中学时期就思想活跃进步，很早便加入了共产党的外围组织，正式入党的时间是1950年3月，所以1950年9月进入清华大学之前他就已经是一名共产党员了。这次上级团委派他到我们班是做兼职书记的。组织委员陈大白，是一位女同学，天津人，高级知识分子家庭出身。她的出生年月是1936年9月，那年15岁，比我小3岁。而我则是来自偏远闭塞的浙江小县龙游，工商业兼地主出身，任宣传委员。对于上级组织的这个人事安排，我心里一直很费解：在那个以阶级斗争为纲的年代里，无论是出身还是地域，这个支部委员怎么会让我当呢？但当时我初入大城市处处谨言慎行，因而也没敢明问。直到五十多年以后，我又遇见黄圣伦同志，问他："当年上级为什么要我当那个团支部委员呢？"得到的回答是："因为要选择一个从小城市或农村来的团员，代表性更强一些。"

65年后的2016年，是清华化工系成立七十周年的年份，9月25日系里在清华大礼堂举行学术活动，我见到了30多年未见面的老领导滕藤。我1951年进校时，他是清华大学的团委书记。恰好黄圣伦和陈大白也来参加纪念活动了，我们1951年团支部的3个支部委员不约而同地相聚在一起，真是机会难得。我们这3个老团支部委员都已年过八十了，黄圣伦退休前是清华大学党委副书记，陈大白曾任北京市政协副主席，我则是中国工程院院士。老团委书记滕藤当着我们的面盛赞我们这个51级的团支部很有出息。我问他，是否还记得1985年我们曾经接受破解"水变油"骗局的那段经历？

1995年4月30日清华大学1951级石油系部分师生合影

“水变油”，是上世纪八十年代初期公安部惠副部长亲自布置的由滕藤牵头甄别的项目，参加该项工作的还有林依(原清华化工系研究生，我的入党介绍人)和清华化学系的宋心琦教授。当我问他是否还记得此事时，滕藤马上回答说：“怎么不记得，我还记很清楚哩，是你用毛细管色谱把样品分析比对以后，那个水变油的油样与市面上加油站的油样大大小小的几百个峰完全一样，证明那只是一个魔术，这才破了案的。”

# 校园的政治运动

团与党的关系是十分明确规定的：团是党的助手和后备军。也就是说团是党领导下开展工作的。从1951年到1953年这段时间全国政治运动不断，当时的大环境一是抗美援朝；二是刚刚建立政权有些知识分子还抱观望态度；三是要在国民党的破烂摊子基础上恢复国民经济。1951 年底开展了反贪污、反浪费、反对官僚主义的“三反五反”运动。全国都在轰轰烈烈打老虎，枪毙刘青山、张子善大快人心。清华也搞得很热闹，揪出大大小小的老虎一大批，高年级同学去打虎，我们低年级的任务是看守老虎。我们负责看管的是一位煤老虎，是一位学校管买煤用煤后勤工作的负责人。把他单独一人关在房间里，由同学们三班倒轮流看管，规定不许与被看管人交谈，晚上值班不许睡觉，每人发两个馒头一根香肠。就这样看管了 3 个月，后又不了了之了。

紧接着“三反五反”运动的是思想改造运动，要在学校里，特别是教授中间批判“亲美、崇美、恐美”思想。因为当时正值抗美援朝的紧张时期，为了打倒美帝，必须从思想上首先肃清亲美、崇美、恐美思想，首当其冲的是那些留美回来的大教授。通过政治学习，特别是学习毛主席的《别了，司徒雷登》，要求大家与美帝在思想上划清界限。

有两件事我至今记得，一件事是武迟教授在大礼堂作典型报告，说他在美期间曾受国民政府之命在美国买炸药。说明旧社会过来的知识分子可能会与美国学界商界有着千丝万缕的联系，现在确需从思想上划清界限。

还有一件事印象更深刻，那就是在参观反美展览会上，看到了张东荪在解放前的题字：“若要我在共产主义和法西斯主义之间选择，那无异于选择枪毙或绞刑”。我看后大为震惊，想不到教授里还有如此胆大妄为之人。张东荪曾是第一届全国政协委员，据说在投票选国家主席时，毛泽东的得票数仅比总票数少一票，后来人们猜测：没有投毛主席票的就是张东荪。

思想改造运动搞一段落以后，又开展“忠诚老实”运动。所谓忠诚老实，就是向组织上交待清楚各种有关政治问题：是否参加过国民党、三青团，反动会道门，是否有海外关系，亲属中有无被杀、关、管的，以及其他需要交代的问题。

除“三反五反”运动以外，这些运动基本上在学习帮助和启发的基础上，提倡自觉自愿。也有一些人在小组会上，因为心存顾虑，吞吞吐吐交代问题，叫作挤牙膏式交待，但基本上是和风细雨式进行的。

这三大运动过去以后，就进行爱国主义教育，号召全体党团员学习方志敏《可爱的中国》，每一个人都要写读后感。对我来讲，主要是与剥削阶级家庭划清界限，我写的那篇读后感至今还保留着。



## 加入共产党

我在这几次政治运动中能积极参加，认真学习，服从组织安排。特别是在解放前对国民党腐败统治，物价飞涨，民不聊生，镇压学生运动中都有亲身体会或了解，一股正义感的热情激励我要参加共产党；少年时代逢日本鬼子侵略中国，扫荡时把我们家烧毁，衣食无着，在十分困难的条件下继续念书，誓要报仇雪耻的决心，一种爱国主义的热情也激励我要参加中国共产党；我特别崇敬岳飞，把他作为偶像，我把岳飞的《满江红》中的“莫等闲，白了少年头，空悲切”作为我的座右铭，在初中课本的扉页上都写上此句以自勉；我参加过土地改革，受到深刻的阶级教育，使我明白要与剥削阶级家庭划清界限。

由于以上这几个主要方面思想表现都比较好，经过组织上的多方面考察和培养，我于 1953 年 6 月 29 日加入了中国共产党。

发展我入党的支部大会是在清华二院一间教室里举行的，介绍人是林依和黄圣伦同志。因为我是剥削阶级家庭出身，要在政治上、思想上、感情上与其划清界限，与会同志提了不少问题，要我

1995 年 4 月 30 日清华校庆

（从左至右：汪燮卿、杨光华、陈大白、袁乃驹）

表态回答。我事先看过苏联作家奥斯特洛夫斯基的小说《钢铁是怎样炼成的》，里面写道，保尔在入党时说："同志们，请开炮吧！"我也学着做好了这个思想准备，因而以虚心和诚恳的态度一一回答了与会同志们的提问。支部发展大会开了两个小时，最后以少数服从多数的原则，举手表决通过了我的入党申请，使我在 20 岁那年就如愿以偿地成为了一名光荣的共产党员。在那个以阶级斗争为纲的年代里，一个出身剥削阶级家庭、年仅 20 岁的在校生，能被发展入党，我是非常幸运的，而那次发展大会上没有举手赞成的，都是出身好的党员。

## 转到石油学院

从 1953 年 9 月到 1956 年 8 月，我这三年最美好的青春年华，是在北京石油学院度过的。

新中国成立以后百废待兴，急需培养大批的科技人才，根据国家第一个五年计划的要求，1953年高等院校大调整，在原有条件较好的大学基础上，衍生出一大批高校，北京石油学院就是其中的一个。它是以清华化工系为基础，通过院系调整，把北京大学、天津大学、大连工学院等四个大学的化工系有关专业合并成立的。而清华除化工系成建制转过来外，当时还有采矿和地质系也部分转入了石油学院，所以石油学院刚成立时只有四个系：炼制、地质、矿产机械和炼厂机械。

当时的北京石油学院位于清华东边的学院区，人们叫它们八大学院。它们从北到南是：北京农业机械学院、北京林学院、北京石油学院、北京矿业学院、北京钢铁学院、北京地质学院、北京医学院和北京航空学院。

北京石油学院的第一届学生主要是由清华大学51级化工系学生成建制转来的，学校的老师基本上也主要是从清华化工系转过来的，包括系主任曹本熹和傅鹰、张锦、武迟、杨光华等一大批教授，及张怀祖、沈复、戴衡、王君钰、顾乐诚等老师。

1953年初筹建北京石油学院时，成立了由教育部副部长曾昭伦为主任，燃料工业部副部长刘澜波、石油总局副局长贾启允为副主任的北京石油学院筹备委员会，下设以贾启允为主任，曹本熹、贾皞为副主任的北京石油学院筹建处，并立即开始办公。清华石油系主任曹本熹教授主要负责教学方面的筹备工作，贾皞主要负责基建工作，以保证北京石油学院在1953年"当年建校、当年招生、当年开学"。

贾皞，山西人，是个老八路。1938年赴延安入抗日军政大学学习，为抗大第四期学员。1946年以后，在太岳地区任县委书记。1949年随军南下，任四川省彭县县委书记。1952年10月应调入京，在中央燃料工业部石油管理局任机关党总支书记。1953年这一年，"老八路"贾皞和筹建处的员工一起拼死拼活，终于在北京九间房村几百亩的田野上，先期完成了三万平米的建筑，其他筹建工作也逐步就位，当年10月宣告北京石油学院成立。北京石油学院创立后，贾皞任院党总支书记，1955年改任党委书记。其后，高校实行党委领导制，贾皞历任党委副书记、副院长，1964年任代院长。

记得我们刚入校时，贾皞书记戴着一顶洗得发白的解放军帽子，操着一口浓重的山西口音，很有风趣地向我们这些第一批学生侃侃而谈建院的过程。说1952年的时候，这里还是一片坟地，挖不到一米深就会出现累累白骨……

当时的副院长是张定一，此前任东北化学工业局副局长和东北石油管理局局长。当时东北是我国人造石油和炼油工业的基地，在他的主持下，石油一厂、二厂等页岩干馏和石油五厂煤干馏生产人造石油都相继恢复生产，在技术管理上已积累了丰富的经验，来石油学院后首先抓建校和教学工作。张定一也是山西人，操着一副山西口音，要求学生们要艰苦奋斗，做石油战线的先锋。1959年以后他又任青海石油管理局局长、北京设计院院长、石油部副部长等职，我印象最深的是在1990年，他以70岁的高龄，担任中国石化科技委高级顾问，与李人俊部长、侯祥麟院士等提出来要用重质石油原料生产丙烯，促进了石油化工科学研究院催化裂解制丙烯（DCC）技术的开发。

北京石油学院建成后的60多年里，学院几经变迁，1969年后迁往山东东营，改革开放以后东营本部又迁往青岛，成立了中国石油大学（华东），同时在北京昌平成立中国石油大学（北京），而石油学院的真正发源地则是北京学院路20号，现在的石油勘探开发研究院所在地。

“八大学院”建校之初，流传一句顺口溜“穷石油、富钢铁、了不起的大矿业。”这指的是当时各学院校园环境的比较。钢铁和矿业当时国家发展的相对成熟，又有相关部委协助，因而校园兴建得十分漂亮。而那时石油工业部还没有成立，石油行业正处于刚刚起步的阶段，所以建校时相对艰苦。

1953 年，北京石油学院的开学典礼是在半是荒野、半是工地的校园里举行的。那时，学院内只有几排简陋的平房作教室和办公室，一座未完工的工字楼作学生宿舍，一间大木板房作大食堂。当时学院里只有一条凹凸不平的泥沙马路，晴天汽车开过时一路扬尘，下雨后则又泥泞难行，高一脚低一脚常常难免摔跟头。张定一副院长在露天广场上召开大会，号召全体师生拿起铁锹自己修马路和操场，于是同学们不怕艰苦，拿起铁锹接连修了三天，再撒上一层沙子，总算可以走了。接着又修广场，修好后大家敲锣打鼓进行庆祝，并将修好的马路、广场命名为“劳动大道”和“胜利广场”。

那时的大食堂是简易板房，四面透风，在里面吃饭，外面如刮大风，饭菜一下就凉了，而且从房顶飘落下的尘土就好像在饭上撒了一层胡椒面。到了冬天，暖气还没有修好，工字楼每一个房间都靠蜂窝煤炉子取暖。那时校区的公共设施还没有完全建成，更别说公共浴室了，所以学生们晚上要走到清华大学去洗澡。虽然这摸黑行走深一脚浅一脚的一去一回挺辛苦，但大家呼朋唤友地一起结伴而行，既热闹兴奋又锻炼了身体。

我们就是在这样的艰苦条件下学习和生活的，与在清华的日子比相差甚远，但大家没有半句怨言。所以 1953 年到 1954 年之间，学生们都是在平房里听课的，但条件的简陋并不影响知识的获取。我记得，当时教物理化学的傅鹰教授讲到兴致高时，常常把粉笔夹在食指和中指之间，然后放到嘴边一吹，那姿势就好像抽烟人悠闲地吹掉香烟灰一样，似乎是很享受那环境和氛围。听说傅先生当年放弃优厚的生活和工作条件，毅然决然从美国回来，完全是出于爱国心和民族自尊心。傅先生说，令他感受最深的是，1948 年停靠在长江下游的英军舰紫石英号，依仗坚船利炮竟向长江北岸的解放军开火，解放军毫不畏惧地予以了坚决还击。这件事深深地感动了傅先生，只有共产党的军队才能如此大义凛然毫不畏惧，如果是国民党的部队是根本不敢还击的。狡猾的英军一边向我方抗议一边在清晨浓雾的掩护下偷偷地溜走了。这真是一件扬眉吐气的事，大长了中国人民的志气，大灭了帝国主义的威风。傅先生的这种精神和感情可以说代表了广大爱国知识分子的心声。

1954 年教育部委任阎子元为北京石油学院院长，1956 年后又任命孙卓夫为副院长。在建院初期这段，全院工作朝气蓬勃。到了 1954 年、1955 年，随着招生的扩大和苏联专家来院教学，先后建成了南、北教室楼，1955 年开始建主楼。而学生宿舍也相继先后建成了工字楼、五四楼和五六楼。建成的二层大食堂是水磨石地板的，一层是教师食堂，二层是学生食堂。到了周六晚上，把桌子一搬，空出一块地方就跳起交际舞来。

当时全国的形势是，一切向苏联老大哥学习，“苏联的今天就是我们的明天”。高等教育也是全面学习苏联，全盘照搬马卡连柯的教育学。因此首先的任务是学俄文，从教授到学生掀起学习俄文的高潮。我中学时学的英语得放下，改学俄语，因为教科书全部都是苏联的，不学也得学。对于我们这批英语都还没有学好，又要去学俄语的学生，真是有点勉为其难。于是，在这高潮中既有窍门也出了不少洋相。快速学俄语有一种叫“循环记忆法”，也就是快速背单词的方法，先剪成 2~3 厘米宽、7~8 厘米长的小纸条，纸条的一面写俄文单词，背面写中文，写成三四十张摞在一起，先是一个一个念，然后像洗扑克牌一样反复洗后再背和念。记忆力强的年轻小伙子一小时能记住五六十个单词。再把它们用橡皮筋捆扎起来，如此三四扎又像洗牌那样混起来反复再念。过了一两个星期再念，如此循环几次，就记住了。学习的另外一个方法是把俄文的单词发音与中文的发音找相似性关联起来，即用中文发音来记俄语发音，这样的发音肯定不准确，但有时也很有意思。例如俄文“坐下”（Садись）相当于中文发音的“杀鸡吃”，俄文“再见”（До свидания）

中文发音就是“斗死你大娘”，俄文的“星期日”(Воскресенье)就用中文“袜子搁在鞋里面”来硬记死背，如此的笑话不一而足。

在突击了两个月的俄文以后就开始学专业课《石油工学》，我相信老师中有的英语基础较好，教起课来没有问题。而有些留过欧美的大教授，对比西式和苏联教材就知道水平和分量了。据说傅鹰教授就很看不起苏联的教科书和苏联专家，特别是他的专长胶体化学。我特别佩服他那教书育人的精神，他在石油学院先后教了物理化学和普通化学，都是给年轻人打基础的。

# 分配学人造石油专业

在进入石油学院后的第一学期，炼制系又分为石油炼制和人造石油两个专业。在没有发现大庆油田以前，只有玉门为重点的西北老油田，到1952年底，全国原油产量达43.5万吨，而页岩油在1945年最高年产达25万吨。我国的油母页岩资源丰富，估计为4000亿吨，相当于160亿吨页岩油。因此在第一个五年计划中，提出天然石油与人造石油并举的方针。为了适应这个需要，石油学院炼制系就设立了石油炼制和人造石油两个专业，而我就被分配去学人造石油了。

当时我国的人造石油主要是以油母页岩为原料，用抚顺式炉在550~600℃把油页岩块通过干馏产生页岩油，当时生产页岩油的工厂主要是抚顺石油一厂和二厂。1954年夏天，学校就组织学生们到石油一厂生产实习。

抚顺石油一厂是当时生产人造石油产量最大，工艺完整，设备最齐全的工厂。厂长是顾敬心，早年留学德国。干馏车间的主任工程师是汪景砺，后来任中国石化洛阳设计院副院长。我们是新中国第一批人造石油专业的实习生，受到厂领导和车间的欢迎和指导。汪主任亲自给我们讲课，从基本原理、炉型结构、操作条件到产品分布讲得清清楚楚，把课本知识和生产实际相结合，使我们理解得更深刻了。接着带我们摸生产流程一直到管线的走向，再让我们自己画出图来，这种认真的教学方式使我受益匪浅。

抚顺式干馏炉是内热式回转式干馏炉，每台炉日处理页岩 100 吨，生产页岩油 3~4 吨，原理是利用炉子下段燃烧和气化，把热的气流传递给炉子上段，在 550℃把页岩块在隔绝空气下干馏生产出油。这种炉子的结构比较简单，但操作劳动强度大，为了防止干馏过程中页岩黏结成大块，在圆型干馏炉的中部沿圆周均分打了四个眼，大小约为直径 6 厘米，正常运行时眼上面是用铁块盖住的，但每两个小时就要把盖打开用粗铁杆往炉子内捅，就像家里烧煤球炉一样，有时需要用火棍子捅才能使火烧得更旺。不过这种捅法与煤球炉略有不同。煤球炉是用铁杆从上往下捅，而这里是用铁杆从炉子的边缘往炉子中心捅。这是一个非常艰苦危险的操作，因为炉内的气体呈正压，打开盖子可燃气体带着粉尘就往外冒。操作工人必须穿上石棉服，戴上像日本鬼子戴的左右两边有布片的帽子，把盖子打开后，用一根大铁棍用力往炉子里面捅，使页岩块从炉子上部能向下慢慢运动而不黏结。这是我在抚顺石油一厂生产实习时亲身经历的，因为那时我们年纪较小，力气不足，工人师傅只让我们在旁边观看，我却从中感受到了工人阶级的无私奉献和吃苦耐劳的优秀品质。在当时生活非常艰苦的条件下，在这个岗位上的操作工享受一级保健待遇，每天发一碗牛奶。

实习的最后十天，教师和厂方商量找两个学得比较好的学生作技术革新设计，结果挑中了我和刘同文二人。我们设计的题目是从污水池里回收油。在汪景砺工程师的指导下，我们日夜加班地完成了任务，受到厂方的表扬。

刘同文同学出身好，学习刻苦努力，成绩很好，1956 年与我同

1955年7月5日在石油一厂与实习师傅合影(后排中为汪燮卿)

时被挑选去东德留学。第一年我们又在同一个班学德文。有一次德语老师要每人做一篇作文在班里念，他写了一个句子“你不要脸”，用德文直译为“Du hast kein Gesicht(你没有脸)”，弄得哄堂大笑。一年德语学习结束后，他被分配到弗莱堡矿业大学学习煤的干馏和气化，我则到麦塞堡化工学院学有机化工。毕业回国后他分配到山西煤化所工作。1972年燃料化学工业部副部长徐今强出访西德，我们两人又被挑选为德语翻译，在一起工作了三个月。改革开放后成立了国家专利局，他又与沈尧曾一起到德国学习专利法，回国后参加国家专利局筹建工作，2015年不幸因病去世。2016年留德莱比锡同学会聚会纪念赴德60周年，同学们都对他的去世深表惋惜。

1955年秋我又作了最后的毕业实习，实习的内容是为毕业设计收集资料，给我定的题目是煤的低温干馏—鲁奇炉的设计。这次有幸的是，朱亚杰先生亲自带我到锦西石油五厂去实习。

我们从北京西直门站坐火车到达锦西时，已是清晨4点多钟。出了火车站，微风迎面吹来带着丝丝凉意，四周一片黄土，没有人家，显得有些荒凉。车站旁边连公共汽车都没有，倒是有马车在招揽生意，于是我们叫了一辆马车，车老板帮我们把行李装上车。坐上马车后，朱先生一路上跟我聊他在英国留学的经历。大约走了一个小时的光景，到了石油五厂招待所，住下以后我们就去厂里报到。厂领导是一位转业军人，亲自来迎接朱先生，但大家都很守规矩，在饭桌上吃的都是高粱米饭和玉米面。

石油五厂是个小厂，只有两部鲁奇式的低温干馏炉。这是德国鲁奇公司开发的技术，在二战年代由日本占领军从德国进口，主要目的是在东北掠夺我国的煤炭资源，通过煤的低温干馏生产液体燃料，支持侵华战争。鲁奇炉是方形炉，事先要把有一定挥发分的煤破碎成一定大小范围的小块，在炉内加热到 550℃ 把油干馏出来，然后经分馏切割成汽、煤、柴油和重油组分，最后通过精制手段除去杂质得到商品燃料。我去实习的目的是亲自参加操作，取得操作数据；查阅设计资料和图纸，以便模仿着提供工艺设计书，实际上是照猫画虎，根据不同煤的性质提出工艺操作数据和设备的大体轮廓。在朱先生的指导下，我先参加车间倒班一个星期，查阅操作日记，收集实际生产操作数据。车间的管理十分严格，从车间主任到普通操作工人，大家上班都要参加打扫卫生，因为干馏车间实在太脏了，两个小时不打扫就到处是煤粉和灰尘。车间主任叫李道，平时不修边幅又爱睡懒觉，有一次上班前连裤子都没有穿好，就匆匆忙忙跑到车间办公室，一边提着裤子，一边拿着扫把扫地，逗得大家哈哈大笑，但他工作很认真负责，待人也热心诚恳。在进入收集设计资料阶段，那位转业军人出身的厂长居然亲自给我们讲课，他讲到选择厂址时要如何考虑水源、风向、地形和历史上是否有过不可预测的天灾等，使我学到了很多实际的知识，也由衷地佩服这位领导在业务上能有这样的水平，这种刻苦学习的精神令人敬佩。

朱亚杰先生 1938 年毕业于清华大学化学系，他的夫人杨岫云是北京医学院第三附属医院的一位护士长。朱先生 1947 年赴英国曼彻斯特大学深造，攻读化工专业获硕士学位，1949 年回国后在清华化工系任教，北京石油学院一成立就开始创建人造石油专业。他不但治学严谨，学术上有很深的造诣，而且对人和蔼可亲，谆谆教导，把学生们当做自己的孩子一样看待，一点没有架子。我的毕业设计成绩为优，是他亲自教导的结果，当时新华社还派记者亲自来拍照。毕业后我赴东德读博士生，经常写信求教，他每次都给我回信。回信的内容，他甚至用了当时一般人不敢写的口气，比如说，勉励我要刻苦学习，居然用了“吃得苦中苦，方为人上人”的句子。这“方为人上人”，与当时的政治口号相悖，是犯忌的，但却表明了他对后代的良苦用心。我从德国学成回来后，分配到研究院工作，与石油学院是隔壁邻居，而朱先生与侯祥麟院长关系甚密。“文革”前，有一次我从美国出差回来，向院领导汇报工作，恰好朱先生也在场，我就将从美国带回的几包“洋烟”相赠，请老教授过个烟瘾。朱老先生接过后，拿出一根抽了几口，马上就说：“啊！这是弗吉尼亚的烟草。”说明他抽烟已经抽到了很精明通透的程度。

我差不多每年春节都要到朱亚杰家去拜年。朱先生的夫人杨老

1986年4月17日与朱亚杰(右)摄于都江堰

师特别热情，临走前总要让我带走一瓶扬州风味的咸鱼。他们老夫妻俩都是江苏兴化人，每年冬天杨老师都要亲手腌制一些咸鱼，作为过春节佐餐的佳肴，因而我也有幸能品尝到这份他们家乡的特产。朱先生还与我谈起他们的婚姻是封建包办的，没有谈过恋爱，但夫妻恩爱不比自由恋爱差。在我看来，他们不但相敬如宾，而且时常说说笑笑，简直跟年轻人一样，非常令人羡慕。在文革灾难中，朱先生自然也难逃一劫，那段时间石油学院没完没了地开批斗会。我是逍遥派，晚饭后没事就到石油学院看大字报，看到贴朱先生的大字报很多。当时，朱先生任石油学院副院长，说他是反动学术权威，执行修正主义教学路线，白天晚上都要挨斗。有一天晚上，在石油学院我看到他右手拎着一条板凳，左手自己举着一块写有"反动学术权威朱亚杰"的牌子，"朱亚杰"3个字上还打了大大的3个"×"，在造反派拉拉扯扯下，来到石油学院主楼前，被造反派勒令手端牌子，站在条凳上低头挨斗……此情此景，让在一旁观看的我心里十分难受。

朱先生一身光明磊落，对造反派的污蔑毫不在乎。"文革"一结束，又把全部精力投入到恢复培养年轻一代科技人才的事业上，1980年当选为中国科学院学部委员(院士)，朱先生力主要把石油学院从山东省东营搬迁回京。经过他坚持不懈的努力，克服了各种困难，终于部分如愿以偿。先成立了石油学院北京研究生部，后又成立中国石油大学(北京)，校址从原来的八大学院搬到昌平。原校址已被中国石油改建成石油勘探开发研究院了。

朱亚杰先生是我国能源研究会创始人，1983年出版《中国能源状况和展望》获1988年国家科技进步一等奖，1984年任中国能源学会理事长，1985年起任中国氢能源学会主席，1986年任中国煤炭转化协会理事长。他一生治学严谨，平易近人，热心培养年轻一代，是我的恩师和榜样。

令我敬仰的还有杨光华老师。杨老师1951年从美国威斯康星大学深造回国，先在北大任教，1952年转到清华，1953年参加北京石油学院组建工作，教我们石油炼制课。虽然那时我学的是人造石油专业，但石油炼制中所有的基本概念仍应掌握。杨先生讲课的特点是逻辑性强，操着带一点湖南口音的普通话，讲得非常清楚。

我印象很深的还有讲《化工原理》的谢舜照老师。那时上课没有正规的教科书，就靠自己在课堂上记笔记，我至今还保留着这个笔记本。谢老师讲课深入浅出，联系实际，使知识容易理解和记忆。例如他在讲热的传导、辐射和对流时，就举了一个生动的例子。他是江浙一带的南方人，说南方冬天没有暖气，老人和小孩都要在屋外晒太阳，农村里人们都愿意在稻草堆里挖个窝躺下很舒服，选窝的原则是要向阳、背风，向阳就是直接利用热的辐射，背风就是避免空气的对流把热量带走，稻草堆就是利用稻草传热系数低而起到保温的作用。我回想起小时候在外婆家，冬天晒太阳确实就是这种做法，但当时缺乏知识只知其然而不知其所以然。谢老师后来又到西安石油学院执教，他的教学方法和思想方法对我的影响很深。

人造石油专业课分别由郭绍泉老师教煤化学，秦匡宗老师讲授低温干馏，戴衡老师教煤的气化和费-托合成，施侠老师教煤的加氢液化。他们治学严谨，讲课深入浅出，联系实际，使我受益匪浅。但在那讲阶级斗争的年代里，即便没有政治运动，对知识分子也是根据情况控制使用的。例如施侠老师的加氢课讲得很好，但让他带学生去石油三厂实习时，只许学生进车间，而不许施老师进车间，他只能在外边坐着喝茶。有一次，石油三厂的金国干工程师遇到他，问他为什么不进车间，他只能苦笑。这说明，当时知识分子的处境很尴尬。

# 当政治辅导员

我1953年进石油学院，按常规应在1955年毕业，但学校领导要我作政治辅导员，所以晚了一年到1956年才毕业。从1953年到1956年，我当了3年兼职政治辅导员。

在学生当中设立政治辅导员的办法是清华大学校长蒋南翔提出来的。1953年时任清华大学校长的蒋南翔为了加强对学生的政治思想工作，培养学生德、智、体全面发展，成为对祖国建设的有用人才，决定在学生中建立政治辅导员制度。辅导员的人选是在表现较好的学生中选择产生的，要求他们能“双肩挑”，即从政治上和业务上都比较好的学生中，挑选出一批能胜任的优秀骨干。我是党员，因而有幸被组织上选中为炼制系的辅导员，而且清华大学51级团支部班子的3人当时都是政治辅导员。陈大白被选中任炼厂机械系辅导员；而黄圣伦当时是石油学院的团委书记，他当这个辅导员自然是责无旁贷。

黄圣伦十分感激这段做辅导员的经历，后来他谈起自己这段经历的收获时，总结为一个提高和三个锻炼。而同时为石油学院政治辅导员的我，也非常认同这“一个提高三个锻炼”，它就是：

一个提高，是提高了自己的政治思想水平。蒋南翔校长经常对大家讲：年轻人学点马克思主义将终身获益。我在这种氛围下学习了一些马克思主义理论，对我的人生观、价值观的形成起了很大的作用，而从《实践论》《矛盾论》中学到的思想方法，也在实际工作中对我有很大的帮助。

三个锻炼：一是锻炼了调查、研究、分析问题的能力。因为做辅导员需要时刻明白学生在想什么，这样才能及时地发现问题、解决问题。这种能力的锻炼为我在工作中处理问题奠定了很好的能力基础。二是锻炼了联系、团结、组织群众的能力。这种能力为以后顺利地开展各项工作是必不可少的。三是锻炼了做好思想政治工作的能力。搞科研的人业务能力往往比较强的，但一提起做好思想政治工作常常就不行了，而做辅导员的经历恰恰给了我一个锻炼这种能力的机会。

人的一生不仅要想做事，而且要能做成事。在石油学院做政治辅导员的这段经历，为我日后在“能做成事”方面潜移默化地打下了一些基础。

因为担任辅导员要花更多的时间做社会工作，因此每学期就少修两门课程，延期一年毕业。考虑到为校方分担了一些学生工作，我们就被定为“半脱产”干部，每月有 20 元的津贴。这对我真是雪中送炭，大大缓解了我的经济困难，不但能经济上独立，还能节约部分钱支援弟弟上学。

1953 年是我国第一个五年计划起始年，工业、农业、文化教育各方面都呈现出一派欣欣向荣的气象。对大学生来说最实惠的就是吃饭不要钱，由国家统包了，而且质量很好，早上有馒头稀饭，中午和晚餐是四菜一汤，8 人一桌，吃饱为止。但好景不长，过了一年以后要自已掏腰包了。不过大家都能理解国家的难处，毫无怨言。

学校提出来要把政治工作渗透到生活中去，要根据青年人的特点，生动活泼多种多样地开展学生思想政治工作。其中给我印象最深的是要学跳舞，花样很多，但最主要的是集体舞和交际舞，而且辅导员必须带头，这可难坏我了。我笨手笨脚根本不会跳，上场后老是踩着对方的脚，搞得狼狈不堪，就是后来在国外待了五年也还是没学会，直到今天跳舞这门“学问”还不行，很多人都奇怪觉得不可思议，但事实确实如此，可能是我生来缺少这方面的艺术细胞。

业余活动的另一个内容就是大唱歌曲，特别是苏联歌曲，到现在我还能哼二三十首当时所唱的苏联歌曲，如《共青团员之歌》《喀秋莎》《三套车》等，歌词和曲子感情丰富，调子或高昂或优美，好像认识社会主义和俄罗斯人就是从这里开始的。

学校非常重视学生的体育锻炼，当时全国大学生体育锻炼实行“劳卫制”，即“锻炼身体，保卫祖国”，有几项明确规定的指标必须达到，分一级、二级和三级，达标后发给劳卫奖章。我下了很大的功夫终于达到了劳卫制的最低档次，拿到奖章后还寄给叶嗣懋炫耀。总之，当时的大学生朝气蓬勃，思想单纯，什么都不用愁，觉得比现代年轻人日子过得好多了，但时过境迁，要与时俱进，不可同日而语。

辅导员的政治工作的第一件事是对新生入学后，配合校方进行入学教育，爱祖国首要体现在爱石油事业上，要从我国的石油发展史，通过新旧社会对比，进行爱国主义教育。第二件事是分班，选择指定班干部，成立团支部。这些工作都要通过看档案材料和个别谈话后才能决定，但从第二学期以后就可通过选举产生了。在大体完成上述任务后，就进入日常工作了，有一项是发现和培养积极分子，包括培养入党和入团对像，通过个别谈话，提高思想觉悟；通过介绍优秀书藉的阅读，提高阶级觉悟，当时有苏联小说《钢铁是怎样炼成的》(奥斯特洛夫斯基著)，《绞索套在脖子上的报告》(捷克斯洛伐克的作者伏契克)，我国方志敏的文章《可爱的中国》和吴运铎的《把一切献给党》等。最后的必修课是刘少奇的《论共产党员修养》，号召大家要做党的驯服工具。这在“文革”中被批判的黑修养，在以前党的组织生活中是被奉为至宝的名言警句。学完以后介绍人要找他们个别谈话，谈读后感，就同我在清华被培养入党的过程那样。

在上世纪五十年代初思想教育最生动有效的内容，就是学习抗美援朝中志愿军的英勇事迹，特别是魏巍同志写的《谁是最可爱的人》这篇报告文学。学完以后要求每一个同学联系实际，如何以志愿军为榜样，以高度的爱国主义精神掌握科技知识，以艰苦奋斗的精神把自己培养成祖国需要的全面发展的合格人才。教育的方式也多样化，其中有一个很好的形式是与志愿军战士一对一通信联系。我现在还保存着与一位防化兵战士的通信，回想起六十多年前那股革命热情，用现代年轻人的思想和生活方式来考虑简直不可想象，只能说时过境迁，必须用与时俱进的思想来对待。

以上都是一些正面教育的内容，对于家庭出身不好的子女则要求他们划清界限，肃清剥削阶级在政治上、思想上、生活上的影响。当时的女同学没有人敢穿高跟鞋，当然也没有条件穿，有一句顺口溜叫作“皮鞋格格响，资产阶级臭思想”，现在普通老百姓都会觉得好笑的。对于共产党员，不仅要划清界限，而且要背叛自己的家庭，不能作地主阶级的孝子贤孙。

对于有海外关系的学生，更是要严格注意他们的言行和通信，特别是有港、澳、台关系的，背上这个包袱比阶级出身不好还要倒霉。

从 1953 年到 1956 年三年内没有什么大的政治运动，但对旧社会遗留下来的一些反动“会、道、门”组织是要严格进行取缔和打击的。当时在学校里，就是要抓“三青团”和“一贯道”，其实这些青年当时还只是十几岁，基本还不懂什么叫政治，但只要戴上了这顶帽子，这一辈子差不多也就完了。

为了培养教育积极分子，我们一个通常的作法是，对学生的思想表现进行摸底排队，分成积极的、表现一般的和较差的三类，有针对性地进行教育、帮助和提高，并且由团员分工负责。这些作法，当时我觉得还是对的，但在群众中难免造成一些误会，有的人沾沾自喜，有的人则背上了思想包袱。

# 被选中出国留学

1956年全国出了两件大好事，一是毛主席提出来《论十大关系》，二是党中央提出“向科学进军”的口号。

《论十大关系》全面提出在我国社会主义革命和建设的总方针，吸取苏联社会主义建设的经验和教训，结合我国的实际情况，提出急风暴雨式的社会主义革命基本已经过去，强调要调动一切积极因素和可调动的力量，团结一切可团结的人，共同建设社会主义。现在读起来觉得在当时的历史条件下，提出处理好这些关系，对建设我国社会主义，确实具有重要的战略意义。

向科学进军的口号，是中共中央于1956年1月14日至20日在北京召开的关于知识分子问题的会议上提出来的，为了调动和发挥广大知识分子在社会主义建设中的积极性和创造性，克服在知识分子使用、待遇上的某些不合理现象。在党的领导下，全学院的老师和同学倍受鼓舞，觉得献身我国石油事业大有可为。当时我们正在忙于作毕业设计，听了向科学进军的口号后精神倍受鼓舞，晚上加班加点干，灯火通明。当时，我处心积虑要把低温干馏鲁奇炉的设计搞得有点新的创意，以达到提高焦油收率的目的。对此，新华社记者还来采访拍照。

在向科学进军的口号鼓舞下，有些措施得到了落实，其中表现最明显的是1956年派出国留学的人数是建国以来最多的。就拿我们年级的毕业班来说，人造石油专业班共有10位同学毕业，他们是：张立康、刘同文、王祥生、陶龙骧、张二水、杜文、王剑秋、姜荣华、我和景复兴。其中有三位公派到东欧社会主义国家留学深造，他们是：王祥生赴捷克斯洛伐克；刘同文和我赴东德。炼油专业班毕业共有16位同学，他们是：周清潮、蒋蕴瑶、王受文、张昌祥、王宗璋、王铮、邵其炳、周裕之、李文钊、张盈珍、李再婷、孙有本、张铭澄、宣达果、沈惠能和王俊和。其中有两位公派留学深造：张昌祥赴罗马尼亚，李文钊赴苏联。我有幸被选中去东德学习人造石油，因为那是二次大战期间煤炼油的发祥地。

部分1952年入学的老同学与钱家麟老师(前排右三)合影(后排右二为汪燮卿)

部分1952年入学的老同学合影

1956 年 7 月，在毕业设计答辩完以后，我就到魏公村留苏预备部报到，听领导讲形势，讲对出国学生的要求和期望，学习出国注意事项，使我深深感到这是党和人民交给自己的光荣而艰巨的任务。我们被告知，在国外的一切费用全是我国政府自己负担的，每个人的开支相当于 18 个农民所交的农业收入，所以一定不能辜负党和人民的期望，要奋发有为，学成后报效祖国。

在预备班学习结束后，安排我们在出国人员服务部做西服、呢绒中山服，一直到袜子和手帕全都一应俱全。当然，最重要的是一本德汉大字典，那时简直就是我的性命，因为那时我们德文一点都不会，全靠它来学习和交流。

一个月后，我踏上了赴民主德国学习的征途。

# 第六章

# 留学东德

上世纪五十年代国家尚未对外开放，争取一次公派出国的留学机会是一件极不容易的事情。1956 年 6 月份接到通知，匆匆考完毕业考试，然后经过了一系列繁杂的出国程序，同年 8 月份，我连家也没有顾上回就踏上西去东德之旅。



## 漫长的旅途

现在去德国，坐飞机一天就可以到了，可上世纪五十年代我们出国是全程坐火车，而且车速还很慢。先从北京向北到满洲里出境，然后向西通过横跨苏联的西伯利亚大铁道到莫斯科，再从莫斯科西经波兰首都华沙到民主德国(东德)首都柏林，最后从柏林往南到莱比锡才是我们此行的终点。路上整整花了 9 天的时间，其中在火车上度过了 7 天多，比现在的一个黄金周还长。

从北京到中苏边境的满洲里，火车就走了一天半。我们坐的专列全是硬卧车厢，载着留学生约四、五百名，是分别去苏联、民主德国、保加利亚、罗马尼亚、匈牙利和波兰等国家的。这趟卧铺车原是用于运送志愿军伤病员的，车厢内全都漆成了白色，放行李的架子也改装成了可以睡人的两层卧铺。车上伙食很好，二荤二素，四菜一汤，这么好的伙食我长这么大还是第一次享用。

因为中苏两国的轨道宽度不同，到了满洲里后我们就换乘成苏联列车。苏联的车厢比较高级，虽然也是硬卧却是四人一个房间，结构与我们现在的软卧车厢基本相同。

列车进入苏联国境后，我就一直凝视着窗外，初次进入异国他乡的兴奋心情，使我对车窗外的一切都充满了好奇。但车行了一个多小时，驶过之处除几块长满芦苇的水草地外，大部分都是光秃秃的不毛之地。然而，当列车驶入西伯利亚大草原后，美丽的自然风光就豁然展现在了眼前。

八月，可能是西北利亚最好的季节，阳光下的大草原美丽得像法国画家柯罗笔下的油画。淡蓝的天空、墨绿的森林、深蓝的湖水、灰黑的远山、空旷的草原上星布着五颜六色的野花，广袤而苍茫……我们乘坐的这台老式蒸汽机车拉着汽笛，吐着白烟拖着一列长长的车厢，“哐当当……哐当当……”地驶入了这幅沉寂而静止的大自然画卷，给画卷注入了勃勃的生机和鲜活的动感。

我拉起车窗，一缕缕青草的芬芳立即随风飘了进来，沁人肺腑，很容易使人联想起高尔基笔下的流浪的茨岗人：蓬乱的头发粘着草叶，被太阳沐浴过的面庞黝黑而粗糙，手指根夹着一支自卷的呛人的马合烟，慵懒地仰面躺在散发着清香的草丛中，从嘴里向空中吐着一个个烟圈，悠悠闲闲地讲着那些据称是亲眼所见的让人似信非信的离奇故事……一派原生态的淳朴。

风景最美的是贝加尔湖地带，列车好像围着这个世界第一大湖画了个大大的弧线，整整行驶了几个小时。明媚的阳光、深蓝的湖水、美丽的白桦林、远处覆盖着残雪的山脉，彼此烘托、相互映衬，充满了鲜活而凝重的生命力。

因要加煤加水，进入苏联后的第二天下午，列车在伊尔库茨克附近的一个小站停了下来。领队告诉同学们：列车要停半个小时，大家可以下车到站台上活动一下。我想，临行前给每人发的几元卢布也许可以派上用场了，于是随大家一起下了车。大家的想法是一致的，站台上的小卖店前很快就排起了长队。就在我快排到的时候，忽听耳边啪的一响，扭头一看，原来自己插在衬衣小口袋里的钢笔被一个黄头发的个子与自己差不多的苏联小偷给偷走了。

“抓小偷！快抓住那个小偷——”我急忙高喊，扭身就追。

那小偷原是装作若无其事的样子，但闻听我这一喊迅即摆动光着的双脚飞跑了起来。毕竟是做贼心虚，他见站台上都是中国人，唯恐脱不了身，没跑多远便把钢笔扔在了地上，逃之夭夭了。钢笔没丢，我就无心再追了，不过望着跑远的连钢笔都偷的小偷，以及那双飞奔的光脚，心头不由得掠过了一丝悲悯，初次踏上老大哥的国土就感触到了当时苏联普通百姓的贫困。

列车驶离伊尔库茨克附近那个小站后，经过斯维尔德洛夫斯克，穿越乌拉尔山脉这条欧亚大陆的交界线进入了欧洲。一路上，车站建筑是千篇一律的俄罗斯风格，墙壁都是土黄色的，胖胖的妇女拎着大包小包蹒跚于车站，而男人们则头戴哥萨克帽叼着自卷的卷烟大口大口地吸着……这番情景，我在萧洛霍夫的《静静的顿河》一书里已经看到过了。

由于是运送学生的专列，火车没有固定的停车站，走走停停，不知什么时间在什么地方停多长时间。苏联列车的车厢虽比国内那列运送志愿军伤病员的专列宽敞，但餐车的供应情况却糟糕透了，还有那个“西餐”更是不敢恭维。顿顿几乎都是一碗仅有几片蔬菜和漂着星点油花的菜汤，再就是黑面包、一小块黄油和几片香肠。我是平生第一次接触黄油，刚闻到气味就恶心得想吐，好在每节车厢有一个茶炉，始终有红茶可以喝。

1956年于莱比锡

“别扔，别扔！给我，我特别喜欢吃这个东西。”就在我打算将难吃的黄油扔到车窗外时，邻座一位男同学把黄油给收走了。接着，他又四处游走，把别人不吃的黄油全搜集到一起堆到自己的面前，然后一块一块的厚厚地抹到粗糙的黑面包上，非常享受地大嚼大咽了起来。我在一旁羡慕地看着他有滋有味地品食着黄油，心想：在这食品短缺的年代，此公能有一副欧洲人的肠胃，也算是前世修来的福气了。这位爱吃黄油的男同学，就是二十年后因成功地导演了电影《保密局的枪声》而名噪一时的著名导演常彦。他是长春电影制片厂选派到德国学电影摄影专业的。

旅途漫长而单调，好在是一群年轻人，一路上嘻嘻哈哈地聊天。“中国同学请注意，中国同学请注意：你们好！现在餐车正在举办交际舞会，欢迎同学们参加，欢迎同学们参加！”晚饭后广播里响起了苏联列车员生硬的中国话。作为“社会主义老大哥”的苏联列车员在上世纪五十年代就已很有经济头脑，且经营有道。晚饭开完以后，男女列车员就赶紧把餐桌搬走，将餐车打扫干净并装饰得五彩缤纷，然后诚邀中国学生跳舞。同学们中虽然去的不多，但四、五百学生里去个十分之一，也很可观了。《红莓花儿开》《喀秋莎》《三套车》等中国留学生熟悉的苏联歌曲播放起来后，领队一号召，有情不自禁的，有干部起带头作用的，也有生拉硬拽的，总之去的学生很快就随着歌曲的旋律旋转了起来。因为大家临行前都学过交际舞，一般都会几下，所以列车上每晚的舞会办得都是热热闹闹的，为枯燥的车厢生活增添了不少乐趣。我是个书呆子，临行前教交际舞时笨得没学会，所以没有去。但去跳舞的同学跳罢一轮都跑回来取东西，我问他们取什么，说是取送给列车员的小礼品。列车员最感兴趣的是毛巾、手帕和丝袜等。一场舞会下来，列车员们收获颇丰，而开舞会的醉翁之意，也尽在不言中。不过，虽未跳舞但我却记住了苏联人的这一喜好，后来在八十年代，随团再次路过莫斯科时，还特意带了一些小礼品送给接待我们的工作人员，然而所送礼品的档次却不同了，最受欢迎的是茅台酒，另外还有丝巾等。

第七天清晨，列车驶进了莫斯科车站。

# 途经莫斯科

"莫斯科到了，莫斯科到了！"

"哇，这就是心驰神往的莫斯科呀——"大家都非常兴奋。

到苏联留学的同学，他们的终点站到了；到东欧其他国家留学的同学也将在这里倒车，各奔东西。我也高兴异常，因为在莫斯科有足足八个小时的自由活动时间，对于被困在列车上近一个星期的我来说，这简直太奢侈了，可以好好地逛一逛这座伟大的向往已久的城市啦。

"注意啦——去东德的同学在这里集合，去东德的同学在这里集合！"随着领队一遍遍的喊声，我们在站台上聚集到了一起。领队先是强调今天全部是集体行动，接着讲了这一天的日程安排及注意事项，最后清点人数。在领队一个个地点名、同学们一个个地答"到"的过程中，我心里默数了一下，去东德的学生一共有五十多名。之后，我们与去东欧其他国家的同学们互相作了告别，列队走出了车站。

我们先去了全苏农业展览馆。汽车把我们拉到列宁山上，在展览馆门前停下。展览馆建筑得高大而宏伟，馆前的广场也很开阔。这么大的场面，我是第一次见到。民以食为天，此时大家早已饥肠辘辘了，于是一下汽车就分散开，三五成群地到露天小摊上去买油炸肉饼吃。确实比列车上的黑面包好吃多了，所以当时同学们个个吃得都很香，满嘴油光光的。这个展览馆的图片和展品集中体现了苏维埃政权实行农业集体化的成就，但是没有人讲解，我们又不懂俄文，所以只能像刘姥姥进大观园一样草草地浏览了一圈，照了几张相片，留作到此一游的凭证。

接着我们去参观了莫斯科大学。我早就听说，这是社会主义国家里最好的大学，不但设备先进而且住宿条件很好，是两个人一间，还有洗澡间。带队的专门让我们参观了这种宿舍，同学们看了以后唏嘘不已，羡慕得不得了。但在之后的1960年夏天，我回国集训，路过莫斯科时，驻苏使馆专门安排我们在这种宿舍里住了一个晚上。真是领教够了，那一夜我是基本没睡着觉，浑身被蚊子和臭虫咬得大包连着小包，卫生条件之差难以想象。

参观完莫斯科大学以后，最有纪念意义的是去参观克里姆林宫和列宁、斯大林的陵墓，但当天下午到达红场时，那里早已排起了很长的队。

“唉呦，照这么个排法，我们还赶得上今天傍晚的火车吗?”刚排了一会儿队，队伍里就发出了议论声。

带领参观的是我国留苏的学生，听到议论后，他看了看手表又看了看前面长长的队伍，扭头和领队说了一声“我去和他们的领导交涉一下”后，就离开了队伍。他很快就找到了守卫陵墓的军队领导，听说还是一位少将。幸亏当时苏联老大哥对中国兄弟还十分友好，听了留苏学生的诉求后，少将同志满口答应并立即吩咐部下给予照顾。

带领参观的留苏学生回来时，身边多了一名苏联士兵。在这名士兵的带领下，我们很快就被领到了队伍的前面，大家一个紧跟着一个地鱼贯进入陵墓。不许出声，通过地下通道，先瞻仰列宁遗容，后瞻仰斯大林遗容。两个墓室因为人太多只能停留几秒钟，连鞠躬致敬的时间都没有，当然更不许照相。出来后，我们在陵墓广场照了一张集体相，背景是克里姆林宫高耸的尖顶。这张照片一直是我一生中珍贵的收藏。

那天傍晚时分，我们搭上去柏林的快车，途经波兰，穿过奥德-尼斯河德波边境进入东德后，大约四五个小时就到达了柏林，整个行程约三十多个小时。望着车窗外不断闪过的波兰和东德的土地，遥想起当年希特勒发动第二次世界大战，吞并波兰，侵犯苏联，逼近莫斯科，可谓不可一世，但最后正义终究战胜了邪恶。想到这些，我不由地从心底对伟大的苏联人民和浴血奋战的苏联红军肃然起敬。

火车抵达到柏林的时间，大约是第三天上午的十点。下车以后，见车站两边还有残垣断壁，我的第一感受就是战争的创伤还历历在目。一阵凉风吹来，不禁又回想起了幼时日本鬼子侵略龙游家乡的悲惨情景。中国的使馆人员早已等待在站台上了，然后把我们送到了使馆。稍事休息后，是一顿美味的中餐招待。一个多星期没有吃到中餐了，一大群小伙子，包括年轻的姑娘在内，那种狼吞虎咽的情景可想而知。还是中餐好吃啊，这绝非列车上的黑面包和莫斯科的油炸肉饼可比。饭后，使馆文化参赞稍作指示，我们一行五十多人就乘大公共汽车南下莱比锡，开始了一年的德语学习。

## 在莱比锡学德文

民主德国是社会主义国家，那时西方对我们在政治上和经济上全面封锁，所以要出国学习只能去社会主义阵营的国家。那时，去苏联留学的学生可以先在俄文专科学校学一年俄文后再出国。但由于派往东欧国家的留学生较少，教育部没有设留学预备班，所以我们只能到国外去学习语言，有点像大清王朝派的出国留学生一样。但也有好处，从生活和习惯上都把你放在那个环境中去熏陶，可能会学得更快更好。当然创造了一个好环境，学得好坏还要靠自己努力。

我们学德文的被安排在莱比锡卡尔·马克思大学即现在的莱比锡大学工农学院 ABF(Arbeiter und Bauern Fakultät)。当时的东德在教育体制上也是学苏联的，与我国一样要培养工农子弟，确保无产阶级掌权。ABF 学院专门给外国留学生开设德语学习班，除了中国、朝鲜、越南等社会主义国家外，还有非洲、拉美等反殖民主义国家的学生。

1957 年 8 月 25 日出国一周年于莱比锡

这是一种强化式的德语训练，要求通过一年的德语学习，不但要会听、说、读、写，而且还要能适应德国人的生活和上学能听懂大学专业课程，能作论文搞研究。而我们来前是德文一字不识，只带了一部德汉字典作为唯一的工具书，在异国他乡语言不通的情况下，要达到上述要求，其难度也是可想而知的。



中国学生被分成 4 个班，每班 12~16 名学生，我和刘同文分在同一个班，还有北京医学院的李桂瑞、高昌烈，北京大学学物化的徐洁二位以及南京药学院的周亦昌。第一学期从9月到12月圣诞节为止，这学期的主要任务是学习生活日常用语和基本词汇。

学习是紧张而有趣的。先由上一年在这里学习的中国同学介绍学习方法，并帮助德语老师将新同学的中文名字转换成德语拼音。可能是这位南方同学普通话说得不过关，地方口音太重，结果我的名字写成德文后成了Wang Chiä-dchin，造成在德五年间没有一个德国人叫我名字时，本人能听懂的。接着是办学生证和银行储蓄卡。我们的助学金是由中国驻德使馆通过银行发的，大学生每月180马克，研究生230马克。我是研究生，每月230马克，相当于人民币150元。这大约是当时国内技术6级和行政13级的工资数额，比起那时第一年拿48元，第二年拿55元，然后连续几年工资不再长的国内大学毕业生来说，这个助学金是可望而不可及的。我在东德每月吃饭大约用120马克，还剩近一半的助学金可用于其他方面。但使馆有一条规定，助学金有积余不能汇回国内，因而无法贴补国内家里窘迫的生活。

1958年元旦晚会

校方请的老师都是优秀的中学教师，但他们不会中文，而我们又不会德文，因此教学方式便有点特殊了。首先是学生自己备课，大家把第二天要学的课文中的生词一个个地全用德汉字典查出来，轮流翻译好再互相抄。然后在课堂上由同学自己一段一段讲解，翻得对不对老师也不知道，只能大家互相纠正。老师只管教发音，有时也借助手势表达。这种摸着石头过河式的教学方法效果竟然很好，逼得学生认真备课和做发音训练。在学习字母发音时，先碰到的难关是把俄语字母 P 与德文字母 R 相混淆，前者是要卷大舌头，后者则要求轻轻地卷小舌头，这两种发音在中文发音中几乎没有。大家在课堂上学，下课后更是用尽一切办法练习，有人就在口中含一口水，像刷完牙后漱口一样仰起头来练发音，如此苦练颇为奏效，但也有人直到现在还没有学会。

1958 年在麦塞堡化工学院元旦联欢

（前排左起：张志中、张玲、刘同文、陈文生、汪燮卿、孙粹芳；后排左起：林文新、沈尧曾、莫瑞询、胡振荣、黄雪梅、马竹如、邵兆南）

在东德，有一种边上课边实习的教学方式很好。我们第一阶段学习的主要内容是日常生活用语，解决衣、食、住、行问题，除了在课堂上学单词和会话的句子以外，老师还把学生们带出教室，去火车站教我们如何买车票，走第几号站台、上几号车厢、找几号座位；如何到银行存取款；如何到邮局寄信；如何去商店购物；如何去剧院看戏剧；一直到老师家作客，等等。通过对实际生活的亲身体验和老师生动的现场讲解，我们不仅印象深刻，而且德语表达能力进步很快。最感兴趣的是，教我们如何过圣诞节和如何过生日，老师讲得兴致勃勃、声情并茂，同学们听得津津有味。

三个多月的口语学习，效果非常明显，到过圣诞节时我已基本掌握了日常生活词汇。这种学习外语的速度，如在国内，会觉得是不可思议，但在当时那个环境中我们却做到了。接下去就是训练听专业课的德语学习，校方请中学的数理化老师用中学的课本来教，效果也很好。由于我们德文的生活词汇已较丰富了，因而彼此交流起来基本无障碍。在半年的专业德语学习过程中，我不但在语言上进步很快，而且在基础理论上也有收获。因为一些著名的物理学家都出自德国，如开创相对论的大科学家爱因斯坦、发现 X 光的伦琴、量子化学的倡导者海森伯格和薛定谔等。这些基本理论知识的学习虽然时间很短，但印象很深。

## 感受战后的德国

教我们德文的一位女老师叫皮夫克夫人。她的丈夫在二战中战死在了战场上，留下孤儿寡母，生活很艰难，家里墙上挂着丈夫的照片，看起来是一名飞行员，每当谈起这场战争给老百姓带来的灾难时，不胜唏嘘。虽然她们都是民主德国统一工人党(共产党)的党员，但仍流露出很大的不满情绪。商品缺乏，每人每月都凭票定量供应黄油、食糖等生活必需品，人民生活十分困难，怨声载道。

东西两个德国都是战后从废墟中建起来的，东西两部分人民从教育和文化完全是一样的，只不过是人为地被分开了，形成了在不同制度下生活的局面，因而造成了彼此发展的情况大不一样：战后美国在欧洲实施马歇尔计划，经济援助使得西德很快得到恢复和发展。而对比美军占领的西德，东德人民遭受了更重的苦难，因为他们还要偿还战争赔款，可谓雪上加霜。当时苏联人将东德工厂大批的装置和设备拆回去作为战争赔偿，包括高压输电的电线杆和电缆也都成为了赔偿物资。

我在市郊的公路上就亲眼目睹了一幕拔电线杆和割电缆线的场面。那天早上我经过这条路去了郊区的一个农场，可下午回来时路被拦住了，上前一看，原来正在拆高压线。我以为是要搞什么大工程呢，于是好奇地问正在拦截线前担任保安的德国人："这里计划盖什么建筑？"

得到回答是："这里什么都不盖。电线杆和电缆线是苏联人拆走的，用它们来抵消战争赔款。"

因路被拦住过不去，我只好绕道回城。远远望着电线杆拔走后留下的一个个深坑和堆成堆的一捆捆旧电缆线，心里大惑不解：这是社会主义国家的兄弟情意吗？把好端端的高压电线杆拔走、高压电缆割走，简直就是破坏。实际上许多东西是不能重复使用的，一拆下来基本就成为了一堆废铜烂铁。

还有一件事也使我更加认清了当时苏联老大哥的"兄弟情意"。这就是苏联人把德国的煤炼油用的气化炉子拆走，不是运回国重新安装使用，而是在上世纪五十年代中期将这套旧装置卖给了中国，在云南的压力气化炉就是这么一桩买卖。后来中国煤炭工业部的一个代表团来东德访问，想了解煤炼油气化炉如何开工，使馆安排我去当翻译，这才了解到了其中的底细。



那时东德老百姓表面上说苏联老大哥的好话，内心却在积蓄着不满，暗地里牢骚不断。起初东西德边界虽然卡得比较严，但在东西柏林之间还通地铁，有很多东德人就从莱比锡到东柏林，从东柏林坐地铁到西柏林，再从西柏林乘飞机去西德，所以逃到西德还是比较方便的。到了1961年，封闭了地铁，修建了“柏林墙”，从表面上看逃亡人数减少了，但民怨却更大了，所以很容易理解为什么三十年后“柏林墙”会被推倒。

德方为我们学好德语确实下了功夫，安排我们住在奥古斯特·倍倍尔大街的一幢学生宿舍里，两人一个房间。为了给我们创造一个好的语言学习环境，校方还特意安排每个房间由一位德国同学与一位中国学生同住。这些德国同学都是ABF工农学院上大学预备班的学生，这样他们就成为了中国留学生的德语辅导员。与我的同房间的德国同学叫沃尔夫冈，面容清瘦，戴着一副眼镜，看起来性格有点内向腼腆，但对我要求十分严格。沃尔夫冈看见中国同学串门聊天时喜欢用中文，于是就在房门上贴了一张纸条，上写“In diesem Zimmer wird nur Deutsch gesprochen”，翻成中文就是“本房间只说德语”。这办法果然灵验，来串门的同学不说中文了，因而给我营造了一个学习德语的语言环境。

1957年与德语辅导员沃尔夫冈合影（左一为汪燮卿）

我与同宿舍的沃尔夫冈关系处得很好。由于我们来自社会主义友好国家，因而在当时十分困难的生活条件下受到了优厚的待遇：每人每月有一公斤白糖；每天有一小块十克左右的黄油。对东德人来说，一小块黄油吃一餐都不够，所以只能以人造黄油来补充。白糖和黄油都是凭票供应，购物票是按等级发给国民的。当时我的待遇水平相当于东德的一个科级干部。起初作为东方人，我吃不了那么多的黄油和白糖，但我还是把配额的东西全部买回来，然后送给沃尔夫冈。沃尔夫冈很懂事，他自己舍不得吃，总是统统带回家孝敬母亲。而他母亲则将这些东西做成蛋糕，再由沃尔夫冈带回来一两块送给我吃，说这是他母亲对我表示的感谢。这是一个很合算的交换，既交换了食品，也传递了友谊。一般来讲，中国人爱吃洋糕点，在那种生活条件下这已是一种很高级的享受了。因为咖啡豆产自南美，而那时民主德国缺少外汇，所以我们喝的咖啡也是代用品，与现在宾馆里的大麦茶差不多，叫 Malzkaffe，但其颜色和味道都比大麦茶要浓得多。那时，东德用的家具大部分都是塑料制品，是木材的代用品；穿的是合成纤维或人造纤维制成的服装，是棉毛织物的代用品；小汽车也是以塑钢材为主，车体的强度和行驶速度都差得远。当然，与当时社会主义阵营里的国家比起来，民主德国和捷克斯洛伐克这两个国家生活水平还是最高的，由此可见两个阵营生活水平差距之大。为了改善这种局面，东德的德国统一社会党(SED)的总书记瓦尔特·乌布利希提出口号是大力发展化学工业，“化学给人们面包、富裕和美好”。但对于我们从一个一穷二白的国家去的人，在生活上什么都满意。我在莱比锡三个月，就用省下的生活费买了平生第一块手表，再过半年又买了一架莫扎特牌的手风琴。除了买不起照相机以外，基本上满足了我所有的欲望。

我是在读高中一年级时衢州才解放的，那时在民国时代在学校里除了解数理化外，在语文、英语和地理历史方面，对西方的介绍还很少，其中英语课本里有介绍莎士比亚的短篇《威尼斯商人夏洛克》，音乐老师孙杏叔教过我们唱舒伯特的《菩提树下》，听起来非常优美。而使我对西方古典交响乐感兴趣的，要归功于衢州绥靖公署的军乐团，在府山公园里演奏的进行曲很雄壮，也演奏各种西方古典名曲，从而在我的心田里播下了爱好音乐的种子。

解放后在“一边倒”的政策指导下，我们根本没有机会再接触西方的古典音乐了。但到东德后，这方面情况大不一样，东德当时虽是社会主义国家，但贝多芬、莫扎特、舒伯特等大师都是他们优秀的传统文化的杰出人物，这无疑于给我开了一扇学习的大门，使我的生活中充满了音乐的内容。这好像并不费劲，相反，它是一种休息、欣赏和自娱自乐。

德国学生可能在中学时就学弹钢琴，饭厅旁边就有一架钢琴，我听得最熟悉的就是舒伯特作曲的《菩提树下》，看了缪勒的原词与在中学里唱的中文翻译的内容对比，觉得非常准确而带有温情。

在学习德语的日子里，我们这些二十多岁的大学毕业生，除了学课本，还要学唱德文歌，印象很深的是唱《野玫瑰》，而且是像十来岁的小学生那样，老师唱一句，我们跟着唱一句，一句一句跟唱学会的。这是奥地利作曲家舒伯特根据德国大文豪歌德的同名诗作创作出的一首民歌，曲调舒缓、委婉、深沉，且带有伤感色彩，表达出了对野玫瑰命运的感叹和忧伤。歌中唱道：

男孩看见野玫瑰，荒地上的野玫瑰，
清早盛开真鲜美，急忙跑去近前看，
愈看愈觉欢喜，玫瑰 玫瑰 红玫瑰，荒地上的玫瑰。
男孩说我要采你，荒地上的野玫瑰，
玫瑰说我要刺你，使你常会想起我，
不敢轻举妄为，玫瑰 玫瑰 红玫瑰，荒地上的玫瑰。
男孩终于来折它，荒地上的野玫瑰，
玫瑰刺他也不管，玫瑰叫着也不理，
只好由他折取，玫瑰 玫瑰 红玫瑰，荒地上的玫瑰。

《野玫瑰》是奥地利作曲家舒伯特的代表作之一。因为在德国这是一首脍炙人口的歌曲，所以老师在教这首歌之前还向我们津津有味地介绍了它的诞生过程。

十九世纪初(1814 年)的一个夜晚，一个酷爱音乐的年轻人走过维也纳街头。因为家境贫穷，买不起钢琴，他只好每天到一所小学去练钢琴。他喜欢作曲，可是有时拮据得连作曲的纸都没钱买。此刻，他正在回家的路上为生计犯愁，忽然看见一家旧货店旁站着一个衣衫褴褛的小孩，手中拿着一本书和一件旧衣在叫卖。年轻人认出这个小孩曾在他教学的唱诗班当过歌童，他顿时鼻子发酸，巨大的同情心驱使他不由自主地在单薄的衣衫里摸出了仅有的一点古尔盾，买下了那本旧书。青年人边走边看那本书，竟发现其中有大诗人歌德的诗作《野玫瑰》。他一遍又一遍地朗诵，整个身心被诗的意境融化了。一段清新而亲切的旋律从灵魂深处飘了出来。这个青年就是后来被人称为“歌曲之王”的舒伯特，他写的这首《野玫瑰》名曲也成为世界音乐宝库中的瑰宝，其手稿价值连城。而正是知道了这首名曲的诞生过程，知道了它的诞生是源自于一颗善良的心，所以六十年过去了，这首歌在我的脑海里仍然印象深刻。

当然，革命歌曲也要唱，如《蓝旗飞扬向柏林》，因为在国内当时也很流行了，所以一唱就会。

在公路上在铁道上，祖国青年向前进，蓝色天空飞扬着蓝旗，蓝旗飞扬向柏林。整齐步伐，万众一心，年青的队伍向前进，我们鲜明的旗帜在招展，引导我们去斗争。

举起大旗迎风飘扬，唱着新的蓝旗歌，我们是德意志新的生命，争取和平齐向前。千万人民热爱和平，和平力量强无敌，蓝色旗帜高高飘扬，灿烂光辉在晴空。

蓝色天空阳光照耀，照在祖国大地上，我们是自由德意志青年，歌声嘹亮齐向前。建设我们可爱的祖国，齐心团结像钢铁，蓝旗高像飘扬在晴空，飞扬在祖国大地上。

学校还经常组织我们看电影，内容都是比较经典的名著改编的，如苏联肖洛霍夫的《静静的顿河》，描述音乐家生平的传记片《舒伯特》和意大利伟大的歌剧家《威尔第》等。对我来说，当时因到德国的时间不长，还在学语言的阶段，所以要听懂电影中的对话是十分困难的，对话不但语速太快，而且表达的文学性很强不容易懂，因而只能有个大概的了解与体会。例如，看完电影《舒伯特》以后，现在我只记住一句话："Ich habe nicht umsonst gelebt."（我未虚度此生）经历的坎坷、生性的乐观、对人民的热爱，造就了舒伯特的一生。

给我印象最深的是，看了《威尔第》的电影传记片。起初我不懂西方歌剧，觉得只是用假嗓子大喊大叫，吵吵闹闹的听不懂。但看了介绍威尔第生平的这部电影后，不知是因他那小酒馆经营者的出身，还是因他第一任妻子和两个孩子相继而亡所带来的巨大痛苦，或是因他那横溢的压制不住的音乐才华，以及他对爱情婚姻严肃态度，总之我不仅看懂了，而且很受感动，有一种心灵相通的感觉，认为他在思想、道德、生活作风和为人方面，都是自己的楷模。他第一任妻子临去世以前，把她与威尔第的结婚戒指交给了自己的父亲，要她父亲仔细观察威尔第日后对婚姻的态度和找的配偶是否正派。威尔第严肃的婚姻观得到了他原来老丈人的首肯，于是亲自把他女儿留下的戒指送给了威尔第的第二任妻子。威尔第和他的第二任妻子在感情上和事业上都很美满，白头偕老。两人在看歌剧时，共用一个望远镜，彼此交换着看，琴瑟和谐，显得十分亲昵。但很不幸的是，第二任妻子后来也先他而去了。电影镜头的描述很含蓄，很艺术，不是平铺直叙，而是用看歌剧时互传望远镜的形式来表现：当威尔第把望远镜下意识地顺手递给旁边的夫人时，发现已没有人接了，这种夫妻恩爱相濡以沫的描述方式很令人感动。

威尔第的歌剧中充满了反抗外族侵略的爱国主义精神，我最爱听他的一首《VA PENSIERO》和《凯旋进行曲》。这些曲子与歌剧的画面配合真是十分动人，当幕布徐徐升上，跪在地上的囚犯们随着音乐的旋律慢慢站起来时，我的泪水不禁夺眶而出。

威尔第把一生都献给了歌剧事业，意大利人民称他为英雄。在他最后因疾病而卧床不起的日子里，人们自觉地在他住宅周围的街道上铺上稻草，避免马车路过时吵醒他。这一幕也很令我感动。

威尔第1901年1月27日在米兰去世，享年87岁。意大利政府为他举行了民族英雄葬礼，予以国葬悼念。

在莱比锡，有一个欧洲闻名的托马斯童声合唱团，都是年龄在7~15岁的儿童，唱的曲子大部分是教堂音乐，也有德国的名歌。我至今还保存着一本纸张已发黄的德国歌本，有时拿出来哼哼。在做博士论文期间，还参加了贝林工厂的文化俱乐部，有一个德国老太太专门教我拉手风琴，可惜我没有坚持下去。

在1957年的春季，学校组织我们到魏玛去旅行，从莱比锡往西南方向坐车约三个小时就到了图林根的魏玛城。这是德国伟大文学家歌德和席勒的故乡，城中有纪念两位巨匠的博物馆和铜制雕塑。我们参观了博物馆，在雕塑前拍照合影，吃完了带来的面包夹香肠后，又来到了不远的二次大战时德国法西斯的集中营旧址——著名的布痕瓦尔德集中营。

1957年春游魏玛在歌德和席勒的铜像前留影

我很敬佩德国人对二战的忏悔，特别是对法西斯屠杀犹太人的罪恶所表示出来的忏悔精神。为了表达对死难者的哀悼，告诫后人永远不再重犯这种滔天罪行，整个集中营保留了原样。远远望去，在一片开阔地上，在一根根水泥柱子上拉起来的密密麻麻的铁丝电网，把整个集中营围得严严实实。进了大门后有一个展览厅，里面陈列着用从死难者身上剥下的人皮所制成的各种日用品，包括人皮灯罩和人皮鞋；还有用人的毛发生产的酱油。那烟囱耸立的焚烧炉和推尸体的铁车，几乎与国内火葬场的一样，只不过多了一排排刑具和屠宰场里用的铁钩……

德国人能够勇敢地承认历史，忏悔罪行，面向未来，这就是一个伟大的民族。

# 进麦塞堡化工学院

1957 年 9 月，在莱比锡学完一年德语后，我被分配到麦塞堡化工学院攻读有机化工博士学位。一同分配来的还有沈尧曾和孙粹芳同学，他们二人是华东化工学院派遣来的，在莱比锡学德文时不是一个班，但沈尧曾是我们德文班的学生会主席，所以还比较熟悉。在化工学院除我们 3 人读博士生以外，还有 6 位中国同学是从罗斯托克州的格莱夫斯瓦特大学转学过来的，比我们 3 人晚来 3 个月。他们是：林文新、黄雪梅、胡振荣、邵兆南、张玲和马竹如。除此之外，还有戎大庆、戴荣芝和董如秀同学，他们原是 1957 年在莱比锡大学读化学系的，因为要学化工，所以也转到麦塞堡来上学了。这样，当时在麦塞堡化工学院一共有 12 个中国留学生。一年以后，又有一批朝鲜和越南的留学生来学化工专业。

麦塞堡化工学院位于麦塞堡的新区，这里一没有大楼，二没有操场，只有 4 幢学生宿舍和几排平房作临时教室，没有德国人给我们介绍学校的历史和前景。这里又像工地又不像工地，说它像工地是因为道路坑坑洼洼，崎岖不平；说它不像工地是见不到起重机和吊车，安安静静的。这也反映了当时东德的现实情况和德国人的心情，想建设，但没有钱。这情景不禁使我回忆起刚建北京石油学院时的情景，这里除了有饭厅和暖气以外，与当年的北京石油学院几乎没有什么差别。因此给我的感觉是，这座学校大概刚刚开始建设一二年。

那时，我心里就一直嘀咕：东德为什么要在这里建这座新的化工学院？经过两年的学习生活，终于摸出了一点门道。

麦塞堡是一个小县城，人口不满5万，所以很多人把麦塞堡叫作麦塞村。麦塞堡地方虽小，但却位于哈雷和莱比锡之间，与两地相距都不过二三十公里，呈三角地带，是民主德国的化工工业中心。在1916年，德国最著名的化工企业BASF，就在离麦塞堡城南不到10公里的洛伊纳建有生产装置。在上世纪五十年代，则是煤化工中心，德国统一后又成为石油化工中心。而在北部离城约15公里处的则是布纳(BUNA)化工厂，它是世界有名的人造橡胶厂。在离城15公里附近还有一个大的露天煤矿。因此，从化工资源、技术优势和化工产品集散地三者考虑，麦塞堡都处于当时东德无可争议的中心地位，从好的方面看是这样。但从不好的方面看是，麦塞堡夹在两个大化工基地的中心，每天都能闻到恶臭，北风刮来布纳的废气，南风则刮来洛伊纳的氨气。

相传Merseburg是斯拉夫语“Mese”转过来，意为“中心”，Burg则是欧洲通称的“城堡”之意。麦塞堡的老城区有萨尔河流过，但污水的治理很差，色黑味臭，虽然教堂和尖塔形的哥特式建筑林立，古色古香，但离我们新区较远，很少去光顾。

化工学院处于麦塞堡的新区叫高索街，是城南的新开发区，除了一些居民楼房以外，还有一个苏军的军营，驻扎着大约一个营的苏军。军营就在我们学校的东侧，与学校只隔一条马路。每逢星期天，他们都要集队在我们这条马路上迈着整齐的步伐行军操练，威风凛凛的，前面还有军乐队奏进行曲。久而久之，我对其中一首进行曲都能背下来了，但不知曲名是什么。直到2016年因骨折在石油化工科学研究院内19号楼东边的小花园里休息时，听到原第二研究室一位提前退休的老同志在拉手风琴，其中有一首曲子我觉得有点耳熟，于是跑过去问他，他告诉我这首曲子叫《斯拉夫女人的告别》，是苏联军乐队中有名的进行曲。回到家中上网一查，得知这首进行曲原是一首军乐曲，又名《斯拉夫送行曲》，创作于1912年，是为“送郎上战场”的所有巴尔干妇女而作。原曲没有歌词，后被填入了多种版本的歌词。1995年，为纪念世界反法西斯战争胜利50周年，红场举行盛世大阅兵式，军乐队曾轮番演奏《斯拉夫送行曲》。歌中唱到：“四一年唱着它保卫莫斯科，四五年唱着它进柏林，俄罗斯站起来，万众一心，多少年经风雪、历艰辛。假如有一天，敌人来进犯，我们为祖国，奋起投入神圣战争！”曲子虽雄壮，但带有离别的悲情，我不知这些年轻的战士们千里迢迢远离家乡父母，听到这支曲子时心里是什么滋味。

因为苏联军营离我们的宿舍很近，我从自己宿舍二楼的房间里望出去就能看到他们在操场上的活动。有一次我亲眼看到一位小士兵一个人偷偷跑到操场的木格栅边上，撬开一块格栅，看见道路旁有一个德国小孩在玩耍，就向他招手。小孩过来后，士兵给了小孩几个马克，比划着告诉小孩，要他到马路对面的合作社里去给他买伏特加酒，那小孩马上心领神会，拿到士兵的钱飞跑着就给他买回来了。这种事情干了恐怕不止一次了，因为双方的动作都很老练，像是已熟门熟路。不过，如果一旦被上司发现恐怕就够呛了。

苏军对中国同学很友好，他们有时搞点文娱活动也请我们去参加。有一次一个杂技团来表演，我们也被邀请到他们的俱乐部去看演出，其中有一个节目是一位男子汉光着上身穿越过火圈，我看好像是中国人，但因纪律关系大家都不互相打招呼。

到麦塞堡化工学院后，我们中国同学都住进了刚建成不久的三层楼的宿舍，外表与北京石油学院的宿舍差不多，但内部的装修和设备要好得多，两个学生住一间套房，外间有两张书桌，一个书架；里间是卧室，有两张床和一个衣柜。这种套房原定也是一个中国学生与一个德国学生合住的，但开学时还没有准备好，因此还是两个中国同学住在一起。我与沈尧曾住一个房间，隔壁一间是林文新和胡振荣住。盥洗室和洗手间是集体共用的，但在盥洗室水池子对面还有一排煤气灶，在对面的墙上安装着一排排小冰柜，这些小冰柜与国内中药店里存放各种中草药的一个个抽屉有点相仿。每人一个小冰柜，因而管理员发给我们一人一把钥匙。这些装备可解决了我们的大问题，每人可以舒舒服服地做中国饭了。恰好离我们宿舍旁边不到10米远就有一个消费合作社，主要供应主副食品和日常生活用品，非常方便。除了早餐吃面包果酱以外，中午和晚上我们都自己做饭。

# 约见雷曼教授和莱勃尼茨教授

我们把生活安排好了以后，马上就向校长办公室登记，预约与教授会谈的时间。过了一个星期才通知沈尧曾、孙粹芳和我三个人同时去见教务长雷曼教授(Prof. Lehmann)。这当然是一次很重要的会见，我们都穿好西装打好领带，很紧张地正襟危坐在教授办公室的外屋。雷曼教授从里屋出来后，与我们一一握手，寒暄几句就开始谈主题。他抬起高傲的头颅望着天花板说："你们在中国学的苏联一套教学内容，基础理论太差，必须补课达到德国大学毕业生Diplom(注：德国的一种学位)的水平以后，才能开始做博士论文。"

我们问他要补多长时间，他说至少要一年半，而且要每门课考试合格后方可开始做论文。至于导师的问题，已初步定好：沈尧曾和孙粹芳学无机化工，由雷曼教授自己带；而我学有机化工，导师是莱勃尼茨教授(Prof. E. Leibnitz)。他是本学院的挂名院长，有一间办公室，但很少来上班。他的主要工作，是任德国柏林科学院有机化工研究所所长，该研究所设在莱比锡。他是民主德国国家奖的获得者，在当时的东德是化工学术界的权威。

1959 年 10 月 Leibnitz 教授在 Boehlen 作报告

与教务长雷曼谈话后，我们 3 人的心情十分沉重。因为教授的话犹如在我们每人头上浇了一盆冷水，一方面是觉得德方看不起我们，同样是大学毕业生却要比他们德国学生矮一截，心里感到委曲。更重要的方面是，学习时间又要延期，不能按期毕业回国了。

随后，我在 1957 年 12 月 22 日写给嗣懋的信中，又发牢骚又不服气，摘要如下：“这个学期的学习生活真不好受，就像是抽筋剥皮一样，到现在才了解自己学习是多么不够，各方面与德国同学比

1959年10月14日参加论坛，与协助指导老师毕特勒博士(右排二)

起来差得太远了。人家念书以后简直能背下来，而我们在国内不强调记忆背诵。他们一天到晚在实验室打圈子，而我们的独立工作能力太差了，一些德国同学和助教简直认为我们没有念过大学的。当然也有同学同情帮助我们的，但自己心里总感到不好受，因为人家看到的是一个国家而不是个人。有时候我骂自己是太缺少勇气了。总之，这种心情在国内是从来没有过的。但仔细想想，更重要的还是：充分利用国外有利条件，多学一些，学好一些，对自己要求实事求是一些。”

那时，我头脑中滋生了急功近利和好大喜功的思想，觉得：如果这样按部就班地学下去，太落后于大跃进的形势了。当时国内的口号是“一天等于二十年”，补习两年，就意味着晚回国两年；晚回国两年，德国的先进技术就晚用于社会主义建设两年；那样我国的科学技术就会落后于世界水平……

“国内正在一日千里地‘超英赶美’，我们还能在这里心安理得地‘炒剩饭’吗?”经过一连串想当然的推理，我意识到了问题的“严重性”，头脑发热了，于是与同班的沈尧曾、孙粹芳商量，决定一起找教务长谈一次话，强烈要求不再补课也不做论文，只希望能到附近几个大化工厂去实习一年，然后立即回国。这几个大化工厂包括：洛伊纳是大型合成氨和高压加氢煤炼油，布纳(BUNA)是从乙炔到合成橡胶，贝林 Bōhlen 是褐煤造气、高压加氢、烷基化和非贵金属重整生产高辛烷值汽油等，专业内容都很对口。

“教务长，有一件非常重要的事，我们必须和您开诚布公地谈谈。”一天，我们 3 人终于鼓足勇气走进了教务长雷曼教授的办公室。但当我们一五一十地谈出自己的想法后，立即受到了严厉的批评。

雷曼教授说：“你们如果是要来德国带点技术回国，就好比用剪刀剪点资料拿回去，那容易得很。但，这不是我们的意图。我们的意图是，你们要用知识武装自己的脑袋，要打好基础，学会灵活运用知识，为国家建设做贡献。为此，你们必须要按部就班，从基础课的补课开始，完全按照德国的教育制度和教学方法行事。”

德国人办事是认真的，也是固执的。说服不了雷曼教授，我们又把这件事上报给了中国大使馆，希望组织能给我们撑腰。意见上报使馆后，使馆管理留学生的胡守鑫同志认为应该听从校方的安排，反而来给我们做思想工作，说这是德国教学制度对学生要求严格。使馆的决定使我们觉得确实要遵守规定，认真好好学习。

在无可奈何的情况下，我们只好按照校方的规定继续进行补课。但数年后，我就体会到雷曼教授的话是对的。如果按当时自己的想法行事，急功近利地实习一年就回国，以后恐怕很难有大作为。

莱勃尼茨教授在当时颇有名气，见他要事先预约。我通过学校秘书再三联系，入学两个月后才有幸与教授见了第一面。教授身着一套深色西装，白衬衫领子下带了一个绅士领结，灰白色的头发梳得非常光亮而呈波浪起伏状。

“欢迎你，汪先生！下面我们来谈谈你的学习。”教授说话开门见山，在表示了欢迎后，直截了当地提出要我补习两年的大学基础

1989 年 2 月 3 日在石科院与当时驻德国大使宋之光(左)交谈

课，每门课考试及格后再开研究生课题，具体研究方向和课时以后再说。这次苦等了两个多月的见面，前后竟不到 10 分钟。

初次约见莱勃尼茨教授，我的第一感受就是日尔曼人的高傲，但在以后为数仅三四次的交往中，又使我逐渐改变了对教授的看法。要补两年大学的课程，“师命”难违，只得服从。

大局定下以后，接着就由 3 位助教分别给我们安排补课的课程、实验和进度。

这一年半的补课，是我一生中学习最紧张也是收获最大的一段日子。说实话，我们的德语还没有过关，而补课的内容，特别是实验的训练在国内是没有经历过的。每天晚上开夜车都要到 12 点以后才能上床，而早上 6 点以前必须起来，因为我们要赶 7 点的班车去哈雷上课。

# 万事开头难

当时学院在麦塞堡的那部分还在建设中，还有一部分在哈雷城，那里是马丁路德大学的校址。因为学院刚刚成立，基础课就在哈雷的大学听。从麦塞堡到哈雷20公里，学生们坐学院早上开的班车去。

德国当地的纬度相当于中国最北面的漠河，比北京要高得多，冬天自然也比北京冷，太阳也出来得晚。每天清晨迷迷糊糊地从床上爬起来，草草地吃个小面包就登上班车，往车座一靠，眼睛一闭，昏昏沉沉地继续自己的美梦，但路过布纳厂附近时我们就醒了。那是二战时主要的军工厂，合成橡胶以布纳(BUNA)命名的品种不下数十种。因为布纳厂周围的空气太糟了，不是一般的臭味，而是一种刺鼻得令人感觉特别难受的stinken，德国人叫作“恶臭”。后来才知道，这是一种三氢化磷化合物，是电弧法生产乙炔产生的气体杂质。那是一条“臭带”，开车过了三分钟才慢慢消失。然后再前行半小时就到了哈雷。

车子开到马丁路德大学教学楼的台阶旁边停下来后，同学们鱼贯下车，匆匆走进教室去抢座位。我反而晃晃悠悠地走在后面，因为当时对我来说，听教授讲课简直像是听天书，根本听不懂，所以干脆躲在后面，便于打盹。虽然当时使劲听也能听懂百分之三四十，但当放映幻灯片时，只要把窗帘一拉，电灯一关，整个教室马上一片漆黑，我的上眼皮就渐渐不由自主地与下眼皮合到了一起，开始打盹……好在下课时，同学们要敲桌子表示对教授讲课的赞许，那一阵乱糟糟的声音就会把我吵醒。这是德国大学里特有的习惯：学生认为教授课讲得好，在下课时，就把手握成拳头敲打桌子，以表示敬意。

当然这种偷赖是要付出代价的，因为你迟早必须通过教授的口试关。唯一的办法是晚上再加班念书，最后我的无机化学有些重要章节的内容达到能背的程度，虽然无机不是我的专业课，但这是教务长上的课，他又是终身教授，到现在我还把这本由霍莱曼(A. F. Holleman)和魏毕格(Prof. Dr. Egon Wiberg)主编的无机教科书放在办公室的书架上不时翻翻。六十年过去了，对其中的一些基本原理，我还不时翻出拿它来指导研究生。例如，我现在正从事劣质原油的裂化和焦炭气化一体化技术(RCGT)的研究，其中的重点是在不同温度下，碳、一氧化碳与二氧化碳的热力学平衡值，我把那些图表和曲线经常与学生讨论。

首先补习的是分析化学，主要是学习经典的分析方法，除了听课以外特别重视做实验。一个助教带七八个学生做实验，实验前先预习，然后自己去领玻璃仪器。在一条长实验桌上，每人一个实验小抽屉，自己领来的仪器自己保管，打碎了要赔。没有人预先帮你把仪器架好，全是自己动手。做完一组实验后助教要考一次。那是一种启发谈话式的问答，主要是了解你知识掌握的程度及遇到的问题，例如：用变色硅胶放在干燥器里做干燥剂。这本来是一个很简单的问题，但助教要从气体分子扩散的物理作用到硅胶变色的化学作用，统统给你讲清楚。这种把日常遇到的普通现象用科学基本原理来解释明白的方式，使我日后养成了凡事都要问个为什么的习惯。

在做有机化学的定性分析时，助教常把几种化合物混在一起，要你回答它们是由什么组成的。德国学生很有意思，他们首先是用鼻子去闻，拿着试管自己闻了以后还叫别人闻。只见他们在实验室里以舞蹈的姿势来回转，一边走一边唱，在每个同学都嗅了一遍以后，自己才口中念念有词地做出最后判断，而且还要“上帝保佑”结果是正确的，在助教面前不会“挨刮”。

在德国学化学，有时就像过去旧中国私塾馆里学生读“四书五经”和《古文观止》一样，要求统统能够背下来。一个典型的例子是老师考学生，问锰一共有几价？举例每价有什么化合物？它们是呈什么颜色？当时我只能答出氧化锰、二氧化锰、四氧化三锰、锰酸和高锰酸的价数和典型化合物。老师就说，你们答得不完全，锰有八个价态，接着从零价开始一直讲到七价的高锰酸钾，而且能举出每个价态有代表性化合物的颜色。如此全面，我听后瞠目结舌。

实验的内容难度比较大。有一次无机实验要我合成氢化钠，这是一种易燃易爆的活性很高的无机物，过去在学校里根本没有碰过。我小心翼翼地把金属钠从煤油中取出来，放入高压釜中，倒上煤油密封盖好，再通入氢气升温反应。实验结束后，由于拧螺丝不小心，氢气释放得太快，在通风柜内发生了爆炸，一位德国同学还因害怕往实验室外面跑而摔了一跤，幸亏没有受伤。这是一起我生平第一次如此令人胆战心惊的事故，真是吓得要命。事后我把高压釜里的合成产物小心翼翼取出来，放入煤油里，再用氮气封好，把全部东西收拾完已是晚上八点钟了，没有吃晚饭，拖着疲乏的身体，从哈雷坐电车晚十点多钟才回到麦塞堡。这件事引起了校方的高度重视，我向指导我做实验的助教作了检查，因为没有伤到人，只是通风橱的玻璃窗有几处破碎，汲取教训，就此了事了。

补完无机化学制备实验，接下来是无机的定量分析。指导教师拿出一个本子，里面有密密麻麻的一系列数字编号，要我任意选一个号。我不解其意问什么意思，他说这是让你任意挑一个实验样品。我随意指一个号，老师就按此号到房间里取出一个实验样品给我，我一看原来是一块铁矿石。我翻阅了对未知样品的分析步骤，实验前作了充分准备，这次做得比较顺利。我把各组分的含量结果交给老师，他又带着老花镜在本子上找编号来对，结果完全正确。我心里感到一阵由衷的高兴，中午到街上买了两根香肠，慰劳了一下自己。

按校方规定，做完6个实验，要由负责该专业实验的助教与学生谈一次话，叫作Unterhaltung，实际上是一个阶段口试，考察你学习领会的程度。口试通过以后，连同理论课一起，要由教授来考一次，才算这门课补课正式结束。

德国的考试方式与中国不同，不是坐一大屋子学生，发卷子笔试。而是采取口试的方法，并且是一对一的"单兵教练"。老师由浅入深地提出一个个的问题，直到学生答不出来为止。这很像田径运动的跳高比赛，一个一个高度地跳，直到跳不过去，最后跳过去的高度就是运动员的成绩。所以在德国，考试是一定要问到学生答不出来才结束。

用这种方法来考察学生的能力显然是合理的。对学生而言也有好处，你不会因为全答对了而沾沾自喜，知道还有不足之处。

无机化学课的口试是教务长雷曼教授亲自主考的，学生必须提前通过秘书预约。一些德国学生在预约前专门通过秘书打听教授的生日，因为生日这一天教授的情绪一般较好，如果考试时你带一束鲜花送给他，也许会给你高分。但我们中国同学都比较守规矩，秘书说哪天就是哪天。好不容易轮到我时已是12月初了。那天一大早，我穿上西装，整8点时轻轻敲教授办公室的门，秘书说教授已在房间里了，你进去吧。我轻轻推开门，说"雷曼教授，早安！"

教授也客气地回答了一声："早安！"

"请把灯打开！"教授指门后墙上的开关。我马上拨开了开关。

"你看这灯管的温度是多少？"教授问。

"这是萤光灯，温度不会很高，大概六七十度罢。"我回答。

"那白炽灯的灯丝温度是多少呢？"雷曼教授又问。

"可能要一千多度吧！"我回答。

"那你做化学实验用的本生灯（煤气灯）的温度大约是多少度呢？"教授问。

“那是蓝色的火苗，我确实不知道，可能有几百度吧？”我回答得很犹豫。

“教科书上对本生灯各区域的温度描述得很清楚，有氧化层和还原层。”

“很抱歉我没有记住。”我红着脸挠了挠头。

接着教授把话题一转，问：“你知道什么是合成氨？怎样合成的吗？”

这题目我早有准备，背得清清楚楚。

接着他又问：“什么是尿素？有什么用处？”

因为有准备，答得也不错。

“你知道无机化学和有机化学的结合点在哪里？”教授继续问道。

对于这个问题，我还真是丈二和尚一时摸不着头脑，半天没有吭声。

“你说尿素是无机物还是有机物？”看到我的狼狈样，他给了我一点提示。

我听后恍然大悟，“尿素是无机物合成的，但也属于有机物，因为它是一种动物的排泄物。”我答。

“那就对了，考试到此结束！”教授宣布道，给我的成绩为 1 分（优）。

这就是我的第一次考试，也是口试，所以印象很深。

从补无机化学课和做实验一直到考试，使我深深体会到德国对基础课的重视，教学的规范和严谨，按国内教学要求，我们是学工科的，而且是有机化工中的石油化工，没有必要对无机化学课程有这些要求。对六十年来这些经历的回顾和科研实践使我认识到，打好基础理论的底子确实重要，而当时学苏联这一套教学方法，理论基础不扎实，很难培养出创新型人才。

补完了无机化学和分析化学后，接着补有机化学和物理化学，这两门课是在麦塞堡校本部上的，因此就不必到哈雷去了，节省了不少时间，而且最重要的是不必赶班车，总算可以睡个懒觉啦。

我们用的有机化学课本是汉斯·贝尔教授(Hans Bayer)著的有机化学教程。除了听课以外，实验课包括有机分析和有机合成。有机分析又分定性和定量两部分。在国内没有做过有机定性分析，而在德国则是必修课。定性分析就是给你一个混合有机物，要你把里面有几样什么化合物鉴定出来。需要指出的是这些鉴定方法没有用近代的物理分析仪器，什么红外、紫外、色谱等统统没有，一方面当时这些高级仪器大学里还没有，另一方面这门有机定性分析的目的在于训练你对经典的化学知识融会贯通。老师给你500毫升一瓶的混合液，里面有液体和固体，要你分析出有哪几样化合物。拿到样品以后，我们第一步就是用鼻子嗅，当时的有机化学实验室还在宿舍的地下室里，用现在的观点来看是既不安全又污染环境，根本不应该当作实验室用的，但在当时大家都没有把这些当作一回事。

人的嗅觉是十分灵敏的(当然对有的东西比狗还差得远)，因此拿到混合样以后，首先是自己嗅闻，然后请周围的同学帮助嗅闻，张三说是醚，李四说是酮，王五又说是醇，最后还是用蒸馏方法分离，看沸点和折光指数，然后再查化学手册。我的感官中眼睛最差，略有点色盲，做定量滴定时需要周围同学帮忙看终点；但鼻子的嗅觉很灵，通过这番训练，对醇、醛、酮、酸、酯，几乎百发百中，而对于一些固体化合物，如吲哚、咔唑等带有恶臭难闻的东西，也习以为常了。通过对这门课的学习，对日后从事未知样品的分析解剖，大有好处。

“嗅味”只是一个探索分析，带有很大的主观性，缺乏科学依据，你必须对混合样的各个组分分别鉴定，才算完成任务。下面的步骤就是蒸馏，按沸点分别收集馏分，测它们的折光指数，然后去查化学手册，确定是什么化合物。而对固体样品，要用过滤、干燥、结晶、重结晶，测熔点，再通过查化学手册，来确定是什么化合物。

对于有机合成化合物的实验过程，我们通称为Präparate，这是一套严格的有机合成步骤和方法的训练。还要学会查两本化学大辞典，一本是《拜尔斯坦(Beilstein)》，用来查古今世界上所有的有机化合物；一本是《盖默林(Gemelin)》，用来查古今世界上所有的无机化合物。这种学法相当于我们学中国历史时，学司马迁编写的《史记》和司马光编纂的《资治通鉴》，看那些对重大历史事件的描述。但不同的是这两本化学辞典是十九世纪以来一代代化学家相继编写成的，真是薪火相传，令人不得不佩服德国人的科学献身精神。

我的有机化学辅导老师是犹太人，他的姓就称以色列(Dr. Israel)，为人和蔼可亲，平时沉默寡言，但对我帮助很大，既热情又耐心。在二次大战中，犹太人在希特勒统治下惨遭迫害，不知道他是如何逃过这一劫的。他是德国统一社会党党员，拥护东德政府，因为统一社会党反对希特勒是一贯和坚决的。在科技领域，他很为德国在有机化工方取得的成就而自豪。他给我举了一个例子，在合成纤维方面，是美国杜邦先发明尼龙66，它是己二酸和己二胺的缩聚产物。德国人为了绕开美国的专利，发明了由己内酰胺水解缩聚，我们称为尼龙6，德国人叫作佩龙(Perlon)，我们译为“锦纶”。二者都是6个碳的单体，二者都是含碳、氧、氮的原子，竞争的结果，现在尼龙6的产量已大大超过尼龙66，主要原因是原料易得，合成路线短，成本低，性能好。这个例子说明德国人在化学领域技术上的融会贯通，不墨守成规，具有创造性和竞争能力。1982年我随侯祥麟、王振华等重访东德，参观洛伊纳石油化工企业，以色列博士专门从麦塞堡来陪同我们，一起吃饭时谈及往事，犹历历在目。

# 严酷的外事纪律

1957 年国内开展的反右斗争，也波及到东欧留学生。虽然在学生中间没有划右派，但也要学习文件，人人过关。要对照文件的精神检查自己的思想和行动，向党交心，特别是要查找有没有违反外事纪律的事情发生。这对大多数人来说，原是冲击不大，只要遵守外事纪律，好好学习，不乱说话，一般不会出大事，但也有因此倒霉的。

有一位在伊尔明瑙学习的留学生自己向党交心，说看中了一位德国姑娘，圣诞节去约会时，一见面就拥抱了她。那位姑娘没有思想准备，就顺嘴说了一句德文“Du bist unartig!”意思是“你真讨厌”。这位同学本以为这不是什么大事，向党交了心就没事了，但结果是：违反纪律，立即被遣送回国。

在当时，东、西德国之间紧张的政治气氛是留学生必须恪守纪律的一条严正理由。在上世纪五十年代东、西柏林的交通没有障碍，特别是钻进地下铁道后，就可以从东柏林到西柏林，再从西柏林乘上飞机就可以去西德，因此想逃跑到西德去的人都通过这条捷径。为此，中国使馆明确规定：留学生不许乘地铁去西柏林。这对于我们这些充满好奇心的年轻人来说，实在是一种近在咫尺的约束。

有一位与我同时出国的女同学，是从部队转业来的调干生，我们在莱比锡学德文时是同班同学。她年纪比我稍大，既是我们学生支部的党支部书记，也是我们学生队的领队。作为学生队的一个领导，她不仅活泼、开朗、漂亮、大方，而且办事泼辣，政治性强，

1987 年 6 月重返德国在柏林勃兰登堡门(当时东西德国交界处)留影

说话很有号召力，我们都把她当作老大姐。当时在学生队里，这样“巾帼不让须眉”的杰出女性，自然是众男生追求的对象。半年后，一个相貌英俊的高个子男生从众追求者中胜出，获得了她的芳心。之后是其他人退出竞争，两人确立了朋友关系。

后来我分配到麦塞堡化工学院，不知是不是组织有意照顾，他们俩一同被分配到了哈雷的马丁路德大学，男的学物理，她学生物化学。哈雷只有 3 名中国留学生，离麦塞堡又近，因此我们还是同属一个支部，星期六在一起过组织生活。由于头两年的基础课是在马丁路德大学上的，所以两人平时几乎天天都能见到，相处得很好。

就在那段日子里，这位女同学计划利用星期天的休息时间与男朋友到波茨坦去玩。波茨坦是东德城市，就在西柏林的西边。去波茨坦有两种去法，一种是先到东柏林，然后坐公共汽车沿着东、西柏林的边界绕一个大圈子绕过去。这种走法要想一天里打个来回，在时间上紧张一点；另一种则近多了，到东柏林后乘坐地铁，从地底下穿过西柏林，上去后就是波茨坦。为了能在波茨坦多玩一会儿，并顺带享受一下当时中国尚没有的地铁，这位女同学和她的男朋友选择了走近路。

本来这纯属私人的一件小事，只要他们自己不说，没有人会知道。事实上，两人的保密工作做得很好，在回来后的一个多月的时间里，同学们只知道他们俩星期天经常出去玩，至于去了什么地方及怎么去的，都不清楚。可是，不知是她作为支部书记党性强呢，还是她幼稚地认为他们俩并没有去西柏林，只是从西柏林的地底下穿过而已，谈不上违反纪律……总之，她后来在一天晚上学生开会的时候，当众将此事向党交了心，结果是双双立即被遣送回国，而且遣送得非常快。

我是在她向党交心的第二天中午吃饭的时候，得知了他们被遣送的消息。知道这个消息时，他们俩已经在早上被使馆来的车接走了。这一走，就是渺无音信。听到这个消息后，我非常震惊，做梦也想不到"被遣送"的事会发生在她的身上。外事纪律是严酷的，没有因为她是党支部书记就网开一面。当时我真为她深深地惋惜，同时也为他们俩的前途担忧。

三十年后的一天，老大姐敲开了我家的房门，突然出现在了我的面前。如果不是她自报家门，我已经完全认不出她来了：憔悴、苍老、身子有些佝偻，头发几乎全白了……一副经历过大磨大难的样子。那天，她告诉我：被遣送回国后，她在随之而来的政治运动中又被开除了党籍，两人一起被发配到黑龙江某偏远地区的一所学校教书。直到 1978 年才落实政策，恢复了党籍。那次旅游路线的走错，虽铸成了千古恨，但所幸的是，由于教书的地方偏远，之后他们躲过了文化大革命等历次政治运动的冲击，在那里平平静静地生活了十几年，后来又重新分配了工作。但不幸的是，刚刚过上几年好日子，她的丈夫就患了鼻咽癌。她问我，某种中药是否可治？在哪里能买到？我没有听说过这种药，只能如实相告。因癌症已是晚期，她丈夫不久就去世了。

现在老大姐还健在，今年已 88 岁，一个人在哈尔滨生活。去年是我们同在莱比锡学习德语 60 周年，我和沈尧曾都打电话请她一齐来京相聚，但她因行动困难不能前来，于是我把同学聚会的一件 T 恤衫寄给她作为留念。

# 失败的追“风”

1958 年，国内大跃进和共产风也刮到了麦塞堡。学习贯彻“一大二公”，首先是把我们的助学金减下来，支援国家建设。研究生每月减 50 马克，大学生减 30 马克。

国内人民公社集体吃饭不要钱，但在我们这里做不到，不过要办公社式的食堂还是可以的。于是，我们麦塞堡化工学院的 12 名中国学生决定，打破各人的小灶，效仿国内办个公共食堂。12 人轮流做饭，每人一周。在这一周内，由值周的人全权负责大家的伙食，从买菜、做饭到洗碗，全部包干，钱也由值周的人自己掏腰包。这样的做法，表面上似乎符合一大二公的原则，但实际上把每人都累得要死。由于学习负担重，还要起早贪黑的买菜做饭，烹饪水平不高，又众口难调，大家嘴上不说，心里总在嘀咕能否坚持下去，第一轮转完后，这个留学生的“公共食堂”就偃旗息鼓销声匿迹了。

不过，在麦塞堡时每逢中国的传统节日和庆祝日，我们都要聚在一起庆祝一下。1958 年 10 月 1 日到了，这是国庆九周年纪念日。那天晚上，我们这些海外学子租用了一家小俱乐部，举办了一个小型的庆祝晚会，并邀请一些德国朋友们参加，一同庆祝社会主义祖国 9 周岁的生日。在晚会上，同学们争相献艺，我用二胡独奏了《良宵》，用笛子独奏了《青春舞曲》等节目，反正德国朋友也听不懂中国曲子，也不知道我演奏得好坏，他们只是对中国的民族乐器很感兴趣，演奏后博得了他们的喝采。晚会的后半程是社会主义国家歌曲大联唱，我拉手风琴伴奏。无论是中文还是德语，不管是南腔北调还是五音不全，中国留学生与德国朋友一起引吭高歌。从中国歌曲的《国歌》《东方红》《歌唱祖国》，唱到德国歌曲《蓝旗飞扬向柏林》，再唱到苏联歌曲，还唱了几首当时流行的波兰、捷克、罗马尼亚和保加利亚的歌曲，有的还用德文和中文分别唱。沈尧曾是总负责人，唱歌嗓子好，感情充沛，博得德国老师和同学的热烈鼓掌。大家欢聚一堂玩得很开心，歌声寄托深情，海外学子的拳拳爱国之心溢于言表。

晚会结束以后，大家都很激动，一是为祖国的成就感到无比骄傲，二是为演出成功也感到无比骄傲。

转眼 1959 年快要到了，使馆号召各校留学生都要向大跃进献礼，要求在 1959 年元旦那天把礼品集中到德累斯顿，并召开留学生的献礼大会，但没有规定献什么。

通知是在两个多月前发出的，于是各校留学生各显神通。我们献什么呢？我们麦塞堡的同学为此进行了磋商，不能讲大话，更不能写文章，因须是能代表中国人民的志气和赶超国际水平的科技产品，所以要求献有水平的实物。同学们讨论来讨论去，大家都觉得很为难，因为我们都是搞化学的，怎么能通过化学反应合成出一个既新鲜又具形象的实物呢？我们讨论了几天也没定下来。

那时我正在补物化课，看见学校物化教研室的德国助教比特利希博士正在自己安装一台示波仪。我看那玩意挺新鲜，通上电以后，在萤光屏上能看出交流电的信号，就像现在临床危急病人检测心脏跳动的波形一样，非常形象，觉得还拿得出手。可否做个示波仪去献礼呢？我提出这个想法后，立即得到了沈尧曾和林文新支持，鼓动我去试一下。后经过党支部讨论，一致同意我们麦塞堡支部以自己安装一台示波仪向祖国献礼，钱由大家分摊，我总负责进行安装制作。

其实这对于我来说，真是一个大难题。我在国内上大学时电工课学得很一般，根本没有做过焊接电路的实验，但在国内那种敢想敢干的精神鼓舞下，真有一种天不怕地不怕的精神，就毅然勇敢地承担下来了。

第一步是去买电子零部件。核心部件是一台示波管，麦塞堡没有，莱比锡和哈雷也都没有，只有离麦塞堡80公里的埃尔福特市的电子管厂有得卖。于是我就单枪匹马一个人坐火车去埃尔福特，那是当时东德唯一的一家电子管厂，我找到了一位经理，说明了来意，因为这也算是军用物资，最终得到了他的理解和支持。买回来以后，我就请物化的助教比特利希博士帮忙，又买了各种电容器和电阻，用几块电路板和一个铝合金的架子开始焊接，焊接的电路图完全是照葫芦画瓢一样抄的。

由于一切都是从零开始，所以制作进度很慢。为了这台示波仪，我那两个星期每天只睡4、5个小时，因为其他中国同学帮不上忙，只能我一个人单干。幸好那位助教很热心，他正在同一实验室安装第二台示波仪，所以有问题能随时得到帮助。离元旦就差两天了，示波仪还焊了不到一半。没有办法，我只好夜以继日地连续熬了两个通宵，费了九牛二虎之力，终于照猫画虎地安装来一台示波仪。插上电源，连好信号发生器，看到了歪歪扭扭的图形，大家兴奋极了，全支部党团员都向我祝贺。

这时已是1959年元旦的清晨，已经没有时间沉浸在成功的喜悦中了，我与沈尧曾、林文新马上抱起示波仪，马不停蹄地乘火车赶往德累斯顿。将近中午时分我们赶到献礼大会会场时，会议已经开始一个多小时了。

“对不起，对不起！我们来晚了——”我们一进会场就连声道歉。

“哗——”看见我们几人冲进会场时气喘吁吁、衣冠不整的狼狈相，与会者反倒向我们报以了热烈的掌声。

“同学们，安静！同学们，安静！我提议，下面就请麦塞堡化工学院的同学们上台，向大会敬献厚礼！”大会主席也被我们的真挚所感动，顺水推舟地让我们提前上台献礼。全场再次响起热烈的掌声。

我立即抖擞精神，整了整衣服，擦了擦汗，在掌声中和同学一起抱着示波器登上了主席台。

“今天我们向大会献的礼是示波仪。待一会儿，我接上电源后，大家就可以看到：这个显示屏里就会出现一条交流电的光电信号，非常漂亮！”我先是大声地得意地向与会者介绍了一下自己的作品，话语中洋溢着成就感，然后不紧不慢地将示波器的电线插头插进了旁边的电源插座上。

“咦？怎么没有信号！”

台下先是鸦雀无声，然后叽叽喳喳的议论声雀起。

“不可能啊——，它原来是好好的呀！今天早上它确实出信号了……”我急得满头大汗，一边打开机器的后盖捣鼓着，一边嘴里不停的解释着，眼泪顿时夺眶而出。但是，不管我怎么捣鼓，信号就是不出来。

在献礼大会上，我当众出了个大洋相，成就感顿时烟消云散，不得不沮丧地承认：这次献礼失败了。

事后分析：可能是由于火车的颠簸和沿途的奔跑，不少线路焊虚的地方被颠断了。

不过，数年后我倒觉得，这场荒唐的献礼与国内那个“大跃进”一样，失败其实是正常结果。

在麦塞堡，虽然学习很紧张，但政治上比国内还是轻松得多，那里没有政治运动。生活上虽然也有各种曲折，但吃的方面比起正在遭受三年困难时期的国内来说，岂止是好多了，简直可以说是犹如天壤之别。

那时我们在麦塞堡化工学院的12位中国留学生，每逢过年过节都要举办聚餐会。各人做自己的拿手菜，我做的红烧鱼总能得到大家的称赞。

在麦塞堡和哈雷度过一年半学习上最艰难的日子，到1959年的春天，把德国Diplom的课补修完以后，通过考试和指导教师的同意，到贝林的奥托·格罗提渥联合工厂，开始做博士论文的研究工作。

# 去贝林做论文

1959年3月10日上午，接到校办公室秘书的通知，要我在3月17日上午9点，去莱比锡东5区佩毛瑟街15号柏林科学院有机化工研究所，我的博士生导师莱勃尼茨(E. Leibnitz)教授要接见我，讨论确定我的博士生论文的研究方向问题。这是我的一件终身大事，几天来日夜思考如何见这位博士生导师。在德国把博士生导师称作“博士父亲”(Doktor Vater)，可见博士生导师的地位与尊重程度。因此必须认真准备，包括自我介绍、一年半的补课情况、自己的志愿和德语的表达方式等。

柏林科学院相当于我们的中国科学院，下有若干个研究所，有机化工研究所就是其中之一，莱勃尼茨教授是该所的所长，同时兼任麦塞堡化工学院的院长。3月17日清晨我乘火车从麦塞堡到莱比锡，再转乘有轨电车8点到了东5区佩毛瑟街15号有机化工研究所。传达室卡得很严，打电话到所长办公室确认以后才让我进去。我趁还有一个小时的空档又在门前操场上一边来回踱步一边背诵要讲的内容。准点由秘书引领我到了教授的办公室。

“早上好！莱勃尼茨教授”。我一进门便问候了一句。

“早上好！汪先生。”

教授徐徐放下眼镜，抬手指了一下坐在办公桌对面沙发上的一位先生，介绍道：“这位是毕特勒博士(Dr. R. Birthler)，是贝林厂的技术领导。”

我移步上前，与毕特勒博士握手问好。毕特勒博士身材魁梧，戴一副黑边眼镜，操着不怎么地道的德语问候我。

“听说您在麦塞堡补课一年多的日子里很勤奋，学得怎样?”教授问。

“学习很困难，但收获也很大，有很多知识和技能训练过去在中国是没有过的。”我答道。

“有收获就很好，您知道德国出了一大批世界有名的化学家，如合成氨技术的发明人哈伯博士，他们都受过严格的训练，具有扎实的理论基础。来德国学习就要按德国的教学要求，相信您学成后回去对国家是会有贡献的。”教授知道我们刚到麦塞堡时对补课有意见，所以今天又从正面重申了一下他的观点。

“谢谢教授的开导启发，我一定按照德国学校的教学要求，努力学习，在您的指导下，把论文研究工作做好。”我回答。

“那好，我把您介绍给我的同事毕特勒博士。毕特勒博士是贝林联合企业的炼油专家，您就在他的指导下做论文，就在厂里做论文和实验。贝林联合企业是我们国家最大的煤化工和石油化工联合企业，有很多重要的和有趣的研究课题。”教授示意毕特勒博士说道。

“您好，汪先生！我很高兴作为莱勃尼茨教授的助手，指导您的博士论文，欢迎您到贝林厂做论文的实验工作。我们有一个团队正在开展炼油方面的研发工作，希望您能愉快地参加我们的团队，在研究工作中做出贡献。”毕特勒博士操着浓重的外地口音说道。

“那好，汪先生的工作由您安排，在此期间，有什么分析化验的样品可以送到我们研究所来做，汪先生也可以来我们所里参观实习，增长知识。”教授对我们二人同时说道。

谈话到此结束，莱勃尼茨教授与我们握手告别。毕特勒博士与我商定，3 月 24 日他派车来麦塞堡接我去贝林。

1959 年 3 月 24 日上午 9 点，一辆奔驰老爷车停在学校 6 号宿舍楼门前，我上前向司机打听，知道是贝林厂毕特勒博士派来接我的车。司机帮我把行李搬到后备箱，我暂时告别了麦塞堡——这一年半最难熬的日子。一路上我们不停地聊天，我首先急于想知道我的协助指导老师毕特勒博士在贝林厂的工作情况。司机名叫伍茨勒，是毕特勒博士的专职司机，在聊天中我初步知道了一些毕特勒博士的情况。

毕特勒是匈牙利裔德国人，是炼油部重整车间(DHD Anlage)的主任。而生活在萨克森地区的人，一般都有萨克森浓重的地方口音，因此他们很快就能分辨出来是不是外地人。毕特勒在厂里科研工作方面的造诣很深，虽然只管重整车间，但他在炼油技术开发上是一把手，厂里地位很高，享有厂领导待遇，备有专车和司机。主要是他想搞技术创新，因而与莱勃尼茨交往甚厚。

司机伍茨勒是第一次接触到中国人，自然很好奇，一路上不停地问我中国的风土人情。通过聊天我知道了，他脑袋里装的都是中国过去的历史传说，从妇女缠脚到可以有几个老婆，到吃饭用筷子，怎么才能夹住东西等，不一而足。车子绕过莱比锡城区往东行 20 分钟左右就到了贝林。

贝林看起来好像是一个小村庄，居民基本上都是奥托·格罗提渥联合企业的职工和露天褐煤矿的职工。村里除了有一两家食品店以外只有几十户住家，连一个小教堂都没有。司机伍茨勒的车在一家院子门口停下，告诉我这是厂里给我租好的房子。他一面把行李拿到房间里，一面与女主人打招呼。

“您好，伍茨勒先生!”女主人一头银发，长得很胖很丰满，边

1959 年在德国贝林工厂参加博士论文学术讨论会

缓缓地迈着步子边答道。

“我给您带来了一个中国客人，年轻英俊，可以解除您的寂寞了。”司机用德国人的方式介绍着我。

“我是舒尔茨太太。能讲德国话吗？能吃德国饭菜吗？”她似乎是在问司机，但又像在问我。

“德文能说一点，德国的饭菜也还可以，但还是喜欢吃中国饭。”我急忙用德语抢先作了回答。

“中国饭我不会做，早餐您与我们一样吃德国面包、香肠、鸡蛋和牛奶，中午您在厂子里吃，晚饭您自己买点菜，我试着给您做。但能否合胃口只有您自己知道了。”她带着点怀疑和询问口气对我说。

“太好了，谢谢您。”我随声答道。

舒尔茨太太把我领到我的卧室，那是一间约十来平方米大小的北房。一张单人床铺着洁白的羽绒被，一个床头柜、一个衣架和一个小衣柜。



厕所是公用的。这间房大概是他们家多余的房子，专门为我收拾了一下。接着她带我参观客厅，有二十来平米：沙发、桌子、柜子和一架小钢琴，还有一堆杂乱的啤酒瓶子。

舒尔茨一家3口人，老舒尔茨是煤矿工人，已退休。他们有一个儿子，18岁，未婚，也是煤矿工人，平时家里倒也很安静。我除了早上去吃早饭以外，晚上偶尔也去买点蔬菜、肉和大米，要房东老太太给我做点中德合璧的晚饭，她做好以后就给我端到房间里来。这里没有大豆油和花生油之类的炒菜油，只能用黄油炒，因此怎么做也做不出中国菜的味道。早上起床后，被子也不用收拾，吃完早饭后就去上班。司机伍茨勒约好早上7点半在桥下等我，我上车后他就把车开到毕特勒博士家门口，我坐在车里等毕特勒博士，他上车后就出发到贝林厂去上班。就这样我在舒尔茨家里住了七个多月。直到天气转冷生煤球炉取暖时才搬到新的单身宿舍去住。

单身宿舍条件就好多了，是刚刚新建成的一座四层大楼，一人一房间，也有两人一个套间的夫妻间。现在看相当于三星级的宾馆，但在六十年前似乎是豪华的住宅了。唯一不足之处是只有电炉可以烧水煮咖啡或茶，不能做饭。

虽然在贝林上班，但每周末我都要回麦塞堡，一方面要过组织生活，同时老同学相聚大家可以互相交流学习心得。沈尧曾的指导老师是雷曼教授，学无机化工专业，在硫酸厂沃尔芬做论文研究工作。有一次做实验不小心手被浓硫酸烧伤，胳臂用绷带绑着还照常上班。

贝林地区是当时东德最大的煤化工和石油化工联合企业。东德统一社会党当时也搞个人崇拜，把这个厂命名为奥托·格罗提渥联合企业。格罗提渥是东德的总理，是国家第二把手，可以设想这是东德第二大企业，有一万多职工。(第一大企业是洛伊纳的瓦尔特·乌布利希的化工企业，有3万多职工。)它由褐煤露天矿和煤-石油化工两大部分组成。

贝林褐煤露天矿区约有几十平方公里，是东德最大的褐煤矿。我在1955年去抚顺石油一厂实习时曾参观过抚顺露天煤矿，与贝林褐煤露天矿比简直是小巫见大巫了。采煤全部是机械化自动化操作的，工人用挖掘机从露天采煤层挖出的褐煤通过皮带运输机可直接运到化工厂里，先把煤中含水量40%~60%的水分用蒸汽间接加热蒸发干燥，然后分别压成煤砖（Brikett）或煤粉直接气化。煤砖是东德主要燃料，就像中国北方家庭用的块煤、烟煤或无烟煤一样，但德国煤砖的成分是褐煤，它比中国北方用的煤更容易燃烧，用几片木头一引就可烧起来，它的缺点是燃烧时间短，火焰虽大但不经烧，热值低。煤砖作为化工原料是造气，生产城市煤气作为供热、供电和照明的能源。我们在莱比锡学德文时住的街道上，道路两边的照明设备不是电灯而是煤气灯，每天晚上有一位老头拿着一个小火把去点亮煤气灯，如西方古老电影里的镜头一样，还真有点古色古香的味道。

煤砖或干燥的褐煤粉是煤化工的原料，通过不同气化炉可把煤粉用温克勒（Winkler）沸腾床造气，或把煤砖用固定床压力气化。气化的目的产物是一氧化碳（CO）和氢气（$H_2$），它们构成煤化工的龙头原料。氢气作为原料生产合成氨，合成氨进一步制尿素以及以氨为龙头的一系列化工衍生产品。氢气的第二个大用途是石油产品的精制、加氢和煤的直接液化。CO和$H_2$作为人造石油的原料是用费舍（Fischer）和托洛伯斯（Tropisch）法合成石油，我国称之为费-托间接法合成石油。总之，无论是直接法或间接法把煤合成石油，它的老祖宗都在德国。

贝林的炼油和石油化工生产部分是用苏联鲁马斯基诺的原油，通过常、减压蒸馏所得一系列馏分，再通过加氢精制、重整、烷基化等工艺，生产各类市场上所需的油品。

我工作的地点是催化重整车间（DHD Anlage），这是二战期间为生产航空汽油组分的技术，相当于现在的催化重整生产芳烃和高辛烷值汽油。用的是非贵金属催化剂，并且要在20个氢气压力下操作避免生焦。该技术从现在观点来看，已经落后被淘汰了，但在当时却是生产航空汽油不可缺少的手段。DHD Anlage 的邻近车间是烷基化车间，用碳四馏分生产异辛烷，也是生产航空汽油的重要组分。因此可以看出在二战期间这个厂子的作用，它是希特勒发动二次大战的重要军用油品的基地。

毕特勒博士利用 DHD 车间中压加氢技术的有利条件，开展他主持的研究工作。他原籍匈牙利，与匈牙利石油研究单位关系密切，当时民主德国和匈牙利这两个社会主义国家的石油界成立了一个以匈牙利科学家瓦加(VARGA)命名的协会。VARGA 协会德方的牵头人是毕特勒博士，匈方负责人是拉宝(Rabo)博士。Rabo 后来去美国 UOP 工作了，是炼油界知名的催化专家。

毕特勒博士把我的研究论文工作列入 VARGA 协会的合作项目，这对我的工作非常有利，相当于现在纳入国家 863 或 973 项目一样，一来师出有名，二来有经费支持，我的房租和到学校来回差旅费可以从项目中开支，每三个月还给我发生活补助，约 300 马克。

给我的研究题目是“中压加氢条件下沥青质的分解研究”。车间专门给我配备了一套 100 毫升的高压加氢中型装置，有工人倒班操作，为我提供实验样品。还为我做实验配备了一个实验员，帮助我看管实验和洗刷玻璃仪器。

## 回国集训

1959 年 4 月份与毕特勒博士订完研究大纲，实验进行得很顺利。到了 1960 年 5 月，突然接到使馆的通知：全体国外留学生 6 月份要回国集训。这个出乎所有留学生意外的消息，听到后大家的第一反应都是很高兴。

“嘿，听说了吗？今年暑假可以回国探亲了。”

“我怎么听说是回国集训？”

“嗨，有什么可集训的？这不明摆着是照顾咱们回趟家嘛。”

在远离亲情的异国他乡一待就是3年多，同学们都很想家，听到能回国的消息，大家兴奋地奔走相告。

有机会回国，我当然非常高兴。从1951年上清华大学，到现在我已经8年没有回过家了。在北京时大学五年的寒暑假，因为出不起路费，加之家庭出身不好怕惹事，所以没有回去。大学毕业考完试后本应有暑假，却因马上要办出国手续而无暇回家。

上世纪五十年代末，随着中苏之间关系的紧张，中国与东德之间的关系也开始发生变化，大家虽有觉察但都心照不宣，保持着内紧外松。1959年，国内高教部为了加强思想意识形态的控制，要求所有苏联和东欧的留学生于暑假期间回国集训。但是，当时我们并不知道上级领导的真实意图。所以在留学生中，绝大多数人都没有把政治集训当回事。不少人认为集训只是个幌子，上级领导的真实意图是照顾我们回国探一次亲。

我们回国后，7月初在北京集中，政治集训了两个星期，也清楚了这次回国的主要目的：一是，学习国际形势。自苏联赫鲁晓夫上台以来，他在苏共二十大上关于斯大林问题的秘密报告，引起了中苏之间在意识形态方面的分歧和争论，毛泽东经常提起赫鲁晓夫式人物正睡在我们身旁。上面讲，苏共已沦为修正主义国家(当时对苏联的评价还留有一点余地，叫作“半修正主义”)，要我们必须正确认识和表态。二是，通过介绍中苏之间的紧张关系，包括撤走援华专家和撕毁合同，要我们认识苏修本质，提倡自力更生，激发爱国热情，更加出色完成学习任务。三是，学习国内大好形势，认识国民经济遇到的困难是暂时的，是可以克服的。最后才是回乡探亲。

这次同时回国集训的留学生有几千人，除了可以在人大会堂听报告以外，住宿和学习都分散在各大学。我们留德归国生住在北京钢铁学院。对我们来说，自然是要和中央保持一致。对国际形势的看法，无论从理论和实践上，都是坚决拥护和赞成党中央的英明决定。对修正主义的批判，都是从上而下地按指定文件学习，大家都已习惯于听党的话，加之撤走专家等苏共背信弃义的做法，都引起我们强烈的不满与愤慨，所以在思想上很容易统一。对国内的经济形势的看法，我们也都是按指定的《人民日报》和中央文件学习，统一认识，统一口径表态，所以一般不会出差错。

经过两个星期的政治学习及总结后，就给每个人发了探亲路费，我们总算可以回家了。因要在杭州转车，我正好顺路去看望了叶嗣懋，并在杭州小住了两日。

第三天一早，我告别嗣懋乘火车回了龙游老家。这是趟慢车，足足开了七个多小时才到达龙游站。我在老家的四个弟弟友卿、晓卿、和卿和景卿早已在站台上等候，时隔8年，见面交谈十分亲切。我的行李由小弟景卿拿着，自己徒步从车站绕过龙游县城，走上平政公路，这是我走过无数次的到县城去上学的路。以前黑夜里走在这条路上，偶尔还能看到路旁坟头上发出的丝丝磷光，我们当时叫作鬼火，现在坟头已完全铲平了。大约走了20多分钟，就到达衢江江边。江边原来有一条浮桥通到对面的虎头山，现在已是一条公路大桥横跨两岸。走过大桥，到了虎头山，还如十几年前一样，有几家饮食店，乡亲们早就听说我要回来了，纷纷与我打招呼，听我乡音未改，十分亲切。

从虎头山沿一条靠山边的小路，走约十多分钟就到了茶圩里老家。想不到离别8年，已景物全非，老家与1951年离开时的情景完全不同了。家门前的一块空地不见了，那是夏天农民晒谷子的场地，现在已分给农民造房子了。进家门后一片酱园和二十多只酱缸也没有了，那是我家开酱坊的象征，现在已彻底破产了。1950年春节，我写了一副春联，贴在大门上，上联是：上下五千年欣逢百姓翻身日；下联是：纵横一万里同庆三军解放年。现在那个大门没有了，围墙没有了，院子、照壁和月亮门也没有了，原来我从城里放学归来时，一进门就迎面扑到我身上来的那只爱犬阿里也不见了，从大路到我们家只有一条不到一米宽的小窄道，两旁全是别人家高低不齐的房子。一路过来，整个环境可以用杂、脏、乱三个字形容。

回到家里，父亲病卧在床上，勉强起来与我打了个招呼，露出一丝苦笑。他的老胃病又犯了，患青光眼，视力已很差，哆哆嗦嗦拿出半支没有抽完的香烟，要景卿给他点上，但仅抽了几口，就把它掐灭了。景卿告诉我，父亲烟瘾重，又没有钱买，一支烟要抽三四次，抽几口就把它掐灭，过个把小时再抽几口。母亲显得健壮些，眼角含着泪水向我微笑。我问，他们这些年生活过得怎样？给我的回答都是"还好，还好"。确实是"还好"，因为这些年的艰苦日子，大家总算都平安地度过来了，总算都活下来了。家里的变化太大啦！我身在异乡为异客，却一直不知家里的生活过得这么艰难。当晚，我们全家在一起吃了一顿团圆饭，但我吃得是五味杂陈。

第二天，三个弟弟陪我到西徐外婆家去上坟和看望表弟徐成。因为父亲在安徽休宁的老家早就没亲人了，所以外婆家始终是我的第二个家，从幼年在外婆家听舅父唱歌、患疟疾外婆带我逃到野外去躲鬼神，到 1942 年逃避日本鬼子扫荡等，一幕幕情景仿佛就在眼前。1951 年土改时，他家被划成地主，在某种程度上是受我们家连累的。据我回忆，我在 7 岁时，外婆家的家境并不好，最多是个中农。因为外公兄弟五个，他排行老三，没有多少田地，有时到茶圩镇我家店里去挑点大粪回去施肥，勉强能维持生活。我们家的酱油作坊渐渐兴旺起来以后，父亲采取的经营策略是，赚了钱扩大商业经营的同时，用一部分经营所得拿来买地。因此日本侵占时，店铺几乎全部被毁的条件下，我们还可以靠收租来填饱肚子。母亲是文盲，但她告诉我，说是"富字田打底"。有了田地可以收租，绝不至于挨饿。当时在茶圩里一带的农民比较富裕，没有穷人卖地，而在西徐村外公家那一带，贫苦农民较多，容易买到地。这样，父亲就在西徐和邻近的钱家、横堰等村子先后共买了五十多亩地。这些地全部由外公经营看管，这样我们家划的成分是工商业兼地主，外公反倒是地主了。土改戴上了地主帽子，日子自然不好过。外公外婆不久先后去世，据说外婆是患糖尿病去世的。我这次到西徐家，只有表弟接待。他们三分之二的房子被分掉了，一家人只住在十几平米的牛棚和厨房里。我们到对面山上上了坟，外公外婆的音容笑貌仿佛犹在眼前。

在北京集训时，领导已叮嘱我们，刚从国外回来，要多看看，要与当地老百姓打成一片，要注意自己的形象和影响。因此，我回家三天以后就和村干部说，我要参加几天劳动，生产队小队长就把我分配到一个小队里去锄地。上工前我把手表脱下来，免得人家说你摆阔气。早上八点开始敲钟上工，稀稀拉拉到八点半男女老少集合在一起，排好队从地的东头拿起锄头往西头锄，约 30 分钟到了西头，歇十分钟后又排着队往东边锄。我因为缺乏劳动锻炼，只能由友卿陪着帮我锄，好在他们也不太计较。大家一边干活一边嘻嘻哈哈地聊天，看见我左手腕皮肤上有一圈颜色较浅，知道我把手表摘下了，就干脆问我戴的是什么名牌手表。在劳动中，给他们印象最深的是，我还能讲一口流利的龙游腔。他们说，有的人从村子里出去当了三年兵，回家讲官话不像官话，土话又不像土话。又说，农村里最好的时候是刚土改完实行合作化的那段年景，那时收入最高，日子好过。现在不行了，某某昨天饿死了，因为虚报高产，征粮后家里都空了。当时在形势一片大好的口号声中，我在基层听到了农民的心里话。参加劳动的人除了记工分以外，上下午中间休息时每人还可喝一碗稀粥，我也分享到一碗，所谓稀粥只是清汤中飘有几粒米花。

十天的假期圆满结束。我从上海乘京沪线的火车按时回京报到，听候指令。返德的前一天，领导宣布出国生的名单，得知有一小批同学被留在国内不能出去了。就这样，出国留学生又被筛选掉了一批，原因也不讲，只是说“某种原因”暂停出国。

我这时才感悟到，国内的政治斗争形势太严峻了。我们这些在国外念书的学生，就像生活在世外桃源里一样，政治敏锐性太低了。回想一下集训的那些日子，那些被留下的同学在言行方面确实有许多不谨慎之处。如果那些同学能从一开始就重视这次回国集训，自始自终地端正态度、检点言行，他们还会被淘汰吗？他们已经在国外学习了三年，再有一年多就能毕业了，这一淘汰，即将到手的文凭也随之打了“水漂”。人生几何呀，且不说他们将来的政治前途怎样，仅留学数年没拿到文凭这一点，就够让人可惜的。好在我们麦塞堡的同学全部都返回了。

在一阵唏嘘感叹之后，我也很为自己庆幸：在不知不觉中又顺利地闯过了一关。看来是平时办事一向认真的习惯，帮了自己的忙。

# 完成学业

这次短暂的回国集训和探亲，对我的触动很大，倍加珍惜这条件优越的出国留学机会，8 月下旬回到德国后，一心想的就是要抓紧时间加油干。我先去拜会了毕特勒博士，给他送去刚从国内带来的一只景泰蓝小花瓶，并表示要努力工作，保证不延误研究进度，并把研究大纲又重新审查一次。确定研究内容包括：从苏联鲁马斯基诺原油中分离沥青质，用柱色谱根据混合物极性大小再细分成若干组分，然后分析元素组成和族组成，测定分子量，再用红外、紫外光谱分析官能团进行半定量表征。在此基础上，对中压加氢在不同工艺条件下的沥青质的组成进行考察，探讨沥青质的形成机理。

整体工作进行得比较顺利，100 毫升的小型加氢装置及时给我提供试验所需油样。分析的难点是：因为沥青质呈固体粉末态，如何分析结构族组成还没有现成的方法。我参考荷兰煤化学专家凡·克里夫兰(Van Krevellen)对煤结构族组成的测定方法，对沥青质进行了结构表征，这是论文的一个创新点。对沥青质在不同加氢工艺条件下组成的动态变化，找出它们之间的一些变化规律，是论文的第二个创新点。对原油中形成沥青质的模拟，通过对石油重组分的用空气氧化和通氯气脱氢，形成新的沥青质，对比分析它们的组成差异，探讨沥青质的形成机理，是第三个创新点。

整个论文实验工作在 1960 年年底完成了，接着我抓紧时间写论文。DHD 车间工程师吕达博士帮我修改某些内容上的欠妥之处，卡尔先生帮我在文字表达上作了修饰，又请车间业务秘书打印，在 1961 年 1 月初提交给毕特勒博士审阅后，于 1 月 27 日(星期五)送交导师莱勃尼茨教授。这样，我的论文工作花了不到两年时间就提前完成了。导师评定论文成绩为“1 分”(优)，相当于国内的 5 分。由于导师和协助指导教师的支持和指导、良好的工作条件和车间工程师的帮助，特别是在仪器分析方面，得到莱比锡有机化工研究所的支持。每次我送样品去做红外、紫外光谱，他们都十分热情，我也趁机学到一些仪器分析原理和技术，这对我后来回国走上工作岗位很有用处。

论文提交上去以后，紧接着就是准备几门课程的考试。第一门是哲学，包括辩证唯物主义和历史唯物主义，还有不久前社会主义各国党的领导人在莫斯科开完会后，发表的“莫斯科宣言”。这是最难考的一门课程，其原因有：生词太多，学懂困难；而在政治上，德国统一社会党紧跟苏共。那时中共与苏共关系已很紧张，意识形态的争论开始白热化，党中央已把苏共定性为“半修正主义”。对政治考试究竟用什么政治口径对付，大使馆也没有具体指示。我保留至今的 1961 年记事本上是这样写的：1961 年 3 月 2 日(星期四)考哲学，成绩是“2”分(良)。5月19日(星期五)，博导莱勃尼茨教授主考有机化工，成绩为“优”(1分)。5月24日(星期三)考两门课：无机化工，成绩为“1分”(优)；近代物理，成绩为“1分”(优)。到此，博士生的论文和考试工作全部胜利完成，总成绩为“1分”(优)，在人生的驿站上画了一个圆满的句号。

1961年5月28日的晚上，麦塞堡全体中国留学生为我举行了庆祝宴会，因为我是第一个从这里毕业的研究生。大家做了十几道中国菜，喝啤酒，唱歌，好不热闹，至深夜方结束。

# 归国前去工厂参观

1961年，从5月底到6月回国还有1个多月的时间，首先要办海关手续把行李运回北京。离麦塞堡最近的海关办事处在哈雷，一位中年德国妇女接见了我。我说明来意后，交给她校方的介绍信，她很客气地祝贺我在德国学成回国，并递给我一张表格，我填好交给她确认，之后签字。这样，我的行李就可以在麦塞堡火车站享受免检，直接托运到北京。

越到临走时越是珍惜在德逗留的机会，5月27日我找了教务处，提出希望在回国以前这段日子里，能参观一些化工厂，一来增长知识，二来为未来的中德合作创造条件。这个建议得到了教务长雷曼的同意，他叫助手安排了一个学习参观日程，并要石油化工教授普林茨勒具体负责。

我参观的第一个厂子是洛伊纳石油化工厂。该厂以当时东德最高领导人、党的第一书记瓦尔特·乌布利希命名，是当时东德最大的企业，有三万多职工，在二战时是德国煤直接液化生产汽油、煤油和柴油的最大炼油厂，战后因为天然石油成本低，就改为加工从苏联进口的罗马什金原油。另外还有一个很大的合成氨厂。它的核心技术是催化剂的研究、开发和生产，包括炼油和合成氨催化剂。我去参观实习时，一位德国技术员告诉我，在两年前就有一位中国专家在此实习了一年多。后来我写信回国，打听到这位中国专家是金国干总工程师。

金国干在东德洛伊纳的1955~1956年两年期间，深入了解加氢工艺和催化剂，带回整套技术资料，特别是各类加氢催化剂的制备工艺和配方，这就大大缩短了我国与世界水平的差距。他深入实际亲自参加操作，积累了丰富的经验，应是新中国加氢技术的当之无愧的奠基人。

我在洛伊纳实习了一个星期，重点是加氢炼油技术的工艺和加氢催化剂，经德方技术员同意，让我带回10克催化剂样品。归国到中国石化石油化工科学研究院(简称石科院)上班后，我把它交给了林风总工程师，希望通过剖析对我们有所帮助，但过了半年音信全无。

洛伊纳实习结束后，我又接着去布纳(BUNA)实习。布纳是继洛伊纳、贝林后的东德第三大化工企业。布纳化工厂是一个典型的煤化工厂，从煤生产电石，电石生产乙炔，再以乙炔为基本原料生产一系列化工产品，主要是各种塑料、橡胶和其他化学品。在整个生产流程学习过程中，让我回忆起大学二年级有机化学老师张锦教授讲课的内容。她给我们写的化学反应式中，许多重要的部分都在布纳工厂成为了现实工艺，并看到的是一件件五彩缤纷的产品。这些增加了我的感性认识，而且对有机化学的知识体会更深了。

从5月27日到6月28日，这一个月的时间里，我还先后参观了蔡茨(Zeitz)加氢厂，是加氢润滑油精制；司娃蔡特(Schwarzeide)费-托合成油厂，是煤的间接液化生产油品和烷基苯原料；费娃(FEWA)厂是用烷基苯磺化生产十二烷基苯磺酸钠合成洗涤剂。

实习结束后等待发毕业证书，因为当时博士生人数很少，凑不齐人数也就不举行毕业典礼了。

# 生活在德国人中间

我在贝林做论文的两年期间，接触最多的是卡尔夫妇一家。我在 DHD 车间没有办公室，只在循环氢气压缩机厂房里隔出的一个房间里加放了一张桌子。这间十几平米的房子原是一位技术员卡尔夫人的办公室，因此我们几乎天天见面。卡尔夫人待我很好。我的宿舍里没有收音机，她就把家里一架多余的收音机借给我用。有时她从家里带菜吃午饭，也给我尝一点德国人的地道菜。她的丈夫爱利希·卡尔也在本车间工作，我的论文完成初稿后，他花了很大功夫从文字表达上给我作了仔细修改。卡尔一家成了我在德国的好朋友，他们两人没有孩子，住在离厂子不远的马格莱堡，从厂里坐火车 15 分钟就到。

卡尔家我去过几次。他家的装饰很普通，三间一套的单元房，两口子住也够了，我比较有兴趣的是他们的地下室很宽敞，里面陈设着各种玩具。特别是一辆小火车，是一个实体的模型，电动开关一开，火车就在轨道上来回奔驰，有车站、道叉和铁道上的各种设施，虽然用现在眼光看非常普通，但在那个我们只能玩弹弓和跳橡皮筋的年代里，觉得非常自动化了。另一陈设是有很多木匠用的工具，欧洲人休闲还是很有意思的，不像中国人打起麻将来，整天整夜的，直到精疲力尽输光了才肯罢休。当然我不懂这门行当，不敢妄加议论。

离开贝林前的 7 月 1 日，是个星期六，中午我又一次到卡尔(Kahl)家去做客，这一次是作最后的告别。在德国，到人家家里作客，进门首先要送一束鲜花，这是很普通的习惯。这次我买了一束

1959年5月16日拜访卡尔家与卡尔先生(左)交谈

1959年5月16日拜访卡尔家与卡尔夫人(右)交谈

很大的鲜花，对他们一家给予我的帮助表示感谢。卡尔夫人非常高兴，拿出西德寄来的酒心巧克力招待我。他们一家子有亲戚在西德科隆，从西德邮寄高档的食品过来是很普遍现像。东德本来是农业区，理应食品供应不成问题，但与当时中国的情况一样，那个社会主义集体所有制，搞得农民没有积极性。卡尔夫妇一边请我喝道地的巴西咖啡一边聊天，那是用烤好的咖啡豆当场现磨成咖啡粉沏的。这是我第一次看到磨制咖啡粉的全过程，感到很好奇。中午，卡尔夫人还专门为我做了“中国米饭”。事先，我告诉她了应如何做，但后来还是做成了粥不像粥，饭不像饭。卡尔夫人还给我做了个红烧牛肉。这道菜做得还不错，原因是她加了酱油(Sojasosse)。德国人做菜一般不加酱油，但食品店里有酱油卖，据说这种调料是用人的头发作原料制作的，听了以后觉得有点恶心。

午饭后，又是咖啡和糕点，西方的各式各样的糕点我们都很爱吃。那天聊天的主要内容都是对当局的不满，主要原因是生活水平与西德相比差距太大。我不好随声附和，只能说困难是暂时的，并从正面说明中国解放前后人民的生活水平对比。

之后，我们聊天的内容又转到吃的问题上，聊德国的食品什么最好吃，什么最难吃。这两年，我一个人在贝林生活，不能天天自己做饭，除了中午在厂里大食堂吃以外，大部分时间是吃面包黄油和香肠。德国的香肠品种很多，价格也差别很大。最难吃的香肠是血肠(Blutwurst)，它是把肉与猪血混在一起制成的香肠，看着就很恶心，吃起来更没味儿。最好吃的香肠是匈牙利的香肠叫色拉米(Ungarnische Salami)，是用上等牛肉作原料制成的，听说色拉米原出产地是意大利，但当时东德只能从社会主义国家匈牙利进口。德国本地产的瘦肉香肠(Bockwurst)也不错，肉质细腻鲜美，一般是在水里煮热后吃。通常在路边小摊子上买一个小面包，中间切开，夹上一根热的瘦肉香肠，再抹上一点芥末，味道很美。这是一道德国标准化了的食品，相当于现在的麦当劳。但多数德国人还是喜欢吃新鲜的生肉末，撒上盐涂在面包上。吃生肉，是东西方饮食爱好方面的最大差别。我们与德国人共同喜欢的食品有两种，一种是熏肉和火腿；另一种是酸菜烧肘子，德国人把它叫作 Eisbein mit Sauerkraut，一个大肘子起码有二斤重，把用洋白菜制成的酸菜切成细丝，文火慢烧几个小时，做好以后再撒上胡椒面，肥而不腻，非常可口。

生活在德国人中间，我觉得德国的有些风俗与中国有些暗合。比如有一次，卡尔夫妇带我去参加过一个婚礼。在婚礼上，除了常见的喝酒外，我还见到了德国人的摔碗习俗：把买来的一大筐新碗一个个摔碎，摔得满地都是碎片，以表示吉利，很像中国的碎碎(岁岁)平安。

德国人购物找钱的方式也很有意思。如我到宿舍楼下的的小食品店买了一包茶叶、一瓶酱油、一包白糖及一些零七碎八的物品。售货的老头用铅笔算清后，加起来一共是 12 马克 49 芬尼。我给了他一张 50 马克的钞票。如按中国人的找钱习惯，应该先心算：用 50 马克减 12 马克 49 芬尼等于 37 马克 51 芬尼。找钱时，先给 37 马克的整钱，后给 51 芬尼的零头。但德国人不同，是先从零头找起，而且是用加法凑整，一直凑到我所付的 50 马克这个数字。只见售货的老头从钱箱里抓过一把零钱，先是念出 12 马克 49 芬尼这个应付款额，然后一边将找给我的钱点到柜台上，一边嘴里数着钱数：50 芬尼、60 芬尼、80 芬尼、13 马克、14 马克、15 马克、20 马克……一直数到 50 马克，之后把点到柜台上的钱往我怀里一推，手上剩下的钱再放回钱箱。看着售货老头找钱时的认真劲头，我心里直想笑。回味一下德国人的售货及找钱的全过程，它的精妙之处就是：只用加法，不用减法。

## 再见，麦塞堡

两年零 4 个月时间，我在贝林完成了研究生的学习过程。根据协助指导教师毕特勒博士的要求，在 7 月初花了一周的时间，把博士论文的主要内容写成了一篇论文用作发表。

7月9日上午，司机伍茨勒先生把我送回麦塞堡。

7月11日党支部给我开鉴定会，先由我汇报两年多来在业务学习上的收获，政治上的表现，对自己的优缺点作出分析，进行了自我批评。然后听取同志们的意见，最后由支部书记沈尧曾同志写成书面材料，送使馆管理留学生的二等秘书胡守鑫同志审查。

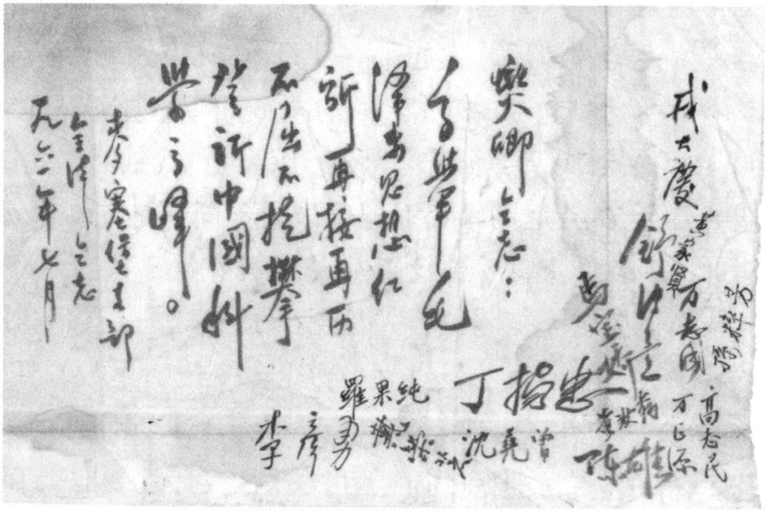
燮卿同志：
麦塞堡支部
全体同志
一九六二年七月
罗果纯
沈尧曾

博士毕业时，麦塞堡支部全体同志给汪燮卿的祝贺礼物

7月13日晚，全体麦塞堡中国留学生举办了一个晚餐聚会为我送行。晚餐进行得很愉快，也很热闹，和同学们一个个的告别。我说了很多很多的话，以致回到宿舍后，情绪依然很亢奋，思绪翻涌，难以入睡。明天就要离开麦塞堡回国了，人到走时格外眷恋，4年多的留学生活就像过电影似的在脑际闪回，一段段一幕幕……

我想到了莱勃尼茨教授。这个高傲的日耳曼老头，是我临行前最想见的人。但他不住在麦塞堡，明天也肯定不会来送我。我心里明白，现在中苏关系已经破裂，中德关系也开始紧张，如果走前不能与莱勃尼茨教授见一面的话，那么今生今世我恐怕就再也见不到这个我尊称为导师的老人了。在几年的留学时间里，见导师的次数屈指可数，但是随着时间的推移，我对莱勃尼茨教授的崇敬已远远多于怨艾。因为他是一名学识渊博、治学严谨的知名技术权威，他毕生辛勤耕耘的那块土地叫：科学。

和蔼可亲的指导教师毕特勒博士是我常见的人，也是我尊敬和信赖的前辈。在那些耳提面命的日日夜夜里，与他建立了深厚的师生情谊，我不会忘记这位匈牙利裔德国人曾拍着我肩膀说的那句话："汪，总有一天我会为有你这个学生而感到自豪的！"

莱比锡的沃尔夫冈，你还好吗？临行前，我想起了与他同居一室的日子，还想起了门上那"此房间只说德语"的纸条，还有他妈妈做的蛋糕……遗憾的是，像许多德国学生一样，有点腼腆的沃尔夫冈平时心思大都不在好好念书上，喜欢整天与女朋友鬼混。

麦塞堡的雷曼教授，你那句"如果来德国带点技术回国，就好比用剪刀剪点资料拿回去"，说得太形象了，太有说服力了，使我不仅认识到了基础知识的重要，也领教了德国人的固执和严谨。

贝林的舒尔茨太太和卡尔夫人，谁的厨艺更好一点呢？虽然舒尔茨太太做的饭我吃了七个多月，但令我回味的却是离开贝林前卡尔夫人做的那盘红烧牛肉，因为她加了德国的酱油。

那晚，我还想起了连珠炮似地向学生提出一连串问题的德国口试方式，和一同做试验的颇有表演天赋的德国同学，想起了哈雷的马丁路德大学、贝林工厂和 VARGA 协会，也想起了售货老头那只用加法而不用减法的找钱方式和好吃的"冰猪蹄"……

7 月 14 日清晨，在向送行的老师和同学们作了最后的告别后，坐火车到柏林。在柏林的中国大使馆住了一夜后，第二天一早就踏上火车开始了东归的行程，同行回国的有丁扬忠和刘少立两位同学。

丁扬忠是学戏剧的研究生，回国后在中央戏剧学院任副院长。在莱比锡我们是同届学德语的同学。有一次在莱比锡举办的中国留学生晚会上，他表演朗诵了一位匈牙利革命诗人的名作《向左！向左！》，他操着略带广东口音的普通话，非常激动，给大家留下深刻的印象。过了60年，在2016年的9月20日我们莱比锡老同学在北京天银大厦黄鹤楼酒家聚会，一见面同学们都与他开玩笑，模仿着他在莱比锡给我们表演朗诵节目，以沈尧曾为首齐声大喊："向左！向左！"弄得大家哈哈大笑，真是往事不堪回首。刘少立是学乐器的，奏黑管，回国后在沈阳音乐学院任教，现已去世。回国时在我们同住的车厢里，我要他给我讲点西洋音乐的普及知识，我不经意地哼出一段柴可夫斯基的《天鹅湖》，他听了以后很是惊讶，说想不到我能背出那么多的曲子……我也很惊讶，想不到我随便哼哼，居然会得到他的高度赞扬。

1961年7月归国途中于莫斯科克里姆林宫



我们乘坐柏林到莫斯科的快车，经过一天多的行程，于7月16日中午到达莫斯科，中国驻苏大使馆负责留学生接待的同志帮我们安排了住宿。接着我们又抓紧时间重游莫斯科的几处名胜，第一天参观克里姆林宫，重谒列宁墓(苏共十九大后，斯大林墓已搬出，遗体已火化)，和全苏农业展览馆。第二天参观莫斯科剧院，听丁扬忠介绍契诃夫等一些名人的故事；参观柴可夫斯基音乐学院，听刘少立介绍名剧《天鹅湖》；在普希金博物馆听丁扬忠介绍普希金的名作；最后到北京饭店参观中国的建筑艺术，吃了一餐地道的中国菜。晚上乘莫斯科到北京的特快列车回国。虽说是特快，从7月17日晚到24日上午，也花了将近7天的时间。因为我们三个人同住一个包厢，天南海北聊天倒也不寂寞，有幸与艺术家和音乐家在一起，他们的话特别丰富有趣。车上唯一不足是饮食不尽如人意，单调而难吃。每天的餐券都用不完，只好买点糖果和苏联的明信片带回家。

7月24日上午9：30到北京站。就此，我将近6年的留学生活宣告结束。

## 回访那片土地

时隔二十六年后的1987年，已是中国石油化工总公司石油化工科学研究院常务副院长的我，率一个技术考察团又踏上了东德那片久违的土地，沿着当年留学的路线走了一遍，沿途受到了热烈的欢迎，并在贝林接受了当地政府授予的“荣誉市民”的称号及证书。

那时，莱勃尼茨教授早已去世，已经退休的毕特勒博士被专程接来欢迎我。这位匈牙利裔的德国人头发全白了，衰老而憔悴，坐在椅子上自己已站立不起来。他见到我后泪花闪闪，非常激动，被人颤巍巍地从椅子上搀起来后，与我紧紧地拥抱，并把他珍藏了二十多年的1961年发表在《弗莱堡研究学报》上的我博士毕业论文的单行本，亲手交给了我。当年稿件投出后，我就急匆匆地回国了，因而未能看到这篇论文的发表。

多少年过去了，德国朋友仍然记得我当年喜欢吃什么。那天专门请来几位德国老大妈，为我煮了一大锅的“冰猪蹄”，并在里面掺了许多切成细丝的去油腻的德国酸菜……

# 第七章

# 军用油品分析研究

拿到博士学位那年，我 28 岁。高教部原分配我到北京石油学院工作。但尚未报到前又改为去石油化工科学研究院。这一变动决定了我以后的一生，自此我与石科院结下了不解之缘。



# 军用燃油的组成和分析研究

我是 1961 年 10 月到石油化工科学研究院工作的，给我的任务是参加军用航空煤油(现在称为喷气燃料)和合成润滑材料的研究。石油化工科学研究院不仅与北京石油学院仅一墙之隔，而且熟人很多。当年在清华大学化工系的侯祥麟教授是研究院的副院长，还有一大批石油学院的老同学，包括胡莹君、吴朝华、潘联昌、李再婷、张二水、姜荣华和文志炎等许多大学同班的和同系的同学，他们先我进院，已经在研究院工作好几年了。

为了对我院在军用油料的研发有一个整体概括的了解，有必要回顾一下我院在六十年代这方面的整体情况。

1959 年下半年起，苏联单方面撕毁协定，撤走专家，对我国的国防事业一时带来很大的困难。为了配合原子弹、导弹和军用喷气机的研制，国防科工委向石油部提出所需几种特种润滑油和润滑脂的研制任务。1960 年 8 月 6 日，聂荣臻副总理写信给余秋里部长，指出："航空油料仍完全依赖进口，煤油的技术问题还未解决，汽油只能生产部分型号，润滑油也有不少问题。这些情况使人担心，一旦进口中断，飞机就可能被迫停飞，某些战斗车辆可能被迫停驶。"他要求"现在应迅速迫切地解决问题"。石油部将任务下达给石油科学研究院。院领导分工由侯祥麟副院长负责军工油品的研制任务。

1960年首先遇到的是航空煤油的烧蚀问题。在苏联的喷气发动机上用玉门炼油厂生产的航空煤油，在产品规格指标全都合格的情况下，经过200小时的发动机台架试验，发现用国产油时，拆卸下来的火焰筒上，观察到有密密麻麻的坑点腐蚀。这是事关国防安全的大事，必须找出原因加以解决。通过与中科院有关单位协作攻关，发现是因为航空煤油中含硫量太少引起的，只要在油中加入少量的有机硫化物就解决了。这个现象与我们炼油工作者的概念完全相反，我们是要千方百计去脱硫，有谁会故意在油中加入硫化物的呢？后来才了解到事物的特殊性。因为当时苏联的喷气发动机的火焰筒材料是镍基合金，它在高达800℃条件下会生成石墨状碳，同时产生坑点状的烧蚀。而假如油中含微量的硫，可以在金属表面形成一层硫化镍，起保护作用。这些概念对研究金属材料的人来说可能熟悉，而对于搞炼油的人来说是“反其道而行之”。侯院长主持此工作，发现问题的原因以后，提出在航空煤油中加硫化物的最简单方案是加二硫化碳，我们叫它33号添加剂。后来我院又组织力量继续研究其他简易可得的硫化物，例如把汽油的烯烃馏分与硫反应，得到的硫化物也有效果，我们称作38号添加剂，但臭味太大最终没有用它。而以后的喷气发动机火焰筒材质改成铁基合金，就没有出现这个问题了。

为了确保军工产品的生产和质量，石油部在人力和物力方面对我们研究院进行了大力支持。我们1961年从苏联和东德归国的留学生，分配到院里的五位同志，有四位都分配到“新型材料研究”工作，包括唐俊杰、吕兆岐和我。当时新型材料研究被称为“新型”，即原来的十室。1962年12月又分成十一室和十二室，十一室是航空煤油研究室，主任是张溥，我分配在二组，组长是侯祥麟副院长的爱人李秀珍。十二室是合成润滑油、脂研究室，主任是卢成锹，从苏联回国的唐俊杰和吕兆岐都在他手下工作。

十一室二组下面又分成三个小组，第一小组是研究油品变色对接触材料的腐蚀，由李秀珍亲自负责。第二小组是由我主持航煤的组成分析和油品安定性问题的研究。第三组由宋启宏负责，研究航煤在特殊条件下的理化性质，如在高温高压下的油品密度、导热性等，这些具体任务要求都是由上面制定的，现在回想起来可能是为液体火箭燃料的研制提供数据。

我们小组的力量配备很强，其中：何鸣元负责气相色谱分析，于 1966 年在《燃料化学学报》上发表了他的论文《气相色谱法用于煤油馏分烃类组成分析》，一直工作到“文化大革命”下放五七干校，回院后才离开去研究催化材料，并在 1995 年当选为中国科学院院士。王彪参加了航空煤油中用苦味酸络合法测定萘系物总含量方法的建立，是院里上报国家科委的重要科研成果。他也在下放回院后，去了石油勘探研究院，负责油田化学剂开发，任副总工程师。申德俊负责元素分析氮含量的测定，“文革”后调外单位去工作了。华伟英、张东珍、杜芳洁和我一直坚持到 1965 年成立第十四研究室，还在从事航空煤油的分析研究。

从 1963 年起，整个“新型”搬到研究院的东区。东区有六幢楼。东一楼是合成硅油的中试生产车间；东二楼是合成酯类油的中试生产车间；东三楼是航空煤油和合成润滑材料的研究大楼；东四楼是航空发动机台架评定燃烧试验厂房；东五楼是氟油的研究和生产大楼，那里耸立着一根高大的烟囱，就是外排废气用的；东六楼是航空煤油制备和生产车间。当时国家航空油料鉴定委员会规定，为了保证油品质量，凡是一个炼油厂第一批次生产的航煤，其产品必须通过发动机台架评定，才允许长期生产。为了评定一个油样，不但需要大量的航煤日以继夜地燃烧，还要报销一台发动机。其代价相当于烧掉一幢东三楼建筑所需的投资。而评定时产生的噪声就像飞机着陆时的声音一样强，操作工人也没有佩戴现在那样的防噪声装备，可以想象当时的艰苦工作条件。

1965 年 8 月，新型材料部分从十一、十二两个室扩编成 5 个研究室。即：

十一室：新型燃料研究；

十二室：合成油及添加剂研究；

十三室：特种润滑脂研究；

十四室：喷气燃料与特种润滑剂分析测试和评定；

十五室：特种润滑油(氟油)研究。

十四室主任为颜志光，我和韩锡安为副主任。颜志光重点抓马达和润滑材料评定，韩锡安抓物化测试，我抓航煤和润滑材料的组成分析。

从 1961 年到 1983 年这 22 年间，我主要从事军用石油产品的组成分析研究工作。首先是航空煤油的组成分析，其主要任务是：

1）分析我国玉门、大庆和克拉玛依等原油生产的航煤，与苏联 TC-1 航煤和英国 JP-1B 航煤的组成作比较，试图从油品组成与使用性能之间找出关联，为提高军用油品质量提供依据，确保飞行安全可靠。

在上世纪六十年代，我们与苏联和英国有外交关系，只能拿到他们的油样。其他西方国家，特别是美国对我们封锁，而且支持蒋介石反攻大陆，所以根本无法拿到他们的油样。

2）剖析美国军用飞机的油样，分析其组成和相应规格。在 1961~1964 年期间，是我国经济上十分困难的时期，蒋介石利用美军 U-2 高空侦察机、P-2V 低空侦察机和无人驾驶的高空侦察机，不断侵犯大陆，收集军事情报，先后被解放军击落。击落的飞机残骸落在稻田里、山坡、原野上，解放军都把它们作为战利品收集起来供剖析用，甚至把飘浮在稻田水面上的油花也收集起来，供我们分析。有一次我们拿到一个水上飘着的油花，目的要分析这一滴油，我们先用石油醚萃取出水面的油，经氯化钙干燥后再把石油醚蒸发掉，然后把这一滴油样用毛细管色谱鉴定，得到 100 多个色谱峰，根据这些峰的归属判断，它可能是一个窄馏分高比重的特殊航空煤油。

3）研究油品组成与使用性能之间的关系，国产大庆航煤在初期使用和储存阶段，发现油品出现黄色，引起空军部门的注意，提出要搞清原因和解决办法。

4）引进近代分析仪器，包括高分辨率电子显微镜、核磁共振仪、质谱仪和激光拉曼光谱仪，组织安装调试，建立有关分析方法。

5）完善国产毛细管色谱技术。

**（一）国产大庆、新疆（克拉玛依）和玉门一号轻航空煤油的烃族组成分析**

工作时间在 1962 年 2 月到 6 月，参加工作的还有王彪、华伟英、申德俊、王之琪、杜芳洁、张东珍。这 3 个原油生产的航煤是我国在六十年代初期，第一批投产的航煤，在加入 33 号添加剂解决烧蚀问题以后，供部队使用。

为了与国外大规模使用的苏联 TC-1 和英国 JP-1B 航煤进行对比，以油品的组成与使用性能的关联作为切入点。为此，先制订了一个分析流程，用硅胶吸附分离成饱和烃（烷烃+环烷烃）和芳烃。对于烷烃部分，先用尿素络合法分离正构和异构烷烃；对于环烷烃部分，用铂催化剂脱氢使环己烷衍生物形成相应的芳烃；对于芳烃部分，把油样通过精密分馏切割成<125℃，125～150℃和>150℃三个馏分，然后用紫外吸收光谱分析苯、甲苯、二甲苯、乙基苯和萘，$\alpha$-甲基萘和$\beta$-甲基萘。

与苏联 TC-1 对比，大庆航煤的特点：

1）正构烷烃含量较高，这就决定它有较好的燃烧完全性和较高的辉光值。近年来，评价喷气燃料燃烧性能指标之一是其辉光值大小，它几乎与汽油辛烷值有相似的意义。喷气燃料在燃烧过程中对燃烧室壁产生热辐射。在放出相同热量条件下，辉光火焰比非辉光火焰或透明火焰会给燃烧室壁更多的辐射能。这对于发动机燃烧系统的金属材料带来不利影响。辉光值愈高，或无烟火焰值愈高，说明该油品燃烧性能愈好。但从另一方面考虑，正构烷烃高会造成航空煤油的冰点高，受冰点规格指标的限制，产率要低些。

2）环烷烃含量高。在喷气燃料中，环烷烃系物是一种理想的组分，其辉光值仅次于烷烃，但体积发热量高，凝固点很低，热安定性和低温性能都比较好。大庆油中的环烷烃组分比苏 TC－1 要高出 50%。

3）芳烃含量低。一般而言，喷气燃料中的芳烃是一个不良组分，虽然它的密度较大，体积发热量相应也大些，但在燃烧过程中容易产生积炭。从烃类吸水性考虑，芳烃的吸水性最强，这对于燃料的储存安定性和清洁性是不利的，而大庆油在这方面比较有利。

新疆航空煤油的特点：

1）正构烷烃含量很少，新疆（克拉玛依）原油属于中间基，航空煤油中正构烷烃含量仅 9.7%，为苏联航空煤油的一半。但其正构烷烃含量大多在低沸点馏分，辉光值高，又能保证较低的冰点。

2）异构烷烃和环烷烃含量高，二者共有 80%左右，比苏联航空煤油多 1/3。近代喷气燃料，特别是超音速喷气燃料及火箭燃料的发展趋势是尽可能获得安定性好、体积发热量高、低温性能及燃烧性能好的环烷烃类组分，新疆油具有较好的潜力。

玉门航空煤油：玉门原油也属于石蜡基油，其航空煤油的组成介于大庆和新疆油之间。

此外，还对苏联 T－5 型喷气燃料化学组成分析：苏联 T－5 型喷气燃料具有比 TC－1 型燃料更高的沸点范围，因而具有更高的密度。高密度意味着在相同的油箱体积中能储存更多的燃料，因而具有更长的续航距离。也就是说用了这种燃料，战斗机可以飞得更远。在战斗中即便只能多飞一分钟，也就可能把敌机打下来了。相反，如果飞机油快用完了，那只能眼巴巴地看着敌机逃跑。T－5 型燃料就是为此目的而研究的。如果把这种液体燃料用于火箭发动机，基于同样的原理，火箭就可以飞得更远。但馏分重、沸点范围高的油品在使用性能上会带来什么问题，肯定与它的组成有关。因此，选择合适的原油，生产合格的产品，必须要了解它的组成。根据 T-5 的规格指标，它的初馏点就在普通汽油的干点范围。据国外文献报道，大于汽油馏分的燃料，可以参照测定润滑油馏分的 n-d-M 族组成方法，来测定它的族组成，即通过测定油品的折射率、密度和分子量，可以计算出 $C_A$(芳香环上碳原子数占总碳原子的百分数)、$C_P$(烷基侧链上碳原子数占总碳原子的百分数)和 $C_N$(环烷环上碳原子数占总碳原子的百分数)。当时研究对象选择了两个油样，一个是玉门油，另一个是高温煤焦油加氢油。研究结果表明，族组成的数据与前面分离分析所得结果趋势是一致的。因此，在样品量少的情况下，可以用此方法所得结果作为对比参考。参加此工作人员有我和华伟英、王彪、张东珍、杜芳洁。

### (二) 国外军用喷气燃料的剖析

从 1963 年到 1965 年，我们先后从三机部六院六所和总后空军油料部拿到 99 号、74 号和 528 号三个油样。出于保密原因，我们只知道有的油样是从被打下的敌机的残骸中取得的，但这三个油样的编号代表什么意义，我们无从知晓。

1) 74 号油的分析结果：初馏点 64℃；90%馏出温度 230℃；冰点-60℃，从它的各项其他规格指标分析结果可以判断，它可能是 JP-4 型喷气燃料。

2) 99 号油的分析结果：密度 0.798 克/厘米$^3$；初馏点 164℃；50%馏出温度 172℃；98%馏出温度 190.5℃；闪点 48℃；冰点-69℃；热值 10480 千卡/千克。可以推断它是一个航空煤油的窄馏分，由一种环烷基原油制取的。用我国克拉玛依原油 175~190℃的窄馏分，可以制取类似 99 号油。但也可能是二次加工的石油产品。例如，通过对富含单环芳烃组分加氢饱和，也可以得到这种产品。至于是否为合成烃类燃料，尚缺乏依据。为此，我们曾对萘系化合物，例如松节油馏分加氢后进行对比，但结果是否定的。

3）528号喷气燃料的分析结果：该油是一个宽馏分航空煤油，与美军用喷气燃料规格相对照，属于JP-4(Mil-J-5624F)型燃料。用液固色谱、纸上色谱和红外光谱鉴定，发现有烷基酚类、芳香胺类及酯类官能团。上述非烃物质可能是抗氧和高温热安定性添加剂，但由于样品量太少，无法从使用性能作出判断。

**（三）国产大庆航空煤油变色原因的研究**

1963年7~8月，空军油料部针对大庆航煤在使用过程中出现的变色现象，组织实地调查。调查组由空后油料部钟部长亲自带队，成员有总后油料部韦世方、三机部六院六所王祖法，我院有副主任张景洋和我参加。调查的目的是去现场观察航煤使用过程中油品变色的情况，在一线收集第一手资料，向领导汇报并提出进一步工作的建议。我们先后在河北和吉林两地有关空军机修厂和场站共五个地方参观调研。这是我第一次到部队出差，有点拘束。但每到一地都受到部队领导的热情接待，而且是高规格的。到了营房驻地不但住单间，而且有战士为你送洗脸水和倒洗脚水，真是有点不好意思。吃的菜就更丰富了，特别是早餐，顿顿都有炒花生米，在那生活十分困难的年代，这简直是过天堂般的生活了。空军的场站和修理厂管理都十分严格。举例说：如果你拆卸了某个部件，所有螺帽、螺钉都要放在一个盘子里清点数目，待安装好盘子必须是空的。我想这种一丝不苟的做法，在空军后勤部门是十分必要的，因为飞机一旦上天，任何一个小漏洞都可能造成机毁人亡的悲剧。这也使我体会到要对航煤研究工作有高度的责任心。

我们从几个场站和发动机维修厂都看到，大庆航煤从黄铜管里倒出来时油品呈浅黄色，从油泵里倒出也存在不同程度的黄颜色。我们把这一现象向领导作了汇报，并于1963年11月23日“关于石油七厂大庆航空煤油试用调查汇报”会议上，确定要研究颜色变化的原因及其对使用性能的影响。

关于油品与铜接触产生颜色变化，国外也有过报道，但都没有一致的认识，有的认为是油品中非烃物质(胶质)引起的；有的认为是油品在储存过程中受外界污染引起的。而我们在生产和运输、储存过程中慎之又慎，怎么也会产生这个问题呢？为此，我们制订了一个研究方案：首先，要在实验室模拟出大庆油的变色；其次，要研究外界的条件对变色的影响因素；第三，要研究内在条件对变色因素的影响，即油品组成有什么特殊性；最后，要研究如何尽可能防止变色现象的发生。

为了模拟油品的变色，选择常用的紫铜和飞机部件上的黄铜，切成一定大小的薄片，打磨抛光后放入一定量的油中，用色度计在不同的时间测定油样颜色的改变。再改变温度条件，观察颜色的变化。再改变条件，往油中加水，观察颜色变化。为了考虑各项因素的复合作用，我们又通过固定其他条件，只改变一项条件，来观察颜色的变化。最后得出结论：①紫铜比黄铜容易引起变色；②与铜接触时间愈长，油品变色愈深，特别在前十天变化显著，以后颜色就比较平缓地加深；③在油中加 33 号添加剂(即为防止烧蚀的二硫化碳)，油品易变色；④油品变色随温度升高而加深，即使不易变色的苏联 TC-1，在 90℃下也会变色；⑤在不同温度下，油品用水饱和，结果表明：油中含水量愈高，变色愈深。⑥日光照射油品容易引起变色。

对于影响油品变色的内在因素，即油品中各种烃类的组成和非烃物质(胶质)组成，我们也分别作了考察。结论是：①饱和烃、芳烃和烯烃单独与铜接触都没有变色。②油中的非烃物质(胶质)，经分离成酸性、碱性和中性三组分，再分别以不同数量加入到脱胶质的油中，试验结果表明，胶质中的酸性和碱性部分容易引起变色。通过红外吸收光谱表明，与苏联 TC-1 比较，大庆油胶质中的酸性组分中含有较多的脂肪族羧酸，而苏联油含较多的芳香族羧酸。大庆油胶质中的碱性组分中含有较多的烷基胺类物质，而苏联油中含较多的芳香胺类组分。

对可能引起的变色过程作了探讨，认为变色的内在因素主要为油中微量的杂原子化合物与铜产生反应，或受铜的催化作用产生有色物质，这些有色物质含量极微，在油中溶解，因为数量太少无法从油中分离出来。另外，从规格分析考虑铜片腐蚀这个项目，变色油的铜片腐蚀都在合格范围内，这样空军部门就比较放心了。但即便如此，作为一个科学问题，还是应该搞清楚的。后来我们查到一篇国外文献，介绍油中的杂原子吡咯类化合物，可与铜形成一种溶在油中的黄色络合物，也许可以作为依据来解释。

本工作从1963年3月参加现场调研至1964年6月结题到写成报告，是由十一室二组和一室光谱组共同完成的。参加的工作人员有我和王彪、申德俊、张东珍、顾荣魁、沈志鸿、高占庚。

航空煤油储存和使用过程中还有一个现象当时没有办法说明，当我们用试管采样，在太阳光下用肉眼观察到有白色头皮屑状物，飘浮在油中，又好像棉絮状，但用滤纸无法过滤掉。这种现象在南方地区，气温高湿度大时在汽油和航煤中经常出现。当时我们都认为是固体机械杂质。但油品理化指标化验结果完全合格，而在欧美国家也出现过这种现像。国外在二十世纪六十年代初期就开始研究，认为这可能是油中的微生物所致，我国在上世纪末期也作了大量的研究工作。直到2001年，在南方地区的高标号汽油和航煤中还发现白色絮状物。我院陶志平在读我的博士研究生时，我给他一个博士论文题目是《微生物引起汽油和喷气燃料污染的研究》。论文于2007年9月完成。研究结果进一步说明了问题：从航煤油罐底油水界面分离出8种微生物菌群。这说明细菌又是一个污染源，细菌生长条件需要有烃类作营养物，但更离不开水。因此，尽可能减少油中的水含量，特别是悬浮水和游离水，至关重要。

1963年6月第六届世界石油大会在原联邦德国法兰克福召开，会上有一篇论文《航空燃料的清洁标准》，由石油工业部石油科学技术情报研究所编辑，由我翻译成中文，1965 年 5 月中国工业出版社出版发行。这篇论文全面介绍了欧美航空燃料，特别是航空煤油中杂质的类型、来源及影响后果。他们把杂质分为三种类型：①水分杂质，油中的水分包括溶解水、悬浮水(非溶解水)和自由水。②固体杂质，由无机物、金属颗粒和氧化铁组成。③微生物杂质，包括细菌、菌类和海藻类。国际上各大航空公司，包括英国皇家空军和美国海军，对油中固体杂质总量和非溶解水含量都有严格的限制。

变色原因的研究正值全国学大庆的火红年代，当时提出：学大庆的根本是要学大庆的“两论起家(矛盾论和实践论)，两分法前进”。我们的研究工作也沾上边了。我们分析了引起变色的外因和内因，而矛盾论中提出“外因是变化的条件，内因是变化的依据，外因通过内因起作用”。学大庆那段时期我们早上七点上班，每人先学《毛泽东选集》的实践论和矛盾论，学完以后要结合实际工作讨论，我们结合对变色的外因与内因的关系，大家都发表了不少意见，把哲学和技术科学中的问题结合起来讨论也很有意思，我们这样做就变成典型了，这是我起的“带头作用”。在 1965 年被石油部机关党委评为“五好标杆室”。而过了一年，在 1966 年“文化大革命”中又作为“黑苗子”来批判。现在回想起来，真是有点令人啼笑皆非。

### (四) 对某坦克的发动机燃料、润滑油和润滑脂作全面分析

1969 年 4 月在珍宝岛保卫战中，我军缴获了一辆苏军的T-62型坦克，总后勤部要求我院对该坦克的发动机燃料、润滑油和润滑脂作全面的分析。1969 年 5 月的日子里，我带着全组人员，白天黑夜在东三楼 202 实验室连续倒班，及时完成领导交给的任务。作为报答，部队领导答应我们在军事博物馆，首批进入 T-62 坦克参观，而且可以进驾驶室模拟操作，这对我们来说，是很大的荣幸和鼓励。

# 军用润滑材料的解剖分析

在上世纪六七十年代，因为欧美等国对我们的技术封锁，苏联撤走专家撕毁合同，对我国的国防军工造成严重威胁。我们需要自力更生，而其中的一条办法就是解剖国外的油品，以资借鉴。这些样品中，有的是苏联专家撤走时留下的少量油品；有的是被我军击落的飞机残骸中取出来的样品，包括蒋介石在台湾侵犯大陆窃取情报用的美国 U-2 高空侦察机、P-2V 低空侦察机和无人驾驶高空侦察机；有的是通过不同渠道从国外购买到的油样，有的是外国民用飞机来华时，他们的机械师不经意地留下的少量油样，包括小包装的容器中残留的油样。这些油品中，有的是耐高温和低温，有的是耐腐蚀，我们统称为特种润滑材料。因此，需要对这个特定对象，在进行分析以前，尽可能从用户那里了解样品的使用性能和要求，再对该油样解剖分析作整体的全面的部署。举例来说，我的同班同学张凤廷，毕业后分配到总后油料部门工作，他为了要掌握油品的实际使用性能，常常到最寒冷的东北漠河地区做试验。他告诉我，当时我们的油品使用性能很落后，在寒冷的冬天，坦克发动不起来，要用火烤后才能启动，提供这样的油品怎么能打仗？指挥员用的望远镜，在低温潮湿的地方镜面上结冰，看不清敌人的动态，怎么能指挥？这些都涉及油品性能急需提高，有的材料是要在低温下有防潮的油膜涂层才能解决问题。张凤廷同志全部工作就是为我国新型武器的试验所需的各种特种油品，到现场观察了解使用情况，反馈给科研生产部门改进提高。他所提供的军用油品实际使用情况的信息，对我们解剖样品很有指导意义。因此要根据使用要求，考虑应该做哪些分析项目，怎样做最有效。简单来说，解剖分析好像是个交响乐团，要使用各种乐器，和谐地奏出一个曲子。

解剖分析的对象往往不是一个单纯的化合物，而是一个混合物，除主要组分以外还加有几种添加剂，如抗氧剂、抗腐剂、油性剂等，都是根据使用要求添加的，好比食品中的味精、防腐保鲜和其他调味剂一样。一般我们分为两个分析过程。第一步是探索分析，在一两天内通过各种分析仪器先扫一遍，看看是什么类型的化合物，有些什么官能团，分子量范围大体是多少，含有什么元素等。为制订详细分析方案提供依据。第二步是详细分析。在探索分析的基础上，提出一个详细的分析方案。对于大多数样品，都需要分离和鉴定相结合。分离手段包括精密分馏、萃取、柱色谱、高效液相色谱、气相色谱等，利用气相制备色谱提供微量样品，如有必要还需把已分离得到的组分，再进一步作微量分离，如薄层色谱和纸色谱等，最后得到的样品都是毫克级的。鉴定手段主要是元素分析、分子量测定、红外光谱、紫外吸收光谱、核磁共振、原子发射光谱、原子吸收光谱，到了 1974 年以后才用有机质谱、激光拉曼光谱和电感耦合等离子光谱（ICP）等仪器手段，有必要时还要对某些润滑脂的皂类作电子显微镜观察，才能得出一个完整的分析结果。分离和鉴定二者作为一个整体，有时要反复进行，分离后的样品如果在鉴定时发现还是一个看不清楚的混合物，就需进行再分离或通过化学反应作破坏分析（如把酯类水解成酸和醇再分析），再分离的手段要根据情况作调整，直到分析结果令人满意为止。解剖分析是一个团队协作共同完成的，需要一个“乐队”指挥，使各种仪器发挥各自的特殊功能。在解剖分析中，我当时是第十四研究室负责分析的副主任，这个“乐队”指挥的责任也自然落在我肩上。为了尽可能不当瞎指挥，对各种仪器的特点、作用、性能、优越性和局限性都要好好学习，做到心中有数。我这个“指挥”也是边做边学。那时大家都还年轻，这个团队除了我已年过三十以外，其他同志都是二十几岁，有问题找大家一起讨论。参加这个团队工作的同志来自不同的题目组，根据需要从题目组里临时抽出来，这是按专业和任务组成一个矩阵式的临时工作组，完成任务以后又回到原题目组去工作。

到了“文革”军管时期，取消了研究室编制，成立了连队。我们四连由一室(原分析室)、十四室(原新型材料分析和评定部分)、五室(原规格标准室)和八室(原仪表室)组成。连长是原八室工人师傅李圣清，副连长是出身好的八室知识分子张兴华，连指导员(支部书记)胡超。胡超同志是转业军人，在解放战争期间参加过塔山阻击战，战斗中光荣负伤，被打断了肋骨，在忆苦思甜时常常激动得脱掉上衣，让大家看他的伤疤，使大家非常感动。到了 1974 年 1 月，从五七干校学完回来，已恢复原建制，我被正式任命为一室主任。支部书记是王智斋同志。

虽然建制前后有变，但接受军用油脂解剖任务时还让我来抓，这样我们的队伍又扩大了。在十四室时有杨明彪、华伟英、黎洁、陈志明、申德俊、岳淑范、陈星彩、薛用芳、张庆恩、胡明约等同志，到了成立四连以后原一室的王宗明、李科、翟纯、郎纫赤、蒋芙蓉、林文瑛都进来了，再加上 1974 年成立质谱组后，有苏焕华、马文裕、洪启鹏同志，大家几乎一有任务，随叫随到，形成了一个和谐的大集体。

需要指出的是在当时接受解剖任务时大家都很积极，但要写报告时却有点发怵，因为怕沾上名利思想挨批判。杨明彪同志敢于负责，很多报告都是他写的。报告的写法也必须与当时的革命形势相称，首先要写最高指示毛主席语录，根据工作内容，采用的语录有“中国人民有志气，有能力，一定要在不远的将来，赶上和超过世界先进水平”“敌人有的，我们要有。敌人没有的，我们也要有”“我们的方针要放在什么基础上？放在自己力量的基础上，叫做自力更生。我们不孤立，全世界一切反对帝国主义的国家和人民都是我们的朋友。但是我们强调自力更生，我们能够依靠自己组织的力量，打败一切中外反动派”。

现在查阅到那些年代的报告很多都没有写参加工作人员的名字，没有审查人，没有题目组长和室主任，显然是“文革”时期的产物，但研究工作是完整的。一些分析结果现在还令人想起那灾难年代大家的爱国心和责任心。

从1966年到1976年这十年浩劫的时间里，根据查阅杨明彪同志写过的研究报告和核磁共振组岳淑范同志的记事本中的不完全记载，至少做过以下这些项目：

1965年：“四大解剖”包括表油、锭子油、4104油、4105油，还有528滑油及液压油和苏联LHM36/1滑油；

1966年：大型滚齿机油，Starfak脂，Alvania脂，Aeroshell Grease 16脂，Shell750润滑油，MS33润滑脂，5251仪表油，TALY-RONDY主轴油，216滑油，528(B)滑油；

1967年：lo125表油，8751润滑脂，8754润滑脂，MS-44润滑脂；

1968年：光学脂，麻芯脂，国产钟表油的沉淀物，Castrol 981油，DTD822，Shell750油；

1969年：315油脂，DA-6高真空脂，Galmen高真空脂，原子能新油，北京第一机床厂油；

1970年：云雀直升机油，70-49-01润滑油，8号稠化机油，罗马尼亚稠化剂；

1971年：2380脂，日本防锈脂，三叉戟发动机滑油；

1974年：“卡若那”车用防冻液。

在这39个解剖分析的样品中，极大部分都是军用润滑油和润滑脂，都是为国防军工服务的项目。现把若干有代表性的样品解剖分析过程和结果，以及批量样品通过生产放大和性能评价作简要介绍：

1）表油。首先进行探索分析，用核磁共振、红外光谱和元素分析方法，结果说明是一种醚类物质。根据这个线索将样品进一步用柱色谱分离，按极性强弱依次得到若干组分。对第一个组分用核磁共振氢谱观察，并与标准谱图对比证明是丁基醚类物质，但有一个化学位移峰对不上，估计是聚醚的封头烷基基团大小不同引起的。在这种情况下，进一步作元素分析和分子量测定，根据碳、氢、氧原子的比例，推测这个样品中有30个碳原子，由此可定出该样品为烷基基团为20个碳原子的聚丁基醚。第二组分：从红外光谱、核磁共振谱图不能确定结构，于是用柱色谱再分离成13个组分，每个组分再用核磁共振鉴定，发现第二次分离后的5号和8号样品还是混合物，于是第三次用薄层色谱进行分离。把分离所得的样品用溶剂淋洗下来再用核磁共振鉴定，发现除了烷基聚二丁基醚以外，还有长链烷基苯二聚丁基醚。对于含量较少的添加剂，用红外发现有硬脂酸吸收峰，含量为0.5%。再用薄层色谱分离后，用红外光谱分析，并与标准谱图对照得到有硬脂酸、*N*-苯基-*β*-萘胺和邻苯二甲酸二丁酯三种添加剂。

2）4104高温合成润滑油。根据民航局的委托，为解决子爵号飞机的用油，对英国提供的规格为D. E. R. D2487润滑油进行解剖，该油的商品名为Esso Turbo Oil。我们用红外光谱、核磁共振作鉴定手段，用精密分馏、柱色谱和薄层色谱为分离手段，把分离和鉴定结合起来反复进行分析，直到结果满意为止。解剖分析结果表明它是由复酯和二元酸酯(癸二酸二-2-乙基己酯)调和成的基础油，同时加有抗氧添加剂，此油可长期在140℃下工作。

通过解剖分析提供的结果，十二室试制了100公斤油样，作了使用性能评定。结果表明：4104合成润滑油可保证A206轴承在140℃下工作200小时，具有良好的低温泵送性及齿轮承载能力，从机械安定性来看，优于苏联的10号航空液压油。

3）4105高温合成润滑油。根据航空材料1965年执行计划以及我院与总后927部队及923部队签订的“关于酯类润滑油1965年研究工作安排意见”，我院于1965年4月底提供100公斤4105高温润滑油交使用单位进行试验。4105高温合成润滑油通过解剖分析是季戊四醇酯与二乙二醇醚酯以75：25比例混合并加有0.5%抗氧化添加剂，此油可长期在175℃下使用，短期可在200℃下使用。此前我们只有苏联提供的MK-8加0.6%的氧洛抗氧剂的高温润滑油，它是石油的一段馏分油，只能在150℃下使用。另一个样品试验结果表明，4105油为癸二酸二-2-乙基己酯，在175℃下的使用性能优于MK-8在150℃下的使用性能。

4）7105高真空硅脂。根据第四机械工业部提出的要求，我们解剖了从英国进口的高真空硅脂。其组成为甲基硅油85%；发烟硅胶15%，另加有0.5%的硼酸。这种高真空脂可在-40 ~+200℃范围，能在$5\times10^{-6}$毫米汞柱下工作。第十三研究室根据配方，选择合适的原料和工艺条件，生产出合格的产品。

5）云雀直升飞机润滑油。该油是用在法国进口云雀直升机上的润滑油。受空军后勤部的委托，由我院进行解剖分析。在探索分析中，红外谱图表明有酯基的吸收峰和芳香类的添加剂。质子核磁共振谱图的化学位移表明：该油中含有醚酯类合成油。紫外光谱出现芳胺的苯环吸收。发射光谱未发现金属离子。详细解剖过程为：用柱色谱分离成若干馏分，用红外光谱和核磁共振鉴定出聚异丁烯，测定分子量为862。第二个组分为二异丙二醇二壬酸酯。第三个组分为三羟甲基丙烷酯，其中脂肪酸部分的碳数为$C_6$ ~ $C_9$。还鉴定出二苯胺添加剂。

6）70-49-01润滑油。样品系被我空军击落的第20架美国高空无人驾驶侦察机中的润滑油，第一步通过元素分析、红外光谱、核磁共振、紫外和发射光谱探索分析，该油为二元酸酯，还加有含磷、硫、氮化合物的添加剂。第二步再把基础油通过高温气相色谱分析，和样品水解得到的酸和醇类推断为癸二酸二-2-乙基己酯。

添加剂部分通过柱色谱反复分离和红外、紫外光谱鉴定得到：抗氧剂为SN杂蒽，油性剂为磷酸三甲酚酯，防锈剂为烷基苯磺酸镁。

石油化工科学研究院成立五十周年分析研究室合影
（前排左五为陆婉珍院士、左四为杨明彪、左三为刘希尧、
左二为吴文辉、右三为伍意玉、右四为张金锐、右五为汪燮卿）

# 主持电子显微镜的安装调试和应用研究

在那个年代里，虽然国内经济上处于困难状态，政治上处于动乱状态，但石油部领导还十分重视科研设备的引进，以提高科技开发能力，加强国防建设。从1964年到1975年这11年间，我院先后从日本、联邦德国和美国引进了高分辨电子显微镜、核磁共振仪、有机质谱仪和激光拉曼光谱仪等四台分析仪器，并把这个任务交给我承担。从设备订货、仪器安装调试到验收应用建立分析方法，都由我总负责。

现在看来，引进这些仪器设备对缩小我国在炼油和石油化工方面与国际水平的差距起到重要的作用。可以概括为做了四件大事，那就是：建方法、出数据、找规律、促创新。

1964 年 7 月，我院引进了一台日本日立公司制造的 HU-11A 透射电子显微镜，当时这台仪器在世界上是属于先进型号的仪器，引进的目的主要应用在两个方面：一是为了自主研究军工油品，如润滑脂、润滑油添加剂、军用航空煤油"烧蚀"机理研究等；二是用于石油炼制(及石油化工)催化剂的研究。

院领导对这次电子显微镜的安装调试特别重视，那时中日还未建交，电子显微镜又是贵重的复杂精密仪器，当时在石油部是第一台。为了保密起见，院领导决定把这台仪器安装在东三楼 113 实验室。因为我院东区是军工产品研究室所在地，更强调安全保密。另外还特地在院围墙上开了个口，安装了一个专供日本技术人员进出的门。

石科院组建了仪器安装调试小组，由总工程师林风挂名牵头领导，我作为课题组长具体负责。参加者有宋其根、薛用芳、何欣翔、杨小江、娄文生，还有两个外单位请来的日文翻译，一个是我院党委书记章德炎介绍来的北京结核病防治所张所长，另一个是抚顺石油研究院的高级工程师丁忠。

安装调试前，仪器说明书分成几部分请研究院英文水平高的几位同志早早地翻译了出来，参加工作的几位则详细阅读了说明书，对其中的一些电子显微镜术语做了订正。

安装调试工作中，大家都特别认真，白天跟着日本安装人员学，晚上自己动手操作，因为那时的电子显微镜的自动化程度不高，操作几乎全部都是手动的。我每天都要写有关工作情况和进度的简报向院领导汇报。

我在石科院档案科查到了 50 多年前(1964 年 7 月)的电子显微镜安装日记，兹摘录几段如下。

1964年7月8日

明天开始安装，拟提问题：

1）房子是否合乎要求：

① 防震有无影响，要不要橡胶垫，多厚。

② 周围电源的影响，要不要屏蔽。

③ 门的大小是否合适。

2）安装计划日程大致安排，希望有一进度。

3）对合同单子，看物件数量是否齐全。

7月11日，星期六

上午：擦洗电子枪部件，安装电子枪入镜筒。

连接高压电路的负反馈系统及电子枪的电缆。

清洗并安装第1、第2会聚透镜的极靴。

联通高压电源，发现透镜电流不稳定，原因待查。

对于电子显微镜透镜电流出现不稳的现象，日本安装人员很着急，找原因找来找去，找了半天还是没能找到，后由何欣祥等连夜加班，根据电子显微镜的电路图(当时的仪器还是电子管的)把一个一个的参数检测点进行测量，发现有一个电阻有问题，焊接上了新的电阻以后仪器马上恢复了正常，日本安装人员脸上显出了感激的表情。在安装调试过程中，侯祥麟院长曾经到电子显微镜实验室察看两次，详细询问了安装情况。

通过这次安装学习，我们掌握了整套操作程序，包括电子显微镜的合轴、电流中心、电压中心调整等。这样随着安装工作的完毕，电子显微镜即可投入使用了。

操作电子显微镜最重要的是“合轴”，使用电子显微镜关键的是要掌握样品制备技术，如样品载膜的制备、粉末样品制备、复型、超薄切片以及润滑脂等特殊样品的制备等。由于电子显微镜具备直观的特点，这台HU-11A电镜使用的28年间，在科研工作中发挥了独特的作用，曾经说明、解决过数个工业上的疑难问题。

## 一、金属表面生炭

电子显微镜安装后，首先配合航空煤油烧蚀机理的研究，虽然航空煤油的“烧蚀”现象(实际烧蚀应该发生在还原区)和解决的途径在1960年就已经找到了，但要从现象研究本质，以便从理论上搞清这个问题还是十分必要的。为此侯祥麟院长组织团队作深入的研究，薛用芳就用电子显微镜配合，清楚地观察到由镍基合金表面上生成的丝状炭。发现这种丝状炭中还夹杂有镍的晶粒，由此判断可能是由镍催化作用产生的。当时拍摄那些丝状炭的电子显微图都是十分清晰的，有些还是中空的，即管状的。事实上，这种丝状炭就属于上世纪九十年代(1991年起)开始热门的“碳纳米管”，尽管不是单壁碳纳米管。

上世纪八十年代初上海石化总厂从UOP公司引进了一套40万吨/年连续重整装置(是我国的第一套连续重整装置)，在刚开工的第一生产周期，在重整反应器内部器壁上产生了大量积炭(重整条件下，还原气氛中)，炭块造成催化剂下行管堵塞，催化剂不能向下移动，需要工人用木榔头敲打下行管的外壁才能使管内的催化剂慢慢向下移动，勉强维持了8个月，最终重整装置被迫停工。

UOP公司的专家从来没有遇到过这种故障，根据他们判断，提出了几条似是而非的看法。上海石化总厂请各路专家从传统的一般催化剂上积炭的概念泛泛地总结了13条意见，自然离提出有效解决问题的对策措施很远很远。

总公司要求我院解决此问题。在电子显微镜实验室，薛用芳用电镜观察到这种积炭的形态是丝状炭(碳纳米管)，不同于重整催化剂上的积炭，根据他多年对积炭的系统研究积累的知识，对过渡金属表面催化生炭机理以及对连续重整工艺、催化剂及进料情况了解的也比较透彻，认为是重整油进料中硫含量过低造成的金属表面生炭，提出了“重整人”过去没有想到的在重整进料规格允许范围内

（不超过上限）注入硫（硫化物）的技术措施，从而使这一问题获得了简单、有效、经济（低成本）、圆满的解决。因该技术在国内外解决连续重整装置的结焦方面为首创，因此薛用芳作为关键技术提出人获得了国家科技进步三等奖，而且这一问题的解决，也迫使 UOP 公司修改了连续重整进料的规格标准。

## 二、润滑脂结构观察

"两弹一机"或"两弹一星"的某些高速运转部件都要加润滑油或润滑脂予以润滑。因为它们处在特殊的环境下工作，需要如耐高温、耐低温、耐高真空、抗辐射、抗化学腐蚀等性能，而部件的结构特殊，需要特殊的润滑材料。润滑脂主要是由基础油和稠化剂两部分组成的。稠化剂通常就是各种皂类（还有非皂基润滑脂），自 1941 年以来就有人用电子显微镜来观察润滑脂中的稠化剂，研究它们的大小、形态及分布，是涉及润滑脂的胶体安定性、机械安定性及流变性的重要因素。薛用芳、安秀文和我从电镜投入使用以来，就配合润滑脂研究单位，先后收集了锂基脂、钠基脂、钙基脂、复合钙基脂、铅基脂、铝基脂、烃基脂、酞菁铜脂、硅胶脂、膨润土脂、氧化锌脂以及二硫化钼油膏等十二种典型样品，一方面，根据样品的性质特点，分别在不同放大倍数下进行观察研究，找出它们的形态特征和差异，为剖析未知样品提供佐证。另一方面，又配合某一特定的脂，跟踪它在不同合成工艺条件下，脂的结构形态变化，为合成性能好的产品提供依据。第三，考察润滑脂在使用过程中结构的变化，包括氧化安定性试验中结构的变化，轴承机寿命试验中结构的变化。这些工作都为军用特种润滑脂的合成提供了重要依据。

## 三、电镜研究催化剂

1）炼油催化剂的载体氧化铝的成胶、相变研究；

2）负载型金属、硫化物催化剂研究；

3）沸石分子筛成胶和晶化过程的研究；

4）催化剂积炭研究等。

我们配合相关研究室，做了比较深入的系统工作。

# 核磁共振仪的安装调试和应用研究

1964年年底，院领导决定要我负责核磁共振（NMR）仪的安装调试工作。我们成立了安装验收小组，成员有我和岳淑范、吴之仁、何欣祥、曲学铭。其中岳淑范和吴之仁是使用仪器的，何欣祥和曲学铭是维修仪器的，安装的地点是合成楼。

仪器是从日本引进的JNM-4H-100型，属第一代连续波谱仪。按合同规定，安装调试由日方负责。我的任务是组织大家翻译说明书，学习应用和安装维修技术，为今后使用打下基础。

从1965年1月到1967年6月，先后安装了恒温恒湿室、JNM-4H-100主机、JRA-1和JRA-5累加器，都属于第一代仪器。

1979年又从美国VARIAN公司引进第二代FT-80A脉冲式傅立叶变换核磁共振仪。1987年3月安装AM-300WB超导核磁共振仪，是从瑞士BRUKER公司引进的，属于第三代仪器。这些仪器都为我院油品和催化材料的研究作出了重要的不可或缺的贡献。

现在提起核磁共振，几乎是家喻户晓、人人皆知。但在当时，试验样品是放在一根直径小于0.5厘米的玻璃管里，而且管子要高速旋转以保持受磁场作用均匀，才能得到一张好的谱图。而现在检查身体用的核磁共振是把整个人推进去作为检测样品，平平稳稳躺在里面接受扫描。对比一下前后20年，科技发展真是日新月异。

在正式开展安装以前要做很多准备工作。首先是电源要稳定，根据仪器使用的功率要求，如用市场上现有的稳压器，因为功率太小，不行。于是，我们请动力科的张九成师傅来实地看了一下后，决定另拉电源，单独再安装一台变压器。其次要解决接地线的问题，没有良好的接地线，也影响电源使用的稳定与安全。为此需要挖半米宽、一米深、十米长的地沟。我们大家都去挖地沟，体现知识分子参加劳动，与工农结合。最后要解决水源问题，原设计实验室的水量不足，水压也不够，需要另加水泵升压。

时过境迁，过了五十多年，现在的合成楼已大变样了，但有两个标志物还可以看到，一个是合成楼北面东西二侧两个变压器还在，那是分别给核磁共振和质谱提供的专用电源。另一个是合成楼楼顶有一个锈迹斑斑的铁家伙还在，那是恒温恒湿空调用的循环凉水塔。现在当我走过合成楼时都要看一眼，这是历史的见证，也是大家共同辛勤劳动所产生的情感的回忆。

为了这些具体的、琐碎的、急迫需要解决的问题，需要动员全院有关各部门共同努力，特别到了“文化大革命”开始以后，在那样的政治气氛条件下，全院同志对我们的工作都十分理解和支持。开批斗会时说你是“放洋屁”“洋奴哲学”“白专道路”“黑苗子”，但开完会后还让你带领大家照样继续干活。虽然当时我还没有解放，但同志之间关系如常，这使我感到十分温暖。其中有一件事我记忆犹新，在 1966 年 9 月，“文革”到了夺权的高潮，隔壁的北京石油学院的党委早已靠边站了，而我们院还没有动静。石油学院的造反派头头带领一大批造反学生，翻过墙来到研究院，要帮助我院“踢开党委闹革命”。因为我院当时的革委会是在原党委领导下产生的，他们把这个革委会叫做“伪文革”，而革委会在合成楼二楼办公，于是他们就闯进了我们安装核磁共振仪的合成楼。他们要找“伪文革”委员辩论，而我当时也是“伪文革”的成员，一听到他们要冲进来时大家都跑了，我来不及逃跑，岳淑范就要我藏到核磁共振的恒温室里。造反派在外面搜了半天没找着，我就此躲过一劫。核磁共振恒温室变成了我的避难室和“防空洞”，这也算是安装阶段的一个小插曲。

当时的恒温室与现在实验室装壁挂空调不同，也与现在的中央空调不一样，它是在40平方米实验室内隔出约25平方米大小的实验室，专为这个小实验室建造一个恒温恒湿的小环境，里面装一台核磁共振仪和一把椅子，可坐一个操作人员，还能容纳三个人站在旁边观看。整套小房间的设备都是从日本引进的，空调是柜式的，采用水冷式以提高散热效率，用凉水塔使水冷却循环使用。为了节省用地，把凉水塔放在了屋顶。现在核磁共振仪已搬出近40年了，合成楼顶的锈迹斑斑的凉水塔还立在那里，成了古董，见证着那段历史。

1965年1月第一台JNM-4H-100核磁共振仪安装得并不顺利，几项主要指标没有达到原设计要求，日方同意我们提出退货，并于8月再安装同型号仪器，达标后投入使用。

1965年仪器安装好了，1966年“文化大革命”也开始了。但从事核磁共振工作的同志们在混乱的年代里仍坚守工作岗位。我们院总是最早引进当时国际上最先进的仪器，因此在如何使用仪器来解决油品和催化材料的研究方面，总要靠自己先摸索出一条路来。而对这种仪器的基本原理和知识也需要自己找资料消化吸收。“文革”开始后到1966年底我已靠边站，有一天去逛王府井国际图书商店，看到一本日文书《核磁气共鸣法》，额田健吉著，我粗略地翻阅了一下。那时安装调试从日本引进的第一台核磁共振仪，正没有参考书，觉得此书对我们有用，于是就把它买回来，并发誓要学习掌握日文，然后把它翻译成中文。过了一个星期我又到王府井新华书店买了一本《自学日文指南》，下决心要自学日文。

本来我院懂日文的专家不少，像润滑脂老专家王世芳，他的日文就很好，也热心帮助同事。但在那个年代我不敢去找他，怕给他添麻烦。我就从平假名、片假名开始自学，从文法到单词，一下班回到家里就“挑灯夜读”。在不到14平米的宿舍里，要放蜂窝煤炉子、锅碗瓢盆、床、书桌、箱子和两辆自行车。吃完晚饭，我和妻子叶嗣懋两人各抱一本书啃，要到11点以后才休息。第二天早6点起床，6点50骑自行车从东单南面的洋溢胡同57号出发，花55分钟骑到研究院东三楼110房间，8点钟准时早请示。1969年开始院里实行军队组织编制，我们是四连二班，班长任永林带我们早请示晚汇报。在读了“老三篇”和《敬祝毛主席万寿无疆》以后开始一天的工作。

我自学日语前后花了八个多月时间，到了1968年初，就可凭查阅字典把日文翻成中文了。我把日文的额田健吉著作《核磁气共鸣法》一句句啃下来，全书约20多万字，全部翻成中文。到了1972年底，把稿子交给了时任核磁组组长的欧斌同志。欧斌认为很有价值，就发动全组同志刻蜡板油印出来，每人一册。四十多年过去，到现在几经周折，原稿和油印稿都找不到了，只存留在老同志的回忆中。

核磁共振技术在炼油和石油化工中的应用，我们那时用的仪器还处在第一代和第二代，主要应用有两个方面：一是用在分析各类油品，包括合成油和添加剂。二是配合催化材料的开发，起到“眼睛”的作用。

1979年5月，陈星彩和我总结了十年来高分辨质子核磁共振在合成润滑油脂材料剖析方面的应用研究。包括化合物类型的鉴定、分子平均结构的计算和化合物结构的确认。

1）化合物类型的鉴定方面：根据核磁共振的化学位移和裂分曾鉴定出以下10类化合物：①聚醇醚的类型，包括聚乙二醇醚和聚异丙二醇醚；②双酯，包括癸二酸二-2-乙基己酯和己二酸二-2-乙基己酯的R-基团；③新戊基多元醇酯，包括三羟基甲基丙烷酯和季戊四醇酯；④醚酯：包括聚乙二醇醚酯和聚异丙二醇醚酯；⑤复酯有二类，即一元酸-聚醇醚-二元酸-聚醇醚--一元酸，或一元醇-二元酸-聚醇醚-二元酸--一元醇；⑥磷酸酯，包括三正丁基磷酸酯、芳基磷酸酯和芳基烷基磷酸酯；⑦硅酸酯，包括不同的烷基或芳基，曾鉴定出六(二乙基丁氧基)二硅醚；⑧三嗪，是一种杂氮环化合物，鉴定出六正丁基三嗪。上述磷酸酯、硅酸酯和三嗪的精确鉴定还需要与红外光谱的特征吸收峰互相配合，才能最终确认；⑨邻苯二甲酸酯，包括常见的丁酯和辛酯，这也是我们日常生活中闹得沸沸扬扬的食品添加剂；⑩硅油，包括甲苯基硅油、甲基硅油和甲基氯苯基硅油。

2）在平均分子结构的计算方面：大多数合成油都是一类同系物的混合物，它们或是由不同聚合度或是由不同碳数的脂肪酸或脂肪醇构成。用核磁共振可计算它们的平均分子结构。①聚合度计算：当聚合度较小时，可用封头基上某一特定基团为基准，通过它与聚合物峰面积之比计算聚合度。②计算该试样的平均分子量和脂肪酸或脂肪醇的平均碳数。二元酸酯、三羟基甲基丙烷酯和季戊四醇酯或醚酯常可用特定基团为基准，测定其平均分子量。③芳香基和烷基基团数量比例计算：磷酸酯和硅油等类化合物常同时具有芳香基和烷基，它们的含量比例对使用性能影响很大，用核磁共振测定非常方便。

3）化合物结构的确认方面：以导热油组成分析为例，导热油是工业中常用的热传递介质，要求热安定性好，常用多环芳烃加氢制取。我们把导热油经过柱色谱分离成若干组分，用红外光谱、核磁共振和质谱同时鉴定。发现其中一个组分用红外光谱证明有芳环，但核磁共振氢谱在芳烃区域未发现吸收峰，而有 $\alpha$ 取代的次甲基峰，没有甲基峰，质谱测定质量数为 240。把这三个信息综合起来考虑，可以推定是一个苯环周围被环己基所取代了，即 1，2，3，4，5，6-三环己基苯(这是当时我们根据分析结果自己命名的，国际上正式命名应该是十二氢苯并菲，化学式 $C_{18}H_{24}$)。这是一个解剖分析中很有趣的案例。利用红外光谱、核磁共振和质谱，从三个不同角度出发，圆满地解决了难题。

4）蜡裂解制取烯烃的类型分析：日本占领中国东三省期间，抚顺石油一厂就有一套蜡裂解烯烃聚合生产高级润滑油，这种合成润滑油的高低温性能据说非常好，是专用在军工武器上的。解放后有一位老工人把这种技术摸索成功，后来提升为石油一厂研究所所长。现在回忆起来是用蜡裂解生成的 $\alpha$ 烯烃馏分聚合成的高黏度指数润滑油，用三氯化铝作催化剂，用石蜡裂解产生一段烯烃馏分作原料。润滑油产品的质量很大程度上取决于蜡裂解产生烯烃的组成，因此分析烯烃的组成，考察它与润滑油质量的关系，选用合适的皂蜡或蜡下油馏分，就成为关键问题。对烯烃的不同类型，包括 $\alpha$ 烯和各种内烯，红外光谱很难作出判断，质谱也无能为力，气相色谱对沸点高的润滑油馏分也无法分离鉴定。唯有质子核磁共振依据质子在不同化学环境有不同的化学位移值才可对其进行鉴定。我们在 1974 年根据与碳连接的氢原子所处的双键位置，一共得到 5 类烯烃，通过用渗透压法测得的分子量，得到各类烯烃的摩尔分数，对原料的优化起了指导作用。

在配合新催化材料的开发方面，做了两项研究工作：

一是用高分辨魔角核磁共振（MAS NMR）技术配合新催化材料的开发：从上世纪九十年代开始，我院开展了用催化裂化工艺，以重质原料生产轻烯烃技术的研究开发。开发了水热稳定性好、多产丙烯的高选择性的 ZSM-5 类型的分子筛。舒兴田等开发成功这种具有 MFI 结构的分子筛，主要是用磷改性 ZSM-5，取名为 ZRP 分子筛。用 ZRP 分子筛作为活性组元合成的催化裂化催化剂，广泛用在多产烯烃的催化裂化家族工艺，也可作为提高辛烷值的助剂，具有自主知识产权，并批量出口到美国等地。



为了进一步研究这种改性的 ZRP 分子筛性能，我和岳淑范、傅维等人用固体核磁共振开展了一系列的研究，进一步观察用磷改性对分子筛的微观结构引起的变化，需要证实磷原子是否与硅、铝原子一并参与了分子筛的骨架结构。用$^{27}Al$，$^{29}Si$和$^{31}P$ NMR研究ZRP的微观结构是很有效的手段。试验采用魔角核磁共振技术，它是对固体样品的组成和结构分析的重要手段，弥补X射线衍射(XRD)只能给出远程晶态信息的不足，对近程精细结构提供有用的信息。特别是高分辨MAS NMR，可对一个样品进行$^{27}Al$，$^{29}Si$，$^{31}P$，$^{129}Xe$等多种核的共振测定。

试样ZRP用稀土Y型分子筛作晶种，用铵交换后经焙烧形成HZRP，加入P-Al改性活性剂，经550℃水热处理得到磷改性的ZRP，用MASNMR测定水热处理前后各种核磁共振参数的变化。包括水热焙烧和水热处理前后对ZRP引起的变化；磷活化前后对ZRP引起的变化；加改性的Al-P活化剂对ZRP-1引起结构的变化。结果表明，通过这些工艺操作条件的改变可得到一系列MASNMR不同化学位移值，说明P(4Al)化学位移值与周围的化学环境有密切的关联，而不同的化学环境又与使用性能有密切的关联，从而为化学剂的选择和工艺条件的优化提供了理论依据。

二是钛硅分子筛合成过程中，用$^{29}Si$和$^{1}H$ NMR研究正硅酸乙酯的水解过程。在上世纪八十年代，意大利埃尼公司的M. Taramasso发明了钛硅分子筛TS-1，用于催化氧化过程，这种含有骨架钛的分子筛具有分子筛的择形性能和钛的催化氧化作用。使得某些有机化合物的氧化过程清洁化，如环己酮氧化成环己酮肟，是生产尼龙6工艺中的一个关键步骤。

合成钛硅分子筛的目的是要把钛原子插入到硅氧骨架中去。这个过程是通过硅酸酯和钛酸酯水解过程实现的，其中的一个关键步骤是要控制好二者的水解速度。林民、舒兴田和我曾用$^{29}Si$和$^{1}H$高分辨核磁共振研究了正硅酸乙酯TEOS的水解过程。该试验是在大连化物所完成的，用Bruker DRX-400仪器，分别测定$^{1}H$ NMR和$^{29}Si$ NMR的化学位移值。将四丙基氢氧化铵(TPAOH)或四乙基氢氧化铵(TEAOH)水溶液倒入正硅酸乙酯(TEOS)使产生水解反应，在不同水解温度不同反应区间取样作核磁共振分析。此外，还考察了异丙醇(IPA)和钛酸四丁酯(TBOT)对正硅酸乙酯(TEOS)的水解影响。结果表明，TEOS在TPAOH中的水解产生的聚合物硅酸根物种分布与在TEAOH中类似，都存在着单体、二聚、三聚及高聚等硅酸根物种的平衡，但TEOS-TEAOH体系中的低聚硅酸根物种的浓度明显大于TEOS-TPAOH中的浓度；水解过程中加水会使水解产物多聚硅酸根物种转化为低聚物种，而大量加入异丙醇将导致单聚和二聚硅酸根物种的高聚。钛酸四丁酯加入到TEOS-TPAOH水解体系中得到的$^{29}$Si NMR结果明显不同于TEOS-TEAOH水解体系。这些研究结果对于如何适当调配正硅酸乙酯TEOS，使之与酞酸四丁酯协同水解，以形成高质量的钛硅分子筛，具有实用的指导意义。

## 有机质谱仪的安装调试和应用研究

1974年初，从河南五七干校轮训回来后，院里已恢复原建制，我被正式任命为第一研究室主任，支部书记是王智斋同志。

1974年上半年，院领导要我主持MAT-311A有机质谱仪的安装和调试。那时的政治形势相对比较宽松，“批林批孔”刚告一段落，一些老领导相继出来工作了。所以在国家经济还处在十分困难的条件下，为发展我国的石油事业，还是花了不少外汇引进了这台仪器。

这台仪器是从联邦德国引进的，是石油系统第一台有机质谱仪，用第一代电子计算机控制，仪器安装在合成楼一层东侧。根据仪器的工作条件要求，电源需要另装变压器，还要重新挖一条半米宽一米深的地沟埋地缆，制冷用的冷却水水压不够，需要另加水泵和管线，这些都是“硬件”的安装准备。翻译安装说明书，学习掌握仪器的性能则是更难的“软件”准备。特别是电子计算机是我们第一次从草根开始学习。六十平方米大的实验室，光是计算机就占了一半，它的内存只有16K，后来扩到20K，一个硬盘256K，编程序、穿孔打字机一应俱全，但内存只有现在手机的百万分之几。亲身经历计算机日新月异的技术进步，真是感慨万千。

参加MAT-311A有机质谱仪安装工作的有：第一研究室的苏焕华、马文裕、李科、张庆恩、洪启鹏等同志，负责仪器操作和使用；第八研究室的李克硕和陈先芽同志，负责仪器的维修。那时这些仪器制造公司在国内没有维修站，仪器一出故障只能靠自己解决，实在不行只能打国际长途电话讨论，因此还要订购许多备件，多花了不少钱。仪器是在高真空条件下操作的，需要及时供应液氮。那时，工人阶级是领导阶级，不能为我们这些臭知识分子服务，因此我们要排班蹬三轮车到中关村去拉液氮。现在这些琐碎小事，研究人员只要打一个电话就行了，但在那个年代，这些小事一点都不小。

有机质谱仪安装调试完成以后，主要开展四个方面的应用研究工作。

做质谱分析实验

## 一、石油的组成分析

石油工业的发展随着大庆油田的开发，原油产量迅速增长。大庆原油是低硫石蜡基原油，质量很好，但馏分偏重，需要深度加工才能得到更多的汽油、煤油和柴油，用它来生产润滑油基础油也很好，但生产出的道路沥青则冬天容易开裂，在公路上形成一条大裂缝。而在夏天则容易熔化，在烈日当头时，在地上形成一层黏油，人走过时鞋底会粘上一层油。如汽车开过，道路维修工人要用预先堆放在旁边的沙子再铺上一层沙才能行走。而辽河原油却相反，用它来生产的道路沥青质量很好，但它含重馏分更多，生产出的汽油馏分很少，而且质量较差。那个年代人们吃不饱饭，中央号召人们要“瓜菜代”。油品的质量当时也是“瓜菜代”，但如何代得更好、更合理和更有效，首先必须要了解原油的性质和组成，了解原油加工过程中产品性质和组成的变化，了解和正确选择石油化工的原料。这些都为油品的组成分析提出挑战性的问题，而从汽油一直到渣油的组成分析的最有效分析手段就是建立在有机质谱方法的基础之上。

在初步掌握仪器操作以后，我要求质谱全体同志首先把美国材料标准协会建立的 ASTM 分析标准方法，和国际上有名的炼油科研开发企业如 UOP 公司已建立的分析方法，采取“拿来主义”，建立了以 RIPP 命名的分析方法，然后结合我国的实际情况和需要，建立新的分析方法，为开发新工艺和新产品服务。经过大家的共同努力，在不到两年的时间内，建立了 8 个分析方法，为工艺和产品的研究及时提供了分析数据。

1）质谱法测定低烯烃含量的汽油烃类组成。方法适用于烯烃含量低于 3%、终馏点低于 205℃的直馏汽油，可分析油中的链烷烃、单环环烷烃、双环环烷烃、茚满、烷基苯及萘类的含量。本方法参照 ASTM-D2789-71。

2）质谱法测定含烯汽油的烃类组成。本方法可测定终馏点低于205℃的热裂化汽油、催化裂化汽油、焦化汽油和减黏裂化汽油中的链烷烃、单环环烷烃、双环环烷烃、单烯烃、环烯烃+双烯烃、烷基苯、茚满类及萘类的含量。方法的要点是利用无水浓硫酸除去样品中的烯烃和芳烃，用质谱法对比浓硫酸处理前后样品组成的变化，计算出上述烃类的组成。本方法系自己建立。

3）质谱法测煤油、柴油馏分(沸点范围为145~360℃)中链烷烃、单环环烷烃、双环环烷烃、三环环烷烃、烷基苯、茚满或萘满、茚类、萘、萘类、苊类、苊烯类和三环芳烃等12种烃类的含量，样品中的硫含量应低于0.25%。该法参照ASTM D-2435-67。

4）质谱法测定重油馏分中饱和烃的烃类组成。本方法适用于测定重馏分油(沸点范围为350~500℃)饱和烃部分的链烷烃、单环环烷烃、双环环烷烃、三环环烷烃、四环环烷烃、五环环烷烃、六环环烷烃及单环芳烃的含量，但样品中不含烯烃，芳烃含量不能大于5%。参比方法为ASTM D2786-71。

5）质谱法测定重馏分油中芳烃的烃类组成。本方法适用于重馏分油(沸点范围350~500℃)中芳烃部分的18种芳烃类及3种芳香噻吩类的含量，样品中不含烯烃，硫含量不能超过1%，非芳烃组分不能超过5%。测定出组分包括：烷基苯、环烷苯、二环烷苯、萘类、苊类、芴类、菲类、环烷菲、芘类、䓛类、苝类、二苯并蒽、苯并噻吩、二苯并噻吩、萘苯并噻吩等。参照方法为ASTM D3239-76。

6）质谱法测定蜡裂解产物的烃类组成。本方法适用于测定$C_8$~$C_{20}$范围的蜡裂解产物中链烷烃、单烯烃、双烯烃及芳烃的含量，不适于含环烷烃的样品。能提供链烷烃、单烯烃、双烯烃和芳烃的组成。

7）质谱法测定单烷基苯混合物的分子量分布。本方法可测定$C_{12}$~$C_{42}$的单烷基苯混合物的平均分子量及各烷基苯的含量，要求样品中芳烃含量在99%以上。参比方法为ASTM D2567-68。

8）质谱法测定丙烯聚合物的烃类组成。本方法可测定丙烯聚合物中链烷烃、单烯烃及化学式为 $C_nH_{2n-2}$，$C_nH_{2n-4}$，$C_nH_{2n-6}$，$C_nH_{2n-8}$各类烃的含量。参比方法为 ASTM 2424-67。

根据国外成熟的质谱分析方法，在我们自己的仪器上建成从汽油馏分到 500℃重油族组成的方法以后，一方面配合工艺研究提供大量分析数据；另一方面根据我们自己的需要用质谱建立新的分析方法，以满足新工艺和提高油质量的需求。包括以下几个项目：

1）《质谱法测定单烷基苯混合物的分子量分布方法》，这是 1978 年我第一个硕士研究生陆贵根的研究课题。通过合成单烷基苯标准化合物，重新对校正因子 $K$ 及强度因子（灵敏度系数）$I_f$进行校验。在质谱法测定单烷基苯混合物的分子量分布方法中，明确给出了 $C_{12}$ ~ $C_{42}$的校正因子 $K$ 及强度因子 $I_f$的具体数据。为了验证这些数据的准确性，同时考虑到烯烃的来源除了蜡裂解烯烃以外，还可能从四聚丙烯得到以 $C_{12}$为主的一系列烯烃。其次，这个方法的建立，主要是为生产十二烷基苯作为洗涤剂原料，检测控制其质量的目的，实际上大于 $C_{12}$的烷基苯也有其他的用途。有鉴于此，我们有必要再进一步通过合成不同碳数烷基苯的标样，验证 ASTM 提供的校正因子和强度因子（灵敏度系数）。

在当时我们在国际市场上还处于比较封闭的条件下，要得到不同碳数的 α-烯烃，再合成烷基苯标样非常困难。我们用不同的合成途径，合成了庚基苯、辛基苯、癸基苯、十六烷苯和十八烷苯。在缺少高碳数 α-烯烃的条件下，我们用高碳脂肪酸为原料，先用亚硫酰氯反应生成烷基酰氯，再与苯在 $AlCl_3$催化剂作用下生成烷基苯酮，然后与格氏试剂反应生成相应的叔醇，最后通过脱水和加氢，合成出 2-苯基-二十一烷、4-苯基-二十一烷和 4-苯基-二十五烷。以上样品均需进一步分离和纯化后才能作为标准样品。在本仪器上，选择合适的操作条件，并采用毛细管色谱/质谱联用技术，根据 $C_{12}$ ~ $C_{31}$之间不同碳数烷基苯的校正因子 $K$ 和灵敏度系数 $I_f$实测值，可以看出它们在高碳数范围内均成线性关系。而对于以四聚丙烯产生的非 $\alpha$-烯烃和异构烯烃，它们的灵敏度系数与直链 $\alpha$-烯烃相差较大，不能随意套用。

2）用气相色谱/质谱联用技术分析催化裂化汽油的烃族组成。这是我的硕士研究生李云龙的研究课题。

催化裂化汽油馏分是我国汽油池中占 80%的组分，它的组成基本上决定了市场上商品汽油的性质，因此，分析催化裂化汽油的组成特别重要。分析的难点是汽油中的烯烃和环烷烃，二者用常规方法不能区别，它们同属 $C_nH_{2n}$类别。为了区分二者，我们用气相色谱/质谱联用技术，分别采用电子轰击离子源 EI 和化学离子源 CI 来检测，化学离子源用丙酮作为反应气。此时烯烃与丙酮生成$(M+43)^+$的加成离子，而环烷烃则不形成加成离子。通过操作条件的优化，可以定量分析 $C_4\sim C_{13}$的链烷烃，$C_4\sim C_{11}$的单烯烃，$C_5\sim C_{10}$的二烯烃加环烯烃，$C_5\sim C_{12}$的单环环烷烃，$C_{10}\sim C_{11}$的双环环烷烃，$C_6\sim C_{12}$的苯和烷基苯，$C_{10}\sim C_{13}$的环烷基苯，$C_{10}\sim C_{12}$的萘和烷基萘。

## 二、馏分油中氮化物分析

1）用色质联用技术分析催化裂化汽油中的碱性氮化物。催化裂化汽油馏分中的碱性氮化物会使汽油在储存和使用过程中引起变色甚至产生沉淀物，而原料中的碱性氮化物在催化加工中会使催化剂中毒，因此，研究其碱性氮化物的组成很有必要。从 1978 年起我和黄新芬、任承敏、张庆恩就对此课题开展了研究。首先把催化裂化汽油中的碱性氮化物用含 2%硫酸的甲醇溶液抽提出来，用低电压质谱检测到提取物含有酚类和芳烃，于是用阳离子交换树脂处理，把碱性氮化物与酚类和芳烃分开，用乙醚抽提得到碱性氮化物，用于 GC/MS 鉴定。

色谱-质谱和计算机联用仪器为 Varian Aerograh 2740 Gas Chromatograph/Mat 311 Mass Spectrometer/SS 100 MS Data System，用来鉴

定样品中的碱性氮化物，用50米长的SCOT毛细管色谱柱进行色谱分离，色谱与质谱之间用Watson-Bieman分子分离器相连。另用一台Perkin-Elmer Sigma毛细管色谱仪，装配NPD氮磷检测器进行对比分析。

经过试验，从大庆催化裂化汽油馏分中检测到44种碱性氮化物，包括吡啶及其衍生物、苯胺及其衍生物和喹啉及其衍生物。通过与直馏汽油中的碱性氮化物比较，可以认为苯胺类碱性氮化物是在催化裂化过程中产生的。因此，催化裂化汽油馏分比直馏汽油馏分安定性更差是由于产生苯胺类更活泼的碱性氮化物之故。

1981年，在大连召开的中德第一次色谱学术研讨会上我交流了这篇论文。

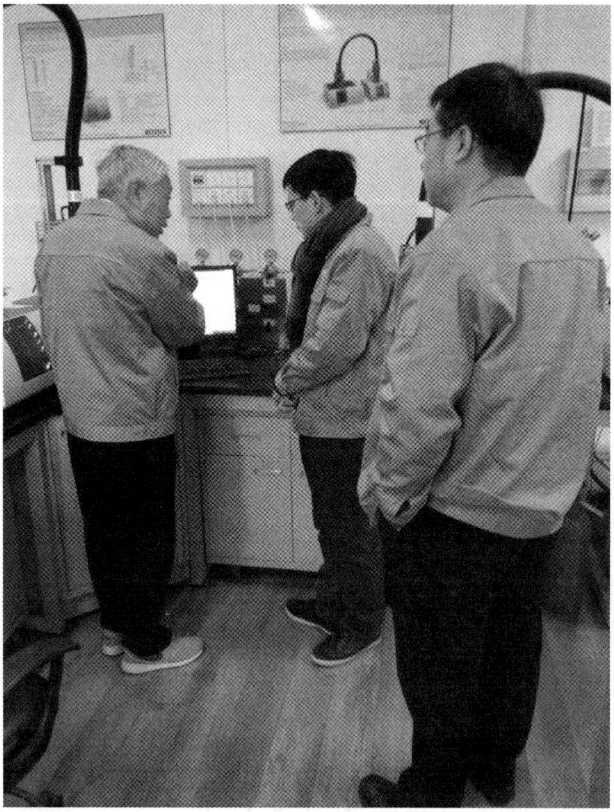

2016年12月23日，到分析研究室交流TG-MS（左一为汪燮卿）

2）我国胜利油田和美国加利福尼亚直馏柴油馏分的烃族组成和含氮化合物的研究。选题背景：改革开放以后，院领导在考虑如何与美国的大石油公司的研究单位开展合作研究。林风院长提出，在一些关键技术方面他们是不会轻易开门的，因为有知识产权的问题，但在分析研究领域，涉及的问题较少，通过技术合作和交流，可以互相了解研究工作的水平，提供一个平台是完全可能的。林院长在1979年元旦后就给我提出这个问题。他有个好朋友在美孚石油公司研究部门工作，通过他，我结识了美孚公司两位在全球处于技术顶尖地位的人物，一位是保尔·怀茨，是ZSM-5分子筛材料的开拓者；另一位是美籍华人陈乃沅博士，他是应用ZSM-5材料创建新工艺的开拓者。通过与陈博士讨论，我们从分析工作开始，共同做两个柴油馏分，一个是我国的胜利直馏柴油，另一个是美国的加州柴油，做完以后分别在美孚新泽西州研究部和我院开学术讨论会。

接到任务以后，我召集了我的第二个研究生丁继红，还有吴文辉、程桂珍、张庆恩等同志，制定了分析方案：①用阳离子交换分离碱性氮化物；②用$^{1}H$和$^{13}C$核磁共振法测定样品的平均分子结构参数；③用气相色谱和色质联用测定轻柴油中碱性氮化物的组成；④用低电压质谱测定重柴油馏分中的碱性氮化物组成；⑤用ASTM D2786-71和ASTM D3239-76测定柴油馏分烃族组成。

分析结果表明：①胜利和加州柴油烃族组成差别较大，胜利柴油含有较多的链烷烃，加州柴油含有较多的环烷烃和芳烃。加州柴油中的胶质含量几乎是胜利油中的两倍。②氮化物含量随馏分的升高而迅速增加。胜利柴油馏分中沸点低于300℃的部分，氮含量只占总氮的2%，且主要为中性氮化物。300~400℃馏分范围氮含量迅速增加，大于400℃馏分中主要为中性氮化物。③加州柴油中氮化物含量较胜利油高，二者碱性氮化物类型基本相同。碱性氮化物主要有：烷基吡啶、四氢喹啉和二氢喹诺酮、喹诺酮和吲哚、烷基喹啉、环并喹啉、苯并喹啉、烷基咔唑。在轻柴油馏分中以烷基喹啉为主，在重柴油馏分中则以苯并喹啉类、喹啉类、四氢喹啉及二氢喹啉为主。

## 三、生物标记化合物的分析

用有机质谱研究中国某些盆地的生油岩和原油中的烃类生物标记化合物。根据石油的有机成因学说，埋藏在地下的石油是亿万年前的生物质经过地质变迁形成的碳氢化合物。这一学说得到有机化学界通过分析，发现原油中存在的某些生物标记化合物的支持。原油和其沉积岩萃取物中的三萜烷和甾烷类化合物是众所周知的生物标记化合物，它们来源于沉积盆地中的有机母质。这些化合物的特点是它们在成岩过程中相当稳定，因而可以通过测定它们的类型和数量来区别不同的生油岩和原油。研究这些化合物的目的在于考察生油岩和原油以及原油和原油之间的亲缘关系，这对于原油的生成、位移、积聚以及成熟度均可提供重要的信息，因而可用于石油勘探，属于有机地球化学学科。

近代物理仪器的迅速发展，如高压液相色谱、毛细管气相色谱、$^{13}C$ 核磁共振以及色谱/质谱联用技术提供了在分子水平基础上分析生物标记化物的可能性。我们建立了一个分析流程，对生油岩萃取物和原油用柱色谱、高压液相色谱为分离手段，用质量离子动能谱(MIKE)和气相色谱/质谱联用为鉴定手段，分析了陕甘宁、松辽、塔里木和华北的 10 口井，深度在 650~3800 米范围，地质年代分别在下白垩统、上三迭统、下侏罗统和下第三统的原油，沉积相除塔里木盆地为海相以外，其他均为陆相沉积。通过谱图提供的信息分析可起到 4 方面的作用：

1) 明显看出原油的指纹，利用甾烷和萜烷的质谱图的特点，即分子离子峰强，萜烷的关键裂片峰为 m/e191，甾烷的关键裂片峰为 m/e217，利用它们的质量色谱图可以提供样品的指纹重要信息。来自不同沉积盆地的原油，其特点可以从萜烷关键裂片峰 m/e191 的质量色谱图反映出来。可以分辨出相同盆地原油的相似性和不同盆地原油的差异性。

此外还必须指出，分析结果表明，对于不同原油的指纹，不仅要对比其化合物的分布状况，还要研究三萜烷类立体异构情况。这些信息可能与原油的成熟度、运移、聚积以及生油环境有关。例如，一般认为大多数陆相原油含有较多的奥利草烷(Oleanane)，它可从陕甘宁盆地岭55号原油中识别出来，但在大庆油并未发现，这可能与其生油母质有关。陕甘宁盆地下侏罗统的岩心萃取物显示出它的特殊性，同一盆地不同层位中原油含 18α(H)-22，29，30-三降忽草烷Ⅱ(Ts)，也有明显的差异。

2）生油岩与原油的相关性和原油与原油之间的相关性：我们采用 m/e191 质量色谱图各有关色谱峰来代表 $C_{27}$ ~ $C_{34}$的三萜烷，并测定峰的相对强度代表各化合物的相对含量。对于甾烷用 m/e217 测定 $C_{27}$ ~ $C_{30}$范围的相对含量。每个生油岩与原油样品的组成相关性可以用甾烷和萜烷化合物的分布状况来考察。陕甘宁盆地的三对生油岩与原油中，上三迭统的相关性颇好，而下侏罗统的则不一致。与此相反，陕甘宁盆地的三个原油样品的相关性很好。这一结果意味着，原油可能是来源于上三迭统，然后运移到下侏罗统的储油层。松辽盆地的两对生油岩与原油的相关性较好，而两个原油样品也相似。

3）原油的成熟度：原油的成熟度可以用一系列基于分子水平的特征来表示，并结合一些宏观参数，如饱和烃的奇偶优势比(OEP)值来表示。我们选择了 5 个参数来表示原油的成熟度。并参考 Seifert 提出的 $C_{27}H_{48}$三萜烷的两个立体异构物 $T_m/T_s$的比值作为成熟度的信息。结果表明，陕甘宁盆地的 3 个原油成熟度相近，而该盆地的 3 个岩心萃取物的成熟度则有差异，这对于原油从上三迭统运移到下侏罗统又提供了一个佐证。松辽盆地的两个原油成熟度相近，但比陕甘宁盆地原油的成熟度差些。新疆柯参 1 井的原油是一个很特殊的原油，它的饱和烃含量很高，达 91.2%，而三萜烷含量甚微，可以说是一个成熟度很高的原油。

4）在华北盆地中发现“降解”忽草烷。华北盆地第三系原油特性因子 *K* 值为 11.15，属于重质环烷基油，分离出其中的饱和烃馏分，采用质量分析离子动能谱 MIKE 技术，以及色谱/质谱联用技术，发现了一系列“降解”忽草烷，它与普通忽草烷的差别在 C-4 上仅有一个甲基。这在我国是第一次发现，推测这种降解产物是由于微生物作用产生的，据报道在尼日利亚原油中也发现过类似的化合物。

本工作做得比较完整，从建方法、出数据到找规律进行了较系统的探讨，也是上游的勘探开发与下游的石油炼制领域互相结合的探索。是由我院质谱组李科、郎纫赤与勘探院尚慧云同志紧密合作的结果。一些有代表性的岩心和原油样品都是由勘探院提供的，而建方法和出数据是由我院完成的，对结果的分析和找出某些规律性的认识主要是两个单位共同讨论提出的。本工作可以说是跨学科研究的一个尝试，引起了业内专家的兴趣，该论文发表在《石油学报》1980 年第一卷第一期。

## 四、石油卟啉类化合物的分析研究

1936 年德国化学家特莱普(Treibs)首先在石油和其沉积岩中发现了卟啉(Porphyrin)，并提出了石油中的卟啉是植物叶绿素和动物氯化血红素降解的产物，以及叶绿素 a 向石油中金属卟啉化合物转化的一系列反应，为生物生油学说提供了有力的论据。从此这种“生物标记”化合物引起了人们的重视。柯温(Cowwin)为此提出用“石油卟啉”(Petroporphrin)这个术语代表在石油、沥青和生油岩中的各种卟啉。今天石油卟啉已成为卟啉化合物研究的一个重要分支。由于石油卟啉是植物叶绿素演变的产物，往往又把叶绿素、卟啉以及由叶绿素演变产生的各种产物统称之为四吡咯色素。这种色素作为重要的“生物标记”，已成为地球有机化学的一个重要分支。特莱普在石油中首先发现的是钒卟啉，直到上世纪五十年代才发现石油中的镍卟啉，因此石油卟啉的研究与石油加工之间又产生紧密的联系。众所周知，在石油加工领域中，特别是催化裂化和催化加氢工艺，镍和钒对催化剂，特别是催化剂中的分子筛产生破坏作用，甚至使其失活而影响石油产品的分布。因此，研究石油中镍和钒金属化合物的形态、分布和脱除金属的化学途径就成为石油加工中挑战性的课题，而金属卟啉化合物的结构、形态和含量分布也是地球有机化学研究的重要课题。因此，石油勘探开发与石油加工在这个结合点上又汇合在一起了。正是由于这个因素的激发，我们开展了我国原油中石油卟啉的分析研究。

石油中的卟啉化合物，一般以镍卟啉和钒卟啉存在于石油的胶质和沥青质中，而胶质和沥青质是石油组成中最复杂、沸点最高、杂原子含量最多和分离难度最大的部分。由于石油卟啉在胶质和沥青质中含量很少，必须进行多种手段相结合的分离和浓缩步骤，并用相应的检测手段进行跟踪。我和祁鲁梁同志对常用的分离和浓缩方法，总结出有以下 7 种。

1）溶剂萃取法：这是一种对金属卟啉和游离卟啉非破坏性分离方法。从生油岩中提取卟啉，首先要将试样磨细，再用苯-甲醇溶剂、二甲苯-甲醇或丙酮-甲醇溶剂萃取。将石油卟啉与其他有机质的母体分离，大都采用乙腈作萃取溶剂，因为它对沥青质的溶解度小，对卟啉的溶解度大。

2）酸萃取法：这是一种脱金属萃取游离卟啉的方法。在用酸萃取的同时，将金属卟啉化合物所络合的金属脱除，将游离卟啉萃取到酸相，较好地将游离卟啉与母体物分离。但它破坏了金属卟啉化合物的完整性。早期使用饱和溴化氢冰乙酸萃取石油和沥青以及岩石萃取物中的卟啉，也有用溴化氢甲酸溶剂的。使用溴化氢乙酸溶剂萃取，有可能破坏卟啉核外的官能团。用甲磺酸或其他烷基磺酸萃取，可在酸相得到游离卟啉和以无机盐形态存在的金属。

3）碱萃取法：用1%或10%的氢氧化钠或氢氧化钾水溶液，可将有机相(例如乙醚)中带有羰基的卟啉萃取到碱溶液中，而烷基卟啉仍保留在有机相中。再将碱中和后，又可得到带羧基官能团的卟啉。

4）吸附柱色谱法：用硅胶或氧化铝作吸附剂，采用不同极性的溶剂洗提，可得到游离卟啉并进一步分类。

5）薄层色谱法：可将初步分离得到的卟啉浓缩物进一步纯化和细分。

6）凝胶渗透色谱法：用葡萄糖凝胶把卟啉从沥青质中分离出来。

7）高效液相色谱：选择合适的分离柱，由于它的分离效率很高，是一个很有效的手段。

石油卟啉的鉴定方法：分离和富集石油卟啉组分的目的是为了鉴定卟啉化合物的结构。由于石油组成的复杂性，需要几种手段和方法相结合才能得到浓缩的石油卟啉，同样，也需要多种方法共同来鉴定石油卟啉的组成和结构。常用的有以下 5 种方法。

1）紫外-可见光谱法。又称电子光谱或吸收光谱。这是一种鉴定石油卟啉比较灵敏、方便、有效的常用方法。石油卟啉在近紫外和可见光范围内有特征吸收。脱去金属的游离卟啉在可见光区 470~650 纳米波长范围有 4 个甚至更多的吸收峰，可以区别叶卟啉、初卟啉、玫红卟啉和脱氧叶红初卟啉。对于镍卟啉和钒卟啉的电子光谱，它们的吸收峰受到金属离子的影响，有两个明显的吸收峰。其中钒卟啉的最大吸收峰在 570 纳米和 534 纳米，而镍卟啉则往短波方向移动 15~20 纳米。

2）质谱。有机质谱是鉴定石油卟啉最重要的手段，因为它能给出精确的分子量，而通过裂片峰可以推断它的化学结构。可以提供卟啉的类型和该系列的分子量分布。

3）气相色谱或气相色谱/质谱联用。在通常气相色谱操作条件下，无论是金属卟啉或游离卟啉都不能汽化。后来 Boylan 等人提出把样品硅烷化，生成四价硅的衍生物，使之能在气相色谱工作条件下汽化。也有人用氧化分解技术生成马来酰亚胺裂片，经鉴定后再反推卟啉化合物的结构。

4）红外和拉曼光谱。

5）荧光光谱法。这种方法的灵敏度很高，曾用来测定阿波罗 2 号从月球上带回来的样品中的卟啉。早期的工作曾用甲磺酸脱除卟啉上的金属，然后用荧光法测定游离卟啉。

我和祁鲁梁、郎纫赤对我国一些原油中的镍卟啉化合物于 1979 年开展了研究工作。试样取自：①辽河高升原油，井深 1500~2000 米，属新生代下第三系沙河街组；②大港王官屯原油，井深 1700~1900 米，属新生代第三系沙河街组；③胜利 101 库原油，井深 1800~2300 米，属新生代下第三系沙二段；④大港羊三木原油，井深 1200~1400 米，属新生代馆陶组；⑤胜利孤岛原油，系混合原油，井深约 1200 米，属新生代第三系馆陶组原油；⑥四川大隆层岩石抽出物。系岩石样品用苯-甲醇抽提的浓缩物，属古生代二迭系。

样品用硅胶柱色谱分离，用不同溶剂按极性强弱，分别得到弱极性镍化合物组分、镍卟啉化合物组分和强极性非卟啉化合物组分。然后把样品用甲磺酸脱金属，再用柱色谱分离，分别得到相应的游离卟啉。用紫外-可见光谱对各组分定性，用原子吸收光谱对金属元素定量。结果表明：上述样品中以卟啉形态存在的镍占样品中总镍量的 30%~50%不等，其次是弱极性非卟啉镍，而强极性非卟啉镍含量较低。对于卟啉化合物的类型分析，有机质谱是最有效的手段，本工作分别采用低电压和高电压得到分子峰和裂片峰，反推化合物结构的可能性。结果表明：五个油样中均有脱氧叶红初卟啉（DPEP）和初卟啉（ETIO），高升原油中还发现有二环脱氧叶红初卟啉（DI-DPEP）。有机地球化学专家们认为，随着石油埋藏深度的增加和地温的升高，DPEP 演变成为 ETIO，而 DI-DPEP 可能是通过 DPEP 脱氢形成的，而 DPEP 转化成 ETIO，则是氢转移的结果。因此，由 DPEP 转化成 DI-DPEP 和 ETIO 可以看作是一个歧化过程。此外，我们还发现有玫红(RHODO)型卟啉，说明在地质埋藏条件下，卟啉化合物类型的结构比较稳定。

1978 年 9 月，我们邀请美国雪佛龙(Chevron)石油公司的质谱专家加里高斯博士(Galleagos)来我院讲学，介绍有机质谱在石油方面研究现状和发展趋势。这是打倒“四人帮”后改革开放不久我院第一次举行国际交流活动，林风副院长亲自接待，全院的学术气氛也顿时活跃起来。通过两天的学术报告和座谈，在了解国际同行工作的基础上，我们对自己的工作也充满信心，于是决心去参加 1981 年 5 月的第 21 届 ASMS 美国质谱年会。我们提交的论文题目是《用质谱法鉴定中国某些原油和生油岩中的生物标记化合物》，以张贴论文形式被大会录用。会议于 5 月 29 日在明尼苏达州明尼阿堡利斯城召开。院里批准由我和苏焕华同志参加。那时还没有 PPT，从内容到形式足足准备了三个月，张贴论文要按规定用道林纸胶印，内容要能背下来，要准备回答技术问题外，还要回答政治问题。

至于其他生活费用问题我并不紧张，因为这是三年来第二次去美国了。但恰恰是这个疏忽造成了麻烦。我们到达明尼阿堡利斯城已近黄昏，根据预订的假日酒店，到大堂办入住手续时，发现我们的住宿费超标了。原来我以为在美国假日酒店是全国连锁店，价格不会相差太大，却未料到它因时、因地和不同的设施相差很大。超标了不能住，赶紧退房，在酒店吃了一碗法国洋葱汤加一块面包后，就匆匆离开去找了一家大车店住下。其实大车店也蛮好的，房间虽小但一应俱全，不讲排场可以自己煮面条。

会场上有很多亚裔人的面孔，起先我们不敢主动与他们打招呼，但我们从大陆来的一身打扮，他们立刻能分辨出来。轮到我站台的时候，一群华裔学者就前来直接用汉语交谈。他们对我国有这样先进的仪器，做当时最热门的研究课题，感到惊奇。会后有30多个华裔学者和台湾来的同行与我们聚餐，其中有一个许强博士，此后30多年来一直与我保持联系。他曾在埃克森美孚和英国石油公司从事质谱对生物标记化物的研究，著作颇丰，2004年曾应邀访问我院作学术报告；2006年他主编一书《Practical Advances in Petroleum Processing(石油加工新进展)》，由斯普林格(Springer)出版社出版。其中一章"Catalytic Processes for Light Olefin Production(催化裂解制烯烃技术)"由我、朱根权、谢朝钢和李再婷撰写。

## 激光拉曼光谱仪的安装调试和应用

1975年5月，院领导要我负责主持激光拉曼光谱仪的安装和调试工作。在当时的政治气氛中，领导们高举"抓革命促生产"的旗帜，还能从美国引进仪器，实属不易。

我们进口的这台仪器是由美国SPEX公司生产的RAMANLOG 5型，所用的激光光源是由美国光谱物理公司生产的SPECTRA PHYSICS 125A型He-Ne激光器和165-03型氩离子激光器。参加调试仪器的还有王宗明、姜玉春、杨先春。安装地点在现在的红旗楼127实验室，为保证电源的稳定，我们自己动手在红旗楼北边挖了十米长、半米深的地沟埋地线。

拉曼光谱是研究化合物受光照后产生的散射，散射光与入射光能级差与化合物分子的振动频率和转动频率有关。与红外光谱类似，拉曼光谱也是振动光谱，所不同的是：红外光谱与分子振动时偶极矩有关，而拉曼散射则是极化率改变的结果。红外吸收光谱与拉曼散射光谱是相辅相成的姐妹篇。而拉曼光谱操作对样品处理更简单，特别是水溶液可以放在烧杯内直接测定，因而应用范围更广泛。但在很长一段时期内发展较慢，主要原因是信号强度太弱，取得一张清晰的谱图要花几个小时，因为用的光源是汞灯。现在用激光光源，信号强度大增，再加上用计算机处理信号，可以与红外光谱并驾齐驱了。

拉曼散射效应是1928年印度物理学家拉曼(C. V. Raman)发现的，随后根据这种散射效应，而制成了拉曼光谱仪。这里我听说有一个故事，在拉曼发现这种散射现象的同时，俄国有一位物理学家也发现相同的现象。两位科学家都要申报诺贝尔奖，印度的拉曼叫人骑马日夜兼程跑到斯德哥尔摩瑞典皇家科学院，而俄国科学家只写了一篇论文，通过邮局寄出。在那个年代跑马的信使先到斯德哥尔摩，而邮递系统则很晚才到。所以诺贝尔奖的评议结果只把奖授予拉曼，而俄国科学家无缘得诺奖，引起俄国人不满。虽然不知道这个故事的真实性，但给我们很大的启发，就是申报成果或专利的时效性非常关键。1979年我去美国的美孚石油公司研究院访问，美籍华人颜群沅博士告诉我，他们对构思的专利十分注重申请时间和速度，往往在前一天晚上有一个想法，马上写下来，第二天一清早就到专利登记处去排队，他说在专利登记处排长龙是常事。创新的渠道固然很多，其中由灵感产生不容忽视。鼓励创新要真正实现公平公正，我们还有很长的路要走。

仪器的安装调试是由SPEX公司的老板阿瑟·密多夫(Arthur Mitteldorf)夫妇两人完成的。他们的主要目的是想乘安装仪器的机会来中国观光。平时他们根本不会去操作仪器，因此来华前花了两个月时间突击学习，在公司里由技术人员教他们如何组装和调试。原先我们不知道内情，后来发现他们两人在安装时常为一个小问题而争执不下，最后要打电话回美国请教，这种现象在过去安装仪器时从未发生过。好在仪器性能较好，调试后都达到原设计指标了。

调试过程中给我印象最深的是那两台激光器，为了显示激光器的光强度，他们要我用一块木板挡住发出的激光，过不了多久那块木板就开始冒烟烧出一个小窟隆。这使我产生了一个联想，一个人的能量是有限的，但如果把它聚焦起来使用，用在一点上，也可以像激光一样把物体打穿。我们在工作时要像激光一样集中精力，而不要像电灯泡一样，看起来闪闪发光很美丽，实际上没有多少能量可以集中利用，我们不要去哗众取宠，而应当像激光一样把物体击穿。在学生做论文时我也经常提醒他们，在工作时要做激光器而不要做电灯泡。

在使用方面举两个实例：

1）激光拉曼光谱法测定十硫化四磷中的九硫化四磷杂质。我院添加剂研究室在合成硫磷添加剂时需用十硫化四磷作原料，但原料中的杂质九硫化四磷对合成产物的纯度影响很大，而九硫化四磷和十硫化四磷的混合物进行元素分析时结果往往落在误差范围内，经常因此闹纠纷而得不到解决。为此，需要一个科学的方法来测定和判断。本方法就是为保证原料质量控制而建立的。

用氩离子激光器波长为 488.0 纳米或 514.5 纳米的光源，单线功率低于 220 毫瓦，在激光拉曼光谱仪上，收集 90°方向的拉曼散射，记录 $P_4S_9$ 和 $P_4S_{10}$ 纯样和混合样在 250~450$cm^{-1}$的谱图，绘制标准曲线，可对未知样品中的 $P_4S_9$ 杂质进行测定。本工作完成人是王宗明、我和陆婉珍。该论文收录在 1980 年在加拿大渥太华举行的国际第 7 届拉曼光谱大会论文集中。

2）用激光拉曼光谱研究 $SO_3$-$HNO_3$ 和 $HNO_3$-$H_2S_2O_7$ 溶液的分子-离子组成及测定 $NO_2^+$ 的浓度。这是一个军工研究项目，由五机部 204 所提出，涉及到炸药合成和反应问题。硝化反应是制造炸药最常见的一种反应，人们主要应用硝酸与硫酸混合体系作为硝化剂，其分子离子组成对硝化能力有直接影响。由于这种体系的氧化性和腐蚀性，到目前为止，还不能用化学方法测定它们的组成。用电导法可以测定 $SO_3$-$HNO_3$ 溶液中 $NO_2^+$ 的浓度，但对 $HNO_3$-$H_2S_2O_7$ 溶液体系还不能应用。拉曼光谱对这种体系的分子和离子具有特征谱线，而且制样方便，在使用激光作为光源的条件下，具有灵敏度高、测定快速等优点。利用激光拉曼光谱动态地研究不同比例的 $HNO_3$-$SO_3$ 和 $HNO_3$-$H_2S_2O_7$ 溶液体系的分子离子组成，定量测定了 $NO_2^+$ 的浓度变化的规律。本工作由石油化工科学研究院我和姜玉春，五机部 204 所付霞云和刘鸿共同完成。

# 第八章

# “文革”那些日子里

1966年“文化大革命”爆发，正常的科研秩序被破坏，科研工作也一度被迫中断。我没有参加任何派别，成了一个逍遥派。

其实我这个“逍遥派”并不逍遥，虽然不理解“文化大革命”，但我理解生命短暂，要抓紧时间工作和学习。

第一，我利用这段时间抓紧学外语。在大食堂开批斗大会，我除了带中文版的《毛主席语录》外，还带一本英文版的语录，两本语录一样大小，都是红宝书。在造反派发言时，我坐在小板凳上低着头念英文的《毛主席语录》，实际上是在学英文。在举红宝书喊口号时，喊万寿无疆时，我同大家一样高举两本叠在一起的红宝书，别人也看不出来。但次数多了还是露出马脚，被人发现后说是我在批斗大会上还放洋屁，开会批判我，要我老实交代。我说世界要进入红彤彤的毛泽东时代，宣传毛泽东思想需要学英语。因此，洋屁还是要放的。虽然是强词夺理，但他们也没有办法。

第二，就是整天躲在实验室里做实验或看书，当时已经有了气相和液相色谱仪、发射光谱仪、原子吸收光谱仪、核磁共振仪和红外光谱仪，文革期间又购置了有机质谱仪和拉曼光谱仪，期间主持安装仪器，建立分析方法，为兄弟单位出数据，进行了一些科研工作。在大动乱年代，根据上级的布置任务，运用科学知识破解了几个“文革”中的悬疑之谜。

## 化解飞机熄火谜团

1968年5月底的一个下午，正在北京东郊农场劳动的我被军管会紧急传唤回院。回院后，军代表告诉我有一项紧急任务，第二天将由两位民航局的保卫人员陪同一起坐飞机去太原，具体任务到时再布置。我和同事杨先春一行一到太原机场就召开了紧急会议，场站领导向我们简要地介绍了情况，说3天前一架磁力探测飞机在执行任务途中因发动机熄火而被迫返航。着陆后，经化验汽油质量合格，但发现发动机的油滤网被一些灰色细粉堵死，造成因汽油无法进入汽缸而致使发动机熄火。由此认为：这是一起人为的破坏案件，是“阶级斗争新动向”。我此行的任务，就是从技术上协助破案。在那个以阶级斗争为纲的年代里，此任务可谓既艰巨又“神圣”。经现场调查，我发现那架单引擎飞机翅膀内的油箱里也有灰色细粉末。这细粉是什么？是从哪里来的？因发现离机场二十几米远的一个工地上堆有几袋水泥，于是场站领导判断：很有可能是有人从那里拿了水泥撒入了汽油。

轮到我从技术上来支持这个“判断”了。油箱内的灰色粉末是否是水泥，只要分析化验一下就会清楚，但是机场没有任何化验的仪器设备，就连最起码的化学试剂也没有。怎么办？我灵机一动，想到：机场里有飞机和汽车，所以一定有蓄电池，而蓄电池里有硫酸，可以把酸取出作为试剂。于是我们用饭碗作烧杯，把水泥和从飞机上取下的灰色粉末分别放入两个碗内，倒入经过稀释的浓硫酸，只见那灰色粉末立刻冒出了很多小气泡，而水泥则毫无反应。试验证明：这是两种不同的粉末，“用水泥进行破坏”的判断不成立。但灰色粉末是什么呢？仍然是个谜。

我一晚上没有睡着觉，“浮想联翩夜不能寐”。忽然，我想到了山西人爱喝醋，是否与当地的水质有关？

第二天一早，我就去问地勤人员，飞机的大修是在何时、何地、以何种程序进行的？他们告诉我，大修是在离太原不远的长治县进行的，说不清具体的操作规程，只知道翅膀内的油箱先是用锅炉蒸汽吹扫，然后经普通自来水冲洗后，再晾干。我又问他们锅炉的水垢严重不严重，多少时间清一次垢？他们说，严重得很，过不了几个月就要清垢。这下答案被我找到了：是由于水的硬度太大，油箱内的水分蒸发后留下了碳酸钙细粉末，长期积累后混入汽油，导致油路中的过滤网被堵死。这既不是一桩政治事件，也不是一起技术责任事故，而是由于没有严格的操作规范所造成的无头案。后来我把细粉带回研究院进行分析，证实了结论是完全正确的。

# 红旗轿车用油研究

在我们研究院档案科里，有一份1971年6月18日写的《关于红旗轿车刹车失灵事故的油品分析报告》。这份报告是我写的，因为当时正值“文化大革命”时期，报告的形式和内容与现在都有所不同，有明显的“文革”时期特色。

报告的开始是毛主席语录：“团结起来，争取更大的胜利。”

接下来又是一段毛主席语录：“世界上的事情是复杂的，是由各方面的因素决定的。看问题要从各方面看，不能只从单方面看。”

然后才是标题《关于红旗轿车刹车失灵事故的油品分析报告》和正文。

1971年6月7日首都汽车公司负责同志来我院找到我，介绍了罗马尼亚党政代表团参观东方红炼油厂后，在去向阳化工厂的途中，经凤凰亭下坡路时发生红旗轿车刹车失灵事故的情况。要求我院对这一事故从刹车油进行分析。同志们认识到这项工作是关系到中央首长、外国友人安全的大事，决心要高举毛泽东思想伟大红旗无产阶级政治挂帅，认真完成这项任务。经过三个星期的连续奋战，反复试验和调查研究对刹车油使用前后的性质变化情况得出了分析结果。

事情原委是这样的：就在前几天，中央领导邀请罗马尼亚总统齐奥塞斯库访华，在去燕山东方红炼油厂访问的途中，所乘坐的红旗轿车，行至凤凰岭下坡时，刹车系统失灵，车撞到了电线杆上，所幸没有造成人身事故。要我从技术上剖析事故的原因。他们把刹车系统拆开检查，发现有锈蚀，而用的刹车液是中阿友谊公社化工厂生产的。为此首汽给了我们五个油样作对比：

323号油：是本次出事故车上取出的刹车油；

318、321号油：是在行驶中经常出现刹车失灵的刹车油；

320号油：使用中未出现事故的刹车油；

新油：从中阿友谊公社买来的新刹车油。

通过理化指标分析、红外光谱分析和气相色谱分析，得出了以下结论：

1）从理化分析来看，都符合出厂标准。气相色谱分析说明：新油和使用过的油都有丁酫存在，323号油与320号油的丁酫含量一致，约5%。正丁醇馏出物后面有一个未知组分，沸点高于117℃。

2）色谱和红外光谱分析都说明，正丁醇刹车油中没有混入692刹车油。使用过的油变成浅绿色，是因为与铜接触后产生铜盐引起的。

3）对比发生事故的323号油和没有发生事故的320号油，它们在理化指标和组成上基本相同。因此，看不出油品变化与发生事故的必然联系。

323号油是由45%蓖麻油加55%正丁醇组成的。而正丁醇的沸点是117℃，问题不难搞清楚，司机在驾驶时过分小心，在行驶过程中不时用脚试试刹车系统灵不灵，这样导致了正丁醇部分气化，而在关键时刻真正要刹车时却产生了气阻，致使刹车失灵，下坡时撞上了电线杆。

这不是政治事故，也不是责任事故，而是用材不当。

分析报告交上去后，我们又对国内刹车油的情况做了进一步了解。当时，国内市场上供应的刹车油只有三个型号：101 刹车油，是乙醇和蓖麻油混合物；323 刹车油，是正丁醇与蓖麻油混合物；692 刹车油，是二乙二醇醚或聚乙二醇。了解到这种情况以后，真是难以想象这么高档的红旗轿车居然用的是如此低档的刹车油。

我们院当时主要的优势是剖析能力强，分析仪器配套完整。为了使当时高级轿车配套用油达到先进水平，我们到外贸部和总后找到进口轿车，重点以德国奔驰车和美国卡迪拉克车的刹车油作分析解剖的对象。

分析工作进展得很顺利，结果在 2 周内就出来了：国外的刹车油一般由两部分组成：基础油占 95%～98%，添加剂占 2%～5%。基础油通常由溶剂、润滑剂和橡胶溶胀阻止剂组成；添加剂为抗氧剂和防腐剂。参考剖析结果，我们自己提出了刹车油的基础油配方，所用的溶剂为二乙二醇醚，润滑剂为蓖麻油的丙二醇衍生物，添加剂为蓖麻酸钾，橡胶溶胀阻止剂为丙二醇，抗氧剂为 *N*，*N*-四甲基-4，4 二胺基二苯甲烷及染料碱性艳蓝 BO。我们查阅了美国制动液(相当于我国的刹车油)的规格标准和分析方法，参照解剖分析的结果，探索出几个组分的合成方法，反复调整配方，最后与长春第一汽车厂油料研究室合作，通过台架试验和行车试验，开发成功的合成刹车油是在 1971 年 9 月完成的，故命名为 719 刹车油。

新试制的 719 刹车油，要求夏天不发生气阻，冬天不会凝固；对橡胶溶胀性小，不腐蚀所接触的金属材料。1972 年初在无锡炼油厂放大试生产，1972 年 8～10 月在广州及海南岛行车试验，结果表明气阻问题已解决，使用性能良好。组织试验单位除我院外，还有第一汽车制造厂油料试验室张滨友同志参加。加防锈剂的新配方刹车油于 1973 年 1 月 15～20 日在长春一汽油料试验室进行台架试验，并与国外油进行对比，结果表明，性能基本上与国外油相当。最后由无锡炼油厂正式投产。我院参加此工作的还有翟纯、姜君渝、高占庚、姜融华和冯润等同志。

行车试验很浪漫。红旗轿车装上我们刚试制成的刹车油，在去八达岭的公路上来回不断跑上百公里作为行车试验。在当时那个年代，我院职工一般连自行车都买不起，能坐上中央首长才能坐的高级轿车去兜风，不用说心里有多高兴。为了公平起见由我来排班，大家都享受了一下当“中央首长”的滋味。金秋时节是山楂果的丰收季节，农民们在公路两侧摆摊叫卖，我们这些穷小子、穷姑娘们嘴巴馋，于是在行车试验时，原五室的董秀秋等要司机在小摊前把车停下，拿着破书包去买山里红，弄得旁边的老大娘十分好奇，衣装破烂的小伙子和小姑娘怎么会是中央首长呢？这下“中央首长”露了馅。

这期间，我们还根据总后供应部、一机部汽车仪表组和燃化部炼油化工组的指示精神，接受了关于“试制高级轿车配套用油”的科研任务。

1971 年 7 月的某天，总后一辆卡迪拉克高级轿车开到我院来。当时正值中午，天气十分炎热。司机要我坐到车内试试，我说那就会像在蒸笼里了。司机说，一开空调就凉快了，不信你试试。我坐进去不到一分钟，空调一开，觉得真凉爽。接着，司机就把防冻液从管路里放出一升给我们解剖用。我当时很纳闷地说：“防冻液是冬天才用的，怎么你的车里夏天用防冻液呢？”他说：“那你就不知道了，美国轿车的冷却水箱里一年到头都用这种冷却剂，终年不换，不够了添加。你可以叫它是防冻液，实际上是一种化学冷却剂。”

我与郎纫赤同志介绍情况后，讨论并提出整体解剖分析和试制方案。该样品为外观翠绿色、半透明、有萤光的液体，略带醇香味，常温下有少量白色沉淀物析出，加热后又溶解。通过理化指标分析表明，该样品具有冰点低、防腐性能好和不易燃等优点。通过红外光谱、气相和液相色谱、紫外光谱和发射光谱分析，表明基础液为水和乙二醇，含有钠、硼离子的化合物，芳香族化合物和硫、氮化合物。经过详细剖析以后得出结论，卡迪拉克车用防冻液的组成为：乙二醇与水的体积比为 50∶50，水可能是阳离子交换水；加有约 2%的硼砂和约 0.01%的巯基苯并噻唑作为防腐剂；此外还加有微量的绿色染料(可能是茜素绿)。

为满足红旗轿车的使用需要，我们研究了乙二醇与水的不同比例与其冰点的关系，提供了两个配方的防冻液：①乙二醇与水的体积比为 50∶50，冰点为−35℃±2℃，北京和华北地区用；②乙二醇与水体积比为 60∶40，冰点为−55℃±2℃，供东北地区用。两种防冻液都加 2%～3%的硼砂和 0.1%巯基苯并噻唑作为防锈剂。这两种配方的防冻液批量生产后，交由部队试用，表明效果良好。

这里也有一个小的插曲。1971 年“9·13”事件后，清查与林彪有关的人和事，要每个人自己交代，也要别人揭发。据说这辆从总后开来的卡迪拉克高级轿车是林彪的专车，这件事居然被人举报为与林彪有牵连。这件事闹到石油部军管会，部里负责此事的秦瑞岐同志是业务领导小组的主管，他拿出国务院的文件大怒，指出我们是根据国务院批示完成国家重点项目，与林彪事件毫无关系。结果被举报之事不了了之，只是虚惊一场。

高级轿车配套用油的研制成功获 1978 年全国科学大会奖。

## 破解马王堆之谜

1972 年 6 月底的一个下午，全院正在开批斗大会。当时石油部军管会科教组一个电话把我叫去，要我接受一个重要任务。赶到位于六铺炕的石油部后，军代表们对我说，从内参上看到一条消息：在长沙马王堆挖出一具两千多年前的汉代女尸，尸体看上去就像刚去世一样，肌肉还有弹性，原因是尸体浸泡在棺水里，据说这种棺水具有防腐作用。石油部当时正拟建一条输油管道，如果这种“棺水”对石油管道防腐蚀有用处，就可以发扬古代科学文化遗产，创造一个古为今用的奇迹。因此要我去实地考察，并带回“棺水”样品做分析化验。于是，我抱着一种怀疑而好奇的心理，带上军管会的介绍信，与同事王宗明一道立即坐火车南下长沙。

盛夏的长沙天气非常炎热，6 月 30 日到长沙后没有人来车站接我们，人生地不熟，好不容易才找到一家旅馆住下。一个大房间，有十来张床，蚊帐和蚊香倒是一应俱全，但是由于房间里没有电风扇，夜里热得翻来覆去地睡不着。好不容易睡着了，可仅睡着了个把小时，就被敲锣打鼓声吵醒了，原来当天是“七一”党的生日，一大早就号召大家去参加庆祝大会。

我们匆匆忙忙起床洗漱后，到街上吃点早饭就奔向湖南博物馆。有关领导十分热情地接待了我们，说因观看古尸的人太多，只得把古尸转移到一个安全的地方。第二天中午，我们被领到湖南医学院一座教学楼楼顶的小房间里，一位教师告诉我们，尸体现泡在福尔马林溶液里，棺水已经倒掉，他们只留了两小瓶做化验用，但化验不出什么结果，现在棺水已所剩无几。失望之余，我们好奇地去看了看那具汉代的古女尸。古尸放在一个另外制作的棺材里，全身浸泡在福尔马林溶液中。透过盖棺材的玻璃板，可以看见一位老贵妇安祥地仰卧着，皮肤的毛孔还很清晰。打开玻璃盖，我伸手去触摸了一下她的身体，已没有弹性了，这是因为受了福尔马林溶液作用皮肤和肌肉都变僵硬的缘故。看过尸体以后，湖南博物馆的同志又带领我们参观了挖掘出来的文物，有绫罗绸缎、刺绣及各种谷物、水果等。但引起我们注意并最感兴趣的是，绸缎上有几颗白色的结晶。在征得了当地领导的同意后，我们带了几颗回来作分析化验。同时取得内棺水 200 毫升(由湖南医学院保存转赠)、椁中水(湖南博物馆提供)、墓坑水、棺漆皮、木炭、白膏泥等样品。

为了进一步弄清情况，博物馆的同志又派车把我们送到离长沙约十几公里的马王堆。那是一个小土丘，挖开以后足有数百平方米大小。据说是解放军为贯彻“备战”指示在那里挖防空洞，休息时因抽烟突然引起洞内起火。据说火着了一天一夜，因而引起了当地文物管理单位的注意，经过他们的精心挖掘和保护，整个墓的棺、椁和文物都保存得很好。但因缺乏必要设备，尸体仅用冰块冷冻，加之观看的人又多，不久女尸的鼻子尖就开始腐烂，所以后来只好用福尔马林溶液来保存。土丘旁，用铁丝网围着一堆出土的排列整齐、大小如铁路枕木似的木头和一大堆木炭。为了防止老百姓拿走，木头上面涂上沥青，还故意画了一些骷髅等有毒的标志。据说当墓打开后，老百姓看到如此奇迹，都想取走一些东西，就连那些木头也拿，说是煮汤喝了可以治病，所以文物管理的同志不得不采取这些措施。

这个古墓的安装和设计是非常科学的，用棺、椁、枕木似的长条木头、木炭、白膏泥及泥土等，一层层地密封得非常好。据介绍，由外往里，墓的最外面是黄土，黄土下面是一层厚厚的白膏泥。这层白膏泥黏性很大，可以把整个墓体与外界隔绝。白膏泥再往里是木炭层，木炭层用长条木头顶住，然后进入椁，最后才是棺材。棺材外面有许多陪葬品，主要是谷物和水果等祭品。因此可以想象：在整个密封系统内，陪葬物多是生物制品，经过微生物作用，有可能变成甲烷气体，这样就形成了一个甲烷和氮气的密封体系。当解放军挖开以后，甲烷气体逸出而引起燃烧就不足为怪了。

我们承担的任务主要有几项：白膏泥、椁、棺内气体的化验；棺液、椁液无机成分的系统分析；棺液、椁液有机成分的系统分析；棺、椁、漆器上漆皮化学成分分析。采用的方法包括红外光谱、气相色谱、发射光谱、原子吸收光谱和化学分离等。

对带回的几颗白色小晶粒进行分析。将晶粒与溴化钾粉末一起小心研磨，并压成透明锭片，通过红外光谱观察，发现是一种典型的氨基酸谱图，与标准谱图对照，鉴定为L-酪氨酸，对比商品L-酪氨酸进行红外光谱分析，所得谱图与尸衣上晶粒的谱图完全一致。认为是丝绸分解后形成的，所以它不是加进去的防腐剂，也起不了防腐作用。

为了解开这个防腐棺水之谜，我们对内棺水进行分析。经过讨论，确定了分离分析方法，就是用发射光谱、原子吸收光谱、元素分析、气液色谱和纸色谱进行分析，对部分样品用乙醚进行抽提，对抽出物进行红外光谱和气相、液相色谱分析，抽余物在水浴加热条件下进行减压蒸馏，馏出物和残渣再采用红外光谱和气液色谱分析。

用红外光谱测定内棺水抽取物的成分时，先用水浴加热将乙醚蒸除，再用夹片法记录红外谱图。根据其红外谱图，结合气液色谱的数据，检出有丁酸、乙醇、乙酸、丙酸等组分。但它们都不是防腐剂，而是有机物质分解的产物。正在山穷水尽，理不出头绪之际，忽然发现在试管壁上沾有一颗红色小水珠，起初没有注意几乎把它倒掉，参加工作的李秀容同志忙把它取出，用发射光谱进行分析。先将内棺水用红外灯缓慢蒸发，再用光谱纯的碳粉浸渍，烘干后，用直流电弧激发，摄谱，按照三标准试样法定量。测定内棺水的沉淀物时，为防止砷化物、含汞化合物过早挥发，采用深孔电极，并将下电极改为阴极，先用3安小电流激发。结果发现，沉淀物的主要成分为汞，微量杂质为硅和镁等，再进一步证明是硫化汞。

再把取下的棺材漆片作了发射光谱和元素分析，证明也含有硫化汞。中药中硫化汞也叫朱砂，说明汉代已把它作为药材或防腐剂来用了。

用红外光谱分析了取回的棺油脂和胭脂样品，确定了棺油脂为树脂类物质，胭脂中含有 α-石英物相和微量有机物。另外还对木炭和白膏泥进行了分析，未发现特别之处。

从内棺水、椁中水及墓坑水的成分分析结果可以看出，内棺水中含有汞、硫、氮、磷等元素，与椁中水及墓坑水显著不同。认为氮和磷等元素是尸体或棺内丝绸织物分解的产物，而汞和硫是在棺内加入朱砂的结果。在分析内棺水的过程中，发现有少量沉淀物，用水洗后呈朱红色，化验后证明也是朱砂，由此可以证明，内棺中确有朱砂存在。但朱砂是有意加入的还是朱砂袍上脱落下来的，还是难以判断。从分析样品中朱砂的沉淀量可推算内棺中朱砂的总量约为 80 克。

棺漆皮是棺盖和棺体的接合缝上在开启棺盖时取下的，化验结果也含有硫化汞，未发现其他无机防腐剂。汞化合物一般都具有杀菌及抑菌能力，中国科学院微生物研究所参照我们的分析结果进行了汞化物的抑菌能力试验，证明了在棺中水汞化物的浓度下具有一定的抑菌能力。因此可以认为朱砂是在棺内起抑菌作用的重要因素，是内棺水中未发现细菌的主要原因之一。再考虑到棺漆皮中也调入朱砂作防腐剂，证明西汉初期我国劳动人民对防腐杀菌方面已有了丰富的实践经验。

从内棺水及椁中水都含有乙醇和醋酸可以看出，椁中水含有乙醇是因为椁内放有一坛酒，酒中的乙醇在长期存放过程中蒸发，然后溶解于水中引起的。内棺水中的乙醇含量为 0.11%，比椁中水的乙醇含量大 10 倍以上，我们判断是有意加入的。醋酸是酒精发酵氧化的产物，如果所有的醋酸都是由此而产生的，可以估算出棺中酒（假设酒精含量为 20%）的总量为六斤半以上。

对于内棺水和椁中水中的丙酸、丁酸等低分子有机酸，则认为是尸体或丝绸织物分解的结果。根据中国科学院微生物所分析，内棺水中含有二十多种氨基酸类物质，是尸体或丝绸蛋白质分解的产物，而氨基酸会进一步分解产生丙酸和丁酸等低分子有机酸。

当时对内棺中的液体来源有两种推测，一种认为是入殓时有意加入的，另一种认为入殓时未加入任何液体，而是长期埋葬过程中由地下水渗入进去的。我们的见解偏重于有意加入，其理由为：①在三层棺中，外棺和中棺里都没有水，只有内棺中有水，如果是地下水的渗入，则外棺和中棺里也应该有一定数量的水。②如果水由外界渗入内棺是由于各种有机化合物（如乙醇、醋酸、丙酸、丁酸等）在椁中水和棺内水中含量不同，因而产生渗透作用引起的，那么在椁内的各种陪葬品，如肉类、水果及谷物等容器内首先应渗入大量的水，而且也应该与尸体一样浸泡在水中，但实际上肉类和水果都已经干瘪。

因此，根据我们的化验结果，我们认为内棺中有意加入了酒，同时加入了朱砂，用于尸体的防腐。

在整个分析工作过程中，王宗明同志主要负责红外光谱的鉴定，顾侃英负责气相色谱工作，李秀容负责发射光谱工作，杨欣荣负责原子吸收光谱工作。

经过全国各有关单位科研人员的共同努力，长沙马王堆西汉古尸之谜的研究得出了科学的结论，引起了海内外各界人士的广泛兴趣，并在1978年全国科学大会被授予集体奖。不久，这一过程被拍成科教电影后在海内外放映，因而使我有幸生平第一次上了银幕。

# 赴河南干校政治学习

1971年“9.13”林彪折戟沉沙在蒙古的温都尔汗，之后就开始了连续了两三年的“批林整风”和“批林批孔”。在那些日子里，除了要求全党学马列原著以外，还提倡阅读达尔文的《进化论》和赫胥黎的《天演论》，以及《史记》《红楼梦》等中外名著。而这时原化工部的河南太康五七干校，也由原来的下放干校变身为轮训干校，成为了系统内学习马列的政治学校了。

我是 1973 年 5 月去河南太康干校的，是轮训干校的第一期，学员分为 4 个学员队。我们第三学员队的学员几乎都是石科院的。当时我们学员队的队长是后来的十九室主任黄来勇，支部书记是后来的四室支部书记杨保生。他们俩的个头都很高，是干校篮球队的主力队员。干校的生活是一劳动，二批斗，三读书，其实已经以读书为主了，每周都有马列教员给我们上理论辅导课。那时已到文革中后期，一面搞批林整风、批林批孔，一面要求学理论、学原著。我们除了学马列原著、参加大田劳动和批斗会以外，还有相当多的业余时间。我因为不会打牌，就把业余时间都用来读《史记》和《天演论》。当时干校刚开办的图书馆因是为轮训服务的，所以可以借到这类书。

轮训了不到一年，我觉得收获颇丰。说起在大田劳动，虽然劳动已经放在次要位置了，每周次数不多，但自己实在不行，刨地除草不到一小时就汗流浃背要休息，好在当时参加劳动，是属于锻炼性而非惩罚性，所以要求比较松，技术活儿都有农场职工专门指导，能干多少就多少。最轻松的活儿就是看青，看护着麦苗不让牲口吃掉。人在树荫下，眼前一片绿色大地，清风徐来，心旷神怡，确实很美，特别适合自学英语。可能是 1972 年尼克松访华的缘故，中美关系开始逐渐解冻，学英语热悄然兴起。那时收听“美国之音”的教英语节目，虽不再视为收听敌台，但也不能太明目张胆，都是私下里悄悄地听。我看青时，四周无人，则可以大声地朗读和背诵《英语 900 句》，而没有任何顾忌。说到学习《英语 900 句》，也有机缘巧合。那时干校发给每个学员队一台高级收音机，由耿祥华同志保管，我差不多每天都用它来收听美国之音的《英语 900 句》定期节目。可能是地处农村干扰信号弱，因而收听短波的效果很好，听了以后用小纸条抄下来，然后趁值班看青苗时拿出来大声朗读直至能背出来，过三五天又复习一次，这样就不容易忘记了。我们那时住的宿舍，分南北两间，中间有小门相通。每个宿舍住4人，其中南间是大间，住3人；北间是小间，住1人。这北面的小间，其实原来是作为小厨房用的，接在大房间的后面，有点像鲁迅旧居里鲁迅看书写作的那间“老虎尾巴”，空间狭小却自成一统。当时与我同住一宿舍的是耿祥华、徐国梁、郑志新3个人，因为我睡着后呼噜打得很响，吵得他们睡不好觉，所以他们就让我住在北面的小间里以减轻对他们的噪声干扰。这样在那个小天地中，不仅我念书学英语更自由了，而且比起北京东单洋溢胡同的堆满锅碗瓢盆、桌、床、箱子、蜂窝煤炉子和两辆自行车的14平米小家，环境也安静惬意多了。

我们那时马列原著主要是学习恩格斯的《反杜林论》，由干校的马列教员讲大课进行辅导，但最后这本书没有学完就结业了。我们那时学习马列要联系实际，联系实际的批判对象是蓝田方同志。

蓝田方的资格很老，解放初期是燃料部石油总局设计局的局长，石油部成立后是设计院的院长，我院林风副院长曾是他的属下。蓝田方其人浓眉大眼，英俊潇洒，一表人才，英语很好，而读马列主义被形容为倒背如流，要面对面地批判他真是难上加难。因为要他回答的问题，根本难不倒他。他反驳你时引经据典，说你们可以翻马恩全集第几册第几页上有这段话，弄得主持会议的人很尴尬，只能举起拳头，高呼“打倒蓝田方！”“蓝田方不投降就让他灭亡！”以此来收场。那时蓝田方还有一个罪名是，利用晚上业余时间教年轻人学英语，说他是在腐蚀拉拢新中国的青年一代，其实这都是“欲加之罪，何患无辞”。听说，蓝田方“文革”后问题平反了，恢复了工作，改革开放初期还十分积极活跃，多次出国，因偶发心脏病在国外去世。他去世后，石油部还成立了一个编写组，写他的回忆录，书名叫《回忆蓝田方》。主编是他的爱人狄沙。

通过在干校学习，特别是读了《史记》和《天演论》这两部著作，反复思考以后，思想仿佛进入了一个新境界：认识到自然界的一些规律，那就是150年前达尔文提出的“适者生存，用进废退，物竞天择”。因此我给自己提出要学会竞争，避免斗争。

干校的生活是充满乐趣的。西瓜两分钱一斤，个头还挺大，买个二三十斤的西瓜请全宿舍的人吃，也只五六毛钱。太康过去属黄泛区，到处是沙土地，适合种花生，因而花生是当地的一个特产，也是春节前回北京必带的东西。还有一样可带之物是小磨香油，这也是当地农民在集市上和在干校里推车叫卖的东西。在北京，菜油、猪肉还能用油票、肉票每月定量购买，而香油则是副食店里常年无货，根本买不到的，直到春节时每人才凭票供应半两或1两。由于小磨香油十分珍贵，那时我们都等不到春节了，只要听说有人回北京，就想方设法地托他带一两斤回去。当时，有人怕农民在卖的香油里掺米汤，我还提供了一个因陋就简的检测方法：用碘酒做试验，即如果掺进米汤，淀粉就使碘变成紫色。这办法果然灵验。

记得第二年春节前就要结业回家时，大家兴奋不已，纷纷做着各自的回家准备。有人想买活鸡带回家，于是提前把活鸡买来，临走前灌上一片安眠药，让鸡在手提包里好好地睡一觉，上火车后列车员也发现不了，这样就平平安安地带回家了。还有一种珍品就是各种花炮，当时在北京我还从未见过。这些花炮主要来自许昌，是有人从广西一路上包卡车、包火车车皮运到许昌贩卖的，公社所在地常营镇偶尔也有得卖。我把这些花炮藏在手提包里带回北京，过春节时给孩子们燃放，他们特别高兴。我的男孩今年已40多岁了，前些日子我打电话问他，他还能回忆起当年放花炮时兴奋的神情。

# 找出航煤变色原因

大概是“文革”中期一年的六七月份，辽宁的海军航空兵基地又出现了航空煤油变色的问题。提取油样去化验，却化验不出问题。这个油库里的航煤到底能不能继续使用？做不做报废处理？航空兵后勤部门举棋不定，于是找到了石油部，石油部布置石油化工科学研究院派人去调查并拿出处理意见。石科院遂派我去执行此任务。

我到达基地的油库后，看到这油库其实是个大山洞，里面储油大概有上千吨。我仔细地观察一遍油库内部，发现有几根很粗的锈迹斑斑的铜避雷针从油库里穿过。因为过去解决过类似问题，我一看到那几根铜避雷针就立即明白是怎么回事了，所以原因一下就找到了：库里的航煤是因为环境太潮湿并接触到铜而变色。于是，我建议：油库里的避雷针改换材质并清洗油库。问题迎刃而解，同时也避免了上千吨的航煤作报废处理。

完成任务后，部队首长招待我去山海关游览。山海关旁边有一个小庙叫孟姜女庙，庙门两边有一副对联，上联是“海水朝朝朝朝朝朝朝落”，下联是“浮云长长长长长长长消”。我还记得孟姜女寻夫的故事，但当时对这副对联却不甚了了。旁边一个老大爷见我如此纳闷，就给我解释，这是利用古文用字“通假”的特点写的一副对联，应该念为：“海水潮，朝朝潮，朝潮朝落；浮云涨，常常涨，常涨常消。”细细品味，这副对联的寓意十分深刻。人生犹如海潮和浮云，有涨有落，有聚有散，遇事胸襟应该开阔一些，要把它想通想开，不要沉沦，也不要过于钻牛角尖。

1972 年在山海关留影

十年“文革”，十年灾难，十年惶惑，十年教训，但也得到了有益终身的知识。对人、对己、对事、对生活，以及对现实和历史的认识和思考，都比以前成熟多了。

中学时我曾学过东晋陶渊明的代表山水田园诗派最高成就的散文《归去来兮辞》，其中有一段说：“悟已往之不谏，知来者之可追。实迷途其未远，觉今是而昨非。”译成白话就是：“我明白了，以往的不能挽救；我知道了，靠将来还可以补回。真的，走入迷途还不算远，我觉得今是而昨非。”多少年过去了，此段话一直在鼓励我，鞭策我，使我在困难和挫折面前仍能充满信心地去学习、工作和生活，在余生中去迎接美好的前程。

# 第九章

# 出访做兼职翻译

我曾当过德语和英语的兼职翻译。

当德语翻译是 1961 年从东德留学回国后，就在原石油部外事局挂了号的。凡是有需要说德语的事全找我，因为我在东德学习了五年，而且比较年轻。当英语翻译是从 1978 年开始的，因为我从 1966 年“文革”开始，自学英语基本上没有间断，到了 1976 年背会了《英语 900 句》，再加上在科技方面能看英文文献的底子，口语会话勉强能凑合，虽不能在官方正规场合应付，但至少能在一般技术交流场合交谈，基本上能正确传递内容而不至于误解。

## 赴西欧考察炼油设备

1964 年 10~12 月，石油部生产技术司机动处处长李世源带队赴英国、瑞士和法国考察炼油设备。成员有邵祖光(北京设计院机动室主任)、刘作范(兰炼机动处处长)、李林根(沈阳鼓风机厂)和我，共五人。我不是学炼油厂机械的，对考察内容是门外汉，是纯粹当翻译，也是我参加工作以后第一次出国。当时石油部生产技术司在英、法、瑞士订购了一些炼油厂的关键设备，包括滑阀、鼓风机和压缩机等。我们的任务是了解在国外订货的质量，学习安装维修技术，顺便了解一些国际上的新技术。

1) 泵类。参观了英国西格蒙厂(SIGMOND)、英国海华泰勒厂(HAYWARD TAYLER)、海姆窝散厂(HAMWORTHY)、克莱填料厂(CRANE)、法国的格纳德厂(GUINARD)、阿丢(RATEAU)和塞姆(SEM)等工厂。

通过参观和考察，了解到泵类生产中的几个特点：①水力部分的零件都用铸件；②用二硫化钼解决不锈钢的“咬死”问题；③泵试验后不再解体检查；④干式屏蔽泵屏蔽套的制造方法；⑤机械密封的试验方法。

2）压缩机类：包括离心式压缩机（苏尔兹生产）和往复式压缩机（布克哈厂生产）。

3）阀门类：包括球阀、夹套保温阀和槽车卸油阀。

这些设备的引进，对于当时炼油厂的生产设备，缩小了与国外的差距，有利于我国当时开发炼油技术的“五朵金花”技术。但上世纪六十年代西方对我技术封锁，我们不可能引进成套技术。在1965年大庆举办技术革新展览会上，同时展出了国产的和国外引进的催化裂化装置上的单动滑阀和双动滑阀，国产的滑阀只要轻轻吹口气就能运转，而由国外组件引进的就丝毫未动，说明洋人的东西不行。从“长自己的志气，灭敌人的威风”宣传角度讲是可以理解的，但实际上西方对我们技术封锁，根本不卖给我们关键设备。而国产的滑阀据说是上海汽轮机厂制造的，把国内技术水平高的机械制造厂家积极性充分调动起来，生产出高水平的设备，符合毛主席集中优势兵力打歼灭战的精神。

六十年代初正是我们国际关系非常紧张的时期，一边要反苏修，一边要反美帝。因此驻国外的使领馆对我们管理很严，但生活上也照顾得很周到，每到一地，凡是有使领馆的地方一定有人来迎送，而且走的时候要看到火车启动后才挥手离开。周末到使领馆政治学习，也改善伙食，参加打扫卫生。我们还要总结一周的工作，写成汇报材料要通过使馆的信使带回国内，不能直接邮寄以免泄密。

我们的领队李世源处长是工人中成长起来的技术专家，来石油部前曾任石油三厂厂长，为人朴实好学，从来不摆架子。他爱喝酒，而当时的外事纪律很严，规定每次饮酒不得超过本人酒量的三分之一。要我给他买酒喝，为了遵守外事纪律，我只好在酒瓶上画上横线条，像用量筒一样，每次不得多喝，但他还与我讨价还价。

有一次我买了一只烧鸡、半斤火腿、半斤香肠、一个大面包再加上一瓶烧酒，我们五个人在宾馆房间里饱餐了一顿，然后把吃完的残渣用纸包起来放在垃圾桶里。第二天晚上回来，看见宾馆老板在我的房间里留了一张条子“请客人务必在宾馆用餐”，搞得我们很狼狈。此后我们得到教训，把吃完的残渣用纸包起来放在公文包里带走。

“文化大革命”期间李世源同志遭到打击，那时他已被任命为东方红炼油厂(即现在的燕山石化的前身)厂长，下放到湖北五七干校遭迫害自杀。



# 引进西德修井作业机

1965 年底石油部勘探开发部门从西德引进两台修井作业机，按合同规定由供应商负责安装调试后验收。来安装的有两个德国人，一个是销售经理，英文很好，但对调试不太熟悉。另一位是技术水平较高的工人，不会英文。于是石油部外事局把我找去当翻译。第一台作业机的安装调试是在天津大港进行的。负责该项目的是石油部史久光总工程师，留美博士，负责石油勘探部门的老总，英语水平很高，但不会德文。

这种修井作业机有一个小井架，放在一辆大柴油机上。井架上的粗钢绳带钩可拽动很重的设备。调试工作进行得很顺利，最后一项试验程序是行车试验，柴油机车拉着井架在开阔的油田来回行驶，而在修井时则停止行驶，把发动机的功率用于修井作业。我们验收工人的技术水平也很高，德国人一讲就懂，但有一处“卡了壳”，德国人讲“Mehr Gas”我就直译“多给气”我对专业内容也未听懂。我们的技术工人瞪大了眼问我什么意思，我还是回答“多给气!”我的天呀，这里只有柴油，哪有气呢？经过再三解释，后来我才明白，“Mehr Gas”的意思是“加大油门”，是多给油，这种口语的习惯用法还是第一次碰到，也使我出了洋相。

还有一项测试的内容是要测柴油机的功率，在大港油田里还找不到一个被牵引对象能消耗掉如此大的功率，这个项目只能留待以后到上海去做。

1967 年四五月份，第二台作业机要在上海石油机械厂验收，又要我去当翻译，我和机械进出口公司的一位业务经理陪着两位德国人乘飞机从北京前往上海。

1967 年正是“文化大革命”如火如荼、席卷中华大地的年代，我们乘坐的伊尔 21 客机从北京到上海只有 4 位乘客：两位德国外宾、机械进出口公司的经理和我。空姐把前面几排座位放下以取得更好的视线，然后播放伟大领袖万寿无疆的曲子，接着自己带头跳起忠字舞示范，再教我们四位乘客跟着跳。在德国人面前我们实在不好意思，只能奉命行事比划了几下，而德国人觉得莫名其妙。跳舞完了再发毛主席纪念章，我们毕恭毕敬地把主席像章挂在胸前的衬衣上，而德国人不懂得这一套礼貌，按他们的习惯别在裤腰带上，服务员给我使眼色，我劝他们说，这样做是不礼貌的，这才改过来。

到上海后德国人住在锦江饭店，我们住在上海大厦。十二点半左右服务员来敲门，告诉我德国人出了政治问题，要我去饭店的保卫部门说明原委。事情是这样的：一到饭店德国人整理行装换皮鞋，把包皮鞋的报纸扔进垃圾桶里，被饭店保安人员发现有反动内容。原来那张报纸是香港带来的，上面有幅漫画，内容是毛泽东和尼克松二人都大汗淋漓，各自处理自己的事务，显得狼狈不堪。经我当面对饭店领导解释，说明他们是技术人员，不是有意作为，才算了事。

技术上的一个难点在于考察柴油发动机的最大功率，我们要求他们实地示范，他们则要求我们提供做试验的条件。做这种试验双方都要冒点风险，想来想去在石油系统内确实找不出可以做实验的对象。最后对方提出可否把黄浦江边固定大轮船的大石桩作为对象来拽，因这件事要惊动上海市有关领导，只得作罢。另一个难题是索赔，新的作业机表面有锈蚀，是受海水浸入所致，我们有权利要求索赔，对方也同意赔偿，但要求我们开个证明，他们拿着用户的证明可向德国的保险公司赔偿。这件事本来是国际惯例，但我们就是不给他们开证明，谈了整整一天都没有给他们开证明。这是我第一次看到外国人如此无奈地说“再见”。现在回忆起来，在当时的政治环境下，我们不开这个证明，是谁都不愿承担责任。



## 1974年6月访问联邦德国

在上世纪六十年代初，我国的炼油工业通过技术攻关，开发成功催化裂化、铂重整等先进工艺和技术，石油界称之为“五朵金花”，缩小了与世界先进炼油技术的差距。但经过八年多的“文化大革命”，国民经济已到了崩溃的边缘。为了缩小差距迎头赶上，必须由高层领导亲自到国外去实地考察。为此，国务院领导亲自批准以燃料化学工业部副部长徐今强为首的考察团访问联邦德国，成员有钱传钧、窦炳文、吴金城、刘同文和我。钱传钧是大庆炼油厂厂长，窦炳文是石油部外事局局长，吴金城是石油化工研究总院副总工程师，刘同文是从山西煤化所借调来当翻译的，我是石油化工研究院室副主任兼翻译，我和刘同文是大学同班同学，又是同时派到东德去学习的研究生。为了做好准备工作，我们在过完春节后就集中学习和收集资料，调查联邦德国的化学工业现状。但当我们刚开始准备工作时，政治风暴就一个接一个地袭来。1973 年底“四人帮”在全国掀起了一场反对卖国主义和洋奴哲学的大批判运动，即所谓“风庆轮事件”，批判“造船不如买船，买船不如租船”，矛头直指周总理。另外，那时正好有一个电子工业代表团访问美国回来，按外事规定所有礼品都要上交，回来时他们每人收到一份精制的玻璃小蜗牛，作为圣诞节的吉祥礼品，礼品上交以后“四人帮”看了就大做文章。蜗牛只会爬行，说这是美国人诬蔑我们是爬行主义。“四人帮”就拿这两件事大做文章，在全国掀起了一场大批判运动。因此，我们的行期一拖再拖。

我们的准备工作也难度很大，主要是政治内容非常复杂，出国要宣传“文化大革命”的伟大意义，遇到西方人不理解我们的人和事，要耐心解释，对怀有敌意的挑衅要坚决驳斥，无论是和风细雨友好的，还是坚持原则强硬的词汇，我们都不熟悉。有的词句还能凑合，比如“东风压倒西风”“帝国主义和一切反动派都是纸老虎”等；而有的句子就十分为难，比如形容我国形势“到处莺歌燕舞”，反动派“搬起石头砸自己的脚”和“山雨欲来风满楼”等，就很难说清了。在技术准备上，为了解联邦德国的石油化工，我跑到北海旁边的北京图书馆，找到一本《德国企业大全》，走前算是对联邦德国的石油化工大企业基本上有所了解。又查了德文期刊《石油与煤》，对科技发展动向也做到了有所了解。

1974 年 6 月 12 日，我们终于被批准出国成行，当时大家有说不出的兴奋。飞机降落在法兰克福机场，我驻联邦德国大使王树同志亲自前来迎接，前来迎接的还有德国的邀请单位、德国黑森州副州长兼经济部长卡里先生。他们把我们安顿在了威斯巴登的一家比较朴素的玫瑰饭店。安排好住宿以后，王大使就要我们到后花园开会，说是刚接到外交部的电话，若飞机没有起飞就不让我们出国啦，但当时飞机已经起飞了，外交部也只能默许了。

这次访问的邀请方是德国黑森州的副州长兼经济部长卡里先

生，他是一个"中国迷"，除了想扩大与中国的经贸关系做生意以外，还想扩大文化交流，暗示能否从中国借到一对大熊猫，还有唐三彩等稀世珍宝。他为了表示友好，全过程不让记者采访，因为怕记者提"文化大革命"等问题而惹麻烦，这样在我们访问过程中就减少了很多不必要的负担。

1974 年 6 月 15 日陪同徐今强(右三)副部长访问联邦德国鲁奇公司

根据事先的协商安排，计划访问石油化工、煤化工、精细化工、合成纤维、化工机械等企业，包括巴斯夫、赫斯特、拜尔、壳牌哥道夫炼油厂、克虏伯、鲁奇、德马克、乌德、齐默和小精细化工厂。参观访问、迎来送往，各企业都要自己负责，政府是不掏钱的，而且日程很紧，但计划安排的可以说是无缝连接。参观前两天就把日程表送来。值得一提的是各大企业都没有专车迎接，都是高档的奔驰出租车来回接送。

通过两周的参观访问，有以下几点感受：

1）联邦德国的石油化工发展很快。原来在二次大战中的巴斯夫、赫斯特和拜尔这三大公司都属于德国的IG法本集团，希特勒战败后，盟军为了避免德国军事工业的再崛起，就把它们拆分成了三个化工企业，现在这三个企业的任何一个都比原来的法本集团大。在全球化工企业排行榜中，它们都在前9名。这三大企业的发展方向也各有侧重：巴斯夫发展石油化工及下游的精细化工；赫斯特发展聚合物和药品；拜尔发展药品和农药。为了给参观者留下深刻印象，巴斯夫在参观点上演示如何制作泡沫塑料。而拜尔为了考察新农药的效果，建有一个规模很大的人工气候模拟“花园”，模拟春夏秋冬不同季节，全球天南海北不同地理环境下，农药的作用效果。

2）发展石油化工首先是原料优化，讲求规模要大，才能降低成本。我们在哥道夫炼油厂参观了当时世界上最大的乙烯厂，年产乙烯105万吨，用石脑油裂解，石脑油由附近几个厂提供。

3）石油化工向下游延伸，与精细化工结合紧密。利用石油化工的主产物“三苯”“三烯”作原料，生产精细化工产品。在路易士港的巴斯夫周围，有一系列的中等企业，生产表面活性剂、原油破乳剂。我们参观时，主人就把世界各地的原油做破乳实验给我们介绍，包括我国的大庆原油。还有一些小产品，比如建筑沥青的黏结剂，像牙膏一样可挤出来，用起来非常方便。1976年唐山大地震时，我住在北京城里，院里给我们每个职工发了两米油毡，我拿回家铺在房顶上，把德国人送给我的黏结剂在缝隙处粘好，防水效果很好而且非常方便。

4）继续发挥煤化工的优势。德国的有机化工是靠炼焦副产物煤焦油的深度加工开始的。众所周知阿斯匹林从作为止痛片到今天作为抗血凝药，百年长盛不衰，其初始原料就是从煤焦油中提取的。我们访问了鲁奇公司，煤干馏的鲁奇炉就是他们发明的。主人带我们参观了从广东茂名运来的页岩，我们早已下马了，他们还在琢磨着干。这使我联想到，在寺庙的大雄宝殿顶上总有一盏长明灯，不管白天黑夜、香火旺盛与否，这盏长明灯是永不灭的。科研的确需要这种精神。

卡里先生作为主人对参观内容的精选，可以说尽量满足了我们的要求，徐部长对考察十分周到细致，他临时提出要增加参观污水处理项目，这是我始料不及的，那个年代能重视环保问题的领导没有几个，足见他的高瞻远瞩。

按普通的接待程序，一般都要举行欢迎和欢送两次宴会，而且在大饭店讲排场摆阔气。但卡里安排颇有特别，他用品尝葡萄酒WEIN PROBE作为欢迎宴会。品尝葡萄酒是在一个中等大小的宴会厅举行的，看上去像个冷餐会。宴会厅靠墙摆着一长条桌子，整齐排列着各种葡萄酒，服务员与冷餐会上的一样，手举托盘，来回穿梭问客人需要什么，但都是简单的小面包夹各种香肠的三明治，量小而味道简单，因为是品尝葡萄酒，面包只是把葡萄酒真实的味道间隔开来，让每种酒的真实味道显示出来，使客人得到真正的享受。主人前后端出12种葡萄酒，最久的已储存百年以上，最短的也有30年。这些葡萄酒的原料产自德国最有名的葡萄产地，主人专门请评酒专家来介绍每种酒的产地、酿造特点、储存时间、酒味特点等，那些用词我根本翻译不出来，用的都是精美的文学语汇。主人看我结结巴巴的狼狈样，有损于酒的地位，这么好的酒通过你的翻译连酒味也贬低了，于是就叫介绍人改用英语讲。他们以为代表团德语水平不高，用英语介绍总会好些吧，没有料到全团只有两个人懂点英语，一个是吴金成，是留苏的副博士，英语比我强；另一个是我，而且也只能阅读科技文献。这场品尝葡萄酒晚会规格高，酒的质量高，德文讲解艺术水平也高，但有点对牛弹琴之感，反映了东西方文化特色差异之大。告别宴会是卡里先生设的家宴，在他家别墅的后花园举行的，由卡里夫人操办，内容简单但气氛亲切。结束前由他夫人亲自送我们每人一小瓶果酱，说是他夫人亲自制作的，礼轻情意重，符合中国人的老传统。

启程回国的前一天晚上通知我们，在第二天早上突然安排了一个新节目，要到波恩联邦德国外交部去会见外交副国务秘书(外交部副部长)。这意味着德方认为我们这次访问是成功的。从威斯巴登到波恩汽车开了将近两个小时，接见只有20分钟。事先我以为联邦德国外交部的中文翻译一定很棒，实际上与我差不多，因为那时我们与民主德国已有长期交往，又是社会主义阵营，所以民主德国的中文翻译水平要高得多。寒暄了几句以后，徐部长充分肯定这次访问很成功，并邀请卡里部长明年率团来华访问。卡里部长愉快地接受了邀请。在从波恩回法兰克福途中，遇到前面出了车祸，虽然我们有开道车，还是停了下来，头上直升飞机飞来飞去地指挥，我们到机场时还有半小时飞机就要起飞了。这是我第一次访问资本主义国家。卡里部长在机场贵宾室送行时，不经意地向徐部长问了一句话：“您通过这次访问印象如何？”徐部长回答：“很好，印象很深。”卡里又问：“那与你的国家比较如何？”这下把徐部长给难住了，一时不好回答，这时我对徐部长嘀咕了几句，直接用德语说：“家终究是家。”(Heimat ist Heimat.)卡里部长连连称赞，回得有分寸，其实这是在德国很常用的句子，就是含蓄地说“金窝银窝不如家里的草窝”。

1975年4月21日~5月2日，卡里部长应我石油化工部孙晓峰副部长的邀请率团访问中国。刚升任煤炭部部长的徐今强会见，随同访问的有克虏伯、拜尔、鲁奇、德马克、萨尔、乌德和齐默公司的代表，双方进行了技术座谈，参观了大庆油田、上海炼油厂和广交会。同时，该访问团还受到我外交部何英副部长、外贸部周化民副部长、中国人民银行方皋副行长和贸促会王跃庭主任等人的接见。于5月2日离广州赴香港。

# 赴美国考察引进设备

1976年打倒“四人帮”并实行改革开放以后，石油部领导非常重视引进吸收国外的先进技术，拨给我院1亿美元专款用来购买先进设备。1977年成立了以林风院长、武宝琛总工程师为首的采购团，抽调了英语水平较高的技术人员长期驻美国从事这方面的工作。这些采购工作的重点主要是研究院的中试工艺设备和成套引进计算机，对于润滑油和添加剂以及相应的评定还考虑较少。有鉴于此，院里决定由卢成锹副院长带队，成立润滑油和添加剂赴美考察小组。成员有许汉立，从事航煤添加剂研究的；黄文轩，七室党支部书记、从事润滑油添加剂研究的；洪善贞，从事马达评定研究的；还有我，从事分析解剖研究的，兼翻译。我作为英语翻译是第一次赶鸭子上架，但还是有一定的基础，技术方面因为阅读过相关文献，而且考察组的成员都精通业务，阅读英文资料也不成问题。至于日常生活用语就靠我在“文革”时抽空学习的《英语900句》了。没有想到在十年前我顶着“放洋屁”挨批时，曾顶过他们一句“洋屁还是要放的”，现在变成事实了。

我们访问的时间是1979年7~8月，重点是美国克利夫兰城的路博利佐尔(Lubrizol)添加剂公司总部、纽约埃克森公司国际事业部和添加剂事业部，以及位于圣安东尼奥的美国西南研究院。有以下主要收获：

1）高质量的润滑油除了有好的基础油外，添加剂是关键，而添加剂往往是复合剂，是由好几种剂复合而成的，国际上一些大添加剂公司可以卖单剂的技术，但不卖复合剂的核心技术，只卖复合剂的产品。

1979 年 7 月 15 日第一次访问美国
(从左至右：汪燮卿、洪善贞、美国房东、许汉立、卢成锹、黄文轩)

1979 年与卢成锹(左二)初访美国，
参观西南研究院马达评定实验室(左三为汪燮卿)

2）添加剂的合成是属于精细化工领域的研究范围，目前已被少数几个大公司所垄断，如美国的埃克森和路博里佐尔，以及英国的壳牌公司等。我们去参观阿莫科（AMOCO）公司关于聚异丁烯的产品系列，他们为不同聚合度的聚异丁烯都找到市场，从作为润滑油的添加剂到口香糖直到橡胶制品，充分利用不同性能产品的不同用途。

3）一个新添加剂从合成到投放市场，要经过实验室评定、台架试车直到行车试验结果满意为止。而在此过程中，与汽车制造企业的合作非常重要。行车试验不是跑几辆车，而是一个车队，除了在设计好的跑道上行车以外，还要去天南海北，在春夏秋冬，到"最艰苦的地方去"，经历各种不寻常的考验，最后都通过了才能正式投放市场。

在访问过程中我们受到热情的接待，特别是美籍华人对我们很开放，结识了一些国际上知名的石油化工专家，如从事ZSM-5工业应用研究的陈乃沅先生，提出与我院开展合作研究。回国后通过双方协商，决定从分析我国胜利原油和美国加州原油柴油馏分中的氮化物研究开始。

那时组装计算机开始流行，一位在埃克森工作的华人小伙子很热情，说要给我们买一台386带回国，我当然很高兴，得到卢成锹院长的同意，正要付款时，被告知他们的上司不同意，属于禁运物资，只得作罢。

访问中还遇见了两件不愉快的事情：一是黄文轩的行李一下飞机就失踪了，一直到回北京后才找着；二是卢成锹院长的行李箱被撬开检查，把行李翻得底朝天，足见当时美国当局对我们的警惕态度。

# 参观法国博览会

这次出国是在1979年12月，参观的是巴黎国际实验室仪器博览会，时间很短，前后只有一个星期，而且代表团只有3个人，侯祥麟副部长带队，成员是黄振声和我。黄振声是我院器材处长，长期负责器材供应工作。参观巴黎博览会的目的是想了解国际上实验室有哪些新装备可供我们借鉴使用。到了巴黎，我们住在大使馆文化参赞处，由一名文化参赞处的工作人员陪同。这次出访参观可以说是时间短、对口径、效率高、收获大。对于我们这些成天在实验室与试管烧杯打交道的人来说，很少有这样对口径的机会。举个最简单的例子，在实验室我们天天都要蒸馏，架子搭好了以后要根据接收的油样多少安装接收瓶，接收瓶不能空悬在架子上，一般是用砖头块放在实验桌上垫，先放上两块砖，不够高再放一块，太高了卸下一块，半块高怎么办，于是就用木头片来塞，直到稳当为止。实验室里用砖头和石棉布保温是常有的事。这种办法既繁琐又难看，石棉布现在已禁用了，但在上世纪六七十年代还司空见惯。这次博览会上展出了一个类似于我们开批斗大会时每人带来坐的小马扎的东西，用螺杆摇可以上下调节，十分方便，美观大方。我把说明书带回来，修造厂的师傅一看就做成了。其实，这是一个利用升降机的原理制作成的工具，大的可以在机场码头搬运成吨的货物上升下降，小的可用在实验桌安置烧瓶固定位置。还有移液管用吸耳球而不用嘴吸了。我们做气相色谱分析气体组成时，要用标准气作标样，配标准气很复杂又费钱，在博览会上，我们看到的不同标样的气体都放在铝合金的类似于可乐的罐中，上面有一个带压阀门，用时只要把气囊准备好，把标准气通过气囊注射到色谱进样口就行了，这样批量生产标准气成本低，使用也很方便。另外，为了描述复杂的分子结构可视化，他们用塑料制成小圆球、小空心棒，互相插串组装起来，形成一个分子模型，非常直观，把它们拆开，可以放在一个小盒子里，带起来也非常方便。最后我们还买了一些国内还没有的标准试剂。这些实验室用的小玩意儿，看起来很简单，但非常实用。



## 出访欧洲考察石油公司

1980年5月20日~6月12日，时任石油部副部长的侯祥麟率团访问壳牌公司在法国、英国、荷兰和西德的炼油厂和研究所。代表团成员有：王振华，外事局局长兼副团长；侯芙生，石油部副总工程师；郭雨东，天津石化副总工程师；沙展世，北京石油设计院副总工程师；我是研究院室主任兼翻译；朱百善，石油部情报所工程师；陈贵德，翻译。

5月20~29日参观访问了法国PAUILLAC炼油厂、PETIT COURONNE炼油厂、GRAND-COURONNE研究中心。5月29日起，参观英国桑顿(THORNTON)研究中心、斯坦洛(STANLOW)炼油厂、壳牌总部、壳牌海文炼油厂(SHELL HAVEN REFINERY)。6月4日起访问荷兰壳牌总部、壳牌鹿特丹炼油厂、壳牌皇家实验室。6月11日参观壳牌在西德的可道夫(GODORF)炼油厂。



这次参观访问的特点是：

1980年访问西德马拉松炼油厂

1）外方全面介绍了壳牌的炼油技术，从煤的气化到炼油的主要工艺，壳牌的技术优势和国际发展趋势。

2）实地参观比较开放。一般参观都是大部分在会议室介绍，然后坐车到装置里转一圈，不让下车。这次我们不但参观了控制室，而且被允许爬上装置亲自看运行状态。我们都可以爬上石脑油裂解炉平台，打开窗口看火苗；看延迟焦化过程生产生焦和熟焦的焦炭塔；看润滑油自动调和的全过程，从确定配方，到加基础油和各种添加剂，从保温到搅拌直到成品油出装置，都用计算机实行自动化操作，调配罐来回运行都由埋在地下的磁性导轨控制。

3）外方专门花了一个下午介绍了关于专利技术和专利法的一般知识。这对我们如何进入国际市场很有好处。

# 考察西德和英国石油化工技术

1984 年 11 月中国石化副总经理盛华仁率石油化工技术考察团访问西德和英国。这是中国石化总公司成立后第一个技术考察团。成员有总公司党组成员闵振环、匡永泰、苏亿民等各事业部领导，我是作为德语翻译和科技研究人员参加的。这次访问的主要目的有两个：一个是介绍中国石油化工总公司，它在中国炼油和石油化工界的地位和作用，经营的方针和策略，并表明要扩大对外合作的意图和愿望。另一个是考察国外的先进技术，为我们独立自主开发技术提供参考，为对外合作具体目标提供依据。

有两件事值得一提：一是我们访问的第一站是西德路德维希港的巴斯夫(BASF)，不料主人接待很冷淡，当晚到达后第二天安排参观污水处理装置。盛华仁听了以后很不高兴，要我明确告诉接待人员，擅自单方面改动接待内容不可接受，否则明天我们就离开 BASF。接待人向上司汇报了以后，很快向我们道歉，并保证按原定计划参观访问。我们在 BASF 安排参观的内容很丰富，从蒸汽裂解制乙烯到塑胶加工，从产品向下游延伸到精细化工，从不饱和树脂到 1，4-丁二醇。现在的扬巴合资公司就是从这次访问打开合作之窗的。二是我们另一个安排是在英国帝国化学工业公司参观甲醇制动物饲料。这是一个万吨级的大生产线，为了消毒防菌，设备全部用不锈钢。对方的意图是想把这套装置卖给我们，因此给我们参观得非常详细。我们在全面了解情况以后婉言谢绝了。主要原因有三：一是天然饲料的供应量并不缺，二是合成饲料成本高，三是合成饲料的长期毒性不明确，对动物一代代传下去有什么影响还无从知晓。

1984年12月6日陪同盛华仁(前排左二)访问

英国帝国化学工业公司(二排左二为汪燮卿)

# 参加瑞士达沃斯论坛

1986年我与中国石化总公司副总经理张皓若参加了时任国家经委副主任的朱镕基所率领的中国代表团，出席瑞士达沃斯世界经济论坛，并在会后访问瑞士、西德和法国，考察石油化工企业。

1986年1月30日至2月5日，我们首先赴瑞士达沃斯参加了世界经济论坛讨论会。会后访问了西德和法国的几家石油化工公司。出席达沃斯会议的有600多人，其中包括美国商务部长鲍德里奇，西德巴伐利亚州州长施特劳斯和联邦经济部长班格曼，欧洲经济共同体主席戴洛斯，以及希腊、土耳其总理、马来西亚副总理、英国菲立普亲王等40多名政治经济界著名人士，苏联部长会议主席雷日科夫也第一次通过卫星转播作了大会发言，回答了问题。

1986年访问西德赫斯特公司时签名留念

1986年2月2日在达沃斯论坛期间与张皓若（左）

朱镕基团长在会上作了“新的五年计划，新的贸易良机”的报告，受到了与会200多名代表的欢迎。我们也在各种场合介绍了中国石油化工总公司的概况和今后发展计划，引起了各国企业家的很大兴趣。除了已有贸易关系的企业家希望扩大贸易以外，很多企业界人士要求与中国石化发展技术和贸易关系。

通过参加会议，我们比较广泛地接触了西方经济界各方面人士，了解了他们对世界范围内宏观经济的一些观点。会上反映了当时国际上比较突出的有两点观点：一是所谓“全球经济”。当时几年来世界经济形势变化多端，石油从供应危机变为供过于求，直到1986年由于石油输出国采取争夺市场份额而引起油价暴跌；西方经济由前几年的衰退转入缓慢复苏，美国地位由坚挺转向疲软；世界贸易竞争开始了新的格局，日本对美、欧贸易顺差日益扩大以及发展中国家商品竞争能力的加强等对各国经济带来新的问题，使西方经济界强烈感到正确估量世界经济形势对每个国家、每个行业以及每个企业的影响，以及根据世界经济的变化制定对策和经济战略的重要性。许多人认为只从一国的、眼前的利益出发制定政策和战略并不明智，因为那是不能持久而且是有副作用的。还是要加强各国之间的经济联系，在“自己活，也让别人活”的前提下，从世界范围内生产和市场的长期观点出发，增强竞争能力才有出路。二是强调“软件经济”。提出在现代科学和信息技术迅速发展的情况下，要着重要发展“经济软件”。不仅要开发新兴尖端技术而且要加快对传统工业、基础工业进行技术更新。不仅要发展工艺技术更要发展信息技术，对各种信息要能迅速作出反应，要提高软件在产品构成中的比重。因此，国际范围内的信息交流和技术合作就更为重要。这次会议上西欧经济界对“优利卡”计划抱有明显兴趣就是一例。

会议上讨论较多的有以下几个问题：



## 一、克服保护主义，推进“自由贸易”

由于世界市场上竞争加剧，不仅许多发展中国家以及美国和一些西欧国家也有大量贸易逆差，因此“保护主义”倾向普遍增加。事实上许多国家不仅自己在实行保护主义，也同时受其他国家保护主义之害，而在公开场合则大家都在谴责保护主义。这次会上“欧洲要团结”“欧洲要对加快经济增长提高勇气”的呼声较高，正是西欧在经济上不够团结和信心不足的反映。欧洲各国要求美国对促进整个西方经济的共同繁荣多承担责任，不要只考虑本国利益，以美元贬值促进出口和倾销过剩农产品。美国商业部正、副部长则表示：美国作为西方经济发展唯一火车头的时代已经过去，现在轮到西欧加快经济增长。美国除了要采取措施，缩减财政赤字和贸易逆差之外，要整顿和改造基础工业，以增强传统工业产品在国际市场上的竞争能力。欧洲和美国一致要求日本开放市场并增加国内消费，日本成为对保护主义攻击的众矢之的。西方国家仍然对放大在发展中国家的市场寄予希望。特别是我国经济迅速增长和新的五年计划所提供的贸易机会对他们很有吸引力。我们向西欧国家经济领导人表示：我们愿意扩大同西欧国家的经济技术合作，我们的技术和投资市场是开放的，希望西欧提高自己的竞争能力。欧、美经济界对由于美苏首脑开始对话而带来的对苏联、东欧贸易的前景抱谨慎的兴趣，这次会议首次组织与雷日科夫的电视对话显示了这一点。

## 二、世界市场原料价格，特别是石油价格跌落对世界经济的影响

这是大会讨论最热烈的问题之一。石油输出国在石油市场份额和价格上的争夺战正趋白热化，OPEC（石油输出国组织）国家与非OPEC 国家均未派高级代表参加大会。墨西哥经济部长和马来西亚副总理在大会发言代表了由于油价暴跌而受害的国家的呼声。墨西哥已由于油价下跌而损失 20 亿美元，还将蒙受更大的经济损失。同时今年还有 100 亿美元的应付债务。马来西亚三分之二的国民收入靠出口原料，第一位是石油。石油价格暴跌不仅造成这些国家外汇

收入锐减，被迫大量压减进口，而且带来财政困难和整个经济的衰退，甚至可能影响到社会和政局的安定。他们呼吁各国对油价进行干预，开展官方和非官方的协商，确定合理油价；债权国对债务国实行宽限待遇，并要求工业发达国家相应降低工业制成品价格以减少发展中国家贸易逆差。西德经济部长发言反映了工业发达的用油国的观点，认为石油价格的涨落都不应当成为一国或一个集团的斗争手段而人为加以干预，应让市场机制发挥作用并依靠供求关系调节，自然形成合理油价。同时他认为油价下跌带来产油国外汇收入减少，大量削减进口，危及工业发达国家工业品出口市场，长期而言对发达国家并非有利。这样会造成恶性循环，影响世界经济稳定。从我们会上会下接触的经济界人士较普遍的看法是：目前油价暴跌是带有人为的赌博性的暂时现象。当市场份额大体达到新的均衡点并随着西方国家经济复苏而需求有缓慢增长的情况下，油价还会平缓回升。稳定在 20~22 美元/桶，产油国与用油国都能接受，增加了世界经济的稳定因素，对大家都有利。他们主张用油国应利用油价下跌所获得的好处增加投资，改善其生产结构，提高经济增长速度，同时也促进了石油的消费，产油国应加快发展加工业，减轻对单纯出口原料的依赖性和市场风险。

## 三、企业界应当如何适应外界经济形势

这次会议上企业家们讨论较多的是经营战略和管理思想问题，而不是企业管理的细节问题，有一些论点和趋向是值得我们注意的：

1. 重视长远性、开拓性和灵活性的经济战略

会议列了一个专题报告，叫做“企业家的胆略”并进行了讨论。中心意思是在全球经济联系日益密切，技术、信息突飞猛进的新形势下，企业家应当改变传统的经营方法，不能满足于处理眼前的日常经营业务，而要有进行开拓性经营的勇气。首先要会分析判断世

界经济形势和本行业发展的趋势，正确估量本企业在其中的地位和发展前途，据以制定长期性的发展战略。要求企业家具有应变的能力和素质，针对经济形势的变化，迅速做出反应，果断采取对策。正确估量和判断形势是企业家成功的首要前提。到会的管理学专家们提出过去的经营者往往是考虑如何加强生产手段和销售手段去获取利润，今后更为重要的是依靠新的经营思想和概念，即以新的思路去运用生产手段和销售手段去增加利润。主张每个企业都要有一个高级智囊团专门研究经营战略的随机应变。企业家要有敢于面对现实当中各种不肯定因素的勇气，及时总结经验和教训，修正自己错误的判断和决策。他们还介绍了几种西方流行的制订经营战略的原则：一种是最低成本战略，以低成本、低价格取胜；二是以质量、服务、价格综合满足用户要求取胜；三是针对性或"焦点"战略，研究用户需要和心理，以突出点取胜。几种战略可以灵活运用。

2. 重视降低生产成本，增强企业竞争能力

工业发达国家的传统工业产品、大路货，正在受到发展中国家工业发展的挑战，竞争日益激烈。欧美许多大公司正在丧失这方面的市场，让位于日本或某些发展中国家的产品。除了更新产品(许多大路货品种更新不快，还有很多新花样好搞)外，重要的出路在于降低成本，欧美国家工资、福利高，降低人工费油水不大，重要的一是改进技术，降低物耗，提高收率；二是改善各个生产和经济环节，降低附加费用，仔细控制财务开支。到会的管理学专家们介绍了新的成本核算方法和制度，在仔细核算技术更新经济效益、保证技术不断进步的基础上，更加科学和严格地对生产、经济各环节进行经济核算和费用成本控制。这反映出西方企业的成本管理越来越细了。

3. 经济管理分散化(decentralization)，发挥各级机构和工作人员积极性的趋势继续发展

大公司由于业务庞大，管理高度集中而机构多，层次多，人员

多，由此带来的反应迟缓、工作效率下降、工作人员按章办事缺乏主动性以及管理层的官僚主义等弊病，早已引起企业界的注意，并实行了一些管理上的改革。这次会议上又有英国帝国化学公司(ICI)做了管理分散化的经济介绍。据我们在会上会下的接触了解，许多公司面临的问题和作法大同小异。大体有几个特点：一是改革以公司总部为重点，并首先从最高领导层开始，削减了最高决策人员人数；精简会议制度；简化决策程序并吸收一些工作人员参与有关问题的决策。二是总部机构实行纵向按专业和产品分事业部，横向设各职能部的“矩阵式”结构。但重点放在(专业)事业部上。产品(专业)部是利润中心，被赋予很大的经营管理权，而职能部主要是综合、协调、控制。他们所谓管理分散化和权力下放，主要是放到事业部。而工厂则主要是生产单位而不是独立经济单位，它对生产和成本负责而不是利润中心。三是按产品性质区别对待，对比较成熟的产品即生产销售相对稳定的大路货产品(如石油化工行业中的汽油、柴油、化肥、基本化工原料等)管理比较集中而对开发中或最具有发展前途的产品(如石油化工中的精细化工产品、农药、染料新品种等)，则更放手，在产品事业部中再设产品小组，赋予更大的权限，让他们更加有活力地去独立开拓经营。从技术开发生产、应用、市场开发到推销负责到底。这样就加快了新产品开发应用和投放市场的速度，增加了利润。四是为了调动下属的积极性，许多公司也在讲“内部的平等气氛”“感情因素”“人情味”“关心职工的福利和身体健康”等，但并不实行名目繁多的奖励。

这次去瑞士参加世界经济论坛的讨论会，我们感到，参加这种性质的会议，对我国宏观经济的管理以及对我们一个作为经济实体的全国性公司来说都是有好处的。通过广泛接触各国官方和民间的经济界人士广泛交流讨论世界范围内经济问题的信息和看法，使我们增加了对世界经济形势和动向的了解，扩大了眼界，有助于我们从世界经济的角度来考虑我们自己的问题，制订相应的经济战略，在实行对外开放政策的形势下，我们要扩大与国外的经济技术合作，需要加强对国际金融、市场以及各国经济政策的研究。

在参加达沃斯会议之后，我们顺访了瑞士的汽巴-嘉基公司、西德的巴斯夫、赫司特、许尔斯诺贝尔公司，法国的道达尔、埃尔夫、阿托化学公司和法国石油研究院。参观了一些装置和设备，会见了这些企业的领导人。对1984年盛华仁同志率团访问西欧时与上述公司开展合作的项目进行了讨论，并探讨了进一步合作的可能性。他们对向中国石化转让技术和进行经济技术合作态度很积极，接待是友好热情的，表示愿意同我们建立长期友好合作关系。

回国后，以张皓若和我的名义，由我起草了一份向中国石化总公司党组汇报的材料，题为《参加世界经济论坛会并访问西德、法国石油化工企业的报告》，汇报了这次访问的过程和体会，并提出了企业管理、国际合作等方面的建议。

# 第十章

# 主持开发催化裂化家族工艺

1983年4月7日，石油化工科学研究院召开中层干部会议。会上石油工业部人事司司长白风仪宣布了院新一届领导班子，卢成锹任院长，王文鹏任党委书记。我进入了院领导班子，被任命为副院长，分管科研和外事工作。同年7月，中国石化总公司成立，我院划归中国石化总公司领导，但我院领导班子的成员没有变动。

到了1986年，有一天卢成锹院长召开院务会，会上要我主持开发重质油生产轻烯烃这个重大课题。

俗话说“30年河东，30年河西”。我是“25年河东，25年河西”。在接受这个任务之前，从1961年到1986年的25年间，我一直从事军用油品的分析工作，现在要从事炼油工艺的研究开发了，难度肯定不小。好在我在石油学院炼制系学习过炼油工艺的课程，那是杨光华教授讲的课。化学工程是谢舜照教授讲授的，给我印象很深，至今我还保留着他授课的笔记。另外在国外当研究生时对煤化工的主要工艺过程，都有机会学习和实习。而煤化工与炼油化工无论从工艺和工程方面都有很多类似之处，因此还不至于毫无头绪。

我主持这个研发项目管理是按照卢成锹院长提出来的矩阵式管理进行的，我被任命为催化裂解矩阵组的组长。

矩阵组的成立，源自卢成锹院长在与国外大型研究院交流过程中，对国外的矩阵式管理方法很感兴趣。所谓矩阵式管理就是利用跨学科、跨部门的交错关系，形成一个矩阵组织网络结构，由一位领导统一来指挥，一竿子插到底，从实验室研究开发直到商业化运行成功。这样可以避免政出多门互相扯皮，各学科间互相渗透互相交流，从而提高效率。我把技术开发的主要部门如工艺、催化材料和催化剂，与配合部门如分析、测试和评价系统配合好，找出各方面的负责人，形成矩阵组，直接与他们讨论问题和决定方案，不必经过研究室的领导再去贯彻执行，研究室领导未参加矩阵的只要定期了解情况就可以了。我提出：一个矩阵好比一个交响乐队，乐队有钢琴手和第一小提琴手，但也有打鼓手和其他演奏人员相配合，交响乐要强调统一指挥和协调，决不能各唱各的调、各吹各的号。我强调在矩阵中要发挥每个成员的积极性，不能发挥一部分人的积极性而忽视另一部分人的积极性，这体现领导的水平问题。如果发挥一部分人的积极性而打击另一部分人的积极性，则是领导的品质问题。我强调参加矩阵是参加会战，不要先考虑个人得失，会战就是要把胜负成败放在第一位，把是非功过放在第二位，否则这场会战肯定是以失败而告终的。在明确上述几点注意事项的基础上，矩阵组的工作得以有条不紊地进行。

催化裂化家族工艺是在现有催化裂化工艺的基础上，根据我国国民经济发展的需要，或者用现在的话来讲，根据市场的需求，通过开发新的催化材料和催化剂，通过相应地改造催化裂化工艺和设备，目的是调整催化裂化产品的分布，以满足市场的需求，从而获得最大的经济效益。

催化裂化家族工艺有两层含义：第一，它是在现代催化裂化技术基础发展起来的；第二，这个发展和延伸成为系列化，不是一两项技术，而是一系列的技术。包括以重质油为原料多产丙烯的催化裂解（DCC）技术；多产丙烯兼顾生产优质汽油的催化裂解（DCC－Ⅱ）技术；最大量生产优质汽油和液化气（MGG）技术；用常压渣油最大量生产优质汽油和液化气（ARGG）技术；以重质油为原料最大量生产乙烯和丙烯的催化热裂解（CPP）技术；提高柴油并多产气体烯烃和液化气（MGD）技术；以及重油催化裂化提高异构碳四和碳五气体烯烃产率（MIO）技术。这些新工艺的开发，都是以市场为导向的，是中国石化总公司决策领导自上而下提出的战略课题，在石科院经过长期研究积累的基础上，通过各学科各研究部门的通力合作，以矩阵式的攻关方式进行研发。然后通过与生产单位的紧密协作，以“十条龙”攻关的形式从实验室研究直到工业化开发成功。

# DCC 工艺

二十世纪八十年代，我国石油的产量已达 1 亿吨，中央提出如何用好 1 亿吨油的规划，要各有关部门提出建议。

1986 年中国石化董事会在李人俊同志的主持下，召集了老专家反复讨论，包括侯祥麟院士、闵恩泽院士、武迟院士和原石油学院张定一副院长等，一致认为：虽然我国当时石油的产量不小，但与国民经济的发展要求尚有差距，而且原油性质普遍偏重，轻质油含量低。当时石油化工发展主要靠蒸汽裂解生产三烯（乙烯、丙烯和丁二烯）和三苯（苯、甲苯和二甲苯），而蒸汽裂解的原料主要是石脑油，石脑油要作为汽油组分供应市场，又要作为蒸汽裂解料生产烯烃和芳烃，相互争夺原料不是办法，唯一的出路是把重质馏分油通过裂解转化以多产轻烯烃，只有扩大原料来源才有出路。在这方面我院已经做过一些探索研究。早在 1980 年，武迟副院长根据国外的报道，对 ZSM-5 沸石的择形催化裂化提高汽油辛烷值予以关注，并提出来要我建立限制指数（Constrain Index）的气相色谱分析方法，来评价 ZSM-5 沸石的择型催化性能。我当时任分析室主任，接受任务后与林文瑛和林端方开展这方面的研究，并在 1981 年《石油炼制》发表了《ZSM-5 分子筛催化剂的择形性能及反应产物分布的初步研究》。在武院长的指导下，1982 年霍永清对 ZSM-5 沸石作为催化裂化高辛烷值助剂进行了研究，取得了满意的结果。之后，李再婷以轻柴油为原料，用老化后的 ZSM-5 催化剂，在常规催化裂化条件下，得到高产率的丙烯。在催化裂化过程中，通过加入 ZSM-5 助剂、提高反应温度和加大蒸汽量，可使产品中的丙烯含量比常规催化裂化增加2倍以上。以上这些研究结果，都为重质油生产轻烯烃和提高汽油辛烷值提供了实验依据，从而为实现重质油制轻烯烃这个战略决策建立了信心。于是在中国石化董事会上，专家们就明确提出把重质油催化裂解多产丙烯这个任务交给我院，时任我院副院长的武迟和闵恩泽同志欣然接受了这个任务。在院长卢成锹同志亲自领导下，召开了院务会，明确分工，由于当时我是抓科研的副院长，亲自抓重质油生产轻烯烃这个重大课题自然是责无旁贷了。

## 一、探索新催化材料，取得小试和中试好结果

从接受任务的第一天起我就决心要好好学习。首先要向基层的同志学习，因为他们有长期实践的基础。通过调查研究，在实验室小试中，我院二室李再婷和霍永清等同志都发现加有ZSM-5分子筛的催化剂能多产丙烯，谢舜华同志系统地用固定流化床FFB研究了不同原料性质和不同催化剂配比的轻烯烃含量。根据院领导的决定，把开发重质油催化裂解生产丙烯的科研任务交由李再婷同志负责。

从战略布局上，必须开发成一个具有自主知识产权的新工艺新技术。因此，矩阵组的工作分三个方面。第一，催化剂必须有自主知识产权；第二，新工艺必须有自主知识产权；第三，所开发成功的技术必须是国际先进的，成套而完整的，有自己特色的，有竞争力的。

我们遇到的第一个问题是美孚(Mobil)公司拥有专利技术的ZSM-5沸石，这是DCC技术的核心，当时ZSM-5的专利还未过期，如何开发新的沸石难度很大，但通过沸石改性来绕过它的专利权是有可能的。这项工作由二室施至诚配合基础研究部舒兴田的团队，两个单位通力合作来进行。我每两周与他们讨论工作，听取汇报，提出建议，定期检查。通过大量探索，新配方的研究与催化性能的评价紧密配合，最后开发成功ZRP分子筛。性能非常适合重质油多

产丙烯，在国内获得了专利授权。舒兴田为首开发的 ZRP 分子筛获得 1995 年“中国十大发明”奖项。

在大量小型试验的基础上，认为开发多产轻烯烃技术的条件基本成熟，于是决定要建中型装置做进一步的试验。

中型试验是从实验室小型试验到工业化试验之间的桥梁，通过中型试验所得到的有代表性的数据对工业化试验十分重要。当时要建中试装置有两个方案，一是新建一套中试装置，但时间紧迫，场地和经费都不落实；二是利用二室 204 组原中型装置进行改造，把原来的提升管反应器改造成提升管加床层反应器，以适应催化裂解反应的需要，但当时院里还有一个催化裂化下行式反应器的试验任务，也想把 204 组中型装置改造后做试验。这两个不同的试验任务都落在 204 组的改造问题上就产生矛盾了，需要领导及时作出决策。我通过调查研究，广泛征求各方面的意见，认为催化裂解多产烯烃是面向市场紧迫需要的任务，也是总部下达的重要任务，而下行管反应器还是一个探索性课题。从大型企业研究院的性质考虑，应该优先把重点放在有商业化前景的课题上。我把自己的想法向卢成锹院长做了汇报，经卢成锹院长同意，就拍板定案把 204 组中型装置改造成催化提升管加床层作为首选。

二室 204 组中型装置的改造工作是由蒋福康同志牵头的。他当时任二室主任工程师，长期在中型工作，积累了丰富的经验。因此，他带领大家从提出方案、设备和仪表部件的采购到安装调试，只用了半年多的时间就完成了装置的改造。在此过程中，修造厂和器材处大力协同，处处开绿灯，发挥了全院一盘棋，集中力量打歼灭战的精神，充分体现了我院的优良传统和作风。1988 年初建成一套 10 千克/时的催化剂生产中试装置，放大制备出满足中试装置试验要求的催化剂，成为确保研究进度和验证实验室研究结果的关键。1988 年中在年处理量近百吨的新建催化裂解中型装置上，该课题完成了中型一系列放大研究和对小试结果的实验验证，取得了可以提供工业设计的完整数据，按预定计划研究内容和要求目标终于取得了中试阶段性成果。

1988年年初，改造后的204组中型装置正式投入运行试验。用大庆蜡油和管输蜡油作原料，丙烯的产率分别为21%和17%。

作为一个完整工艺的开发，除了得到主要的工艺操作条件和产物的物料平衡外，还必须对产品的组成进行分析和评定。DCC的操作条件比普通催化裂化要苛刻，反应温度要高50℃以上，注水量也大得多，停留时间也长些。在这种操作条件下，所得气体和液体产品的组成和性能，与催化裂化相比差异较大。从概念上来说，产物性能介于催化裂化与石脑油蒸汽裂解产物之间。为此，必须新建一些相应的新分析方法，包括气体产物中的炔烃和二烯烃，高含芳烃和烯烃的汽油组成，高含萘系物含量的柴油组成，并进行油品加氢改质的研究和萘系物的分离和利用研究。

1988年9月，中国石化总公司请侯祥麟院士主持，组织业内专家和领导对中型试验研究结果进行了技术鉴定。所提报告资料详实，经与会专家充分讨论质询，技术鉴定获得通过。专家和领导鉴定取得了一致结论：中试数据齐全，可作为设计工业装置的依据，可以借鉴成熟的催化裂化技术，建议尽快建设工业装置。从而为该技术向工业转化和产业化开了绿灯。

## 二、工业化试验取得突破性进展

一般说来，二室204组中型试验所提供的工艺数据能够满足基础设计的要求，这也是长期以来石科院与北京设计院合作形成的共识。但是催化裂解毕竟是一个新的工艺，在目的产品上与普通催化裂化有所不同，从而在催化材料的选择上不同，而且工艺条件的苛刻度更高，相应的设备也需改造，因此，在设计第一套工业化装置以前，先进行小型工业化试验是完全必要的。

选择一个小型闲置的催化裂化工业化装置，用我院提供的基础设计数据，通过北京设计院对该装置进行改造，然后在该装置上运行一段时间，取得工业化的成套数据和操作经验，为设计大型工业化装置提供依据，这是我们总体的想法。

当时的难点是要找到一家企业承担工业化改造和试验，侯祥麟和闵恩泽院士亲自带队下企业，李再婷、蒋福康和我则是全程陪同。1988 年 10 月我们先到天津，天津一石化厂初步具备条件，但因领导不积极而告吹。接着在 1989 年 5 月到无锡石化，他们有一套原油蓄热炉裂解生产乙烯的小装置，只要把蓄热炉改造成催化裂解的反应–再生系统，后面的分离回收系统完全可以用。这次调研过程中二室的邹康实和发展部的金文琳都大力劝说，但地方企业没有积极性。最后闵恩泽院长带队去济南，山东的小炼厂虽然多，但民企的积极性不高。闵院长后来带我们去济南炼油厂，时任厂长的翟齐同志听了介绍后拍板定案，同意做催化裂解工业化试验。翟齐厂长此时已接到调令，要到总部任物资部领导，他的继任陈玉常厂长和总工程师唐清林都愿意接受此任务，这样事情就好办多了。这就是科研、设计和生产形成“一条龙”，三家协作攻克难题，我们通称为“一条龙攻关”。总公司技术开发部组织十个攻关项目，我们统称为“十条龙攻关”，当然攻关项目有多有少，可能不止十个。“十条龙攻关”是中国石化科技开发部的创举，二十多年来实践证明是成功的，而催化裂解 DCC 是中国石化的第一条龙。

我们把工业试验选点的情况向总部汇报，得到了总部领导的首肯。这样，“十条龙攻关”的“第一条龙”正式成立。负责分管科技开发的阎三忠副总经理对“第一条龙”特别重视，带领我们亲自前往济南炼油厂考察。在开工以后，盛华仁总经理也到济南炼油厂亲自了解情况，并鼓励大家大胆探索，取得有国际水平的成果。总部决定由我任攻关组长，济南炼油厂唐清林总工和北京设计院郭志雄总工任副组长。

1990 年与济南炼油厂唐清林总工程师(右)在 DCC 工业试验现场

济南炼油厂领导提出的口号是“开裂解、创新路、求发展、作奉献”，充分体现济南炼油厂对炼油技术发展的决心和顾全大局的精神。这十二个大字的横幅标语一直挂在催化裂解试验车间，每天上下班大家都能看见，直到试验胜利结束。1990 年 1 月到 9 月，在济南炼油厂，把原 30 万吨/年的提升管高效再生催化裂化装置，改造成为 6 万吨/年的催化裂解装置。改造过程中遵循两条原则：一是技术可行，二是充分利用原有设备尽量少改动，以节省改造投资和缩短施工周期。主要采取了 13 项改造措施，包括：将提升管裂化反应器改为提升管加床层裂解反应；为了保证催化剂的沉降高度，将反应器床层加高 5 米，取消内集气室，旋风分离器料腿改用不锈钢材质；为了减少烧焦罐喷燃烧油，操作时采用全回炼生产方案等。本次工业试验主要考察的内容为：

1）在工业生产装置上取得催化裂解物料平衡数据，验证中试结果。

2）完成新鲜剂的开工方法，特别是高堆比催化剂的开工方法。

3）考察并解决催化裂解条件下的工艺和工程技术问题，包括高剂油比条件下高堆比催化剂的流化输送，催化剂的活性、选择性和稳定性，以及高温油气管线和设备内部的结焦问题。

4）考察催化裂解气体、汽油和柴油馏分的性质和组成，为产品的进一步精制和合理利用创造条件。

在改造施工的 3 个多月，济南炼油厂领导特别重视安全施工。在经过设备和管线吹扫、试压、水冲洗、水联运、油联运和烘干衬里等各道工序之后，1990 年 11 月 11 日，装置开始喷油开工，开始了第一周期试验，到 12 月 28 日结束。并于 11 月 20～21 日进行了预标定，12 月 2～3 日和 27～28 日进行了标定，运行 41 天正常停工。第二周期从 1991 年 5 月 10 日到 7 月 15 日，共运行 67 天正常停工，其间 5 月 24～26 日和 7 月 9～13 日分别进行了标定。两个生产周期共运行 115 天。标定结果表明，以临商中间基油为原料，在反应温度 560℃、剂油比在 10 左右、提升蒸汽 6%时，乙烯收率为 4.16%～5.67%，丙烯收率为 16.68%～20.56%，丁烯收率为 12.37%～15.12%，与中间试验结果吻合。

1990 年与石科院工作人员在济南炼油厂
DCC 工业试验现场（后排右三为汪燮卿）

与常规催化裂化比较，催化裂解的反应温度高，停留时间长，提升蒸汽量大。在工业化试验运行时，大家担心的有热平衡问题，要不要喷燃烧油；反应温度高会不会引起装置某些部位结焦，以及高剂油比条件下流化能否保持正常。有时装置出现一些异常现象，大家对问题的分析意见差别很大，各持己见，争吵得不可开交，这时我作为攻关组长特别需要沉着稳定。我知道一个人在发高烧时会说胡话的，同样在各方意见相距较大甚至完全相反时，头脑发热也会说胡话。因此我提出暂停讨论，大家回去休息一个晚上，只要装置勉强能运行，第二天上班后再讨论。第二天大家情绪比较稳定了，我根据大家的意见作了总结，吸收了正确的意见，作出了决定，在协调问题上做得比较好，大家一致同意提出的新方案，确保试验正常进行，使这个“一条龙”的团队能齐心协力进行攻关。

有一次，我实在拿不出主意了，就在晚上打电话请杨启业同志连夜赶来济南讨论解决问题的办法。他清晨赶到现场，听取了大家的意见，仔细研究了问题，提出了解决办法，问题迎刃而解。杨启业同志参加过国内几十套催化裂化装置的开工，碰到过各式各样的问题，积累了丰富的经验。他有一个小笔记本随身带着，记录了开车过程中遇到过的各种问题和解决办法。

工业化试验装置的运转是由济南炼油厂唐清林总工全面负责的，他对装置开工到正常运转的每一个细节都考虑得十分周到，但由于是老装置改造，有的老设备可能会存在隐患。如在开工的第一阶段，我们到车间不久，突然看到地面上有一层薄薄的烟雾在慢慢来回移动。我们觉得不对劲，车间把装置全部停车，原来是液化气阀泄漏了，低温的液化气漏出来以后使空气中的水分凝成雾状，在地面上形成一片白白的烟雾，稍不小心遇上火花就会爆炸。在这紧要关头唐总带领工人在一线现场从容指挥操作，在装置附近20米范围内一律停掉明火，消防车就停在50米远处随时待命，到了中午烟雾消尽后才重新启动。在工试期间，他每天一上班就来检查，翻阅操作日记，及时提出意见。他的助手车间技术员翟伟同志更是不分白天黑夜，有问题随叫随到。

我和我院参加会战组的成员李再婷、蒋福康、余本德、钟乐燊、李松年、许友好和毛安国等同志几个月来一直蹲守在车间里，卢成锹院长还请陈祖庇副总来现场调研指导。济南炼油厂对我们的生活安排也很周到，招待所离试验场地步行20多分钟就能到达。除我住的套间有洗手间以外，其他人都是住集体宿舍。因为照顾我患有糖尿病，别人吃一份饭，给了我两份饭，目的是可让我多吃点菜，但是说实话，招待所的饭菜实在难吃。唐总为了照顾我，有时就陪我一起在食堂吃一顿，那水平就不一样了。有鉴于此，我在第二次来开工时就有思想准备了，为了解决饮食问题，我带来两个大玻璃瓶，到街上买洋白菜、胡萝卜和黄瓜自己制泡菜。另外每隔两三个星期我们就到周村催化剂厂去打牙祭，厂长刘焕昌同志热情接待，星期天早上去晚上回，生活充满乐趣。

从1990年年初成立“第一条龙”入“龙”攻关，到1991年10月完成工业化试验的标定，胜利地完成了各项预定的攻关目标，1991年年底顺利出“龙”。经大家一致同意，把催化裂解技术英文命名为Deep Catalytic Cracking(DCC)。

1991年在休斯敦AIChE年会作DCC学术报告

1991 年 2 月，我向美国工程师协会 AIChE 投稿，论文题目是《催化裂解工艺(DCC)生产气体烯烃的工业化试验》，我和蒋福康被邀请参加 1991 年 4 月 8 日在休斯顿举办的 AIChE 春季年会，在“催化和热加工生产烯烃”分组会上作报告，主要介绍 1990 年 11 月 DCC 运转的标定结果。这是我第一次在国际学术会议上作报告，心情比较紧张，只能拿着稿子念，倒是在提问题讨论时我比较放得开，因为用催化裂解生产烯烃，敢于用工业化装置，这是与会学者没有想到的，所以提的问题不少，主要是运行操作中有什么异常，催化剂跑损和主要产品性质等，我都一一作了回答，引起与会者的兴趣。

1991 年 4 月 12 日 AIChE 会议期间与蒋福康(左二)访问 UOP 公司(左三为汪燮卿)

DCC 获得 1991 年国家专利金奖、1992 年中国石化总公司科技进步特等奖、1995 年国家发明一等奖等奖励。DCC 技术也受到国际同行专家的高度评价，被誉为“在炼油和化工之间架起了桥梁”。世界炼油和化工权威杂志《Hydrocarbon Processing》《Chemical Engineering》及世界石油大会均将其列为世界石油化工新工艺，李再婷、陈祖庇、王亚民、钟孝湘和谢朝钢等同志都先后在国际会议上宣读过论文，为中国石化的技术走出国门、提高国际知名度起到了重要作用。

## 三、建成国际上第一套 DCC 工业装置

在济南工业化试验成功为建设第一套工业化装置打下基础，我们的任务是要在国内建设一套大型工业化装置，用重质油生产丙烯，为石油化工提供基本原料，向下延伸，形成一个完整的产业链。因此谁愿意吃第一个螃蟹就成为我们寻找的目标。事情进展得非常顺利，时任安庆炼油厂副厂长兼总工的程国柱同志，邀请侯祥麟老院长去访问。程国柱 1964 年石油学院毕业后分配来我院，在十四室马达评定题目组工作。当时我任十四室副主任，与他还比较熟悉。事情也真是无巧不成书，1966 年“文革”开始后，因为他出身好，是红五类，被选为清理阶级队伍的积极分子，有一次在写大字报时，不小心漏掉了一个字，革命大字报就变成反动大字报，由于笔误被打成反革命，下放到潜江五七干校。侯院长那时被打成走资派也在干校劳动，群众与领导近距离接触，干群关系反而更亲近了。1972 年，有一批干校劳动的学员要召回院，程国柱也名列其中，但他咽不下这口气不愿回来，适逢安庆要建炼油厂，他便要求到安庆去筹备建厂了。由于他工作出色，被任命为副厂长兼总工程师。1990 年他出差北京来院里与老同事聊天，与我谈起安庆炼油厂的发展规划，准备要与地方合资生产丙烯腈，但炼油厂催化裂化装置生产的丙烯太少，而用石脑油裂解又没有原料，加上投资太大也不可能。于是我建议他采用我院正在开发的催化裂解技术，用重油生产丙烯兼顾生产一部分汽油。他欣然接受了我的意见，并请老院长侯祥麟到安庆炼油厂实地参观视察。侯院长到安庆炼油厂参观过程中，李再婷又给厂领导把我院正在济南工业化试验的 DCC 技术作了介绍，大家觉得这是用重油催化裂解富产丙烯，是为丙烯腈提供原料最合适的途径。第一套催化裂解工业装置在安庆建设就这样拍

板定案了。

第一套40万吨/年催化裂解工业装置由我院提供设计基础，北京设计院BDI承担工程设计，从1992年开始设计施工，1995年3月24日开车成功，并于当年8月16日至18日进行了工业标定，处理量达到50万吨/年，丙烯产率为17%~18.6%。该装置投产成功不仅为催化裂解工艺技术的完善提供了经验，而且对提高我国石化工业经济效益具有重要意义。

## 四、催化裂解(DCC)成套技术成功走向国际市场

对催化裂解鉴定的评价，专家认为是国际首创，但是否真的是国际首创，还是要看在国际市场上是否有竞争能力来判断，这样才符合“实践是检验真理的唯一标准”的精神。开发成功的催化裂解(DCC)技术能否打到国际市场去？怎样才能打出去？当时大家心中都没有底，但是苍天不负有心人，经过大家的努力寻找机会，最后终于实现了。

事情要从引进技术谈起。1983年中国石化成立后，开始引进一些国外的先进技术。在炼油方面，总部决定从美国石伟(S&W)工程公司引进5套重油催化裂化，其中包括在武汉石化和福建石化的两套。总部要求我院参加部分引进工作，一方面是学习，另一方面是技术把关。在分析原料油和产品组成方面，要我们派人到美国去学习有机质谱分析方法。我派一室苏焕华去美国学习了3个星期，回国后由我院承担5套装置的分析标定工作。不幸的是在验收标定时达不到按合同规定的指标，双方僵持不下。这时我院参加讨论的李再婷同志，不但从物料平衡计算指出问题，还从氢元素平衡指出问题的本质，有科学依据指出问题的要害，迫使对方接受索赔，真是不打不相识。

在这期间，我们与石伟公司的技术人员接触较多，也给他们介绍我们正在开发的DCC技术，凭着他们对新技术的敏感和对国际市

场丙烯供求情况的掌握，他们表示，如果技术开发成功并有自主知识产权，他们愿意与我们合作，把 DCC 推到国际市场上去。因为我主持开发 DCC 技术，并在当时主管外事工作，听到这个消息后非常兴奋，在得到总部原则同意后，很快就与对方进行会谈。会谈由石伟公司的总裁强生先生(Axel Johnson)和我作为主谈。会谈的内容首先是 DCC 技术是否拥有知识产权，能否得到国际上同行的确认。事先我们已向美国申请该项技术的专利，但美国专利局迟迟没有回音。我们把此情况告诉对方，希望他们去了解情况，最好能协助催办一下。强生先生答应去美国专利局了解情况，过了一个月，对方来函告知我们的专利申请已收到，内容正在审查，他们要求中方有一个专家对专利申请内容再进一步确认，要写一个确认书，证明申请内容属实。换句话说，专利所提各项内容是实验室做出来的，不是构思出来的。要我们找一位专家签字，签字人必须对数据真实性负责，否则要承担法律责任。用一句普通话来讲，如果你有弄虚作假，你一到美国就按触犯美国法律论处。对于这种要求是否合理合法我不知道，但我们可以保证我们的数据是通过大量实验得到的，于是我把上述情况告诉我院程之光总工程师，他是美国博士，又在美国化工界工作过，于是请他签字证明，他听了以后毫不犹豫立即签了字。过了两周美国专利局就正式批准了，顺利度过了第一关。第二个棘手的问题是：石伟公司提出要独家代理，就是说 DCC 技术在国内转让由中国石化自己负责，在国外由石伟公司负责。

当时我担心两个问题，一是如果别的工程公司帮我们找到 DCC 潜在用户，而石伟公司找不到用户，那就把我们的机会给丢了，岂不可惜。二是如果别的代理商通过竞争能给我们更高的技术转让费，那我们不就亏了吗？在这点上双方僵持很久。Johnson 先生给我反复讲利弊关系，他说一个项目两家公司代理，互相压价的结果是你的专利技术转让费肯定要少了而不是多了。石伟公司作为国际上一个大的炼油工程公司，在代理转让技术方面有悠久的历史和良好的信誉。他打了个比方：RIPP 现在有一个姑娘要出嫁，她可以找很多小伙子跳舞，但最终只能嫁给一个小伙子。话讲得幽默但也不无道理。

与石伟公司 Johnson(左)洽谈 DCC 合作事宜(右二为汪燮卿)

还有一个问题是，我方提出要参加商务谈判，主要目的：一是学习，二是防止他们背着我们交易，使我们吃哑巴亏。这件事他坚决不让步，理由是商务谈判的内容很多，除技术转让外，还包括工程施工和银行贷款等很多问题，你们不便介入。我们对后面两个问题都作了让步，心里感到有点窝囊，最后我提出一条：如果双方协议签字生效后，在三年内你找不到用户，协议就自动废除，我方有权再找其他公司代理。没想到这最后一条，他倒很爽快地同意了。

协议的实质性谈判结束后，我心中有说不出的滋味，不能说是成功，也不能说是失败。最后由中国石化总公司科技开发部吴棣华签字才能生效。

令我意想不到的是，协议签字后不到两年，1994 年石伟公司就为 DCC 技术在泰国找到了用户——TPI 石油公司，为我国炼油成套技术出口创造了条件。TPI 是一家石油化工综合性企业集团，原油加工能力为 350 万吨/年。其催化裂解(DCC)装置是建设在泰国南部沿海罗勇(RAYONG)市的主要生产装置之一，设计加工能力为 75 万吨/年。该装置由美国 STONE & WEBSTER EGINEERING COPR 承包设计，其中 DCC 工艺技术是采用我们的专利技术(专利号为 ZL871054280 和 USP49800053)；该装置的反应器为提升管加密相床层，再生器为一段密相床烧焦。该装置使用的裂解催化剂是由齐鲁石化公司催化剂厂提供的开工剂 CRP-S 和正常生产用剂 CRP-1 催化剂。

装置于 1995 年开始建设，1997 年 7 月 9 日正式标定，结果显示，乙烯和丙烯产率分别达到 5.06% 和 17.43%，均达到了设计指标。

与泰国 TPI 公司达成 DCC 技术使用许可协议 10 年之后，2004 年又向沙特阿美石油公司转让了该技术，建设了一套 460 万吨/年特大型 DCC 装置。该装置是目前全球最大的 DCC 装置，于 2009 年 5 月一次开车成功，平稳运转了两年多时间后，该装置于 2011 年 10 月进行了性能考核标定，装置处理量达到 93000BPSD(465 万吨/年)、超过 92000BPSD(460 万吨/年)的设计值。结果显示，装置产物分布与设计值基本一致，聚合级丙烯和乙烯物流的实际产量分别为 100.54 万吨/年和 22.73 万吨/年，超过了分别为 95 万吨/年和 22.5 万吨/年的保证值；其余各项产物产量和产物性质指标也全部达到了技术许可合同的保证值。表明沙特 DCC 装置已全面达标，标志着 DCC 技术超大型化的全面成功，被国际上业界风趣地誉为“丙烯发生器”。

到 2014 年，又有三套装置分别在印度和泰国先后投产，生产能力总共为 590 万吨/年。

# DCC-Ⅱ型工艺

在成功地开发出以重质油为原料生产丙烯的DCC催化裂解技术后，二室谢朝钢为首的研究小组于1988年开始进行以重质油为原料直接制取异构烯烃的DCC-Ⅱ型催化裂解技术探索研究，目的在于提高汽油的品质，同时兼顾增产丙烯、异丁烯和异戊烯。为此，必须增加重油的一次裂化，增加汽油的二次裂化，抑制氢转移反应，增加催化剂的脱氢功能和提高异构烯烃在总烯烃中的比例。与DCC工艺比较，DCC-Ⅱ型反应器只是提升管，没有床层。反应温度介于催化裂化与催化裂解之间，在500~540℃，稀释蒸汽量和剂油比也介于二者之间。1990年在240千克/天中型提升管反应装置上对DCC-Ⅱ型催化裂解的工艺条件进行了试验研究，并成功地研制出了DCC-Ⅱ型催化裂解催化剂CIP-1催化剂。

在中型提升管反应装置上，对Ⅱ型催化裂解的工艺条件进行了优化研究。试验结果显示：提高反应温度，丙烯、异丁烯和异戊烯产率均有所增加；提高反应压力，异丁烯产率略有增加，丙烯产率也随反应压力提高而增加，但当压力超过一定值后丙烯产率反而下降，异戊烯产率随反应压力提高而有所下降，但当压力超过一定值后异戊烯产率却增加；反应时间对烯烃的影响与反应压力对烯烃的影响相同；剂油比提高，可以增加丙烯、异丁烯和异戊烯的产率；提高稀释蒸汽量，丙烯、异丁烯和异戊烯产率也都相应增加。

考虑到各个炼油厂对产品结构要求不同，在中型提升管反应装置上开发了两种典型的Ⅱ型催化裂解工艺操作模式。以大庆蜡油为原料，在中型提升管反应装置上，在最大化生产异构烯烃兼顾汽油操作模式下，Ⅱ型催化裂解可以得到11.29%的丙烯、6.20%的异丁烯，6.09%的异戊烯和42.45%的高辛烷值汽油；在最大化生产异构烯烃兼顾丙烯的操作模式下，DCC-Ⅱ型催化裂解可以得到14.29%的丙烯，6.13%的异丁烯，6.77%的异戊烯和39.00%的高辛烷值汽油。

在中试结果的基础上，总部决定我院与济南炼油厂和北京设计院共同组成一条龙攻关，仍由原催化裂解攻关组班子负责。1994年8月在济南炼油厂15万吨/年的催化裂化现有装置上，经过改造后，进行工业试验，运转了66天，结果显示：以临商蜡油掺脱沥青油为原料，丙烯收率12.52%，异丁烯4.57%，异戊烯5.78%，汽油40.98%。DCC-Ⅱ型催化裂解可在普通催化裂化装置稍加改造就可实现生产高辛烷值汽油的目的，异丁烯和异戊烯可作为醚化原料生产高辛烷值的汽油组分。

## MGG和ARGG工艺

MGG(Maximum Gas plus Gasoline)是多产液化气和汽油的催化裂化家族工艺，用各种重减压馏分油、掺渣油、脱沥青油或焦化蜡油为原料；ARGG(Atmospheric Residuum Maximum Gas plus Gasoline)是以常压渣油为原料的MGG工艺。1986年以二室霍永清为首的研究题目组开题，在实验室小型和中型装置上，进行多产液化气催化裂化的探索试验，得到肯定的结果后，于1989年开始了工艺、催化剂层面上，对活性组分评选与催化剂制备、工艺参数、原料及产品分布、产品质量等多方面的系统而广泛的探索及试验研究工作。

1992年2月MGG工艺及其所用的RMG催化剂分别通过了中国石化总公司组织的中试技术鉴定。认为该项技术为发展炼油和石油化工的结合提供了一条新的、有效的途径；中试数据齐全，可靠；建议尽快进行工业试验及推广使用。同时该项目被列入总公司重点科研开发项目和“十条龙”攻关项目，并成立了由总公司生产部、发展部、石油化工科学研究院和兰州炼油化工总厂领导为组长的MGG技术工业试验领导小组。攻关组由我和兰州炼油厂副厂长方纪才分任组长和副组长，成员有霍永清、徐世泰、金文琳和潘煜等同志。总公司发展部李健副总工程师在攻关现场协调运行。

1992年8月在兰州炼油厂讨论MGG工业化试验开工方案(右四为汪燮卿)

1992年4月中国石化总公司审查通过了兰炼第一套催化裂化改为MGG装置的可行性研究报告。1992年6月底，对兰炼第一套催化裂化装置进行了停工改造，于7月30日开始了MGG工艺技术的工业试验。经过3个多月的工业运转，采用提升管反应器，使用RMG和RAG系列催化剂，反应温度510~540℃，最大量生产富含烯烃(尤其是丙烯)的液化气和辛烷值高、安定性好的汽油的新工艺技术。液化气产率可达25%~40%，汽油产率40%~55%，液化气加汽油产率 70%~80%，液化气和汽油产率的比例可以用不同的操作条件来控制和调节。汽油 *RON* 一般为 91~95，*MON* 为 80~82，诱导期 500~900 分钟。RMG 催化剂重油裂化能力强、水热稳定性好、抗重金属能力强，具有特殊的反应性能、良好的活性和烯烃选择性。该工艺的主要特点是：油气兼顾，原料广泛，高价值产品产率高和产品灵活性大等。

在兰州炼油化工总厂 MGG 装置开工现场(左一为汪燮卿)

一次开工和试验成功，经过四次试验标定，装置已转入正常生产，各项技术经济指标达到或接近设计值，达到了工业试验的预期目的，取得了较好的经济效益及社会效益，并于 1992 年 12 月通过了中国石油化工总公司的工业技术鉴定。

在 MGG 成套技术的基础上，石科院进一步研究开发了以常压渣油为原料的工艺和催化剂，又称为 ARGG 工艺技术。ARGG 工艺技术经过小型、中型试验研究，于 1993 年 7 月底在扬州石油化工厂建成第一套 7 万吨/年小型工业试验装置，经过运转和标定基本重复了中型试验结果，达到了预期目的。石油化工科学研究院、扬州石油化工厂、齐鲁石化公司催化剂厂和洛阳石化工程公司等单位共同完成了这次工业试验。1994 年通过了中国石化总公司技术鉴定。MGG 是以蜡油或掺炼一部分渣油为原料，大量生产液化气和汽油产品的工艺技术；ARGG 则是以常压渣油等重质油为原料，多产液化气和汽油的工艺技术。就如同馏分油或掺部分渣油催化裂化和常压渣油催化裂化一样，二者有不少相似之处，但在操作、工艺条件、催化剂、装置、工艺工程等方面有许多不相同的地方。引起这些差别的主要原因是原料性质的变化，特别是残炭、重金属、杂质、胶质、沥青质及沸点大于500℃馏分的增加，要求工艺、装置及催化剂有适宜的工况、良好的重油转化能力及抗重金属污染能力等相应的技术与措施。

1998年6月在原岳阳石化总厂建成投产第一套80万吨/年大型工业化装置。石科院由我带领霍永清等同志作为技术转让方参加开工，开工的主要任务由长岭炼油厂承担。

MGG工艺技术的主要特点是：

1）油气兼顾，油化结合。在高的液化气和汽油产率下，同时可以得到好的油品质量，特别是汽油的质量，相当或优于催化裂化的油品性质。

2）原料广泛。可以加工各种原料，特别是可以加工掺渣油、常压渣油或者原油等重质原料，尤其适合于加工石蜡基原料。

3）高价值产品产率高。液化气加上油品产率可以达到80%~90%，液化气加上汽油产率可以达到70%~80%。

MGG(ARGG)工艺和RMG、RAG催化剂已分别获得中国、美国的专利授权，并获得中国专利十年成就展金奖，中国专利局和世界知识产权组织专利金奖，中国石油化工总公司科技进步特等奖及国家科技进步二等奖等多项奖励。

1993年4月王亚民在美国休斯敦AIChE年会上作MGG工艺的学术报告。

1995年日本千代田工程公司总裁中村宗和来我院访问，我向他介绍了MGG工艺多产优质汽油的特点，并与他签署了在国外代理我院转让MGG工艺的备忘录。

# MGD 工艺

多产液化气及柴油催化裂化技术 MGD(Maximum Gas & Disel Fuel process)是针对二十世纪九十年代，国内许多地区经常出现季节性的汽油市场饱和、液化气和柴油产品短缺，许多炼油企业希望能够在催化裂化装置上同时多产液化气和柴油，以增加企业适应市场变化的能力，从而增加企业的效益而开发。它满足对汽油质量升级急需和市场提高柴汽比的需求。它使用分段进料，在提升管反应器中形成多个反应深度不同的区域，原料可按轻重、裂化性能和反应深度的不同，在不同区域进行选择性裂化和控制汽油裂化反应，最大量生产液化气和轻柴油而区别于前述两大炼油技术。

特别是从 2000 年 7 月 1 日起，我国陆续开始实施新的车用汽油标准，要求汽油中的烯烃含量大幅降低。当时炼油企业开始有了汽油质量升级的趋向，要求我们院的科研团队，根据企业降低催化裂化汽油烯烃含量的迫切需求，抓住时机开发在提升管催化裂化装置上可同时增产液化气和柴油、又降低汽油烯烃含量的技术。该技术可选择不同生产方案，灵活调整产品结构，多产液化气、丙烯和柴油，或降低催化汽油的烯烃和硫含量，提高汽油辛烷值，因此受到全国炼油企业普遍关注。

MGD 技术的关键，在于对汽油反应区汽油裂化反应规律的认识，操作参数的优化，及其对提升管反应器总产物分布和产品性质影响的认识，重质油及轻质油反应区操作参数的同步优化的掌控。针对 MGD 技术的特点，陈祖庇的科研团队通过担体改性、沸石酸性调变和选用合适的择形沸石，研制了专用 RGD 催化剂。

工业试验是在广州石化公司和福建炼化公司催化裂化装置上进行的。1999 年 4 月按照 MGD 技术要求，对广州石化公司设计处理能力为 100 万吨/年的重油催化裂化装置进行了技术改造，2000 年 4 月开始使用 MGD 专用催化剂 RGD-1，2000 年 6 月 RGD-1 催化剂占装置系统藏量 85%时进行了技术总结标定。同年 9 月福建炼化公司处理能力为 150 万吨/年重油催化裂化装置也进行了 MGD 技术改造，11 月底在装置系统中 RGD-1 催化剂占藏量比例达到 55%以上时进行了技术标定。二者均达到了预定目标。MGD 技术在广州石化和福建炼化催化裂化装置上成功工业应用之后，陆续有 37 套催化裂化装置采用 MGD 技术进行改造，涉及各种催化裂化装置型式和不同种类的原料油，总加工能力达到 3500 万吨/年。石科院一时门庭若市，企业咨询服务应接不暇。

## MIO 工艺

1992 年石科院根据世界各国政府保护环境的战略，预测我国今后有大量需求清洁汽油的市场前景，必须添加甲基叔丁基醚(MTBE)和甲基叔戊基醚(TAME)等清洁汽油的关键组分，其原料为异丁烯和异戊烯，通常催化裂化装置的异丁烯产率为 1%~2%，异戊烯的产率为 2%~3%，远不能满足市场的需求。因此，开发最大量生产异构烯烃(Maximizing Iso-Olefin process)的催化裂化技术(简称 MIO 工艺)，就显得十分必要。为此，以钟孝湘为首开展了该课题研究。目的要求通过开发新型催化材料和催化剂，使催化剂与工艺相配套，成为工艺技术上有突破的炼油技术。

在兰州炼油化工总厂 MIO 工艺的工业试验现场(左四为汪燮卿)

从 1992 年至 1995 年，开展了大量的基础工作，包括催化剂配方研究、MIO 工艺中小型试验研究、中小型催化剂评价等。1995 年 MIO 技术被列入国家计委重点科技攻关项目，同年 3 月至 6 月，MIO 工艺技术在兰州炼油化工总厂开始进行工业试验。多产异构烯烃的催化裂化新技术及多产异构烯烃的催化裂化催化剂两项成果于 1997 年 4 月通过了中国石油化工总公司技术鉴定。多产异构烯烃的催化裂化新技术，以常规催化裂化进料(包括重质馏分油掺炼部分减压渣油)为原料，使用石油化工科学研究院研制，齐鲁石化公司催化剂厂工业生产的 RFC 专用催化剂，采用特定的反应技术，在特定的工艺条件下，达到多产异构烯烃(异丁烯、异戊烯)和高辛烷值汽油的目的。专家鉴定意见认为：采用 RFC 催化剂及 MIO 工艺，在加工蜡油和蜡油掺渣油原料时，可提高气体烯烃度和重油转化率，并可抑制氢转移反应；所提出的异构烯烃潜产率模型对研究有指导意义。在兰州炼油化工总厂40万吨/年装置上进行以加工新疆油为主要原料的工业试验(掺炼20%~30%减压渣油)时，$C_4$、$C_5$异构烯烃产率达到10.18%，丙烯+异构烯烃产率达到20.41%，平均异构烯烃产率比常规催化裂化操作增加1.45倍，汽油的*RON*增加了3个单位以上，同时93号汽油产率可达到40.74%，属国际先进水平。

1994年4月，钟孝湘副总工程师在美国亚特兰大召开的AIChE春季年会“亚太地区炼油和石油化工进展”分组会上，作了“从重质原料生产优质发动机燃料和轻烯烃”的学术报告，介绍了MIO工艺的特点，受到与会者的赞许。

## CPP工艺

早在二十世纪五十年代，在石油化工开始发展的初期，人们就注意到能否用重质石油组分作原料，以生产乙烯、丙烯等轻质烯烃。最有代表性的是德国鲁奇公司开发的砂子炉裂解技术。1964年7月中国技术进出口公司与联邦德国鲁奇矿物技术有限公司签订合同，引进年产乙烯3.6万吨/年的砂子炉石油裂解装置，建在兰州石化公司。1965年3月签署砂子炉初步设计协议书，1970年4月5日砂子炉建成投产，在国内首次实现重质油裂解制烯烃的工业化生产。砂子炉裂解的主要优点是可以避免使用昂贵的耐热合金钢，能够采用重质原料油，甚至原油作为裂解原料。但缺点是在相同原料下裂解主要产品的产率比管式炉裂解低，设备繁多，操作复杂，能耗高，并且不断外排含油废砂，污染环境。该技术最终被淘汰。

在1958年“大跃进”的年代里，“小土群”纷纷上马，炼油搞煤成堆干馏，石油化工则掀起用蓄热炉裂解重油制乙烯，但由于技术落后，产品质量差被淘汰。

在以后石油化工大发展的年代里，以石脑油为原料的蒸汽裂解技术得到飞速发展，成为生产轻烯烃的主宰技术。直到二十世纪六十年代炼油技术中流化催化裂化工艺中采用了具有规则孔道的沸石作为催化材料，成为世界炼油技术的重大突破。这一突破形成了一个连锁反应也对石油化工界以启发，特别是Mobil公司研发成功的择形催化材料ZSM-5，其结构已在1978年由Mobil科学家作了报道。由于它的特殊孔结构，使烃类在催化裂化过程中高选择性地多产丙烯，与流化催化裂化采用Y型分子筛作催化剂相结合，为重质油裂解生产轻烯烃，特别是丙烯，开启了新篇章。但要重质油多产乙烯还有难度，这可以从正碳离子的反应机理得到解释。因此，前人主要把研究重点放在金属氧化物催化剂的研究，试图达到多产乙烯的目的。

采用金属氧化物或其混合物作为裂解反应制乙烯的催化剂，可以降低反应温度，减少结焦，提高乙烯收率，而且原料的适应性也得到改善。金属氧化物在反应中一方面起到热载体的作用，更重要的是起到促进自由基初始反应的作用，使原料转化率增加，从而使目的烯烃的收率得到提高。日本东洋工程公司开发的THR(Total Hydrocarbon Reforming)工艺过程是一种以重质油为原料催化转化生产轻烯烃的过程，所用的催化剂主要成分$Ca_{12}Al_{14}O_{33}$及$Ca_3Al_2O_6$。美国石伟工程公司开发的QC(Quick Contact)技术是在催化裂化的基础上，采用下行式反应器以及独特的混合和气固分离设备，制取轻烯烃的技术。可以加工重质原料油，停留时间可控制在0.2秒之内，反应温度为800~1000℃。德国科学院柏林化工研究所开发的TCSC(Thermal-Catalytic Steam Cracking)技术采用固定床反应器加工常压瓦斯油（AGO）和减压瓦斯油（VGO），所用的主催化剂为氧化钙/氧化铝，助催化剂为钒酸钾，可以提高乙烯产率。

这些工艺虽然都可以加工重质原料，但反应温度都超过800℃，并且都还未工业化。

我们在催化裂解DCC开发成功的基础上，研发成多产丙烯的催化材料，但要多产乙烯，原有的催化材料尚不能满足要求。因此，必须在原有的基础上，寻找新的催化材料就成为关键。

（1）沸石材料的合成、筛选和改性

众所周知，轻质原料生产乙烯，是通过热裂解反应进行的，而热裂解属于自由基反应。催化裂解是在沸石的酸性中心上发生的，使烃类以正碳离子机理进行裂解反应，但是由于正碳离子的反应行为偏向于裂解产物以丙烯、丁烯为主，乙烯较少。根据文献报道，要多产乙烯，必须用高硅铝比的沸石，以降低酸中心的密度，控制氢转移反应，以提高产物中烯烃的选择性，并采用中孔或小孔的沸石，通过其择形作用增大乙烯的选择性；或在沸石上交换金属离子或负载金属氧化物，改变其表面的酸性和酸中心分布，抑制氢转移反应，来改善乙烯等烯烃的选择性。为此，在1993年我指导硕士生苏朝晖对《催化裂解制乙烯催化材料的初步评定与探索》这一课题研究中，发现含碱金属的沸石有自由基裂解提高乙烯收率的趋势，而在NaY和层柱累托石中引入钾离子乙烯收率也有所提高。1995年我指导博士生刘鸿洲开展《催化热裂解催化材料的探索及相应微反评价装置的建立》课题研究，发现烃类在碱性材料上可进行自由基反应，但并不意味碱性催化剂是自由基产生的原因。在ZSM-5沸石中引入过渡金属，特别是引入银离子后，乙烯产率提高，而丙烯产率未变，说明银能促进正碳离子的生成，又能通过氧化-还原反应，促进自由基的形成。1998年我指导博士生柯明研究“催化裂解制乙烯催化新材料的探索”。为了增加乙烯的产率，沸石的孔径大小是重要因素，中小孔沸石对乙烯的选择性比大孔好。在高温高转化率条件下，乙烯的选择性随 ZSM－5 的硅铝比增加而提高。用磷对 HZSM-5 改性，结果可以阻止分子筛骨架脱铝。提出了用磷改性分子筛表面结构模型。表明将 ZSM－5 用磷改性是一种多产乙烯的途径。

我院以舒兴田为首的团队在开发成功 ZRP 沸石的基础上，用 Mg 离子改性得到 PMZ 沸石作活性组元的催化剂，其乙烯产率、乙烯选择性和乙烯/丙烯比明显提高。PMZ 沸石上 L 酸/B 酸的比值是母沸石 ZRP 的 1.5 倍。试验结果表明，随着催化剂中氧化镁含量的增加，乙烯和丙烯的产率也随之增加，其中乙烯的增加幅度更大。这主要是因为氧化镁的加入，促进了自由基反应，从而使得乙烯产率大幅度提高。

通过对催化剂活性组分、基质及其制备工艺的系统研究，石科院开发成功适合催化热裂解工艺要求的 CEP 催化剂。该催化剂主要具有以下特点：①采用 Mg 改性沸石作为活性组分；②沸石预水热活化处理，提高其裂化活性和水热稳定性；③基质活化处理，增加催化剂的重油转化能力；④采用双黏结剂新工艺，增加催化剂的耐磨性能。

在这样的科技成果背景下，利用重油催化热裂解工艺可以成为蒸汽热裂解制乙烯技术的补充。重油催化热裂解具有自由基反应和正碳离子反应的特点，除多产乙烯外，还兼顾丙烯的生产，从而可根据市场的需要，通过调节催化剂配方和操作条件，灵活地多产乙烯或多产丙烯。

（2）中型试验

使用催化热裂解专用催化剂 CEP－中－15，在中型提升管装置上，以大庆蜡油掺 30%减压渣油为原料油，在反应温度 620℃、剂油比 22.5、油气停留时间 2.1 秒、反应压力 0.07 兆帕(表)、注水量 57.0%的条件下，乙烯产率为 24.27%，丙烯产率为 14.70%，乙烯、丙烯和丁烯三烯总收率为 45.73%，焦炭和甲烷产率分别为

8.00%和11.19%。在反应温度640℃、剂油比32.9、停留时间2.1秒、反应压力0.07兆帕(表)、注水量54.30%的条件下，乙烯产率为22.82%，丙烯产率为15.96%，三烯总收率为46.98%，焦炭和甲烷产率分别为8.51%和11.70%。1999年7月通过中国石化技术开发中心的鉴定，认为CPP工艺拓宽了乙烯和丙烯的原料来源，是催化裂化家族技术的新发展，在催化热裂解制乙烯技术的领域中，具有国际先进水平。

（3）脱除再生催化剂携带烟气的研究

由于催化热裂解的反应温度低于650℃，再生温度低于760℃，在反应-再生系统设计时可以采用常规催化裂化装置的材料即可满足要求，而无需采用昂贵的合金钢材料，因此现有催化裂化装置进行适当改造即可实施。

但在催化热裂解过程中，由于使用重质原料以及连续反应-再生操作，特别是因为大的剂油比，再生催化剂会携带燃烧废气进入反应器，原来催化裂化用水蒸气汽提装置不能满足要求，从而会增加后续分离和回收系统的难度。因此需要对再生催化剂脱烟气装置进一步改进。1997年，我指导鲁维民博士生开展“脱除再生催化剂携带烟气的研究”，提出了一种再生催化剂快速汽提脱气技术，即在脱气罐中设置内外环挡板和中央脱气管，汽提蒸汽从外环挡板下方的盘管引入后穿过该挡板上的孔与催化剂接触进行汽提置换。置换出的烟气和剩余的水蒸气向上流动进入上部内环挡板下方，内环挡板不开孔，气体从内环挡板下方脱气管的开孔部位进入脱气管中，向上流动到密相床层以上，达到控制水蒸气与催化剂密相床层接触时间的目的。采用该结构多级串联的方法达到所要求的烟气脱除率，比无内构件时的脱气效率提高40%，根据实验和模拟计算结果，建立了多级错流短接触汽提方法的工业应用原则和工艺设计方案。

（4）工业化试验

CPP的工业化试验是由中国石化石油化工科学研究院、中国石化北京设计院和中国石油大庆炼化分公司三家合作进行的。在大庆炼化将一套12万吨/年的DCC装置和15万吨/年的气体分馏装置，改造成为8万吨/年的CPP试验装置，于2000年10月30日进行反应系统喷油，实现开车一次成功，从2000年11月28日至2001年1月10日完成所有工业试验标定项目，共运行75天。以大庆常压渣油为原料，用专门开发的CEP催化剂，标定了三个方案：即多产丙烯、兼顾乙烯和丙烯及多产乙烯。主要操作条件参照中型试验结果，反应温度在580~650℃，再生器温度在700~750℃，注蒸汽量30%~50%，反应时间约为2秒，剂油比12~25。丙烯方案操作时，乙烯、丙烯和丁烯的收率分别为9.77%、24.60%和13.19%；中间方案分别为13.71%、21.45%和11.34%；乙烯方案分别为20.37%、18.23%和7.52%。

2002年在圣安东尼奥AIChE年会作CPP技术报告

我于2002年3月在AIChE春季新奥尔良年会上宣读了论文《催化热裂解(CPP)——重油催化裂化向生产乙烯和丙烯的飞跃》，获得与会者的赞许。美国《烃加工》杂志2002年8月在创新版，刊登了中国石化石科院开发成功CPP的报道，题为《重油加工生产烯烃的新工艺》，摘要如下：中国石化石科院（RIPP）开发成功用重油催化多产乙烯和丙烯的新工艺。催化热裂解工艺 CPP 用常压渣油、VGO 和减压渣油为原料，生产轻质油品，特别是轻烯烃（乙烯和丙烯）。该工艺提供了一个用低成本石蜡基重油生产高附加值轻烯烃的方法。该工艺类似于流化催化裂化，但用特殊设计的具有正碳离子和自由基离子反应机理的沸石材料。工业化试验在中石油大庆炼油厂运行，结果令人鼓舞，CPP 是重油加工向石油化工的进一步延伸。

（5）在沈阳石蜡化工厂建成第一套 CPP 工业装置

为了把 CPP 工艺推向工业化，我在 2003 年 8 月 25 日给国家发改委张国宝副主任写了一个报告，内容如下：

国家发改委张国宝副主任：

感谢您 7 月 25 日来信对我在《中国石油天然气工业中长期发展规划》（草稿）所提意见的高度评价，现在我正从事工程院《中国可持续发展油气资源战略研究》的部分工作，相信这二者的结合会使规划工作做得更好。

我想借此机会向您推荐用重质石油组分生产乙烯和丙烯的催化热裂解（CPP）技术。这是一项具有自主知识产权、花了十多年开发成功的技术，经过 2001 年在大庆工业化试验成功后，需要有一个示范性的工业装置运行。该技术开发成功后，受到国际同行的关注，美国《烃加工》杂志专有报导，美国著名的工程公司 SWEC（石伟）愿在中国境外作独家代理，并与用石脑油作原料的蒸汽裂解制乙烯技术作了技术经济对比，认为其由于原料价格便宜并多产丙烯而具有优势。鉴于该技术的重要性，中国石化没有同意给他们在国外独家代理，这无疑是正确的。但更重要的是需要有一套示范性工业装置，因此发改委的领导和支持是至关重要的，我们有可能开创出一条除石脑油以外符合我国国情的生产气体烯烃的技术路线。

以上建议如有不妥请指正。

顺致

夏安！

汪燮卿

2003年8月25日

使我意想不到的是张国宝副主任当天就作了如下批示："请告汪燮卿同志，已准备在沈阳石蜡化工厂应用此技术。25/8。"

2004年8月12日，国家发展和改革委员会(发改工业〔2004〕1650号)正式批复辽宁省发展改革委关于沈阳石蜡化工有限公司催化热裂解CPP和聚氯乙烯项目。沈阳化工集团沈阳石蜡化工有限公司(SPCC)50万吨/年催化热裂解(CPP)制乙烯装置于2009年7月建成投料试车，并一次开车成功。经过几个月的生产运行和调整优化，CPP制乙烯装置运行平稳。于2010年3月22日至3月25日，由沈阳化工集团沈阳石蜡化工有限公司、中国石油化工股份有限公司石油化工科学研究院(RIPP)、中国石化工程建设公司(SEI)三家联合组织对CPP制乙烯装置开展为期三天性能考核标定工作。

性能考核期间主要产品收率：标定期间乙烯产率为18.32%，丙烯产率为21.58%，乙烯、丙烯产率总和为39.90%，达到性能保证指标。

由国家发改委组织专家于2010年4月20日至4月22日对CPP装置运行情况进行考核，工业应用得到如下结论：

沈阳石蜡化工有限公司50万吨/年催化热裂解(CPP)制乙烯装置工业运转及72小时性能考核结果表明：

1）CPP装置反应-再生系统催化剂流化正常，整套工艺流程配置合理，操作稳定，调节灵活。

2）CPP装置的乙烯产率为18.32%，丙烯产率为21.58%，乙烯加丙烯产率为39.90%，超过装置性能保证值(36%)；产品乙烯

1994年10月24~27日在北京召开的DCC、MGG、MIO技术研讨会
（左三为汪燮卿，右三为李大东院士）

纯度超过99.99%，产品丙烯纯度超过99.9%，乙烯产品质量达到优等品指标，丙烯产品质量达到优等品指标。

3）CPP装置工业运转表明，该工艺技术成熟可靠，开辟了一条以石蜡基常压渣油为原料生产乙烯、丙烯的新工艺路线。

4）裂解气精制与分离系统流程配置合理，满足聚合级乙烯、丙烯的生产要求。

到2014年7月，延长石油公司有一套150万吨/年的装置，按CPP工艺操作条件多产乙烯和丙烯方式投产。

# 第十一章

# 创新是责任<br>创新是兴趣

党中央提出“创新驱动发展”很正确。

人类社会的发展是靠创新实现的，创新是千百万人的辛勤劳动实践的结果。那驱使人们去创新的动力是什么呢？我想其中至少有一条，那就是有兴趣和推动力。食不果腹时人们主要是想要吃饱肚子，那是为了生存而创新。从茹毛饮血到吃熟食则是人类历史上里程碑式的创新，其关键技术是钻木取火。从钻木取火到击石取火则不能说是原始创新，但它大大地提高了取火的简易性。何时发明击石取火我未考察过，但到二十世纪三十年代，在我们农村老家还有用击石取火的。在我六七岁时，我和外公外婆睡在一张床上，早上起来烧火做饭，就用击石取火办法，他用一块专用的石头叫火石，把一根捻好的烧纸紧贴在火石上，然后用一块厚铁板不断猛击火石，当火花碰上纸时就把纸点燃了。击石时发出的那种咔嚓咔嚓声对小孩来说很有趣。当然，那时城里人大多用火柴了，我们叫它为“洋火”，因为农民穷买不起，只好用击石来取火。

饱食终日、无所用心是无从创新的。在人们生活条件基本满足后，要把创新作为一种兴趣来培养。因为对某件事有了兴趣才会有灵感，有了灵感才不会因循守旧，才能创造新事物，开辟新天地。

我老家住在农村，过春节时家家户户都要在门上张贴春联，我还记得有一幅春联很耐人寻味：海阔凭鱼跃，天高任鸟飞。我们要创造这样一种社会环境和气氛，让人们海阔天空、自由自在地去思考问题。要有点“异想天开”的精神。“异想”天不一定能开，但不异想天肯定开不了。

以下就是我在科研实践中的一些想法和做法，只是在炼油技术上添砖加瓦而已。

# 开发含酸原油直接催化裂化工艺（RACC）

闲时不免有暇想，根据石油的有机成因学说，石油是亿万年前的生物，通过埋藏在地下，受到温度、压力和地质条件的作用后形成的。也就是原来的碳水化合物变成了碳氢化合物，把氧去掉了，形成天然气和石油，当然也可形成煤炭。

相同碳数的碳氢化合物与碳氢氧化合物相比，表现在物理性质上的差异非常明显。首先拿一个碳的化合物来说，它的碳氢化合物是甲烷，是天然气的主要组分，它的沸点是-161.4℃，而同一碳数的甲酸沸点是100.5℃，二者相差262℃；两个碳的乙烷沸点是-88.6℃，而同碳数的醋酸是+118.4℃，二者相差200℃。到了碳六，正已烷沸点是68.7℃，而正已酸的沸点在10毫米汞柱压力下仍高达265℃。粗略地说，相同碳数的有机酸比烃类沸点要高200℃以上。这是自然界的客观现象，看起来偶然但却很有趣，它启发我去推论和延伸到石油的组成与沸点的关系，就是石油中的有机酸类物质比相同碳数的烃类物质的沸点要高200℃以上。这种推想是否正确，还需通过实验证明。为此，我在1996年给硕士生张青的研究论文题目为《孤岛混合原油中250～400℃馏分中石油羧酸的组成研究》。采用离子交换树脂富集孤岛混合原油中的石油羧酸，然后进行甲酯化形成相应的石油酸甲酯，再通过用四氢铝锂还原反应，最后将石油羧酸甲酯转化成相应的碳氢化合物。把这些碳氢化合物的混合物通过元素分析、红外光谱分析和质谱的电子轰击离子源

(EIMS)以及场解析离子源(FDMS)分析，得到了该原油中相同碳原子数的羧酸类的碳原子数分布，以及相应的烃类族组成。实验的结果证实了以上推论的正确性。

我又查阅了一些文献资料，总结了前人的研究结果，石油酸的结构和组成有以下特点：①石油酸主要是一元羧酸；②石油酸主要由脂肪酸、环烷酸和芳香酸组成，其中环烷酸占85%以上；③环烷酸包括一环、二环、三环和四环环烷酸，还有含芳环的环烷酸和带脂链环烷酸；④原油各馏分油中，单环及双环环烷酸的含量较高，馏分愈重，多环或带芳环的环烷酸含量愈高；⑤同一碳数的酸比相同碳数的碳氢化合物沸点要高200℃以上。

在炼油界，把总酸值大于1毫克氢氧化钾/克的原油称为高酸原油。现有含酸原油的加工方法通常是用常规原油的加工方法。含酸原油要通过常减压加热炉、塔、换热器和冷凝器等，会造成设备腐蚀，因此必须用耐腐蚀的合金钢材料，这样就会增加投资。中国海洋石油总公司在惠州有一座1000万吨/年的加工含酸原油的炼油厂，采用耐腐蚀的各种钢材，投资要大得多。其他大多数炼油厂都是采用将含酸原油与普通原油混炼的办法，以降低进料原油的酸值，再用“一脱四注”等技术措施，降低对设备的腐蚀，并加强安全维护，以实现正常生产。

那么，还有没有其他的加工技术路线呢？

得益于我在主持催化裂化家族工艺的开发工作中得到的启示，使我联想到：能不能把含酸原油不经过加热炉加热到350℃以上，避免对金属材质的腐蚀，而是把含酸原油通过换热，使原油温度达到200℃左右，那时石油酸还是以液相、均相状态存在原料油中，然后直接进入催化裂化喷嘴汽化和裂化。汽化后的石油酸接触到的是无机非金属材料催化剂，从而避免了对设备的腐蚀。

这个新想法能否成为一个现实的加工工艺，还要取决于石油酸催化裂化脱羧基的难易程度。如果相同反应条件下，与羧基相联的C—C键比同碳数烃类的C—C键更容易断裂，使羧基断裂变成二氧化碳气体逸出，那么这种催化裂化进料方式完全可以加工高酸原油，这就有可能在高酸原油加工工艺上另辟蹊径。于是我在2003年招了一名博士生傅晓钦，给他的论文题目为《高酸原油流化催化脱酸技术的探索》。

在正式讨论课题以前，我问他是否听过“哥伦布竖鸡蛋”的故事，他说没有听过。于是我就把这个故事的梗概讲了一遍，目的是要启发他科研工作中的想象力，敢于冲破常规去思考问题。

故事的梗概大致如下：在西班牙国王的支持下，哥伦布先后四次出海远航，开辟了横渡大西洋到美洲的航路。1492年10月，哥伦布终于发现了美洲大陆。在临行前，国王举行宴会为他饯行，作陪的有国王的亲信和大臣们。席间，国王令侍卫端来一盘煮熟了的鸡蛋，发给参宴的每一位客人，要他们把鸡蛋竖起来。大臣们小心翼翼用双手把鸡蛋竖了起来，一放手又倒下去了。国王心中暗自好笑，见哥伦布不动声色，于是也要哥伦布把鸡蛋竖起来。哥伦布毫不犹豫地把鸡蛋的一端往桌上一敲，鸡蛋就乖乖地竖在桌子上了。国王对哥伦布的智慧和决断行为大为赞赏。讲完故事后，我对傅晓钦说：“今天给你出的研究题目是把高酸原油直接催化裂化，就是要考验你有没有哥伦布竖鸡蛋的精神。”

我把研究的总体思路和要解决的技术问题向他讲了以后，请一室田松柏主任作为协助指导老师，为仪器分析提供指导；请二十六室侯栓弟主任为协助指导老师，为催化裂化工艺研究提供指导。

随着世界上石油资源开采量的增加，重质和劣质原油开采量也愈来愈多，据统计在2005年约占石油开采总量的5.5%。2005年我国高酸原油产量为6000万吨。高酸原油的性质大多属于环烷基-中间基或环烷基原油，也有石蜡基油，它的密度大于0.9克/厘米$^3$，为重质原油；残炭高到5%以上，而且镍钒等金属含量较高，轻组分含量低。正因为它是劣质原油，所以售价比较低，在高油价年代，每桶价格比常规原油要低10~15美元。由于含酸原油价格较低，如果采用合理的加工工艺，可以获得更高的利润，因此通常称之为机会原油。

问题是加工含酸原油我们要付出多少额外代价。炼油科技人员的任务是在加工过程中尽可能少付出代价，多获得利润。

与加工常规原油比较，加工高酸原油的问题：一是常减压蒸馏装置腐蚀严重；二是油品乳化严重，从而降低油品收率。另外在精制过程会产生碱渣污染环境。

如何避免加工高酸原油的腐蚀问题？要开发新型高酸原油加工工艺，首先必须认识石油酸腐蚀与温度影响规律。通过调查文献，发现有一个有趣的现象：在温度低于220℃时石油酸的腐蚀性极弱；高于220℃时，腐蚀随温度升高而加剧；在270~280℃，腐蚀性最强；在280~350℃范围内，随温度升高，腐蚀性下降；到了350~400℃，腐蚀重新加剧；超过400℃时，腐蚀明显减弱。这一现象或规律给我们一个启示：如果在加工时把高酸原油加热到220℃以下，并且只与高度分散的、呈流化态的催化剂接触，而不与金属材料接触，就能避免对金属材料的腐蚀。这就是本论文的创新核心。

傅晓钦的论文首先对我国蓬莱原油、苏丹高酸原油的柴油馏分和减压馏分油(VGO)的石油酸，用红外光谱、核磁共振、负离子电喷雾质谱等方法作了结构表征，得出以下结果：红外光谱和核磁共振碳谱表征结果表明，羧基与环烷环连接有两种方式，一种直接与环烷环相连，另一种通过1~4个亚甲基与环烷环相连，后者含量较前者高。负离子电喷雾质谱表征结果表明，石油酸类型有一环、二环、三环、四环、五环环烷酸和芳环羧酸，它们的碳数分布范围在$C_9 \sim C_{46}$之间。

用实验室小型流化床进行苏丹高酸原油的脱羧基试验，在反应温度480~550℃、空速$20h^{-1}$和剂油比3~20的条件下，得到了以下几点新认识：①高酸原油在高温(超过200℃后)条件下只与高度分散的、呈流化态的催化剂接触不与金属材料接触，避免了对金属的腐蚀。②催化裂化的脱酸率达到99%以上，避免了石油酸对后续加工设备的腐蚀和油品碱洗精制脱酸。③高酸原油中的轻组分降低了原料油的黏度，改善了原料油的雾化效果，同时轻组分中石油酸在此过程中一并被脱除。④石油酸与石油烃同时发生裂化反应，产品分布良好。

所开发的高酸原油流化催化脱酸工艺有以下几个优点：

1）高酸原油经过脱水脱盐预处理，加热到200℃后通过喷嘴被水蒸气雾化直接进入提升管反应器，不需要常规原油蒸馏过程中的加热炉和常减压蒸馏塔等设备，避免了高酸原油对设备的腐蚀。

2）在固体酸催化剂的催化脱羧作用下，高酸原油中石油酸的羧基转化成$CO_2$，而烷基部分保留，并以碳氢化合物形态再裂化成小分子。

3）反应产物不需要碱洗精制脱酸，相对而言减少了油品的损失，避免了油品乳化和产生碱渣问题。

经过对石油酸催化脱羧过程的分子模拟及试验研究，得到以下结果：对21个石油酸模型化合物的电荷分布进行分子模拟计算，表明石油酸具有相同的化学反应特性，因石油酸的电荷分布基本相同，负电荷主要集中在羧基上，羰基上的氧原子所带负电荷较多，约0.41单位羟基氧原子所带负电荷约0.33单位。石油酸中的C—O键比C—C键的键级高，说明C—O键较稳定而难以断裂；与羧基C相连的C—C键和其他C—C键的键级相比，其键级最低，最容易断裂。因此，石油酸的羧基易作为一个整体($CO_2$)从石油酸中脱除。石油酸催化脱羧反应能垒和热裂解反应相比，石油酸在酸性催化作用下脱羧反应较热裂解脱羧更容易进行；与催化剂上的Brönsted酸中心比较，Lewis酸中心脱羧效果更好。关于石油酸模型化合物的扩散能垒，分子模拟结果表明：大部分石油酸能够进入Y型分子筛孔道，四环以上的环烷酸较难进入；石油酸在Y型分子筛中的扩散能垒比β和ZSM-5分子筛低。

总之，固体酸催化剂含有的Lewis酸和/或Brönsted酸中心能够催化石油酸的脱羧反应，其脱酸率比热裂解高。

这些分子模拟所得的结果，还需要通过实验才能验证是否正确，因此进行了高酸原油流化催化裂化的中型试验研究。所采用的固体酸催化剂以Y型分子筛为主，以多得轻质油品，含ZRP和β沸石的催化剂可增加丙烯和汽油中烯烃含量，可作为催化剂的辅助成分，以多产低碳烯烃。高酸原油流化催化裂化中型试验研究结果：在反应温度510℃、剂油比为6、提升管停留时间为3秒的操作条件下，蓬莱高酸原油经固体酸催化裂化后，脱酸率超过99%；液化气收率为10%左右，汽油收率为35%～40%，柴油收率为28%左右，焦炭产率为9%左右。汽油、柴油和重油中的酸度或酸值符合相应产品的质量标准要求，不需要进行碱洗精制脱酸。汽油中芳烃含量相对较高，烯烃含量相对较低，经脱臭后可以作为90号汽油，也可以作为汽油调和组分。柴油凝点低于-50℃，十六烷值较低，经过加氢精制可以作为-50号优质柴油的调和组分。

中型试验结果表明，高酸原油流化催化脱酸技术是一种新型和实用的高酸原油加工工艺，避免了当前加工高酸原油所产生的设备腐蚀和产品精制问题。

这篇论文在2006年6月答辩通过以后，引起院领导的高度重视，认为有可能开辟一条高酸原油加工的新工艺，必须在此基础上进一步做工业化试验以验证它的可行性和经济性。当时正值高油价年代，含酸原油价格相对便宜，利润丰厚，总公司领导同意进行工业化试验。

高酸原油直接催化裂化脱酸成套工艺技术包括电脱盐单元和催化裂化单元两部分，工业试验于2006年11月在清江石化公司进行，用高含酸苏丹达混油做了两个月的工业试验，由我院毛安国、田松柏、侯栓弟、李本高等在现场直接指挥并参加工业试验。清江石化的一套小催化裂化装置建于1994年，设计能力为7万吨/年，同轴式外提升管结构。2003年扩能改造，能力达到13万吨/年。此次工业试验目的是：验证实验室和中试研究结果；验证高酸原油的脱盐脱水脱金属效果；验证直接催化裂化的脱酸效果；验证催化剂的重油裂化和抗金属污染能力；观测运行过程中原油系统对设备的腐蚀情况。最后为总部决策提供科学依据。

开发目标首先是生产酸值和其他指标合格的高价值石油产品和下游原料，解决高酸原油加工造成的常减压设备腐蚀问题；技术创新点是开发直接催化裂化脱酸成套工艺技术，这是高酸原油加工的世界级难题。其次，要针对高酸原油乳化严重、含水高、含金属高等特点开发专用破乳、脱水、脱金属剂。针对高酸原油馏分宽、金属含量高开发专用裂化催化剂。针对高酸原油有机酸随温度变化的腐蚀规律，优化换热网络和流程，避开石油酸对设备的腐蚀温度段。

工试方案：采用两种活性不同的催化剂(ARC-1S/ARC-1)，增强操作灵活性和装置适应性；确保重油转化能力和高价产品的选择性，降低催化剂使用成本。工试方案中的腐蚀性检测通过作铁平衡来考察原油系统的腐蚀状况。为了尽可能地取全、取准腐蚀数据，在原油进装置前(70℃)、脱盐前(140℃)、脱盐后(130℃)、进喷嘴前(200℃)等10个不同部位及对各液体产品、待生和再生剂进行取样，并采取高温在线测厚、氢通量和电感腐蚀探针等手段进行同步监测。

2006年在清江石化高酸原油催化裂化工业试验现场(右三为汪燮卿)

2006年11月25日前一切准备工作就绪。11月26日8：00高酸原油进电脱盐装置，11月26日16：00脱后原油盐含量3.98毫克氯化钠/克，水含量0.6%，污水含油量10.5微克/克。11月26日19：00脱后原油进催化裂化装置。2007年1月，进行了总结标定。2007年2月4日催化裂化单元停工检查腐蚀状况。2007年3~4月加工第二批高酸原油，高酸原油性质：密度0.9031克/毫升，酸值3.49毫克氢氧化钾/克，残炭7.79%，凝点34℃，盐含量44.6毫克氢氧化钠/克，水含量3.2%。

催化裂化装置的操作条件：处理量12.84吨/时，反应温度498℃，再生温度704℃，预热温度200℃，催化剂单耗2.4千克/吨。总计加工约4万吨高酸原油，历时4个月。

经济效益方面，按工业试验期间石油产品和原油采购价格计算，清江石化加工高酸原油与低酸重油原料相比，新增利税为1472.7元/吨，新增利润为1234.4元/吨。对100万吨/年的催化裂化装置，年新增利税为14.73亿元，新增利润为12.34亿元。

工业试验结论：开发的专用破乳剂和脱金属剂，具有较好的脱盐脱水脱金属效果，工业试验期间电脱盐单元的脱盐率为87.4%，脱水率为97.1%，脱钠率为92.7%，脱铁率为48.8%。提供了满足催化裂化工艺要求的原料。开发的专用裂化催化剂具有较强的重油裂化能力和抗金属污染能力，在平衡剂上污染金属总量为4%，其中金属镍含量达2.4%时仍表现出较好的高价值产品的选择性。催化裂化单元的脱酸效果优异，工业试验期间汽油的平均酸度为0.27毫克氢氧化钾/100毫升，柴油的平均酸度为1.8毫克氢氧化钾/100毫升，油浆的平均酸值为0.05毫克氢氧化钾/克，产品中的酸度(值)与常规催化裂化原料的产品结果相当，石油酸总脱除率达到99.8%。原油中的金属铁含量随流程无明显增加趋势，从原油系统的铁平衡和催化裂化单元停工后检测看，未发现异常的腐蚀现象。

工业试验验证了实验室的研究结果，完成了合同要求的开发内容和目标。高酸原油直接催化裂化成套工艺只脱除石油酸分子中的羧基，形成二氧化碳，保留了烃类，体现了原子经济的概念。

2009年3月18日《高含酸原油催化脱酸成套工艺技术开发》在总部通过鉴定，曹湘洪院士任鉴定委员会的主任，袁晴棠院士、侯芙生院士任副主任。鉴定结果认为：开发的高含酸原油直接催化裂化脱酸成套技术涉及电脱盐单元和催化裂化单元，包括新开发的原油破乳剂、脱金属剂、催化裂化脱酸专用催化剂和工艺流程优化等技术。该技术有效解决了高酸原油破乳难和脱金属难的问题，避免了高酸原油加工过程中的设备腐蚀和油品乳化；专用催化裂化脱酸催化剂在平衡剂上金属镍含量达到24000微克/克，金属总含量达到40000微克/克时仍表现出良好的活性稳定性和高价值产品选择性。该技术为加工高酸原油提供了一条目前世界上独有的技术路线，具有创新性和显著的经济效益。该成套技术申请国家发明专利13件，其中2项已授权。具有完全独立的自主知识产权和自由的运作权。

工业应用案例：高桥分公司Ⅰ套催化裂化装置的加工能力为90万吨/年，2007年10月，为了加工高酸原油，建成120万吨/年电脱盐装置，采用两级交直流电脱盐串联技术，为催化裂化装置提供原料。所用原料的性质为：密度(20℃)903.5千克/立方米，总酸值4.35毫克氢氧化钾/克。操作条件为：反应温度507℃，原料预热温度189℃，一再密相床温度688℃。结果表明，脱酸率99.34%，总液体收率大于81%，说明高酸原油的可裂化性能很好，高价值产品收率高。与加工常规催化裂化原料相比，加工高酸原油的利润增加155.18元/吨、税收增加51.73元/吨。

原油采购成本占炼油企业加工成本的90%以上，高酸原油直接催化裂化技术的工业应用成功降低了炼油企业的原油采购成本，扩大了原油资源的选择范围，增强了炼油企业的竞争力，同时也为解决高酸原油的加工提供了一条途径。

该项目获2009年中国石化集团公司科技进步一等奖、2009年国家能源局科技进步二等奖，2014年获国家专利优秀奖。

# 劣质重油裂化与焦炭原位气化技术RGCT

在催化裂化家族工艺技术开发取得成功后，我也退出了一线工作，唯一能做的事就是带研究生，把自己的一些研究课题和思路通过年轻人的研究实践来验证。

在炼油界的共识是要重点开发重油深度加工技术，特别是劣质重油的深度加工，以满足能源和石油化工原料的要求。在重油加氢领域，从固定床发展到沸腾床和浆态床来对付高沥青质和高重金属含量的原料油，这方面我没有基础。我认为把重质劣质原油采用“吃光榨尽”的方法值得商榷。用现有的技术去吃光榨尽是可以做到的，问题在于经济上是否合算，因为要把胶质、沥青质和有机重金属化合物脱除付出的代价太大，如果重质劣质油比一般原油的差价，小于加工付出的额外的代价，那在经济上就站不住了。我经常思考与催化裂化比较，劣质油需要开发一个新工艺或新技术去加工，要尽可能裂化重组分、多得轻质油，但在此过程中产生过量的焦炭是不可避免的，如何把过量的焦炭用好是大有学问可做的，当然首先是用在为裂化反应提供热量上，其次是把过量的焦炭用来造气生成一氧化碳和氢气，通过变换反应把一氧化碳转化成氢气，再用氢通过加氢精制来改善油品的质量。也就是说原料油的氢碳原子比小，油品要求的氢碳比大，我们是否可以把原料油中的过剩的碳原子通过气化产生氢气，用这部分氢来精制油品。因此新工艺的特点是炼油和石油焦气化一体化，目的是把这过剩的碳——石油焦，通过原位气化产生一氧化碳（CO）和氢气（$H_2$），然后通过加氢工艺来调配油品的氢碳比，在炼油工艺内部实现氢碳比的优化，我把这个新工艺叫作渣油裂化和焦炭原位气化技术 RCGT（Reside Cracking and Coke Gasification Integrated Technology）。具体地说，就是仿照流化催化裂化工艺来加工高胶质、高沥青质和高有机重金属含量的劣质原料，显然它与重油催化裂化有相同点也有不同点。相同点是它们都有反应和再生区，通过流化实现反应-再生系统循环。不同点有：①在再生区，除了要把接触剂上的焦炭通过氧气烧掉一部分以外，多余的焦炭要实现气化产生 CO 和 $H_2$，这是一个吸热反应。因此，焦炭燃烧所产生的热量既要供应重油裂化所需的反应热，还要供应气化所需的反应热。这两部分所需热量的供应能否在一个再生器内进行，还是需要按各自的特点分开进行，工程设计专家考虑可能更现实更合理。②过剩的焦炭可以用来造气，也可用在全厂公用工程提供蒸汽，或作为燃料气供应全厂有关所需热能的地方，应该根据全厂的实际情况而定。③由于原料的劣质化，催化裂化用的含分子筛催化剂将会在反应过程中结构遭到破坏，因此需要开发一种接触剂作为反应所需的载体，接触剂具有反应载体和能量传递的功能。同时还有一定的催化功能，能使原料裂化比现有的延迟焦化能产生更多的轻质油，而具有一定的寿命，不至于很快失活。④与现有的延迟焦化反应比较，在接触剂上的裂化反应是薄层反应，即难以挥发的重油在接触剂表面形成薄膜，因此开发具有促进催化和热裂化功能的接触剂材料十分重要。在热裂化条件下，产物能很快扩散离开反应区进入气相，通过减少二次反应以提高液体收率。⑤要考察重金属含量高对反应产物带来的负面影响，开发新的钝化材料，提高接触剂的耐受能力。

为了实现清洁生产和保护环境，高硫焦不允许出厂，要自我消化。现有技术就是把焦作为循环流化床锅炉（CFB）的燃料，可以称作异地燃烧。而 RCGT 则是原位气化。相比之下，异地燃烧就是延迟焦化的高硫石油焦通过水力除焦和水冷却，然后运到仓库储存，再磨成所需大小的颗粒料，最后运到 CFB 锅炉作燃料，这一个过程完全是耗能的，而仓库储存还占了很大的空间，这一过程是延长了时间，占了空间，消耗掉能量，而 RCGT 完全避免了这些环节，热的焦炭以微球状态直接燃烧和气化，应该说它是一个节能、降耗和清洁的生产过程。

但事物总有二重性，RCGT 也有不足之处。①为了节省投资，我们想尽可能用闲置的催化裂化装置，经过必要的改造作为反应、再生和气化装置来用。这样一来，气化的温度只能在 800℃ 以下，CO 的生成就受到热力学的限制。另外，为了使接触剂保持一定的活性，气化温度也不宜过高。②气化反应在常压下进行，与带压力气化比较，设备就显得庞大。

在 2003 年我把上述构思和技术方案向院学术委员会作了汇报，

该研究课题的出发点是为炼油厂提供氢源，解决催化裂化装置(FCCU)碳质过剩的问题，减少金属、硫和氮的污染，为焦炭甚至渣油的利用提供了一条新的合理加工技术路线。院学委会主任、主持人闵恩泽院士认为，这一课题虽然不确定性因素很多，风险很大，但属于导向性基础研究，是战略性题目，意义长远、重大，会上一致同意开展此项探索研究。

(1) 导向性基础研究

从 1999 年至今，我主要通过带研究生的方式开展工作。17 年中，我带了 10 个研究生，对 RCGT 进行研究开发。

1999 年，我给吴治国博士后提出的论文题目为《用 FCCU 焦炭在再生过程中制氢的探索》，协助导师为张久顺教授。主要目的是：如果催化裂化加工劣质原料，势必产生更多的焦炭，能否把这些过剩的焦炭通过原位气化的方式，产生 CO 和 $H_2$，再把其中的 CO 通过水煤气转化产生氢气，然后用这些氢气来精制二次加工的轻质油，以达到一个良性的效果。我给他的限制边界条件是：要能应用现有的催化裂化装置经过适当改造就能实现，再生温度不能超过 780℃，水蒸汽变换可在装置外进行。他做了两年的研究，认为从热力学和反应动力学研究结果来看是可能的，但要提高气体中 CO 的浓度，在 C、CO 和 $CO_2$ 共存条件下，必须提高再生温度，按照布杜阿反应平衡，如果在 750℃，$CO/CO_2$ 比例可达 3/1。

2007 年博士生门秀杰开展了《在劣质重油接触裂化接触剂上焦炭的气化反应探索》课题。研究当接触剂上的焦炭含量为 2%～3% 时，在 700～900℃缓和气化条件下，产生合成气的可能性。通过深入对比贫氧、水蒸气、$CO_2$ 与接触剂上焦炭气化反应特点，提出接触剂上焦炭气化反应的工艺条件为：以 $O_2$/水蒸气的混合物作气化剂，$O_2$ 体积分数为 16%～21%，气化温度 740～800℃，气化反应主要是氧与焦炭的反应，水蒸气承担稀释剂的功能。干基气体产物中 $CO+H_2$ 体积分数大于 50%，焦炭的气化强度为常规催化裂化再生过程烧焦强度的1/3。针对流化床焦炭气化反应可能发生节涌、沟流等特点，提出不应将接触剂上焦炭完全气化的思路。气化反应完后，接触剂上的焦炭质量分数控制在0.3%~0.6%，这样可以有效避免气化炉内的氧穿透接触剂的密相床层在稀相空间消耗$CO+H_2$，所选择的工艺条件兼顾了$CO+H_2$的选择性、焦炭气化强度以及接触剂水热稳定性三方面的要求。采用空气部分烧焦，氧和水蒸气气化过剩焦炭时，对再生后的接触剂用BET表面测试，X射线衍射（XRD），氨程序升温脱附（$NH_3$-TPD），透射电镜-能量色散X射线荧光光谱（TEM-EDX），扫描电镜-能量色散X射线荧光光谱（SEM-EDX）和X射线电子能谱（XPS）测试结果表明，800℃以上的高温水热环境对接触剂结构造成较大破坏。接触剂上焦炭主要为无定形碳，大部分位于孔径大于2纳米的孔道和颗粒外表面。焦炭层包覆于接触剂内外表面，一方面导致烧焦或气化反应过程中污染重金属造成的不利催化作用小，另一方面抑制了水蒸气对接触剂的硅铝结构的破坏作用。

2008年博士生张书红开展了《劣质重油接触裂化-焦炭气化一体化工艺探索研究》这一课题。以塔河常压渣油为原料，开展了在不同性能接触剂作用下的接触裂化反应规律的研究、待生剂上焦炭低温气化制合成气反应动力学研究、待生剂焦炭中硫在不同条件下转化规律的研究。研究结果表明：①在一定反应温度和时间下塔河常压渣油的转化率随接触剂的可接近性酸性位的增加而增加，接触剂的性质主要调变接触裂化反应中的二次反应及反应产物分布及产物性质。塔河常压渣油接触裂化总液体收率比延迟焦化高5.45个百分点；四种不同类型接触剂作用下，塔河常压渣油裂化反应生成的350℃以上馏分油中氢含量范围在10.01%~11.73%、残炭值在3.21%~4.71%、金属（Ni+V）含量在2.3~21.4微克/克、沥青质（正庚烷不溶物）含量低于0.7%，经过适当加氢处理，可作为催化裂化原料或加氢裂化原料。②研究了待生剂上焦炭低温气化制合成气的动力学参数，待生剂上焦炭气化制 $CO+H_2$ 时，适宜的气化温度在650~730℃之间。③待生剂上的硫在贫氧条件下气化结果表明，在气化温度650℃时，气化产物中的硫主要为COS和 $H_2S$，升高温度后主要为 $H_2S$。且随气化剂中水蒸气的浓度增加而增加，$H_2S$ 的生成速率与水蒸气的摩尔分数呈线性关系。贫氧气化时硫的气化速率低于碳的气化速率。采用具有适当活性和孔结构的接触剂进行接触裂化，待生剂上的焦炭在较低温度下气化的一体化工艺可以实现劣质重油的高效、绿色利用。

2009年，博士生张美菊开展了“劣质重油中镍、钒对接触裂化-气化一体化过程的影响研究”。采用高岭土、氧化铝和催化裂化平衡剂共四种接触剂，分别代表惰性剂、低活性剂和含分子筛接触剂。采用微反装置、固定流化床裂化装置、固定流化床气化装置，以及红外光谱、SEM、BET等方法，研究了镍、钒在四种不同类型接触剂上的沉积方式和对原料油的裂化和焦炭气化过程的影响机理。结果表明，钒可使高岭土和催化裂化平衡剂的晶体结构发生改变，活性急剧下降。氧化铝污染钒后相对稳定，沉积后的钒可以与接触剂形成新的B酸中心，使接触剂活性增加。重油接触裂化表明，氧化铝污染钒后，仍可得到较高轻质油收率和液体收率，对重油的脱碳脱重金属作用较好，具有一定的抗钒性能。高岭土污染镍后仍可得到较高的轻油收率和液体收率，对重油脱碳和脱金属作用较好，具有抗镍污染能力。接触剂上保留1%左右的焦炭可以降低钒的价态，钝化钒的脱氢和积炭效应，同时不影响接触剂的裂化性能。小型固定流化床实验表明钒可促进CO燃烧，对气化反应不利，镍对气化过程产物分布无明显影响。提出了适用的接触裂化-焦炭气化一体化工艺的接触剂，为今后研究和开发提供了技术支持。

2010年，博士生谭丽开展了“不同价态钒对重油裂化催化剂结构和性能影响研究”，协助指导老师是王子军、朱玉霞。通过课题研究，得到了以下结论：①建立了表征催化剂上钒平均价态的程序升温还原（TPR）方法和+4 价钒含量的电子自旋共振（ESR）方法。催化剂上钒还原温度为 480℃，说明存在形式与五氧化二钒（$V_2O_5$）纯物质不同。在 780℃水蒸气和氮气的无氧气氛下，催化剂上+5 价钒可转化为+4 价。②+5 价钒在高温水热条件下对两种催化剂结构的破坏作用均显著强于低价态钒。+5 价钒会引起接触剂在老化过程中比表面积显著下降，并可导致莫来石相的生成；钒价态降低后，比表面积下降幅度小，且老化后未检测到莫来石相。而对于催化裂化（FCC）催化剂，+5 价钒在老化过程中不仅会破坏催化剂的分子筛结构，也破坏基质结构；低价态钒对 FCC 催化剂结构的破坏作用小。③+5 价钒引起接触剂催化活性降低，促进脱氢反应；低价态钒影响小。对于 FCC 催化剂：+5 价钒对脱氢反应具有明显催化作用，而低价态钒影响小。+5 价钒对两种催化剂选择性的影响相似。反应产物中干气、塔底油和焦炭产率增加，液化气和汽油产率降低；裂化气中氢气含量增加；汽油馏分中异构烷烃和环烷烃含量降低，芳烃含量增大，烯烃含量变化不明显。④采用电子探针（EPMA）方法研究钒在催化剂内部的分布，谱图显示老化后催化剂中钒的分布与铝的分布相似，说明钒与铝可能存在较强相互作用。综上，采用降低钒价态的方法，可以解决钒对催化剂结构破坏问题和产物分布变差问题。

2011 年，博士生朱元宝进行了“钙、铁及多种金属对重油接触裂化-焦炭气化工艺过程的影响研究”，协助指导教师是王子军、朱玉霞。主要针对金属钙、铁以及多种金属共同存在时对该工艺中使用的接触剂及焦炭气化过程的影响展开研究，考察金属钙、铁及多种金属组合对接触剂物化性质、重油裂化产物分布及焦炭气化过程中有效气产率的影响，并探讨其影响机理，为改进接触剂和优化工艺提供基础。

采用人工浸渍方法制备了不同金属含量的接触剂样品，利用催化剂微反活性测定仪和小型固定流化床评价装置对金属污染样品进行了裂化性能评价，研究了金属对接触剂裂化性能的影响，并利用多种催化剂的表征技术探讨了金属的作用机理。利用石英管固定流化床反应器研究了金属对待生剂上焦炭气化生成合成气组成的影响，获得了金属作用下焦炭气化的表观活化能，并对金属的影响机理作了探讨。

钙污染对接触剂的影响研究表明，钙污染使接触剂的轻油微反活性下降较多，当钙含量达到2.0%时，微反活性损失50%以上。随着钙污染量的增加，重油裂化的轻油收率、液化气产率降低，蜡油收率和总液体收率增加，转化率降低，干气产率变化不大，焦炭产率略有降低，热裂化指数呈线性增长，生氢因子稍有下降。

铁污染对接触剂的影响研究表明，微量铁（小于0.5%）对接触剂微反活性影响不大；随着铁含量的增加，微反活性缓慢降低，至铁含量为2.0%时，微反活性下降约16.7%；重油裂化反应的轻油收率和液体收率降低，干气和焦炭产率增加，液化气产率和热裂化指数增加缓慢，生氢因子显著增加。

钙、铁污染对接触剂影响的机理研究表明，钙和铁都会使接触剂的比表面积和总孔体积下降，钙、铁沉积对接触剂的孔径分布基本没有影响，只是堵塞部分微孔；二者均能破坏接触剂的表面羟基结构，使总酸量降低；含量分别达到2.0%时，钙使接触剂总酸量减少18%，铁使之减少6.1%。环烷酸金属源污染接触剂，钙、铁均能沉积在接触剂的体相中，在表面没有明显的富集，与接触剂作用没有明显的新物相生成。

多种金属组合对接触剂影响研究表明，接触剂比表面积和总孔体积的减少主要是由于钒的破坏作用，钒能明显改变接触剂孔径分布，钒或含钒多种金属组合污染接触剂时，含钒1.0%时，接触剂上就有明显的莫来石相生成；所有金属均能沉积在接触剂的体相中；沉积金属之间存在相互作用。

金属对待生剂上焦炭气化反应的影响研究表明，气化温度升高，焦炭气化的有效气产率不断增加，$(CO+H_2)/CO_2$摩尔比值增大。在720℃，含氧10.0%，其余为水蒸气的气化条件下，不含污染金属待生剂上焦炭气化的$(CO+H_2)/CO_2$摩尔比值为1.74，在800℃时比值达到2.56。不同温度下，与空白待生剂上焦炭气化相比，钙使焦炭气化的有效气产率减少1~1.6个百分点，铁使有效气产率减少12~15个百分点，钒使有效气产率减少22~24个百分点，而镍使有效气产率提高1.2~2.7个百分点。

在720~800℃、氧浓度10%、其余为水蒸气的气化条件下，空白待生剂和分别含钙、铁、镍、钒待生剂上焦炭气化的表观活化能分别为51.28千焦/摩，49.19千焦/摩，40.38千焦/摩，33.68千焦/摩，29.93千焦/摩，可以看出金属使焦炭气化的表观活化能有不同程度的降低，金属在某种程度上可以促进焦炭气化过程中的化学反应。

金属对焦炭气化的影响机理研究表明，待生剂上的金属主要以高价的氧化态形式存在，铁和钒使焦炭气化产物中的CO含量显著降低，是由于生成的CO迅速还原金属氧化物生成$CO_2$所致；镍使有效气产率有所增加，可能是碳与氧化镍(NiO)以及金属碳化物$Ni_xC$的反应主要生成CO，而NiO对CO的氧化作用又较弱，所以待生剂上的镍可以有效促进CO的生成，可提高有效气产率，还需进一步研究证实。

（2）中型试验

经过一系列的基础研究和探索，院领导认为该思路有可能形成一个解决劣质油加工、避免生产高硫焦的可能途径，于是在2014年根据实验室的小结试果，新建成一套劣质渣油接触裂化-焦炭气化一体化技术(RCGT)中型试验装置，用来评价劣质渣油的接触裂化反应和气化反应。装置的进料量为5千克/时，裂化反应区采用变径式反应器和特制的喷嘴，保证原料油和接触剂良好接触。气化区采用气固逆流接触方式，在高温高水热条件下，防止氧气穿透床层。

采用残炭为18.62%的石家庄减压渣油为原料，以中孔工业催化剂CMT-1为接触剂开展接触裂化-焦炭气化试验研究，提升管反应温度为515℃，与延迟焦化相比，焦炭产率低3.1个百分点，干气产率低3.2个百分点，液体收率比延迟焦化高6.3个百分点，合成气中$(CO+H_2)/CO_2$的摩尔比值达到了1.93。从试验结果来看，实现薄层裂化、短停留时间以及焦炭部分氧化控制是RCGT技术高效绿色转化能否成功的关键之一。

在中型试验现场指导RCGT试验(右一为汪燮卿)

由于该技术是采用劣质渣油流态化加工、同时焦炭原位气化的组合技术，在技术、工程上都有很大的难度，对此我有深刻认识和思想准备，该技术必须能很好地解决“四化”问题(即雾化、流化、裂化和气化)，才有生命力。我带领一批研发人员，包括我的学生王子军、朱玉霞、张书红、李延军、吴治国、门秀杰、张美菊、谭丽、朱元宝和侯小敏等十多人，先后投入到对该技术的研究开发中。经过大家的不懈努力，该构思最终得以实现，形成了劣质渣油接触裂化-焦炭气化一体化技术(Resid Cracking and Coke Gasification Integrated Technology，简称RCGT)，申请专利70多件，授权36件。

RCGT 技术是延迟焦化技术的升级，主要是解决劣质渣油焦化过程产生的高硫石油焦的利用和提高轻质油收率，目前正在继续开展各种原料的中型试验研究，为工业化的可行性提供依据。现在，我们把中试结果汇总后正与中国石化工程建设公司(SEI)有关部门研究，探讨工业化试验的可能性。



# 移动床甲醇制丙烯(MMTP)技术

移动床甲醇制丙烯的工艺是我任浙江大学兼职教授期间，由浙江大学联合反应工程研究所、中国石化石油化工科学研究院和中国石化洛阳工程公司三家单位联合开发成功的。2010 年 10 月，神华宁夏煤业集团从德国鲁奇公司引进的500 千吨/年煤基聚丙烯项目投入工业生产，此工艺用 3 个反应器，运行时两开一备(备用反应器即为再生器)，以切换方式实现连续操作，反应器中的催化剂工作 4 个星期以后，就要停止反应进行催化剂再生。用多台反应器切换操作来使生产连续运行。我认为，催化反应过程中，催化剂活性寿命长短不同，应该有不同的反应器形式与之相匹配，才能得到最好的反应效果。当催化剂的活性只有几秒钟的时间，这时用流化反应器，用流化床使催化剂在反应器和再生器之间连续不断以流化方式进行，最好的例子就是我们大家所熟知的流化催化裂化。当催化剂寿命在几个星期时，应该采用移动床反应器较好。即催化剂在反应过程中慢慢失活，催化剂在催化过程中活性递减，这时用活性高的催化剂连续进行补充，使该反应区处于最佳的工作状态。失活的催化剂连续不断从反应器中撤出，再把失活的催化剂集中起来再生，形成循环反应再生过程。这方面最典型的例子是芳烃生产过程中的移动床连续重整。甲醇制丙烯(MTP)催化剂的寿命正好在一个月左右，应该采用移动床更合理。我把这个想法向联合所的阳永荣所长作了介绍，他很快就同意了我的观点，并决定由他和王靖岱组织的团队开展研究工作。我把意见带回院里与舒兴田院士商量，一致认为通过煤制甲醇再向下游石化延伸制丙烯符合国情，而我院催化材料的研发在国内处于领先地位，可以牵头来开展研发，应该发挥各家所长来开发移动床制丙烯工艺。由联合所负责化学工艺与部分化学工程，石科院负责催化材料和催化剂，洛阳工程公司负责移动床工程技术，这样我们三家很快就达成合作意向，在中国石化科技开发部立项开展工作。MMTP 工艺具有以下特点：

1）MMTP 的移动床与连续重整是有不同特点的，最根本的差别是：MTP 是放热反应过程，连续重整是吸热反应过程。我们既要把反应物升高到需要的反应温度，又要把反应过程中产生的热撤除，以保证反应在最佳的温度条件下运行，而在不同催化活性阶段，这些条件是要相应改变的，这就需要在实验室里分别进行考察，取得优化的数据，为化学工程的设计提供基础数据。移动床设计为错流式径向移动床，简化了催化剂装卸步骤的同时降低反应器的压降，而采用移动床级间器外激冷的换热方式，可大大降低蒸汽消耗。反应器采用低压降径向移动床，相比固定床，催化剂可采用更小粒径，内扩散作用提高，MTP 反应效率也相应提高。此外，催化剂在反应器内的停留时间可灵活调节，确保了催化剂的丙烯选择性持续最高，相比 MTP 固定床工艺，省去了催化剂活性“上升期”和“下降期”，丙烯平均选择性至少提高 5%，并且移动床可实现甲醇原料的完全转化，甲醇原料利用率可提高 5%以上，因此 MMTP 工艺分离工段可省略残余甲醇分离净化装置，同时避免含醇废水的排放，降低设备成本的同时降低了环保成本。



2）MMTP 采用两步法操作。两步操作是指甲醇首先在醚化反应器中尽可能多地转化为二甲醚(DME)，然后二甲醚、甲醇、水的混合物在 OTP(Oxygenates To Propylene)反应器中进一步转化为丙烯等烃类产物。由于 MTP 反应放热量在 400~500℃下可达 29~45 千焦/摩(以甲醇计)，其强放热导致的反应器温升(出口温度和入口温度之差)非常大，一方面会加速催化剂积炭，导致丙烯选择性降低；另一方面，高温下的工艺水蒸气导致催化剂骨架脱铝程度加剧，而骨架脱铝将导致催化剂永久失活。如将 MTP 反应过程分为两个阶段，第一阶段甲醇在 200~375℃下转化为二甲醚大约可放出 11 千焦/摩的热量，在第二阶段在 500℃左右反应放热为 20 千焦/摩。因此可在二套设备分担所放出的热量。

两步法操作的首要目的即为解决 MTP 反应过程的强放热问题，将甲醇制丙烯过程中的部分热量提前在醚化反应器中释放，一方面可降低 OTP 反应的控温难度，另一方面可减缓催化剂的结焦与脱铝程度。

鲁奇公司的 MTP 固定床工艺两步法操作以及 UOP 公司的 MTP 移动床工艺两步法操作均采用两种不同的催化剂，即醚化反应采用醚化催化剂、OTP 反应采用制烯烃催化剂，两种催化剂的积炭过程不同，导致再生条件亦不同，需要配备两套不同的再生系统，增大了操作的复杂程度和设备成本。我们的 MMTP 工艺在移动床两步法操作基础上采用"一剂两用"技术，即一种催化剂用在两种反应过程——低温区醚化反应和高温区制烯烃反应，不但简化了催化剂的再生系统，增强了操作稳定性，而且在"一剂两用"前提下可将醚化反应器预积炭的催化剂用于 OTP 反应，实现了催化剂的最佳碳管理。

3) MMTP 工艺回炼模式。首先，MMTP 工艺采用的催化剂与鲁奇公司 MTP 固定床工艺催化剂属于同一系列，但催化剂晶粒更小(纳米级)，并且催化剂经过元素改性等处理之后，具有更高的丙烯选择性；其次，通过醚化反应器预积炭技术以及控制移动床内催化剂的移动速度，催化剂的丙烯选择性能够维持在最高值，由此，相比固定床工艺，MMTP 工艺的整体丙烯选择性高 5%以上。醇油共炼-MMTP 工艺是在 MMTP 工艺的基础上，将分离提取丙烯后的副产物 $C_4$和 $C_{5+}$汽油组分送入催化裂解（DCC）装置，进一步多产丙烯，或者将 FCC、DCC 等装置副产的 $C_4$、$C_{5+}$以及 MTP 工艺副产的 $C_4$、液化石油气（LPG）等产物悉数循环至 DCC 装置反应以多产丙烯。

4）开发成高效催化剂。由石科院开发专为 MMTP 工艺设计的 ZSM-5 类型沸石为活性组元的催化剂。高丙烯收率、高容炭、长寿命的小球 ZSM-5 分子筛作为催化剂，经直径为 2 米的移动床冷模装置测试小球催化剂过床后的磨损率小于 5%。该高效 ZSM-5 催化剂用于催化两种反应——低温区醚化反应和高温区制烯烃反应，即“一剂两用”，大幅度简化了 MTP 催化剂的使用与管理。在“一剂两用”的基础上，OTP 反应器积炭失活催化剂移出再生，实现了整个反应操作区内催化剂的碳循环，并且结合催化剂预积炭技术和低温定点烧焦技术，催化剂的再生周期可延长 20%。

该催化剂具有自主知识产权，特点在于：使用高硅铝比、表面富硅、小晶粒、P 适度改性 ZSM-5 分子筛，硅基载体，滚球成型；实验室制备的 MTP 催化剂催化性能优于国外同类剂，而且该剂既可用于 MTD 反应，也可用于 MTP 反应，满足移动床甲醇制丙烯（MT-TP）工艺要求。研究结果表明：470℃ 反应时，单程丙烯产率达 45. 7%（碳基），丙烯/乙烯比达 7. 2。

5）创新脱酸过程。甲醇制丙烯反应往往会副产少量小分子有机酸（主要为乙酸和丙酸），液相产物 pH 值介于 3~4 之间，有机酸的存在对后续热量回收和产物分离单元的设备腐蚀不可忽视。现有工艺中，常规做法是向急冷设备中连续注入一定浓度的氢氧化钠（NaOH）溶液，从而中和副产的有机酸。但其问题在于加入的碱液必然会在循环的工艺水中引入碱金属离子，含有碱金属离子的工艺水直接循环又势必造成分子筛催化剂的不可逆失活。此外，由于现有固定床工艺采用的是先换热后急冷碱洗的工艺路线，为避免有机酸造成的露点腐蚀，高温产物的热量利用并不充分。因此，本研究通过提出高温脱酸工艺，在提高反应产物换热深度的同时避免了有机酸造成的露点腐蚀，显著提高了本工艺的能效水平。

与王靖岱教授(左一)讨论 MMTP 实验方案(左二为汪燮卿)

2014 年 3 月底石科院提供 MMTP 催化剂研究报告，浙江大学提供 MMTP 催化剂 600 毫升装置考评和工艺研究报告，LPEC 提供 MMTP 冷模试验报告和 1 万吨/年丙烯 MMTP 工艺包。提交上述材料至中国石化科技部申请公司技术评议。

2014 年 10 月 10 日该项目通过了由王基铭院士主持的中国石化评议。评议结果认为，移动床甲醇制丙烯催化剂和工艺是一项具有重大技术创新性和应用前景的新工艺、新技术；催化剂装卸简单、设备利用率高，节能降耗达 15%，具有先进性；建议抓紧立项，尽快进行工业化试验。

2013 年 9 月，我们找到了一个潜在的用户——茂名石化实华股份有限公司，他们要建一个 5 万吨/年的 MMTP 装置，并签了合作意向书，等 MMTP 评议后开始执行。但是不幸得很，到了 2014 年 11 月后国际油价大跌到 70 美元/桶以下，而 MMTP 的盈亏平衡点是石油价格 90 美元/桶。在签意向书的 2014 年 9 月，国际油价是 100

多美元/桶，MMTP 是盈利的，但到了 2014 年 10 月，油价猛跌，MMTP 就变成一桩赔本的买卖了，意向书也就停止执行了。尽管如此，我们这个研发群体仍充满信心，在原有的基础上继续开发，寻找一个类似的工艺，即一个放热的催化过程，催化剂失活在几个星期或 1 个月左右就需要再生的固定床工艺，可以把它改成移动床，我们在寻找这种工艺过程。值得一提的是：当我们开发成功 MMTP 以后，又引起埃克森莫比尔公司的重视，他们已与浙大合作，进一步研究放热反应过程的移动床化学工程。

## 吸附强化水蒸气重整制氢工艺开发

我在 2006 年开始担任浙大联合所兼职教授，联合所的教授们非常重视能否找到与我合作的课题。该所成立于 1985 年，是由当时中国石化张万欣副总经理主持创建的。1983 年中国石化成立不久，为了加强科技开发力量，成立了南北两个联合化学反应工程研究所。南所以浙大化工系为基础，北所以清华化工系为基础，目的是主要承担中国石化系统的一些重大研究课题，在中国石化立项并予以经费支持。我作为兼职教授的任务在于找到合适的共同研究题目。在 2006 年 5 月联合所的一次座谈会上，吴素芳同志提出来改进甲烷水蒸气重整制氢的研究课题。甲烷水蒸气重整制氢是目前最经济常用的制氢方法，在炼油和化工方面应用非常广泛，技术已很成熟，但是该技术由于重整化学平衡反应本身的限制，存在反应温度高、平衡转化率低、能耗大等不足之处。为了克服这些不足，近年来有学者提出了吸附强化甲烷水蒸气重整制氢的新技术。其实原理很简单，制氢的水蒸气催化重整反应是甲烷与水蒸气在镍基催化剂上反应生成氢气和 $CO_2$，在传统的甲烷水蒸气重整反应中，随着温度提高到 850℃，产物 $H_2$ 的浓度由于平衡限制，最大只能达到 76%左右。根据勒夏特勒原理，只要在反应过程中把产物 $CO_2$ 不断吸附脱除，就可以破坏原有的化学平衡，提高氢气的收率。而加入了氧化钙吸附剂把 $CO_2$ 吸收形成碳酸钙剂后，在 750℃以下，$H_2$ 的平衡浓度保持在 95%以上，显示出了吸附强化甲烷水蒸气重整制氢技术相对于传统的甲烷水蒸气重整技术，可以在低反应温度和高的氢气浓度方面的优势。

吴素芳同志最早在 2003 年采用固定床反应器，以镍基催化剂和纳米氧化钙（CaO）混合方式探讨反应吸附强化重整（Reactive Sorption Enhanced Reforming，ReSER）制氢的工艺条件。我听了以后很感兴趣，因为它与汽油吸附脱硫 S-Zorb 工艺的原理很相似，S-Zorb 是在汽油催化脱硫过程中产生的硫化氢还没来得及与烯烃反应，就被氧化锌（ZnO）吸收形成硫化锌（ZnS）移走了，从而达到汽油脱硫而保留烯烃的目的，藉以减少汽油辛烷值的损失。此处也是一个反应和吸收的组合，有异曲同工之妙。因此我提出建议要建一个流化反应-再生系统，把催化剂和吸附剂制成一个复合剂而不是二者的混合剂，在反应器进行化学反应制氢，生成的 $CO_2$ 立即被 CaO 吸收形成碳酸钙（$CaCO_3$），到再生器把碳酸钙分解形成 $CO_2$ 和 CaO，CaO 可以循环到反应器反复使用。2006 年制备成以 CaO 为二氧化碳吸收剂，并与镍基催化剂复合的催化剂，在常压、反应温度 600℃、水碳摩尔比 4 的条件下，在固定床反应器得到 $H_2$ 最大浓度 96.3%的结果；2009 年吴素芳教授完成了在实验室规模的固定流化床 ReSER 制氢研究，在常压、反应温度 600℃、复合催化剂 100 克、水碳摩尔比 4 的条件下，得到氢气浓度最大为 95%的好结果。2008～2011 年，与吴教授在该学科带第一个博士生朱艳青，论文题目为《$TiO_2$

包覆CaO基$CO_2$吸附剂的制备和吸附容量稳定性研究》。2011年在国家863高技术项目支持下，建立了1立方米/时制氢规模的循环流化床中试反应装置，实现了浙江大学提出的ReSER制氢的技术，特点是采用了浙江大学自主研发和具有自主知识产权的纳米CaO基$CO_2$吸收剂与镍基催化剂制成的复合剂，以及循环流化床技术。在中国石化、国家基金委和国家高技术863项目资助下，已经持续开展了11年的研究。

2011年11月28日与吴素芳教授(右二)讨论ReSER实验方案(右一为汪燮卿)

但这种复合剂的流化反应和再生还有值得改进之处，因为镍基催化剂寿命很长，没有必要与吸附剂在反应和再生过程中来回运转，这样既消耗了能量又降低了镍剂的寿命，所以我与吴素芳教授讨论要建一个固定-流化复合床，即镍催化剂处在固定床操作，与现有水蒸气重整制氢基本相似，所不同的是把反应器竖起来，而吸附剂纳米氧化钙以微球形式穿过催化剂的孔道。这样镍催化剂可在固定床长期操作，而吸附剂以流化床形式来回吸附-脱附，实现反应再生循环。吴教授很快就在原来的循环流化床ReSER制氢装置进行了中试，取得了满意的结果。1 米$^3$/时制氢的固定-流化复合床循环流化床 ReSER 制氢装置，用 6 孔镍基催化剂做成的固定床层，原料甲烷和水蒸气从下往上穿过催化剂床层，进行甲烷蒸汽重整强吸热制氢反应。同时 CaO 基 $CO_2$吸附剂微球颗粒与原料气体混合，从下往上穿过固定床反应器床层，进行 CaO 与 $CO_2$的强放热反应。反应产生的氢气和未反应的少量甲烷和其他气体以及蒸汽，经过旋风分离器分离出气体和固体。气体出旋风分离器进行体积计量和气体组成测定，固体吸附剂微球主要以 $CaCO_3$形式存在，进入再生反应器进行高温再生反应。再生后的吸附剂主要以 CaO 的形式存在，经控制阀进入固定-流化床复合反应器，进行新一轮的反应吸附强化甲烷蒸汽重整制氢。以此可以实现循环流化床连续 ReSER 制氢。

基于以上思路，申请了国家发明专利“一种流化-固定复合床反应吸附强化甲烷水蒸气重整制氢的装置及方法”，目前已得到授权，为 ReSER 制氢技术向工业化应用的可能性又迈出了一步。

我认为这个工艺和流程具有创新性，但在技术经济上是否可行，需要与设计部门中石化宁波工程有限公司密切合作开展以下几项工作：①重整制氢反应虽在 650℃ 温度下进行，而吸附剂要在 800℃ 再生，这里需要庞大的耐高温设备，而且要耐磨损。设备的额外投资和热能的优化利用要认真考虑。②固定-流化复合床的床层形式应该建立冷模装置考察优化，现有的催化剂块状带孔形式是否最佳，要通过不同形式催化剂构型对比才能确定。③微球吸附剂的制备、强度应与固定床催化剂合理匹配。吸附剂本身性能的稳定性需长期考察。④吸附强化水蒸气重整制氢工艺利用的是化学能，把反应温度降了 200℃，把氢浓度从 76%提高到 95%，所付出的代价是用氧化钙吸附剂，而在再生时需加热到 800℃，要从能耗、物耗和氢提浓等全面进行技术经济对比，才能确定能否体现新工艺的优越性。

# 原油直接生产烯烃和芳烃（COTOA）

现有的石油化工技术，基本上都是由炼油工业提供轻馏分油，作为石油化工的基本原料，而用重质原料包括含渣油组分的重质原料生产烯烃和芳烃，则是我国在特殊的国情条件下，由中国石化石科院首先开发成功的，但在石化界从整体的比例来讲还很小。

从原油直接生产石油化工原料，是未来发展的必然趋势。这是因为：用石油生产燃料，特别是发动机燃料，将受到极大的挑战，这种挑战来自两个方面，一是碳排放与环保。无论把油品加工到何等清洁的程度，燃烧后总要产生二氧化碳，如果全球二氧化碳排放量受限制，那以石油生产燃料总有一天要受到限制。现在欧洲一些发达国家，包括德国和意大利等正在酝酿何时停止使用现有汽车发动机，而日本在代用清洁燃料方面已做了大量研发，包括电动车和氢燃料电池车。二是石油作为一种矿产资源，总有一天要用枯竭的。而作为石油化工原料，石油中的碳在世界上生存的时间和空间，也即是它的使用寿命，比起燃料瞬时烧成二氧化碳要长得多，“从摇篮到坟墓”，即从碳变成二氧化碳的过程，至少大大延长了排放周期。

正因为以上这些原因，据报道，国际上的一些技术开发巨头，如埃克森莫比尔，已成功开发原油直接生产化学品的技术，并在新加坡建工业装置运行一年多了。据《烃加工》2017 年 11 月 28 日报道，国际上的石油资源巨头沙特阿拉伯与沙特阿美和沙比克共同签署了谅解备忘录，共同开发原油生产化学品（COTC）技术。该装置处理原油 40 万桶/天，生产 900 万吨/年化学品和润滑油基础油，预期 2025 年投产。COTC 复合技术是一个前所未有的创新。该装置一旦投产，可增加 3 万个直接和间接就业机会，刺激沙特王国经济多元化，预计到 2030 年，对沙特 GDP 贡献率达 1.5%.

无论是资源强国还是技术强国，他们的举措都表明了对原油生产化学品的高度重视。这件事使我回忆起 2002 年 3 月在美国新奥尔良 AIChE 年会上我作 CPP 技术报告时，我把 CPP 称为重油制烯烃的飞跃，报告受到高度评价。会议结束时一位美藉华人来与我交谈，他是埃克森研究和工程公司的研究人员，他说对我们重油制烯烃技术已跟踪了 6 年了。这说明国际上大公司很有战略眼光。

根据以上的信息和发展趋势，我认为石科院在原油生产烯烃和芳烃的技术开发上大有可为。首先我们在以往重质油生产轻烯烃方面积累了较丰富的经验，对解决关键技术方向比较明确。重点要在开发新催化材料方面下功夫。要使催化材料能促进以自由基反应为目的才能多生产乙烯，这是与传统催化裂化完全不同的概念。要在促进自由基反应和正碳离子反应之间找到平衡点或者最佳点，在催化剂表面的 B 酸和 L 酸之间找到合理的比值。其次，不但重质油裂解要采用催化过程，轻质原料制烯烃也应该采用催化过程，但必须根据原料的性质开发新的工艺，做到量体裁衣。第三，在反应和分离技术相结合方面，近年来取得长足进展，例如催化反应与蒸馏相结合的 CDTech 技术，催化反应与吸附分离相结合的 S Zorb 技术，对于降低能耗、缩短流程、提高反应与分离效率和节约投资方面都取得了显著效益，这些经验和技术都值得用来移花接木。第四，要充分利用电子计算机技术，从自动化、精确化、精细化和安全清洁生产发挥大数据的作用。

顾名思义，原油直接生产化学品与炼油和石油化工一体化技术应该是有区别的，最明显在工艺过程的区别应该是：炼油工艺应该通过蒸馏把原油切割成若干个馏分，然后分别进行物理和化学加工，以达到产品性能符合使用要求，而原油生产化学品对这一工艺过程完全可以省略，这种蒸馏分离过程所消耗的能量完全可以节省下来，这是两个工艺过程的根本区别。我建议把原油直接生产烯烃和芳烃的工艺英语命名为：COTAC（Crude Oil To Olefin and Aromatics）。

# 第十二章

# 在世界石油大会规划委员会工作

我担任了世界石油大会科学规划委员会第十五和第十六两届委员。

世界石油大会(WPC)是国际性的石油科学、技术、经济及管理论坛，1933 年成立于伦敦，为非政府性、非盈利性的国际学术组织。其组织机构为：由各国国家委员会组成常任理事会(PC)，共 57 个国家，每个国家 3 人；大会执行局(EB)共 38 个国家，每个国家 1 人；科学规划委员会(SPC)，13 人；大会筹备委员会(CAC)，9 人；发展委员会(DC)，5 人；司库提名委员会(NOC)，3 人；秘书 1 人。WPC 常设机构为秘书处，总部设在伦敦。

1999 年 4 月 29 日世界石油大会中国国家委员会成员合影
(前排从左至右：袁晴棠、侯芙生、王基铭、侯祥麟、
王涛，右二为翟光明；后排左一为汪燮卿)

从 1983 年第十一届世界石油大会开始，以侯祥麟院士为首的我国代表团就以中国国家委员会的名义参加世界石油大会。由于中国国力的增强和多方面的努力，中国国家委员会于 1994 年申办在我国举办 1997 年第十五届世界石油大会，并获成功。这是我国石油界的一件大事，也是我国在国际事务中地位提高的显示。按惯例，举办国必须产生一位科学规划委员会的委员，负责参与大会有关工作。

经过国家委员会讨论通过，推荐我参与世界石油大会科学规划委员会(SPC)，经SPC全体成员选举后正式任命。

1997年10月，二十世纪最后一次国际石油界的盛会——第十五届世界石油大会，在北京隆重举行。

影响全球石油风云的世界各大石油公司首脑、主要产油国和石油消费国的石油或能源部长以及来自91个国家和地区的近5000多名代表参加了会议。

时任国家主席的江泽民同志出席了大会开幕式，发表了重要讲话，并与时任国务院总理的李鹏同志分别会见了与会各国的贵宾。

本届大会从10月12日到16日的五天时间里，以“技术全球化——引导石油工业进入二十一世纪”为主题，进行了6个大会发言、2个特别发言、1个部长论坛、21个分组论坛、10个回顾与展望报告会和一个大会闭幕式，宣读论文90余篇，张贴论文200余篇，各国代表广泛交流和探讨新世纪石油工业面临的挑战以及石油科技的新发展。

1997年世界石油大会期间留影



人民大会堂庄严隆重的开幕式；光彩夺目的大型文艺演出；

"世纪殿堂"中西合璧的大型音乐会；故宫充满民族特色的中国之夜；花香浓郁，充满"圣诞"气氛的闭幕式；以中华民族的热情好客，五千年灿烂文化的无比魅力，向国际石油界献上了中国人民的美好祝愿。中国石油人为增进各国人民的友谊，为中国石油走向世界，展示了自己的风采。对本届大会，各国友人称之为"盛况空前，令人难忘"。

SPC 委员的主要任务包括：提出本届大会的主题口号；制定上、下游和石油经济、环保等各板块的会议论坛(FORUM)题目和负责人；回顾与展望 RFP 讲稿的题目和演讲人；邀请大会报告人和大会总结发言人。

第十五届大会准备工作的第一次 SPC 会议于 1995 年 2 月 3 日在伦敦世界石油大会本部召开，我与翟光明同志参会。会上讨论通过了我为 SPC 委员。会议主席为埃特(C. EIDT)博士。埃特是埃克森研究与工程公司总裁。委员有十一人，包括中、德、法、俄罗斯、日本、伊朗、澳大利亚、挪威等国代表。会议经过反复讨论，确定本届大会的主题口号是：技术和全球化——引导石油工业进入二十一世纪。接着讨论推荐了大会的主旨报告人。这些人都是石油界的巨头或高级参谋人物，他们都很忙，很可能临时有变动，因此必须有候补人员，以后的 SPC 会议，几乎都要来回变动，所以这项工作必须有像埃克森这样的大石油公司巨头出面才行。

会议讨论了本届石油大会的整体部署，上下游分九个区块；21 个论坛(分组)；9 个回顾与展望综合报告。这些工作任务艰巨，因为在 1995 年就要把 1997 年的具体任务定下来，变动因素太大，所以 SPC 会议几乎每季度都要开，来回折腾得很厉害。但在埃特博士的领导下，好像是个国际大家庭，一切工作进展得比较顺利。举例来说，美国和伊朗当时已断绝外交关系，但埃特博士与伊朗的 SPC 委员关系仍然相处很好。由于两国已断绝外交关系，要去开会无法得到对方的签证，只好在美国开会时伊朗代表缺席，在伊朗开会时美国代表缺席，但在一起开会讨论时还是能平心静气。这种把政治与学术分开的作法，有利于学术交流的正常进行。

1995年与王涛、翟光明参加世界石油大会规划委员会

1995年5月在伊朗伊斯法罕参加世界石油大会规划委员会

埃特博士给我的印象很好，会议期间他送给我一本小册子，书

名为《埃克森研究和工程公司75年的技术机遇和成就》，书中对他们的科研成果作了科普性的介绍，非常动人。其中有两项国际创新成果至今还长盛不衰，在炼油和石油化工中具有里程碑式的意义。一个是，在二次大战期间开发成功流化催化裂化技术（FCC），仅用了两年的时间，从工艺、工程、催化剂的开发到商业运行，可谓是奇迹。FCC是我国炼油工业中的核心技术，我们在原FCC技术的基础上有了不少创新。另一个是合成丁基橡胶技术，到现在为止还是独家垄断，只卖产品不卖技术。但基本要领已被意大利和俄罗斯掌握。据这本小册子报道，丁基橡胶的发现纯属偶然，原来这是一个润滑油添加剂的研究课题，想研究聚异丁烯作黏度指数改进剂，快到下班的时候，实验员匆匆忙忙把未做完的样品放到冰箱里，第二天一看全成白色黏胶状物，不溶于各种溶剂。这件事引起了研究人员的注意，于是在此基础上进一步研究摸索，开发成功性能优异的丁基橡胶。现在我们在燕山有一套5万吨/年的装置运转很好。丁基橡胶比普通天然橡胶气密性好很多。在六七十年代，我那时每天骑自行车上下班，自行车内胎打足气只能骑一个月，改用丁基橡胶内胎后，能骑半年没问题。FCC研究开发实例告示我们，一个大工艺技术的开发成功，需要各专业密切配合，美国在这方面确有优势。而丁基橡胶的开发成功之路更能引人深思，即对于实验过程中出现的异常现象，决不要轻易放过，要多思考，多问几个为什么，可能出现预料不到的效果，就是我们常说的“山穷水尽疑无路，柳暗花明又一村”。

在SPC的成员中有一名德国教授叫怀特康伯（PROF. WEITKAMP），他是斯图加特大学知名催化材料研究专家。我与他谈起在德国的学习经历后，就有很多共同语言了。他对沸石材料的结构表征和反应性能之间的关系做了大量工作，有独到的见解，在国际知名刊物上发表过很多论文，特别是各种烃类在ZSM-5上的催化反应，做出分类表征。1997年他邀我和夫人访问德国，我在斯图加特大学作了一个钛硅分子筛的合成和表征的学术报告，用德文演讲和回答问题，听众觉得很惊奇。因为现在去德国留学的中国学生，基本上都用英语，虽然能彼此沟通，但在亲切感方面，总有异样感觉的。斯图加特是德国一个古色古香的文化城市，街上跑的出租车全是清一色的奔驰车，因为奔驰公司的总部就在这里。

1998 年 3 月 24 日世界石油大会期间与大会主席 Van De Meer 先生(左二)合影
(左三为翟光明、左四为陆思恭、左五为汪燮卿)

第十五届世界石油大会的下游部分——炼油和石油化工共有 6 个论坛和 1 个回顾和展望 RFP。它们分别是：

论坛 3，新的和改进的燃料、润滑油和精细化学品；

论坛 9，催化炼油的技术进展——为更好的分子管理铺平道路，包括分子转化和重排的催化炼油技术、催化裂化、加氢、重整和烷基化；

论坛 11，石油化工：石化产品在全球供需展望，包括烷烃、烯烃、芳烃、聚合物，醇类和羰基合成；

论坛 15，二十一世纪广泛利用腐蚀性原油的新技术——包括对原油的表征、对工艺和装备的影响和风险预防；

论坛 17，非催化炼油工艺的新进展、分子转化和分离技术，包括膜分离、反应蒸馏和热转化；

论坛 20，炼油操作技术的新进展，包括计算机优化控制、节能、降耗、减排和废催化剂处理。

RFP4——炼油/石油化工装置一体化的协同机遇——发电、合成气、渣油气化，采用深度加工、炼油和石油化工装置的有机结合，综合利用炼油厂渣油气化。

作为世界石油大会规划委员会的成员，我参与了论文的约稿、选稿和定稿工作。当然对中国参加这次大会的稿子非常重视，尽可能多的入选论文。通过参会人员的论文与交流，让世界了解中国，让中国了解世界。兹将本届大会中国入选的宣读论文和张贴论文的作者和论文题目整理如下：

## 第一区　勘探

FORUM 1，综合研究及其在勘探中的应用。

宣读论文：胡见义、赵文智、李启明、窦立荣、郑晓东的《中国叠加复合沉积盆地综合研究及其在石油勘探中的应用》。

张贴论文：

1）孙永革、刘德汉、盛国英、傅家谟的《中国含煤盆地成烃潜力研究》；

2）郑国栋、王春江的《中国西北油气地球科学系统中的几个重大科研项目》；

3）张纪易的《准噶尔盆地冲积扇的油气勘探》；

4）许红、蔡乾忠、吴进民的《中国南海盆地油气资源综合评价与成烃成藏模式》；

5）熊永旭、裴振洪、阎秀刚、刘继顺的《中国陆相油气盆地的形成与分布》；

6）Liu Xijin et al.《中国渤海湾中部第三系湖相和河流相的层序地层学》。

FORUM 7，勘探数据管理。

张贴论文：石广仁、米云石、郭秋麟、李阿梅的《盆地模拟新方法》。

FORUM 13 油田或区域详探的新方法

第一副主席为邱中建。

宣读论文：陈祖传、程金箴的《塔里木盆地北部的高精度地震勘探》。

张贴论文：

1）R. Thompson，X. Liu，et al.《中国渤海湾中凹陷地区的盆地评价》；

2）J. Yang，Longana，et al.《神经网络在中国渤海湾地区的岩性及沉积相解释中的应用》；

3）潘长春的《中国西北准噶尔盆地中部 SX 油田油气充填史》；

4）傅碧宏的《中国塔里木盆地石油勘探卫星遥感数据分析和评价》；

5）何汉漪的《高分辨地震技术在中国海上油气勘探中的应用》；

6）林刚的《中国四川盆地边远地区复杂高陡地质构造的解释方法》。

## 第二区　开发及钻采

FORUM 2，钻井及完井工艺新进展。

张贴论文：

1）陶兴华、曾义金的《旋转钻井工艺》；

2）李相方、田效山、刘书杰、管丛笑、隋秀香的《平衡钻井新方法》；

3）Z. W. Zhong 的《远东地质导向水平钻井增加产能：在中国、印尼巴布亚新几内亚和澳大利亚的经验》。

FORUM 5，常规油提高采收率。

主席为王德民。

宣读论文：韩大匡的《中国陆上石油工业提高采收率技术的成就和面临的挑战》。

## 第三区 下游与加工技术

FORUM 9，催化炼油技术的进步：为更好地为分子管理铺平道路。由我院陈祖庇担任主席。

宣读论文：闵恩泽的《石油炼制催化材料的新进展》。

张贴论文：

1）钟孝湘、汪燮卿、赵玉章的《以新改进的炼油工艺组合为基础生产汽油含氧化合物原料》；

2）王亚民、汪燮卿、钟孝湘的《MGG——一种生清洁汽油的催化裂化新工艺》；

3）韩崇仁、童广明的《加氢裂化技术的新进展》。

FORUM 11，石油化工。

张贴论文：

1）李再婷、施文元的《采用新的炼油技术使石油化工原料多样化》。

FORUM 15，二十一世纪广泛利用腐蚀性原油的新技术准备。

张贴论文：

1）陆婉珍、龙义成、吴明清的《中国腐蚀性原油的表征与加工》。

FORUM 17，非催化炼油技术的进步，更好地为分子管理铺平道路方面。

宣读论文：申海平、丁忠禹、李锐的《热转化——一种有效的重油加工途径》。

张贴论文：

1）祖德光的《用非催化炼油技术优化重油改质加工》；

2）范耀华的《一种渣油脱沥青新工艺》。

FORUM 20，炼油操作技术的最新及未来进展。

宣读论文：王立行、袁晴棠、李曼的《应用先进控制技术，提高中国石化总公司的生产过程控制水平》。

## 第四区　天然气

FORUM 4，二十一世纪天然气潜力与展望——天然气的终端应用。

宣读论文：赵秀光的《中国近海天然气的利用和前景》。

张贴论文：

1）李虞庚的《中国天然气工业的发展》；

2）杨登维、张洪年、杨瑞昭的《中国天然气资源潜力与未来应用》。

## 第五区　储量

FORUM 21，供应与需求。

宣读论文：杨景明、王立华、王金哲、宋武成的《世界石油供需前景分析和中国石油工业发展趋势》。

## 第六区　环境与安全

FORUM 14，石油工业对环境的全球性义务—成果与挑战。

宣读论文：赵志雄的《塔里木油田的开发与生态环境保护》。

张贴论文：林大泉的《中国在油气加工中的污染控制与环境保护》。

FORUM 19，勘探开发环保技术。

宣读论文：M. E. Boben Yue Yanting 的《西江原油溢出问题的处理方案—就地燃烧》。

张贴论文：

1）谢飞、王家麟的《洗涤法处理含油土壤的研究》；

2）潘增弟的《台风预报研究对海洋石油工业的影响》。

## 第七区　研究

FORUM 18，二十一世纪的研究管理。

宣读论文：吴棣华的《面对未来挑战的研究与开发活动的管理》。

## 第八区　运输

FORUM 6，船运及管道运输。

张贴论文：

1）罗塘湖、张玉藏的《中国含蜡原油的流变特性研究》；

2）陈吉庆、严大凡、张幼军的《中国含蜡原油的管道运输》。

此外，我们还组织了48篇补充学术张贴论文，专为东道国提供更多的学术交流机会，在此不一一列举了。

大会的安排非常紧凑，白天开会，晚上一些大石油公司都举行招待会，有时一个晚上接到好几个请帖，我们只能礼节性地每个举办公司都去一下，以示礼貌。但也有实质性的收获，例如德国VEBA能源公司他们听了我国的催化裂解技术DCC以后，很受启发，他们准备介绍VCC技术。VCC也是重油轻质化技术，能加工各种不同的原料，甚至可把废塑料与油混合加氢成液体产品。这种技术是二次大战年代德国煤的直接液化技术的延伸。他们说VCC可与你们的DCC并驾齐驱。在2013年，VCC技术通过KBR公司与我国延长石油公司合作，共同开发了"油煤共炼"技术，并在2015年通过了鉴定。

SPC会议大部分是与EB执行局会议同时召开的，王涛部长是世界石油大会副主席，翟光明院士和陆思恭同志长期以来都在这些重要机构中担任职务，所以很多会议都是结伴一起去的，比较省心。但也有一人参加 SPC 会议时候，这时就只能我一个人单独行动了，在生活上出了一些洋相，造成一些困难，其中有两次印象特别深刻。

1997 年 4 月在华盛顿参加世界石油大会规划委员会(后排左一为汪燮卿)

一次是 1996 年去澳大利亚墨尔本开会，因为当时出国的生活费是包干制，我就买了很多方便面、香肠、腌菜，再加上热得快和不锈钢杯等，一应俱全。飞机到达墨尔本时已是清晨四点，大家排队等入海关，海关人员带着两条警犬来回对行李嗅来嗅去，在我面前停的时间很长，我深怕海关人员要当众检查，吓得我满头大汗。后来海关巡警又离开了，原来他们主要是检查毒品的，总算虚惊一场。

另一次是 1997 年去意大利罗马开会，飞机到达罗马机场已是晚上十一点多了，下机后在行李传送带旁等行李，一位黑人很有礼貌走过来，问我要到哪里去，我说到某饭店，他说他是出租汽车司机，并拿出驾照在我面前晃了一下，又告诉我，带的美元最好在机场换成意大利的里拉，因为在旅馆换要收手续费不合算。我觉得他真友好，给我考虑得真周到。待一切办妥，他拖着我的行李带我出机场。我以为在出租车的停车场就可以上车的，不料他把我带到了离机场很远的山坡上。这就让我心里发毛了，心想这一下可糟了，他却一路与我聊天。上了车后，他一边开车一边探听我的情况，知道我是开石油界的会议，一定是个大亨要好好宰一下。回头想想我的警惕性实在是太差了。可能是他怕自己这辆黑车被警察发现受罚，车开到离饭店很远的地方才停了下来。好在除车费上被狠狠宰了一下，下车后我又拉着行李箱摸黑走了较远的一段路外，其他并无大碍，总算平安地渡过了这一劫。

第十六届世界石油大会 2000 年 6 月 11~15 日在加拿大的西部石油城市卡尔加里召开，来自 90 多个国家的近 3000 名代表参加了这次会议。加拿大总理克雷蒂安在开幕式上致词时呼吁与会代表共同努力，使石油工业的发展更好地与保护环境结合起来，更好地造福社会。会议期间，各国代表宣读和张贴的论文约 330 篇，除了有关石油工业的专业技术论文外，大概有四分之一的论文与环境保护、社会发展以及可持续发展有关。

中国石化被录取了三篇口头报告：

1）CNSPC 中南局石油研究院的《西藏油气勘探远景评估》；

2）我院（RIPP）的《低投资的重油轻质化技术》；

3）我院的《DCC 技术及工业化经验》。

四篇张贴论文：

1）齐鲁石化院的《CATFRACT 技术用于汽油醚类生产》；

2）中国石化科技开发中心的《重油催化裂化先进控制技术开发和应用》；

3）我院的《灵活适应市场的催化裂化新技术》；

4）我院的《催化裂化家族技术——CPP，炼油和石油化工的桥梁》。

# 第十三章

# 战略咨询与院士工作站活动

从 2002 年 6 月，我被选为化工、冶金与材料工程学部副主任，分管咨询和学术活动方面的工作，这给我提供了一个新的学习机会。以前在研究院的科研工作，都是以解决某项技术问题，或开发新工艺、新产品、新的分析方法为主，对战略性的研究知之甚少，就是对制订科技发展规划也只是提供某一方面的素材。而战略咨询则是全局性和长远性的，内容可以跨学科，时间可以跨一二十年。这就需要扩展自己的知识面，从更高的层次和角度来考虑问题，提出意见和建议，来指导战略研究方向。

# 节油与替代能源研究

2003 年在由侯祥麟院士负责的国家"中国可持续发展油气资源战略研究"项目中，我负责了"油气资源节约和替代"的课题研究。

2003 年 5 月，非典的肆虐刚刚平息，时任国务院总理的温家宝来到北京市的一栋民宅，登门拜访了我国石油化工技术的开拓者之一，我国炼油技术的奠基人、著名的石油科学家侯祥麟。温家宝总理给侯祥麟院士带来了党中央和国务院的问候，同时他告诉侯老，国家即将启动可持续性发展油气资源战略研究，希望侯老能出来主持这项工作。温家宝总理说："您已经九十多岁了，我真是于心不忍啊！但是考虑到您的威望，还不得不请您来担当此任"。

已是 91 岁高龄的侯祥麟院士接受了温家宝总理的委托，邀集了两大石油公司的中国工程院院士和专家商讨，落实任务。侯祥麟院士要求分上、下游尽快组建研究队伍，一年内规划出我国数十年后的中国油气资源发展蓝图。

2003 年，侯祥麟院士在由他负责的国家"中国可持续发展油气资源战略研究”项目中，要我负责“油气资源节约和替代”课题研究，要求 2004 年内完成《中国可持续发展油气资源战略研究》中的“节油与替代能源研究”分报告。

2003 年 5 月 26 日，温家宝总理在听取了工程院的汇报后在会上发表了重要讲话。他指出：石油资源关系国民经济建设和社会发展，关系国家安全，是战略资源，党和政府一直非常关心石油发展战略，人代会前和会议期间，各界人士提出希望政府加强对石油发展战略的关心，甚至有人提出政府应成立专门机构。现在发改委设立能源局，把油气作为其主要工作来抓。本届政府把这项战略研究提上了日程，不仅要研究，而且在国民经济计划中要采取行动，做好安排。在会议结束时他指出：课题的名称定为《中国可持续发展油气资源战略》，是中国工程院的系列课题之一；建议研究内容分 7 个方面(即子课题)：①资源与供需状况；②国内油气资源开发战略；③国际资源开发和进口战略；④石油安全和储备战略；⑤石化发展战略，侧重与油气需求和节能(节油)的联系；⑥节油战略(节能)；⑦有关政策措施。研究时间为 1 年，3 个月拿出纲要，为有关部门做规划提供参考。温家宝总理指出，在研究过程中应注意以“十六大”和“三个代表”重要思想为指导，既要考虑当前又要着眼 2020 年的目标，甚至是 2050 年；应做到政治、经济和技术的统筹分析研究，如美伊战争，政治因素、经济因素影响都很大；既要研究总体战略，又要落实到具体规划设想，还要研究法律、政策及相关措施；要打破部门、地方界限，一切从国家整体利益出发考虑问题；这是一个科学、技术与经济的研究，要坚持理论与实践相结合，贯彻“双百”方针，结论要有科学依据，经得住时间和实践检验。

根据温家宝总理的指示精神和侯祥麟院士的总体安排，除石科院外，我又组织了中国石化工程建设有限公司、中国石化经济技术研究院、中国汽车协会和中国汽车研究中心等单位参加，分三个专题组开展工作，明确了各专题项目任务、负责人和进度安排，确定了调研提纲和报告编写提纲。

1990年5月24日与侯祥麟(右一)在绍兴东湖

随着石油供需矛盾日益加剧，我国原油对外依存度日趋增加，石油能源节约与替代成为国家能源发展战略的重大课题。首先与大家一起理清思路，明确可持续性发展油气资源战略研究的研究方向，对下游而言：第一，面向未来，为实现中国经济可持续发展，围绕石油能源节约和替代两大主题，炼油行业与汽车行业如何做到协调发展；第二，借鉴国外发达国家车用燃料和替代的发展历程、现状和趋势，紧密结合中国国情，强调首先解决汽车车用燃料需求，石油能源节约和替代的重点也是在汽车燃料节约和替代方面下功夫；第三，如何根据科学的发展观，充分发挥炼化一体化的优势，保证车用燃料供应的同时，必须确保蒸汽裂解制乙烯所需化工轻油原料供应和炼油产品的原料平衡；第四，从技术和政策上研讨炼油行业和汽车行业需要着重抓好哪些事情，以确保未来石油供需平衡总目标的实现。要求汽车工程学会与中国石化经济技术研究院用不同研究方法，同时开展汽车保有量、汽车车型、产销结构和汽车燃油消耗预测进行研究。

2003年10月30日，温家宝总理听取了《中国可持续发展油气资源战略》研究阶段报告。温家宝指出，《中国可持续发展油气资源战略》阶段报告(纲要)科学地分析了我国和世界油气资源的现状及供需发展趋势，提出了我国油气资源可持续发展的总体战略和指导原则、措施和政策建议。在这么短的时间内，课题组便形成了内容丰富的科研成果，参与研究的科学家付出了大量心血。这次研究集中反映了科学家、政府部门和企业的意见。这种集成研究方式是一个创举，是科学民主决策方法的一种新的尝试，也是我国科研体制改革的一次重要的实践。他要求，中国工程院课题组要认真研究部门和企业提出的意见和建议，并在阶段性报告的基础上，开始进行总体报告的研究和撰写，按计划如期完成课题研究。他说，对涉及经济社会发展全局的重大问题，要组织跨学科、跨部门、跨行业的专家论证，这是本届政府成立时确定的一项制度。研究的目的是为了应用。政府制定规划和政策要认真吸收研究的成果，使规划和政策更加科学、更加符合实际。

2004年2月11日，我主持石油炼制学会与汽车工程学会联合召开了“油气资源的节约与替代战略研究”研讨会。两个学会的专家共同认为：要鼓励发展节能型汽车，而目前有些高耗油汽车的发展趋势值得注意，节油型汽车应从现有常规发动机的节油开始；考虑到我国的基础，预期到2020年按单车消耗节油20%是有可能的；建议着手制定我国车用燃油的经济性规范，鼓励学习欧洲经验，发展柴油轿车。

我与中国石化经济技术研究院的专家们多次讨论，理清和明确了研究内容。参照汽车工程学会的汽车产销量预测，依据中国石化经济技术研究院用户调查法对石油需求的预测，采用高、中、低三种方案测算的汽车保有量，作为预测未来国内车用汽柴油需求量的主要参数；按我国汽车产销车型发展将以乘用车，特别是轿车为主预估，我国乘用车百公里油耗与欧美国家的差距及燃油经济性的发展趋势，对车用燃料节油效果作预测，同时以石科院为主开展国内外情况调研。调研国外(美国、欧盟、日本及巴西等国)替代燃料应用情况，燃料乙醇在国外的最新发展动向和对乙醇燃料法规、规范的要求，世界各国汽车制造商对醇类代用燃料的意见，替代燃料发展趋势，美国节能技术、政策及效果，美国汽车平均燃油经济性，基于提高燃料经济性的政策措施，国际能源机构IEA对全球交通运输用油及汽车节约用油的趋势，电动汽车和燃料电池汽车发展动向及存在问题等。

在上述工作基本完成后，大家一致同意，对应于汽车保有量高、中、低三种方案和相应全国成品油消费量预测，考虑到化工轻油供需平衡，采取各项可行的节油措施，认为如果采用中方案提出的2020年的国内石油需求总量预测是科学的、可行的。进而指导《国外交通运输节油经验和启示》论文的撰写，详述国外交通运输用油情况，分析欧美日等国在交通运输节油方面所采取的技术和政策措施，取得的效果和存在的问题，分析我国目前交通运输用油现状，提出了节油方面的建议。

研究如期达到预期目标，形成报告初稿。2004年2月25日，以《节约用油与替代燃料——全面推进节约用油，提高石油使用效率》为题向侯祥麟院士作了阶段汇报。鉴于我国每千美元GDP的石油消费量(石油消费强度)与美国、日本等发达国家相比要高得多的实际情况，参考发展与改革委能源所“中国能源需求预测”情景分析，在汇报中明确指出，“要实现经济可持续发展，必须大力节约石油资源”；“有效合理地利用石油资源，应把宝贵的石油资源主要用于生产运输燃料和化工轻油”。

报告分析了“用油部门油耗过高是石油消费强度大的主要原

2017 年 11 月 10 日审查工程院咨询项目时与徐承恩院士(右)交谈

因”：一是汽车单车油耗太大，汽车是油品消费的第一大户；二是油田和石化企业自用油比例高；三是小炼油厂资源利用率低；四是不合理用油没有受到严格限制。《节油与替代能源研究》报告中，最终审定的几点结论性意见如下：

1）要实现经济可持续发展，必须调整能源消费结构，提高能源利用效率，降低石油消费强度，降低用油行业油耗，严格限制不合理用油，大力节约石油资源。因此节油是一项重大国策。

2）开发节油型汽车是节油的关键。采取石油、石化行业自身节油、代油，采用节油、代油的新技术。在电力、钢铁行业、工业窑炉以煤代油、以气代油，农业尽量以电代油，铁路电气化代油，严格控制柴油发电等节油、代油的措施。

3）要坚决关闭资源利用率低、污染严重、产品质量差的企业和生产装置，限期淘汰耗油高的产品和装备；要加大油品监测力度，严厉打击伪劣产品，保证汽车使用高品质的石油产品。

4）发展运输用替代燃料是世界能源发展的趋势。但在今后相当长的一段时间内，石油替代燃料主要是天然气和液化气代油，包括压缩天然气作汽车燃料。乙醇汽油主要涉及农业政策和含氧汽油的发展方向问题。生物柴油从降低 $CO_2$ 总排放量是有意义的，但需要解决原料供应。甲醇汽车在资源丰富的地区可以试点，甲醇作为石化原料和燃料电池的燃料在未来将是一种选择。煤液化制油无论从环保和生产成本而言代价太大，可作为战略储备开展研发和建立装置。所有替代燃料能替代石油作运输燃料的比例都不太大，在农业资源丰富的美国也不到 2%。因此，替代燃料的发展必须在符合环保、节能，确保资源和生产成本合理的前提下，通过科学试验，与汽车制造部门的技术开发相配合，在先行试点和示范的基础上，有计划分步实施，不宜匆忙推广。

5）信息技术和优化控制技术对传统产业的改造和节能在今后将起重要作用，应在各工业部门广泛开发应用。

6）要通过国家宏观调控和必要的立法来促进节油代油的实施。把鼓励节约用油作为国家石油安全战略的重要组成部分，加快建立节约型的石油消费模式。政府要将石油天然气的开发、加工、销售纳入规范的法制化管理轨道，避免资源浪费和环境污染。

7）国家要通过税收调节政策，促进节油代油的实施。对于替代燃料的研究和应用，应进行必要的资助和鼓励。

上述报告研究结果的内容，写入《油气资源可持续发展与替代战略研究》下游部分综合报告。最终汇入《中国可持续发展油气资源战略研究》总报告。2004 年 6 月 25 日，中国油气可持续发展战略规划研究报告会如期在国务院召开，时任国务院总理的温家宝等中央领导同志认真听取了课题组的汇报。

温家宝总理在主持国务院听取关于《中国可持续发展油气资源战略研究》成果的报告讲座时强调，油气资源是关系我国现代化建设全局和国家安全的重要战略资源，要抓紧研究制定和实施国家可持续发展油气资源战略，把节约和合理使用油气资源放在更加突出的位置，保证油气资源的长期稳定供给和有效利用，为我国经济发展、国家安全和全面建设小康社会目标的顺利实现提供保障。

在2004年完成了《中国可持续发展油气资源战略研究》报告后，2005年，我又参加了中国工程院副院长杜祥琬院士组织开展的《中国石油需求远景展望与替代战略研究》课题研究，仍然负责下游部分，组织了由徐承恩、陈立泉等院士和相关单位专家组成的研究队伍，开展了我国《2020～2050年油气资源可持续发展与替代战略研究》。

在对2050年《中国石油需求远景展望与替代战略研究》中，通过大家共同讨论明确以下共识：要遵循和延续以下指导思想，即在2020年以后我国社会经济发展受多种因素综合影响，都会使石油消费增长幅度降低成为可能；交通运输用油是影响我国石油消费量的最主要因素，汽车的节油与燃料替代对降低石油需求仍起着关键性的作用；我国依靠炼油厂生产化工原料油的状况难以根本改变，实现化工轻油的替代和新的乙烯原料路线及生产工艺的开发是降低石油需求的又一关键。

要进一步拓展思路，综合分析影响汽车燃料需求的诸多因素，一是未来汽车的保有量及汽车生产与消费结构（包括乘用车与商用车的比例、柴油轿车占轿车总量的比例、混合动力车和电动车比例等）；二是汽车发动机设计生产水平；三是汽车行驶里程；四是交通运输模式可能有根本性的改变。对于石油替代燃料的展望，要着重于对石油替代的可行性与可能性进行分析，要从原料资源的实际可得性、技术成熟程度、对我国资源的整体利用是否合理、能源转换与利用效率、温室效应气体排放、对其他资源的消耗等多方面进行总体综合研究，在实现产业化和商业化应用时投资及成本方面还必须考虑与石油燃料的竞争能力和实现可持续发展为前提。

通过反复讨论大家一致认为：以长远发展的眼光，判断石油消费宏观市场需求，洞察车用燃料未来市场的变化，研究石油能源的节约和替代方式；石油能源的节约和替代不仅要为我国今天的生存发展着想，更重要还应为国家未来的生存发展做谋划；能源的节约和替代是大势所趋，咨询研究必须主动根据石油资源和未来消费预测，做好石油能源资源节约和替代的顶层设计，提出石油资源节约和替代的战略规划。

根据课题研究的目标，主要是分析到2050年石油供需平衡是否有可能做到和实现所需的条件，关键是要考虑到石油能源安全和石油进口量是否受制于人，石油可能的替代量可否达到新的供需平衡。课题在总的研究目标下开展了“中国石油需求的远景展望和天然气作为替代燃料的前景预估”“煤基石油替代燃料”“生物质替代燃料”“电动力替代燃料”四个专题研究，并征询了能源、石化、汽车、煤炭、农林、电池等各方面专家的意见，取得了新的进展和结果。

2005年10月23日中国工程院领导听取了“油气资源可持续发展与替代战略研究”课题组汇报，我主持了预测方案讨论。根据汽车技术研究中心提供数据，对2050年机动车用油需求、石油替代总量、石油供需总量分别作了预测分析。分析了影响我国机动车用油需求因素，汽车节油可能性的依据，我国汽车年平均行驶里程、油耗与美日等国差距；对交通运输和化工用油需求量，汽车燃料和化工用油替代量，生物质替代燃油量，燃料乙醇、生物柴油的生产能力预测，化工用煤预测，氢燃料在替代能源中的地位和可行性。

特别强调指出：各种替代燃料的竞争能力都需评估。在经济全球化的条件下，所有替代燃料都要与石油进行技术经济比较，并最终能处于相当或更为有优势的条件。要作整体评估比较，即原料、技术、投资和成本、能源利用效率、二氧化碳排放及处理，以及为清洁生产所付出的代价等。提出必要的政策支持，并在可持续发展的基础上分阶段实施。各种替代燃料都可以在商业上进行竞争，替代总量只是一种估计，而不是限制，数据供参考，并尽可能取得共识。但还必须指出，尚有几个重要未知数：煤的远景可开采量，各种替代燃料产业化的可能性，天然气水合物的开发和应用，纯电动车的发展前景等须进一步明朗化；对甲醇燃料、纯电动汽车和氢燃料电池汽车，石油加工、炼油和石化生产节油与替代等方面存在分歧和争论的，要与时俱进，不设框框，不抱成见，不守成规，认真展开研讨，使预测更科学合理，更接近实际。

按此次会议基调确定了综合报告编写提纲。在上述思路的指导下，课题组通过一年多的研究，并组织了多次各方面专家的研讨会，对2050年我国石油需求和各种替代燃料的发展前景，不同替代方案下的石油需求量和石油消费量进行了重新分析，对各种替代方案的竞争能力作出了重新评估，提出了加快开发石油替代技术，减少对石油能源的依赖的新的可行性方案和战略性建议。

2005年12月下旬，课题组审定了《2020～2050年油气资源可持续发展与替代战略研究》下游部分综合报告初稿。通过石油需求数据分析、模型研究，未来天然气、煤基、生物质、电动替代燃料技术发展趋势的预测研究和资源评价，替代燃料资源及石油供需综合评价等，取得了以下一些关键共识：

1）国家倡导建设节约型社会。伴随着生产结构的调整，原油加工及产品使用效率的提高，信息技术的广泛应用，消费观念的转变，交通运输节油与替代，公共交通的重视，可再生能源开发利用等，不仅使石油的节约受到重视，而且使石油的节约具有可能性。

信息化时代的到来，必然会对石油需求带来影响，会使社会降低对石油的需求。

2）石油消费需求中大部分是交通运输燃料和化工用油。同其他用油（如用油发电）相比，这两部分很难大量替代，特别是喷气燃料更是不可替代的。交通运输燃料和化工用油的节约与替代是减少石油需求的重要条件。通常石油生产要优先满足交通运输，特别是汽车燃料需求。因此交通运输燃料节约与替代，特别是汽车节油与石油燃料替代成为降低石油需求的重中之重。

3）我国依靠石油生产化工轻油。采用石脑油作原料制乙烯的路线，来满足未来对乙烯的需求，看来不尽合理，应该走多元化的道路。一是加工原油量生产不出所需量的石脑油，多产化工轻油将影响汽油的供应和质量提高；二是乙烯生产成本高，在原油每桶超过50美元的情况下，以化工轻油作原料不但比用乙烷要贵得多，甚至还不如甲醇制乙烯（MTO）；三是乙烯及其下游产品比石油更易依靠进口来弥补需求的缺口。因此化工轻油替代、化工轻油制乙烯原料路线替代需要重视和研究。

4）汽车燃料的需求取决于：未来汽车保有量，汽车生产与消费结构（包括乘用车占汽车比例，轿车和柴油车占汽车总量的比重，柴油轿车占轿车总量的比重，混合动力车与电动车比例等），汽车设计生产水平（主要是汽车节油和燃料经济性，汽车发动机百公里油耗），汽车行车里程和交通运输模式等诸多因素。控制好了将可达到降低石油需求的预期目标，若不加控制和引导，情况将发生变化，石油需求将难以满足。

5）对于石油替代燃料，可有各种各样选择：如气体燃料（包括CNG和LNG，LPG，GTL），煤基石油替代燃料（包括煤液化油、煤制甲醇、二甲醚），生物质燃料（包括燃料乙醇、生物航煤、生物柴油、BTL），电动力替代燃料［包括纯电动车（BEV）、混合动力车（HEV）和燃料电池车（FCEV）］等。

对未来，石油燃料替代不是讲需求的预测，而是要强调对石油替代的可能性。任何一种替代燃料的产业化和商业化应用必须考虑：原料资源，技术及技术成熟程度，经济性，即投资、成本与石油燃料竞争力，能源转换与利用效率，温室效应气体排放，水资源消耗等，以及实现可持续发展的可能性。

石油替代燃料，如煤液化油，以甜高粱、秸秆等非粮食原料生产乙醇，以棉籽油、木本油料植物等为原料生产生物航煤和生物柴油，以甲醇为原料生产二甲醚，油电混合动力(HEV)和纯电动车(BEV)，以及甲醇制烯烃(MTO)、甲醇制丙烯(MTP)，技术和经济上能否在未来具有竞争力，能否获得推广应用，须待2020年前示范项目或示范厂的结果才能定位。

6）生物质燃料属可再生能源，在不与粮食、食用油争地，原料资源有保证的条件下，有广阔的发展前途；但是生产这种燃料的过程，从耕地、施肥、除草、灭虫、收获、运输、加工各环节所耗能量为数不少，新能源的获得会被生产过程中能源的消耗部分所抵消，所以应算总账。非粮食原料、油料植物资源收获、运输、供应、储存等环节也有技术上难题要解决。

7）工业部门用油的节约和替代在未来也继续需要得到重视，仍然存在很大的潜力。

最后上报的近两万字报告，工程院有关领导认为：报告面向未来，观点明确，重点突出，有理有据，求真务实，成为一份可供有关部门决策参考的重要资料。

报告首先分析说明了未来能源和石油供需态势及其面临的严重挑战。国外对未来石油需求的预计，汽车节油减排、提高燃料经济性是减少石油需求的重要途径，采用先进的生物燃料是减少中长期石油需求的有吸引力选择；我国能源和石油消费面临的挑战，必须降低我国能源和石油消费强度，必须提高我国能源和石油利用效率，必须强调并实行“节约优先、环境友好、努力替代”发展战略，必须采取综合措施保障石油安全。

报告对未来石油需求的基本估计。依据社会经济发展前景展望和中国能源需求展望，利用石油消费强度法和消费系数法分析预测了中国石油需求，提出了三种情况下石油的需求总量和预测结果，炼油与石化生产用油节约与替代方案，包括依靠技术进步，加快结构调整，降低能耗、物耗，发展深度加工，最大限度地生产轻质油品，降低炼油与石化企业燃料油消耗，提高石油资源利用率，多途径解决乙烯原料问题等。

报告对未来石油替代总量的基本估计。着眼于：①天然气用作替代石油的前景展望，分析了燃气(CNG、LPG)汽车发展的前景，从甲醇汽油、甲醇制低碳烯烃、甲醇合成二甲醚三个途径分析了天然气制甲醇替代石油的前景，以及天然气合成液体燃料(GTL)的前景。②生物质燃料替代石油的前景展望，分析了国外生物质燃料的发展现状，未来我国生物质燃料的发展及预测思路，预测了未来我国生物质燃料资源，燃料乙醇、生物柴油的生产能力和产量，我国生物质燃料对石油替代量。③煤基石油替代燃料的前景展望，分析了煤直接液化生产石油、煤间接液化生产石油替代燃料现状，预测了煤炭资源量，到2050年煤炭供需情况(煤炭供应能力，煤炭需求和化工用煤量)，煤液化生产石油替代燃料，煤基甲醇的生产和制取低碳烯烃、二甲醚能力，甲醇供需能力。④电动力替代燃料的前景展望，分析了混合动力车、蓄电池电动车、燃料电池车发展现状，预测了三类电动车发展前景。在四条石油替代路径分析、预测基础上，提出了未来石油替代总量的可能方案，2050年不同替代量方案下石油需求量，不同情景下石油的实际需求量，2050年石油供需平衡。

报告实事求是地指出研究不足之处是，尚有几个重要的不确定因素。各种替代燃料的竞争能力需评估，包括煤的远景可开采量；氢燃料在替代能源中的地位，氢能资源量；汽车生产和消费结构，混合动力车、纯电动车(BEV)和氢燃料电池车(FCEV)前景；天然气水合物的开发和应用前景；可再生能源中的风能、太阳能和生物质发电开发和应用前景等，还缺少可靠的商业化数据，因此具有不确定性。

针对替代能源的发展，当时有许多质疑的声音。必须再三强调，发展替代能源，要注重原料资源、技术路线，要因地制宜、因时制宜，要考虑成本的问题；替代能源要考虑经济效益和规模化发展前景，产业要向可持续方向发展，资源要落实，技术要成熟可靠，成本要有竞争力。要坚持科学发展观，研讨替代燃料可持续发展趋势，始终认为利用地球上取之不尽、用之不竭的生物质资源，发展生物燃料产业是替代石油燃料的重要发展趋势。

在 2006 年 3 月审定提交了《中国石油需求的远景展望与替代战略研究》综合报告中，关于到 2050 年石油需求量预估的总结性意见：2050 年，一方面要达到低石油需求量目标，另一方面要达到石油燃料和化工用油有效替代目标，在建设节约型社会的框架下，依靠技术和政策，提高石油使用效率、降低石油消费量增长，积极开展石油替代，控制替代后的石油需求量和石油对外依存度在设定目标范围内，是有可能做到的。

为达到这一目标，需要各方面共同努力，实现石油需求量控制目标的前提条件或措施是：

1）控制石油消费强度和总的石油需求量。

2）石油消费应优先满足交通运输燃料和化工用油的需求，控制机动车用油量、交通运输用油、占石油总需求量的比重在设定目标范围内；保持化工用量、占石油总需求量的比重在设定目标范围内。

3）依靠技术进步和政策支持，使石油燃料和化工用油替代量，包括乙醇(E10)和生物柴油、天然气和 LPG、煤制气 F-T 合成油(间接液化)、煤加氢液化生产汽柴油(直接液化)、煤低温干馏途径的煤基石油等替代及其他车用燃料替代，通过 MTO 等替代化工用油，能达到一定目标范围。

4）控制燃油汽车保有量在设定目标之内，同时调整汽车生产与消费结构：使乘用车占汽车比例、轿车占汽车总保有量的比重、柴油轿车占轿车总量的比重达到一定目标；在乘用车中，要发展油电混合动力车、电动汽车，使其达到较高的比例；要提高汽车设计与生产水平、汽车平均燃料经济性水平，使汽车百公里油耗平均达到较低水平；大力发展低排量经济性轿车，控制汽车行车里程，使汽车能适应天然气与 LPG、燃料乙醇、生物柴油等替代燃料的使用。汽车维修和道路交通管理也是汽车节油的重要环节，政府部门应制定相应的政策和法规，促使全社会节约用油的实现。

5）控制其他用油行业石油消费需求及占石油需求量的比重在设定目标范围以下，比 2020 年应该进一步下降，并尽可能挖掘潜力、节油与替代。

6）为确保石油燃料和化工用油替代量达到预定目标，2020 年前应组织完成各种石油燃料和化工用油替代技术示范、工业化和产业化准备，包括：以木薯、甘蔗乙蜜、甜高梁、木质纤维、植物秸秆等纤维素为原料生产燃料乙醇；以菜籽油、棉籽油、木本植物油等为原料生产生物柴油生产技术；煤的间接液化、直接液化和低温干馏；加大混合动力车、电动车关键零部件(锂离子动力电池)的研究、开发和产业化力度。

7）树立全社会节油意识，制订政策，引导和鼓励节油与替代。

2005 年在徐匡迪、宋健、钱正英三院士任顾问，王淀佐院士、张彦仲院士负责的“建设节约型社会战略研究”项目中，我与杨奇逊院士共同负责“能源节约工程”课题，并负责其中“油气资源的节约技术和措施”子课题研究，完成《油气资源的节约技术和措施》子课题报告。

2005 年 2 月 27 日，在中国工程院召开“建设节约型社会座谈会”上，我受侯祥麟院士委托发言指出：“随着经济的快速发展，我国承载了越来越重的资源、能源压力。要在2020年实现国内生产总值翻两番，可持续发展能力不断增强，全面建设小康社会的目标，就必须大力降低资源消耗，提高利用效率，建立节约型社会”。

2001年5月20日和侯祥麟(中)、侯芙生(左)在武夷山

2004年我国汽柴油消费量分别达到4706万吨和10292万吨，油品消费增长速度远大于国民经济的增长速度。若按此比例增长，则无法保证以较低的能耗实现国内生产总值翻两番的目标。因此，节约用油，降低单位能耗是一件迫在眉睫的大事。汽车是耗油大户，我国汽车的单车油耗高的原因有两个，一是发动机效率低，比国际平均水平落后15%，二是行驶里程长。因此，汽车节油首先要考虑城市交通的模式问题。参考外国经验，建议国家第一要加大投资发展城市轨道交通模式。其次是要靠立法、政策和技术进步提高燃油经济性。第三是制定适当的经济和税收政策鼓励节油。参照国外普遍做法，建议征收燃油税等基于机动车燃料水平的税费制度，并对汽车制造商规定节油型汽车的最低销售限额等，最终形成一揽子政策。第四，根据科学发展观的原则，对能源的使用效率应该制

定衡量的标准，鼓励节油和减少二氧化碳的排放。经济增长不能以过度消耗资源为代价。

2005 年 3 月到 6 月，专题组多次讨论完善子专题研究提纲、研究思路，审定了报告编写提纲。会上院士专家们要求继续调研了解我国油气资源与发展现状。要求从这四个方面分析我国油气资源供需现状和对策：油气资源量不足，人均占有量低；油气供需矛盾突出，缺口迅速扩大；我国能源结构与国外不同，石油消费强度高；石油消费最多的部门，运输用油呈快速增长。

凝练油气资源节约的基本要求，是“五结合”：油气资源节约活动要与转变经济增长方式、提高经济增长质量和效益相结合，加快实现循环经济发展的理念与实践；要与调整经济结构相结合，完善产业政策，扶优扶强，促进优胜劣汰；要与技术进步相结合，推动油气资源节约科技开发，加快科技成果转化，提高资源节约的整体技术水平；要与缓解经济社会发展面临的资源瓶颈制约相结合，以高耗油行业为重点，大力节约用油；要与完善、执行政策法规相结合，坚持依法管理与政策激励相结合，研究提出有利于替代技术推广的相关政策。

要求重视油气资源节约的技术开发。做到“四要”：重点用油行业要统一协调组织对共性、关键技术的科研开发，要组织节约和替代燃料油技术示范，要对先进成熟的节油技术进行推广，要抓住交通能源动力系统的转型这一战略机遇实现跨越式发展。

鉴于《节油与替代能源》咨询报告上交后的十年间内，石油消费量比原来的设想突破了很多，当然战略咨询不可能是计划或规划，它主要是一些基本原则和指导思想。十年来我不断反思，我认为这些基本原则和指导思想是对的，是符合我国国情的。2013 年 8 月我拟了“加紧落实汽车节油各项措施”的建议，请曹湘洪、李大东等院士对此进行讨论，本着科学的、实事求是的精神向中央有关部门写了院士建议，作为本课题的结束语。

# 关于“加紧落实汽车节油各项措施”的建议

2013年8月31日，第24期，总第264期

建议人：曹湘洪、李大东、徐承恩、汪燮卿、舒兴田、胡见义、韩大匡、龙军、吴志新、蒋福康

为了尽快改善大气质量，降低燃油消耗，从道路交通运输角度考虑，一方面要提高油品质量和汽车排放控制技术，但更重要的是汽车节油。现在汽车的“三高一低”(保有量及增速高、平均油耗高、行驶里程数高、旧车报废率低)，导致石油消费过快增长，石油安全形势日益严峻，油耗高，污染排放也相应增高。为贯彻“十八大”大力推进生态文明建设，努力建设美丽中国，实现中华民族永续发展精神，为确保国家能源战略安全和人民生活质量，建议把节油作为迫切需要抓紧的一项长期战略任务。

一、石油及汽车燃油消费现状及影响

2003~2004年原国务院总理温家宝亲自安排了中国工程院进行“中国可持续发展油气资源战略研究"的重大咨询项目，完成后得到温家宝总理的高度评价和多次肯定。温家宝总理还专门为此召开了各部委参加的国务院第四次学习讲座，予以讨论和贯彻。为了缓解我国石油供需矛盾日益突出、石油安全堪虞的局面，在这个报告中明确提出了石油消费量2020年要控制在4.5亿吨，对外依存度不超过

60%的目标。并且提出：鉴于汽车用油是石油消费最大的产业部门，当时所提的2020年石油消费量控制到4.5亿吨，就是以汽车保有量由当时的2694万辆增加到一亿辆为前提的，还要加上认真落实所提出的节油和发展石油替代产品的重要措施。温家宝总理还就这个报告作了很多重要的指示，在2004年6月25日的项目汇报会上他说："当前我国油气消费进入快速增长时期，油气资源短缺已成为经济和社会发展的重要制约因素，必须抓紧制定和实施油气资源可持续发展战略。"还提出了七条重要措施，其中一条是关于"油气节约使用"，另一条是强调"大力发展石油替代产品"。在2004年8月24日国务院学习讲座会上，温家宝总理又强调了"当前特别是要切实抓好石油天然气的节约和综合使用。"

现在看来，这些措施基本没有得到落实，以致石油消费量现在已大大突破了当时所提出的2020年的目标。据统计，2012年我国石油消费量已达4.9亿吨，原油及成品等石油产品进口量已达2.93亿吨(据国家海关总署资料)。由此折算石油对外依存度已达59.8%。最主要的影响因素就是汽车保有量已高达1.2亿辆。据统计，每年新增的石油消费量的70%以上被新增汽车所消耗。另外节油措施也没有落实，油耗很高。"十一五"期间，汽车平均燃料消耗量总体水平高；平均百公里油耗达到7.8~8.0升，远高于欧、日水平，且差距还在进一步拉大；在汽车保有量中，高油耗高排放汽车占比很高，"十一五"末，在用车中达不到国Ⅲ及以上排放标准的汽车占58.9%，在用的乘用车油耗达不到第二阶段标准的汽车占汽车总保有量的60.5%；在汽车销量中1.6升及以下排量的占乘用车总销量比重从2009年达最高峰719.6万辆后逐年在下降，SUV车占比则逐年上升；国家《节能与新能源汽车示范推广应用工程推荐车型目录》所列的推荐车型产量微不足道，2012年只占总生产量1927万辆的0.13%；乘用车柴油化率低，占轿车保有量不到1%。汽车报废率只有0.5%~1.0%，与发达国家也有不小差距。这说明战略咨询中提出的提高汽车平均燃油经济性、提高柴油车比例、大力发展混合动力车、替代燃料汽车、鼓励使用节油型车、加速淘汰落后在用车等各项节油措施，均未得到有效落实。石油供应、环境、交通已不堪重负。

二、石油及汽车燃油消费趋势

随着我国人均GDP达到中等发达国家水平和推进城市化，我国已进入汽车消费或人均拥有汽车量快速增长期。这给未来石油消费增长、城市环境污染治理带来了与时俱增的压力。预测到2020年，中国汽车保有量至少达到2亿辆，其中近95%仍为传统内燃机汽车；如果按国内原油产量2亿吨并稳产到2020年计算，那么2015年和2020年，我国石油消费量将达到5.85亿吨和7.38亿吨，石油对外依存度将“追美跟日”到66%和73%。

我们认为，根据科学发展观关于国民经济各部门必须统筹兼顾、协调发展的要求，以及努力建设资源节约型和环境友好型社会的要求，虽然汽车工业适当加快发展是必要的，但正如温家宝总理所指出的那样，“油气资源短缺已成为经济和社会发展的重要制约因素。”关于汽车工业的发展，鉴于它对国民经济发展的贡献及城市化的要求，要保持较快的发展是必要的，但是由于我国人口众多，不可能走美国那样无限制发展的路子，而不能不受到油气资源短缺一定的限制。因此，这意味着，降低传统内燃机汽车油耗、适度控制燃油汽车保有量并减少行驶里程，将成为实现石油节能减排目标的关键。抓汽车节油，事关减排和推动产业结构调整，又关系国家石油安全战略。各国和各大汽车公司公认：混合动力车型是今后较理想的节能环保车型，城市工况下节能减排30%左右，应加快发展，作为传统内燃机汽车向电动汽车的过渡，混合动力汽车技术将有较长的生命周期。柴油汽车在节能和环保方面的优势已经得到国际汽车业界的肯定，乘用车柴油化被许多国家列为汽车工业未来的发展方向，大力发展先进的柴油车技术，这是汽车节能环保的必由之路；燃气汽车是当前汽车代用燃料的主流，我国CNG和LNG汽车销量快速增长，值得肯定。

三、加大石油供需与汽车节油各项措施落实的建议

尽管近几年节能与新能源汽车示范推广应用、公共交通和轨道交通、替代燃料汽车虽有较大发展，但还必须及时控制石油消费过快增长。要行业协同，企业协力，环保监管，区域共治，正确引导消费，在提高油品质量同时应控制汽车油耗，淘汰落后产能和生产力，特别是通过技术创新等战略举措，加快生产技术进步，加快调整产业和产品结构。为此特提呈以下建议：

1）研究落实顶层设计目标。依据能源供给和生态环境承载能力，从政治、经济、军事、外交、科技等综合国力考虑，确保国家石油能源安全供应。控制石油消费总量和对外依存度，作出科学的顶层设计；提高石油资源利用率，优先满足交通运输用油、减少汽车单车石油消费量和适度控制燃油汽车保有量作为重点；约束工业和交通运输行业石油消费需求过快增长。通过节油和替代措施，达到平衡供需和良性可持续发展。

2）狠抓石油炼制技术的创新与汽车节油各项措施落

实。要通过石油炼制技术创新，特别是大力发展高效重油转化技术，提高轻质油的收率，并不断提高汽、柴油质量满足环保要求；另一方面，汽车工业要把进一步提高燃料经济型水平，切实降低单车年油耗作为重点，加快并有效实施企业平均油耗标准，促进汽车产品结构性调整，实施提高油品质量和汽车燃料经济型统一、规范的评价监管体系；依据城市(特别是大中城市)污染现状和改善情况，确定各大中城市燃油汽车保有量和污染排放量控制目标，采取有区别的地区限购与相辅的经济措施，制约汽车用油过快增长；高度重视混合动力、气体燃料汽车和乘用车柴油机化技术研发和产销。

3) 研究实施通过价格、税收等经济手段控制汽车节油和节油消费政策。可参照水、电、气价格政策实施汽车用油量累进油价政策与实施方案，限控汽车出行里程和汽车用油量；进一步优化不同车型汽车的购置税率，由使用大排量、高耗能车辆的群体承担更高能源消耗和污染排放成本，抑制盲目奢华消费；对购买和使用节能型汽车实行补贴与出行优惠政策；加快在用车更新；加强节油宣传，提高全社会节油意识。

# 发展生物质能



我参加了以曹湘洪院士为首的2012年工程院咨询项目“我国生物燃料产业关键技术开发、示范与应用”，提出了以下几个概念。

## 一、“本是同根生，相补更有益”



我们现在消费的能源主要是石油、煤炭和天然气，叫作不可再生能源，用一吨少一吨，而烧掉以后产生的二氧化碳则烧一吨多一吨，增加了温室气体的排放，造成环境的污染。而如果用生物质及其废弃物如木薯、甘蔗乙蜜、甜高粱、木质纤维、植物秸秆等纤维素为原料生产燃料乙醇；以菜籽油、棉籽油、木本植物油等为原料生产生物航煤和生物柴油，那就可以年年种年年收，叫作可再生能源，把烧掉以后产生的二氧化碳通过太阳光的光合作用又成为生物质及其废弃物，从原理上讲没有产生多余的二氧化碳排放，因此又叫做可再生能源和清洁能源。

根据石油、煤炭和天然气的有机成因理论，它们都是在亿万年前由生物质经过地质条件的变迁，被埋藏在地下，受温度、压力的影响，经过一系列的化学反应，把碳水化合物转化成碳氢化合物。所以我们现在把它们叫做化石能源而不叫作矿石能源。因此，可以说化石能源与生物质能源本是同根生。既是同根生，那么就不应该是“相煎何太急”，而是“相补更有益”。在今后的几十年，国际上有很多能源专家预测，恐怕还是以化石能源的消费为主，而其它能源，包括水能、光能、风能、核能和生物质能等为辅。因为所有的能源利用，都有储量大小和开采成本的高低，要经过认真细致的核算，通过市场经济的竞争，来决定它们在市场经济中的地位，这是不以人们意志为转移的客观规律。

虽然是同根生，但要把生物质能最后转化成现在交通运输的燃料，比起炼油过程来说还有更长的路程要走，而且更费劲，代价更高。对于科技人员来说，更富有挑战性。

首先，我们能用的废弃生物质作原料大部分都是固体，包括木质素、纤维素和半纤维素，它们的元素组成是碳、氢和氧，通常叫作碳水化合物。它们都是大分子，据报道有的木质素分子量在数千到十几万范围内，要把大分子裁剪成分子量在几百范围内的中等分子量范围很不容易。要把碳水化合物转化成碳氢化合物，即把氧原子摘除掉也并不容易。要把固体转化为液体更不容易。从炼油工程角度考虑，把生物质炼成油比炼原油技术上要难得多，步骤要复杂得多。当然，生物化工有它自己的特有工艺和工程，但从规模上来说，它比石油化工要小得多。

生物质能的供应形式与石油产品一样，最终还是要由需求侧来定，包括燃料和润滑材料，这也是我们努力的共同点。

其次，化石能源与生物质能源产生的过程，在时间上和空间上有本质的区别。从时间上说，石油成油时期从新生代到古生代，可跨越几百万到几亿年；而我们现在所指的生物质能源只在几个月或几年内由生物质直接转化而成，或者基本上是当年种、当年收、当年用。因此，石油的能量密度大，即每公斤油燃烧的热值高，而生物质能的能量密度小。表现在组成上当然也有差别，石油基本上是碳和氢二种元素组成，碳燃烧成二氧化碳放出热量，氢燃烧成水放出热量。而生物质能是由碳、氢和氧三种元素组成的，氧原子不能燃烧放出热量，它只能起助燃作用，因此生物质能的热值要低很多。

## 二、发展生物质能，要摸索如何按照市场规则办

我对生物质能的研究感兴趣，源于对孩提年代生活的回忆。

与大多数人的经历一样，童年最美好的回忆是在外婆家的生活。六七岁时，放暑假就到外婆家与舅舅一起生活。舅舅到野外放牛，而在收稻谷时给我的任务是看守晒在场上的稻谷子，谷子晒在场上要不让鸡来吃，就要我看守。让我坐在树荫下面拿一根竹棒守护，而那棵不大不小的树就是乌柏，我已记不清美丽的乌柏花，但对乌柏籽却忘不了。炎热的夏天一串串乌柏籽上挂着虫子，那虫子像蜘蛛一样吊在乌柏籽上，如掉下落在背上会无比痒痒，一遇此情

我就喊外婆救命，这给我印象十分深刻。种乌桕在我们老家的农民也是一种副业，因为乌桕籽含油率高，榨出的油凝固成白色，浇注成箩筐大小的块状油膏挑到城里去卖，这种乌桕油是做蜡烛的原料，烧香拜佛、过年过节和红白喜事都要用它。那时也有现在市场上的蜡烛，用石油中的石蜡做成的，但很贵，我们叫它是洋蜡。现在事情又向另外一方面转化了，乌桕油是典型的生物质能源，是可再生能源，而源于石油的石蜡是化石能源，是不可再生的能源。于是我满怀激情，对乌桕作了初步调查，想用乌桕籽作原料生产生物柴油。

2016 年到中科炼化施工现场调研

（左二起：李大东、舒兴田、汪燮卿、胡永康、王基铭）

我的家乡浙江省衢州市属亚热带季风气候区，光照充足、降水丰沛，历年平均气温为 17.4℃，年平均降水量 1691.6 毫米。衢州的土壤气候非常适宜乌桕的栽种。无论是丘陵岗地，还是山区的岩石缝，抑或是农居的屋前屋后、田头地边、河道水库边，甚至是人行道边，均可栽种。乌桕种苗 3~4 年开花结果，嫁接苗能提前 1~2

年挂果，10年后进入盛果期，乌桕的寿命可达一二百年，经济寿命也可达七十多年。每亩可植乌桕15~19枝左右，盛果期一般的单株产量可达15~50千克，高的可达120千克。种仁含脂率达24%，含油率达17%，总含油率高达41%以上。

乌桕种子分为种皮和种仁，由种皮榨出的油为白色固体，称为桕脂或皮油，皮油可食用，可作为生产类可可脂和巧克力的原料，也可制造硬脂酸、甘油、润滑油等化工产品，以及用于胭脂、发蜡等油性和雪花膏、乳液等乳化性化妆料的油料和助乳化剂。由种仁榨出的油为清亮的液体，称为桕油或梓油、青油，梓油因有毒不能食用，但可替代桐油制高级油漆。籽粕可做饲料。壳可用于制备活性炭或裂解制生物油。

在2006年的衢州同乡春节联谊会上，我结识了开化同乡张锦茂大校，他原在空军部门工作，现已退休，我与他谈起乌桕的事，他很熟悉也很热情，愿意为家乡作点贡献。他介绍从老促会得到的消息，在老革命根据地湖北大悟县有批量的乌桕籽生产，于是我们购买了乌桕油来石科院做实验，我请二十二室孟祥堃等同志作些探索，效果很好，与棕榈油和菜籽油相比，乌桕油加氢所得的柴油馏分十六烷值达99.5，比菜籽油加氢产物要高2个单位，饱和烃含量100%，其中链烷烃97.4%。我们研制的生物柴油不是一般的脂肪酸甲酯，而是直接制成碳氢化合物，这段馏分既有柴油馏分，也有煤油馏分，英语叫作“Drop in”，可以不受比例任意加入石油馏分中去，但加入量应按油品质量最佳化而定。于是章锦茂同志满怀激情想为老家浙江开化县做件好事。

浙江省衢州市开化县是浙西山区相对比较贫穷的县，森林覆盖面积占75%以上，是浙江省钱塘江的发源地，又称东部森林公园，很适宜种植各种木本作物。他为了支援老家建设，自己掏出一万元给老家种乌桕树做试验。县林业局虽然表示支持，但没有红头文件，上面没有指示，没有想到干好事也困难重重。首先是家乡很多年轻人都出去打工了，留下的老人小孩不好干这种上山的体力活，没人愿意上山；其次长出乌桕籽的毛毛虫没人去打药，而乌桕长在树上，硬壳采摘也很费劲。采摘下来还要除去硬壳，再加工分成皮油和梓油，这一件件事都要从头干起，靠个人的积极性根本不可能。总的一句话就是靠个人的良好愿望办不成事，每个环节都要有钱投入，成本太高没人愿意干。倒是乌桕树的花很美，有的城市想要买乌桕树种，用来绿化城市。因此这件好事目前只是嗷嗷待哺。

2011 年 4 月 11 日参加中国工程科技论坛
（前排左二起：谭天伟、舒兴田、汪燮卿、
陆婉珍、闵恩泽、石元春、曹湘洪）

另一个实例是奉化的一家杰森绿色能源公司，是一家民营企业，以废餐饮油为原料生产生物柴油，规模为 3 万吨/年，与上海某单位签订协议收购原料，采用浙江工业大学的技术，并合作开发水力空化和超重力分离等关键技术，产品质量好，适销对路。在油价低迷时还能保本微利。企业总经理邬仕全在困难的环境下，依靠技术开发把副产品甘油回收，把十八碳甲酯用作化工原料，十六碳甲酯用作生物柴油，通过综合利用提升了附加产值，又在此基础上实现了装置的 DCS 控制，把操作工从每班 20 多人减到 2 个人，效益明显提高，在市场经济的环境下能做到“游刃而有余地”。与全国大多数生物柴油企业奄奄一息的状态形成鲜明的对比。

这两个实例使我认识到，市场经济竞争是严酷的，同时在竞技场上也大有可为，生物质能源只要政府重视，给予合理的鼓励政策，经营得当是有前途的，关键是经营观念必须改变，脚踏实地去奋斗是有出路的。

新生事物没有政策支持是不行的，特别在低油价时期更显得重要。

## 三、要做好资源量的估计，更要研究实现的可能性

在不与粮食、食用油争地的前提条件下，研究有可能提供的资源量；但是生产这些生物质能的资源，应该考虑从生产到收获、运输到加工各环节所耗能量。要构建原料供应保障体系，我国生物质资源，大致包括农林有机废弃物类生物质资源与边际性土地种植能源植物生产潜力两大类。据2010年不完全统计，未利用资源量，农作物秸秆46300万吨，农产品加工废弃物7800万吨，林业剩余物资源量15100万吨，餐饮废油、棉籽油594万吨，畜禽粪便量53700万吨，城市生活垃圾6800万吨；适合种植边际性土地，宜农后备地2787万公顷，宜林后备地5704万公顷，薪炭林、油料林、灌木林5675万公顷，合计16166万公顷。以上这些数据都是经过专家和政府主管部门反复落实的。问题在于这些提供生物质资源的可能性如何变成现实性。如何落实？在落实过程中的困难如何解决？政府能出台什么政策去解决？海南岛中国海油一个年产5万吨的生物柴油厂关门了，据说主要原因是原料不落实，我们调查了原因，是荒山野地没有人去种，所提供的种植面积真正利用上的不到百分之十，我怀疑荒山野地的承包商不按合同规定去种植油料作物，跑马圈地，是否另有企图。



## 四、克服技术瓶颈，突破关键技术，加快技术产业化攻关

要尽快在纤维素乙醇、生物丁醇、生物柴油、生物航空燃料、

生物燃气领域诸多关键技术上取得突破，实现技术自主创新与集成应用。研究并创新产业发展模式，提高经济性。纤维素生产乙醇可采用醇气联产、醇电联产、醇化联产，生物柴油、生物航空燃料与联产生物化工产品生产结合，生物燃气采用管道燃气、车用天然气及热电联供等产业发展模式，构建农业循环经济体系和资源综合利用经济体系，形成多联产产业链。

## 五、重视全生命周期能效与$CO_2$排放研究

所谓全生命周期，通俗地比喻是一个人从摇篮到坟墓，或者更准确一点就是从十月怀胎到坟墓，在生命的全过程中，你消耗掉多少能量，你提供了多少能量，也即是能量的投入与产出比值。如果产出比投入的能量大，那就是大于1；如果产出能量还不及投入的能量，那比值就小于1，就不合算了。举例说，你把油料作物的树苗运上山，卡车耗了多少油，喷杀虫剂耗油，生产杀虫剂耗油，浇水耗油，油料作物采摘、运输一直把生产的生物质油料送到加油站为止，在全过程中消耗了多少能量，排放了多少污染物，而使用你生产的生物质油料能产生多少能量，减少了多少污染物的排放，把这二者比较来说明清洁能源的减排效果。

## 六、对策与建议

1）把建立有效、可持续的原料稳定供应体系作为先行任务落实。解决各类生物质和废弃物资源收集、储运、装备、运行模式和政策扶持问题。

2）把“集中科研资源，加大科技投入，突破关键技术”作为科技战略实施。调整国家生物燃料领域科技规划，整合科研资源，集中研发力量，加大科技投入，统一部署研发，尽快实现突破，形成有效的产业技术支撑体系。

3）实行生物燃料生产与营销配额制管理。对生物燃料原料生

产、供应、产品调和、销售、使用，分地区、分企业执行年度配额指标；强制规定生物燃料和石油燃料的混合比例；规定政府系统、城市公用系统的公共服务车、公交车尽量采用或必须使用一定比例生物燃料动力；并制定配套奖惩措施，确保达标。

4）国家明确产业政策，引导和扶持生物燃料产业健康有序发展。增设专项资金或税收附加用于鼓励技术研发、试点示范和运营补助；制定有利于生物燃料产业可持续发展财税专项补贴政策，实行与其他可再生能源同样优惠政策，将生物燃料企业视同高新技术企业享受有关优惠政策。

5）研定技术标准规范，政府依据法规加强引导监管。依国情研究制订非粮生物燃料可持续发展标准，技术与产业发展路线图，产业建设规范和标准化体系，产品市场准入规范等，加大认证审核制度落实力度，依法实施有效监管。

与世界上先进国家相比，差距在于在关键技术上缺乏自主创新，未能实现先进技术集成，注重规模效益不够，为克服技术瓶颈，应尽快组织攻关取得突破。为“推动能源生产和消费革命”，与解决“三农”问题、城镇化建设、环境污染改善相结合，生物燃料产业没有产能过剩问题。我国生物燃料产业化发展要获得成功，建成战略性新兴产业并可持续发展，为生物燃料创造巨大需求，国家政策扶持和引导起着决定性作用。陈化粮仍然是一个重要生产途径，要考虑粮食储备过程中，不可避免有些不能食用粮的妥善处置。

生物质液体燃料的开发方针：

① 不与粮油争地，充分利用农闲地、非可耕地(丘陵、山地、盐碱地等)，努力实现原料多元化，把发展生物质燃料作为工农产业的有机结合体，形成产业链，作为落实“三农”政策的重要组成部分。

② 着重发展以薯类、甘蔗乙蜜、甜高梁、木质纤维、植物秸秆等纤维素为原料生产燃料乙醇，以棉籽油、菜籽油和木本植物油等

为原料生产生物航煤和柴油的生产技术。

③ 由于生物质替代燃料的发展涉及农业、林业、工业、交通运输等行业，涉及生物、化工、机械等学科，2020 年前以组织科技攻关、建成示范基地，形成一定的生产能力，为 2020～2050 年发展打好基础。

各种替代石油燃料的全生命周期的研究，包括全生命周期的能源利用效率和温室效应气体的排放的研究正方兴未艾。美国能源部提出从“油井到车轮子”(Well to Wheels)来评价和比较各种替代燃料的能源利用效率和二氧化碳排放，是比较合理和科学的。它是从油井开采出原油，经加工成汽柴油，运输到加油站，加注到汽车油箱再驱动轮子全生命周期发生的总体能效和二氧化碳排放量进行对比。

要算“全生命周期”总账。强调技术经济、生态环境，包括水资源等统一考虑，这样我们才能够做到科学的、可持续的发展。

在这方面我国应该建立一个监测模型，全过程监测燃料乙醇从生物质原料开始到生产运输等各个环节的能量消耗，这样统计后才能看出燃料乙醇通过光合作用无碳排放的真正效果。现在美国已经建立类似的一个模型。只有根据我国实际情况建立这种模型，设定一定的标准，通过计算才能得出科学的结论，避免先投入后评估可能造成的巨大损失风险，以便促使成本和效益的最优化。

在利用生物质作原料时必须考虑到社会的生态平衡。大部分生物质资源尚没有被人类有效利用，究竟可利用多少和如何利用必须有科学依据，还要考虑到宏观生态平衡。在现阶段生物质能作为可再生能源应是能源供应的重要补充。化石能源的能源密度高，开采和加工技术成熟，总体上储量还相对比较丰富；但化石能源不可再生，二氧化碳排放量大(特别是煤碳)、二氧化硫污染严重，从长期来看是不可持续发展的；生物质能源的能源密度低，原料分散，品种繁多，除乙醇等生产技术较为成熟外，多数尚处于研发阶段，且生产规模也受到限制。二者应该相辅相成，互相补充，而到了“后石油时代”，与其他可再生能源一起，生物质能将成为主体能源之一。

# 院士工作站活动

2002年5月，时任中国工程院院长的徐匡迪院士，带领各学部有关负责同志到山东济南讨论工程院与山东省合作事项，我作为化工、冶金与材料工程学部代表参加了这项活动。到济南后，时任山东省委书记的张高丽接见了全体与会同志，并签订了中国工程院与山东省合作协议书。相应地，山东省淄博市提出要求与化工、冶金和材料学部签订合作协议，目的是使合作项目具体化。由我代表学部与淄博市刘慧晏市长签字，达成合作协议。

淄博市领导对与工程院的合作非常重视，每年六月到八月之间都要召开科技创新活动和国际陶瓷博览会，并邀请工程院领导参会。大会完了以后开小会，讨论具体的合作对象和内容。事前淄博市科技局做了仔细的准备工作，他们把淄博地区各企业的简介、对合作内容具体要求都汇总装订成册，会前发给每一位院士，以便院士们能对口参加讨论，最后开一个协议签订仪式。

按常规，签订协议是由代表双方的实体机构的领导进行的，而院士们来自不同的单位。参加会议未经单位领导同意是不能签字的，这里只能采取一点模糊的办法处理。而且要与对方说明原因，取得谅解才能签字。当然合作内容是关键，如果合作内容涉及到本单位的知识产权，或正在开展的研究工作，那就不能签字。所以我签的项目都是不涉及到本单位知识产权和利益的项目，而院士本人在这方面有一定经验和知识，可以予对方以帮助的项目，或者与本单位正在开展的工作有可能合作的项目。

## 一、山东恒利导热油公司院士工作站

在2002年6月与淄博市科协举办的一次小型座谈会上，一家民营企业恒利导热油公司的董事长耿佃华，提出如何提高导热油质量的问题引起了我的兴趣。事情要追溯到1978年，粉碎“四人帮”后我国引进了一批与人民生活息息相关的项目，其中包括合成纤维，这些装置的设备很多都用导热油作热载体加热，我当时作为分析研究室主任，也接受过解剖导热油组成的任务。我们曾经解剖过日本、美国和法国的导热油，不同使用温度范围的导热油品种、规格和组成都不同。我们院从来没有研制过导热油，也没有这方面的任务。而我觉得我们过去的解剖分析结果会有助于新产品的研制，于是同意给予山东恒利公司在开发新产品方面作些指导。

会议结束后的第二天，耿佃华带我去参观了他们的生产装置，全厂的二十多名职工夹道在泥泞的道路上欢迎我。厂里的设备非常简陋，一个调和釜用来调和产品；一个单独釜用来蒸馏加热切割馏分油；一个板框过滤机用作白土精制，相当于五十年代建国初期的简单润滑油调和厂。该厂建于1994年，主要用减压馏分油调和低档导热油产品。我认为导热油要上档次，主要是要提高现有产品的质量，即：一是提高现有馏分油的热安定性和抗氧化安定性；二是要提高导热油的使用温度；三是用合成导热油代替石油馏分油以提高质量和性能。耿总同意我的看法，2003年开始研究HD315系列高温导热油。首先从解剖分析国外的某高温导热油开始，发现长链烷基苯性能很好，但要为导热油专门合成这种产品显然成本太高，于是把重点放在寻找是否有把类似的化合物作为副产物的企业，最后了解到合成洗涤剂厂生产的产品分布：他们的目的产品是十二烷基苯，但有高沸点的长链烷基苯副产物，正是我们所需要的原料。当时国内主要有两家烷基苯厂，一家是南京烷基苯厂，另一家是抚顺洗化厂，用他们的副产物作为我们的原料油，成本要低很多。该产品命名为HD315，于2005年6月获国家重点新产品证书，新产品开发成功投入市场，使公司销售收入增加近亿元，综合经济效益近2000万元。

2006年9月代表中国工程院与山东恒利石油化工股份有限公司董事长耿佃华(右)签订合作协议

2006年淄博市举办院士活动时，我向淄博市委张建国书记提出要注意污水利用，获得张书记首肯。恒利公司耿总又开辟了一个新领域——工业生产和生活污水治理。我请我院水处理中心李本高教授给他们介绍我院的中水处理成果，恒利公司相继承担了淄博市碧水蓝天计划中的50个生活小区及工业污水治理的中水回用工程。

2008年淄博市举办院士活动时，我向耿总建议要搞废导热油回收，对用户的导热油以旧换新，价格优惠，废油再生，减少污染，实现循环经济的理念。这个意见被采纳，恒利公司又与山东理工大学合作建成万吨级的分子蒸馏装置，运行效果良好，二期工程于2013年4月开工，建设10万吨/年的废油(HW08)再生利用装置。

在二十世纪七十年代末，我院就对进口的高温导热油做过解剖分析，特别是联苯类和三环已基取代苯，我估计是煤焦油重组分的加氢产物。2012 年恒利公司从石油馏分转向高温合成导热油，从产品质量上有跨越式的进步。从单独釜到分子蒸馏，装备上有跨越式的进步。2013 年我给恒利公司题词“持之以恒事能成，与民共利业常兴”。预祝恒利取得新的成就。

## 二、岳阳市绿色催化氧化工艺院士工作站

2011 年 5 月，岳阳市组织了“岳阳市绿色催化氧化工艺院士工作站”建设的论证会，岳阳市原副市长隋国庆、科技局和财政局领导等一行出席了会议。进站院士有我和舒兴田院士以及林民教授组成的团队，为岳阳昌德化工实业有限公司提供技术咨询。

岳阳昌德公司成立于 1993 年，属中国石化集团公司巴陵分公司改制企业，是国内唯一致力于己内酰胺废料资源化利用的专业公司。公司通过了 QHSE 体系认证，2004 年起被认定为高新技术企业。期间，该公司多次获得岳阳市“优秀企业”“纳税先进单位”等光荣称号；获省发明二等奖 1 次、省科技进步三等奖 1 次，市科技进步奖 3 次。昌德公司累计申请发明专利 93 件，已授权 38 件。

公司发展思路：以市场为导向，以技术为动力，以管理为支撑，以清洁生产的模式，走环境化工与精细化工相结合的路子，实现可持续发展。其中环境化工主业：围绕尼龙产业的“三废”综合利用开展回收工艺的开发，包括废液利用、废氢气利用、废渣的余热利用等，并确保无二次污染，产出优质的下游产品。

建站五年来，昌德公司每年投入近 1000 万元研发经费，开展多个项目开发，并取得了一些成绩。其中：

1）以院士团队发明的空心钛硅分子筛为代表的应用，开展了其催化氧化制备环己醇、戊二醇、环氧环己烷项目等一批新项目。同时指导全新技术脱氢制备邻苯二酚、愈创木酚、环已醇等。这些项

目都取得阶段性成果，共申请发明专利23件，已授权发明专利14件、实用新型专利1件。

2）围绕环己烷氧化“轻质油”废液的深度利用，开发了环己二醇醚、戊酯等新产品，建成了年产2000吨环己二醇醚和1000吨戊酯装置，主要用于涂料溶剂、成膜助剂等。

3）围绕特种环氧材料的开发：为拓宽公司主导产品环氧环己烷用途，在特种环氧材料方面进行了系列深度开发，开发了环己二醇二缩水甘油醚和环己二胺，并进行小批量生产，由于它们的耐候性和高机械强度，已用于电气浇注、风力叶片等材料。

4）研究环己烷氧化副产物的综合利用：环己烷氧化目的产物为环己酮和环己醇，但在氧化过程中产生一系列副产物。为了合理利用这些副产物，我在2013年给博士生王乃鑫提出《环己烷氧化副产物的分析表征与加工应用》的博士论文研究课题。王乃鑫建立了一系列分析表征副产物的方法。利用减压蒸馏将副产物切割分为轻、重两个组分。利用全二维气相色谱飞行时间质谱表征轻组分，定性定量分析出68种含氧有机物，主要是$O_1$～$O_2$的环状酮类、醚类和醇类，这是迄今为止对环己烷氧化副产物轻组分最详细的分析表征。利用傅里叶变换离子回旋共振质谱首次表征了副产物重组分的组成，其主要是由$O_1$～$O_5$类的化合物组成，多具有C═C、C═O双键以及环状结构。

根据环己烷氧化副产物中几种典型含氧有机物(环己醇、环己酮、二聚酮、环己醚、丁酸环己酯)的微观分子尺寸，推测其在质子酸、路易斯酸作用下的脱氧途径。通过分析这几种含氧有机物在350℃、400℃、450℃、500℃、550℃温度下的催化裂化反应产物发现，各种原料以不同的脱氧方式转化为烃类，其中脱水反应是最主要的脱氧途径，环己酮、二聚酮与丁酸环己酯存在脱羰反应，只有丁酸环己酯有少量的脱羧反应。研究发现这几种含氧有机物在催化裂化过程中可以相互转化，而且它们均可以生成同一烃类物质——

环己烯，所以其催化裂化产物组成相似，但每种含氧有机物也都有各自独特的反应路径。实验证明，以上各种含氧有机物无论是单独发生反应，还是与其他含氧有机物或烃类化合物一起发生催化裂化反应，各产物收率均不受影响。由此推断，各种含氧有机物之间，以及含氧有机物与烃类模型化合物之间，在催化裂化过程中不存在相互作用。

利用催化裂化的方法对环己烷氧化副产物 X 油进行加工。研究发现，副产物中的含氧有机物在催化裂化过程中通过脱水、脱羰基、脱羧基作用将氧元素脱除，转化为具有实用价值的烃类混合物作馏分油，其中脱水是最主要的脱氧途径。反应温度越高，越有利于原料转化为烃类。其烃类产品的特点是芳烃含量较高，这是由于副产物中的含氧有机物多含有环状结构，同时脱水反应会带走大量的氢。实验证明，使用具有催化活性的催化剂是环己烷氧化副产物转化为烃类的必要条件。环己烷氧化副产物中的含氧有机物在高温与催化剂的作用下首先转化为烃类，再遵循烃类的催化裂化反应机理进一步发生反应。

将环己烷氧化副产物与减压瓦斯油（VGO）混合共同进行催化裂化反应，随着副产物在原料中比例的增加，干气、液化气、重油产率下降，而汽油、柴油以及焦炭产率基本不变。由于副产物中的含氧有机物更倾向于生成芳烃，所以混炼有助于提升汽油产品的辛烷值。实验证明，可以通过环己烷氧化副产物在混合原料中的比例来预测催化裂化产物的分布与组成。

## 三、宁波欧迅化学新材料技术有限公司院士工作站

应宁波欧迅化学新材料技术有限公司的要求，利用当地的原料供应优势，用钛硅分子筛作催化剂，开发丙酮肟生产技术。

自 2010 年成立院士工作站以来，以我和舒兴田院士以及林民教授组成的创新团队，研制成以钛硅分子筛催化氨氧化丙酮生产丙酮

肟的高效绿色催化技术。在此之前，林民在合成高效的钛硅分子筛方面在国际上已处于先进水平，但应用对像是生产环已酮肟，对生产小分子的丙酮肟缺乏经验，因此，必须从头摸索新的合成技术路线。工作站的任务是帮助他们组建研究团队，制订研究工作方案，在小试、中试和工业生产装置建设和运行过程中提供技术指导。由于公司领导的重视，组成了“三结合”的领导班子，吸收宁波大学的教授参加全过程的开发工作，而且采用了新的协作方式，调动了参与开发者的积极性，工作进展得比较顺利。酮肟醚法新工艺乙氧胺盐酸盐项目已列为国家级创新基金项目，水煤浆项目为镇海区“十三五”规划重点节能环保项目。甲氧胺盐酸盐项目为市创新基金项目，市创新基金项目国家火炬计划。

现在已建成2600吨/年丙酮肟生产装置，生产出合格产品，产品已经进入国内外市场，我们提供指导的技术已填补国内的空白，达到世界领先水平的先进技术进行了产业化。共申请16项发明专利，其中授权9项，一项为欧洲专利。制定5项国家行业标准，发表论文7篇。培养3名高级工程师，8名工程师以及两名生产工业化管理人员，培养1名镇海区“121”人才，1名宁波市巾帼科技人才。

2013年入选为宁波市高成长性科技企业和镇海区创新技术团队；2013年被评为宁波市专利示范企业；2016年被评为省级高成长科技企业与科技领航“236工程”企业；2014年12月，公司的甲氧胺盐酸盐绿色生产工艺开发项目获得宁波市科技进步三等奖。

## 四、宁波杰森绿色能源公司院士工作站

2014年6月25日，在浙江省杭州市举行“院士工作站”签约仪式，“院士工作站”落户宁波杰森绿色能源科技有限公司。我和宁波奉化市科协领导，宁波杰森绿色能源科技有限公司总经理邬仕平，浙江工业大学的计建炳教授、聂勇教授、陆向红副教授、卢美贞讲

师参加了签约仪式。院士工作站采取产、学、研相结合的形式，除我以外，还有浙江工业大学计建炳教授为首的团队参加。

2014 年 6 月“院士工作站”落户宁波杰森绿色能源科技有限公司签约仪式(前排左一为汪燮卿)

宁波杰森绿色能源公司成立于 2005 年 5 月，是一家以废弃动植物油脂为原料生产生物柴油的综合利用型新能源企业，也是浙江省唯一一家绿色能源企业。

2007 年 4 月 25 日，工程院化工、冶金与材料工程学部在杭州组织了浙江省生物质能源与化工论坛。会后，以闵恩泽院士为首的院士和专家前往宁波杰森公司参观指导，充分肯定了他们用地沟油等废弃动植物油脂生产生物柴油的方向是正确的，这条原料路线不但是变废为宝，而且避免废餐饮油通过不法分子加工后再上餐桌影响人们健康。所采用的技术路线也是正确的，他们采用了浙江工业大学开发的以文透里管原理对原料与催化剂实行强制混合的“水力空化”技术，显著提高了反应效率；采用超重力分离技术，显著提高了分离效果。有稳定的原料供应渠道，制订了原料油的质量指标，加工成符合要求的生物柴油，有良好的销售渠道，生产规模为

2万吨/年。

但从2014年11月到现在，由于国际原油价格从每桶100多美元跌到50美元左右，生物柴油价格也随之被迫下降，但生产成本下降的幅度很小，导致很多生物柴油企业纷纷因亏损而停产。在这种严峻形势下，杰森能源却逆势而上。公司总经理邬仕平能紧紧依靠科技创新谋发展，采用浙工大开发的技术，实现产品开发的多元化和精细化。在产品多元化方面，首先把副产物甘油利用起来；在产品精细化方面，通过精密分馏，把油酸甲酯和棕榈酸甲酯分离，既可作化工原料，又可作生物柴油，提高了产品的附加产值，实现了扭亏为盈。

其次杰森公司在此期间还投入2000万元进行生产设备和DCS中控系统改造。率先在生物柴油生产工艺中使用DCS控制系统，实现了每班只需2人连续3班倒，保证产品质量稳定。特别在消除生物柴油除味方面，通过院士工作站我的博士生王乃鑫微量分析研究，掌握了产生异味化合物的组成，并与浙工大的技术改造工作配合，顺利地消除了生物柴油的异味。对于重组分生物沥青，过去一直认为是个累赘，通过王乃鑫对复杂组分的分析，初步搞清它是平均含氧量高达7个氧原子的醇、酮、醚、酯类混合物，进一步提出可与石油重组分混合，作为催化裂化的原料加工成汽油和柴油等油品，而在加工过程中，这些氧化物中的氧原子在催化裂化过程中分解成二氧化碳和水，这是一条合理利用污染废弃物的潜在新途径。这一系列的研发工作，致力于提高生物柴油质量，进行生物柴油深加工和副产物精加工，拉开了与同行之间的技术差距，将萧条扭转为盈利的局面，2016年利润总额比2015年翻了一番。2017年上半年，企业利润总额已超过2016年全年。目前，杰森绿色能源已通过SGS(瑞士通用公证行)和ISCC(国际可持续发展与碳认证)双认证，产品符合出口欧盟的硬性指标，硫含量、十六烷值、甘油、氧化安定性等系列指标均符合欧盟标准。荷兰壳牌公司也同步完成对企业产品的考察，并达成初步合作意向。

由于技术和管理先进，被外国同行看中为合作对象，2017 年 5 月宁波杰森绿色能源公司与瑞典某生物柴油公司合作，由对方提供原料，采用杰森公司的技术和装置设备，生产了 3000 吨生物柴油出口到欧洲，这也是浙江省首次出口到欧盟的的生物柴油。

# 第十四章

# 岁月钩沉

# 戳穿“水变油”骗局

我曾在 1985~1995 年前后十年的时间里，断断续续地参加了水变油的样品分析与验证工作。

1985 年的 3 月中旬的一个下午，刚开完全国人大会的黑龙江省省长安振东带领了六七个人来到院里，当时由卢成锹院长和我负责接待，他们介绍了黑龙江省有人发明了水变油技术。说只要将他发明的很少量的一种药剂加到水中，在常温常压下水很快就能变成油，可以熊熊燃烧。他们希望我们配合，协助做水变油的实验。

我们听了以后当然很兴奋，马上就答应了，并立即在地质楼旁修了个一米见方的水泥池，旁边接上水管，等待他们来做实验。本来定好是在 5 月要做实验的，但以后对方提出了种种原因一直未做。

在 6 月的一个上午，中国石化总公司陈锦华总经理办公室来电话，要我下午到公安部去开会。我按时进入公安部领导的接待室，遇到了清华大学化工系的滕藤和林依同志。滕藤同志 1951 年时是清华大学的团委书记，而我当时是清华化工系 51 级的团支委，所以比较熟悉，只是有 30 多年未见面了。林依同志也是清华化工系毕业的，而且她还是我的入党介绍人。

我问滕藤叫我们来有什么事。他说等一会儿要听惠副部长指示。惠副部长进屋后讲，哈尔滨有一个青年司机王洪成发明了水变油，要我们搞清楚是怎么回事，要对油样进行化验分析。这件事由滕藤同志负责，我和林依同志做具体工作，后来又有清华化学系宋心琦教授参加此工作。整个工作是保密的。

对这件事我们既怀疑又好奇。怀疑的是，水是由二个氢原子一个氧原子构成的，油是一系列碳氢化合物的混合物，要把原子量16的氧转化成原子量12的碳原子，必须发生原子核的裂变，在常温常压下怎么可能呢？但有人说是亲眼目睹，更有人说是千真万确。我们只好抱着科学的态度去了解情况和对样品进行分析化验。滕藤同志带着我们三个人讨论具体做法，第一是跟踪实验，了解全过程；第二是取样品分析，看水变油的成分与石油有何差别。但这两件事一开始就遇到阻扰。

"水变油"虽是王洪成一个人的"发明"，但参与此事的有一班子人。而且各人扮演不同的角色，有的人专与你打交道，有的人专门买"药剂"，有的人做具体实验，有的人专给你送样品，而王洪成本人开始时却一直不露面。经过几次交涉，他们终于同意在北京一个宾馆的洗澡间做实验了。开始说要去买药剂，过了一会儿又说药没有买到要延期。终于等到了要做实验的那一天，要我们三人坐的车子跟在他们的车子后面，但他们走进东单一家试剂商店时不让我们同时进去。买什么药剂不告诉我们，买来以后到宾馆的洗澡间去做实验，并说最后一道程序是用电线和两个电极在水里通电一分钟，水就变成油了。然后只允许我们在房间里离开洗澡间5米以外看结果。过了一会儿只听自来水流的哗哗声，说是实验做完了，把用水变成的油端过来，要我们亲自点燃，当然是点得着了。在我们一再要求下，勉强同意给了一小试管的油样。我拿回院里用毛细管色谱分析得到了200多个峰，与我们市场上买到的汽油所得到的色谱峰一模一样。也就是说，用毛细管色谱所画出的色谱峰就是油的"指纹"，就像每个人的手指纹都不一样，以此可以区别出世界上每个人都不相同。油的"指纹"一样说明这个样品不是水变成的油，而是市场上购买来的油。这一下我们心中就有数了。

我们将此情况向上级汇报，领导未明确表态，仍然不放心，认为如果水能真正变成油，这个发明将对我国的经济发展产生巨大的影响。而此时王洪成已等得不耐烦了，他提出要建一个洪成研究院，由他任院长，还要授给他将军军衔。如果这些条件都得不到满足，他表示要出国去创业。这样一来领导更紧张了。一定要我们再与他周旋，设法把事情搞清楚。到了9月份，忽然接到通知，对方愿意在哈尔滨做放大试验，要我和清华宋心琦教授参加。

我们坐火车到达哈尔滨时已近傍晚，市公安局接待我们的人说王洪成正在大庆做实验，能不能赶回来做实验说不定，无奈之下只好等待。到了晚上十来点钟，正式通知我们明天可以做一个大型实验，要我们去观看。第二天早上如约出发，队伍很有气魄，道路实行戒严，前面有开道车引路，我们坐在中间前后都有护卫。车从市中心出发跨过大桥直奔江北，进入一片树林，在五六排平房前停下。下车后，在大门前接受检查，警卫煞有介事地拦住我们不让进，这时有一个扮白脸的人说，他们是中央派来的领导，这才给予放行。我们被引入第三排平房，这里是接待室和实验室。一位试验人员带我们参观一间实验室，约五十平方米，里面有一个一米见方、两米多高水泥砌成的水池子。这就是水变油的实验室，水是从另外一个平房的自来水管引过来的。为了证明是自来水，他打开水龙头，用茶缸取出一杯水给我尝，除了有点泥土味以外确实是水。他打开水龙头，再让我去看那个实验室的水池子里，确实水在哗啦啦流进去，然后要我们离开实验室休息。我说想看实验的全过程，他们不同意，说你可以去看有人在配药剂，无奈之下只得依从。

配药剂操作就在实验室门口，一位小伙子坐在小板凳上用一根木棍在水盆里搅和深紫色的水溶液，搞化学的人一看到这种颜色就会联想到是高锰酸钾。我们问他是什么试剂？他摇头不答。我又问他，是不是高锰酸钾？他点点头。接着又放进一些固体粉末。负责人告诉我们至少还需30分钟，要我们到休息室休息，我们只得遵命。快到实验结束前的三分钟又把我叫去，让我自己亲自动手做最后一个操作。他们把两根电线放入水中，然后把窗子用黑布拉上，整个房间一片黑，要我合上电闸一分钟时间，实验即告结束。把灯打开，把窗帘拉开，说实验成功了，要我们用脸盆到池子去取油，拿到平房外空地上点燃。倒是不假，端出一盆盆的都是油而不是水，水已变成油了，在脸盆里燃起熊熊大火。

为了证明这种油能开汽车，而且比市面上的汽油更有劲，他们用两辆同型号小轿车做实验。一辆是用市场上买的汽油，另一辆是用这次水变成的汽油，做的实验是在200米内比较它们的加速性能。司机是他们的，装油过程都是他们完成的。根据他们实际操作的感受是用水变成的油比市场上买的油性能更好。

表演整整花了一个上午的时间，过了12点才结束，为了庆祝实验成功，王洪成亲自出面请我们吃饭。在实验时我留了个心眼，究竟变出来的是什么油，我用手指沾点油吸在手帕上，回来仔细用鼻子的嗅觉来鉴别。凭我的经验，我认为那水池子里变出的油是另外加进去的，是从炼焦厂里取来的轻焦油，它有与普通石油不同的气味，而且呈淡黄色，燃烧起来冒烟很厉害，芳烃含量高，燃烧不完全。

在此后一年多的时间里，与王洪成一伙打交道主要有以下几个特点：

1）水变油的表演只许远看，不许近看，只许看局部过程，不能看全过程。有在洗脸盆里的表演，也有在浴缸里的表演，最大的是在砌好的一米见方的大池子里的表演，但只能看他们怎样配药剂，不说药品成分。

2）水变成油以后可以用试管取走让你拿去化验，在试验过程中也可用大脸盆端去泼在地上做燃烧试验。

3）试管取来的油样经化验与该地区市面上的汽油或柴油基本一致。大脸盆取出的油不允许采样拿回做化验，但在地面燃烧时烈火熊熊。

4）他们一伙采购的药剂叫作“膨化剂”，每次采购都显得非常神秘莫测，到化学试剂商店买东西你只能在商店外面站着，到一家买后又说要到另一家买，买完了以后又回头再买，让你丈二金刚摸不着头脑。

5）他们已形成有组织的团伙，扮演各种角色来对付你。

6）你与王洪成讨论科学技术问题是徒劳无功的。他不承认能量守恒，更不与你谈热力学三大定律，他的理论是空前的，要求上级给他建立以他名字命名的研究院。

以上的情况，我认为已经足够能说明问题了，但始料不及的是愈演愈烈，有国家科委、公安部、物资部和人事部先后介入，而且先后惊动了几个国家最高领导人和中央政治局常委。

1995 年 3 月 5 日哈尔滨工业大学党委书记和校长联名给党和国家最高领导人写了信。信的内容部分摘要如下："发明人王洪成这些年在哈尔滨生活和进行研究工作，十年来，哈尔滨工业大学一直关注着此事。现在我向您汇报以下几点：1）1993 年，我校党委书记××、校长×××等 12 位博士生导师、教授、研究员一同亲往，认真地考察了此事。考察后，所有参与者一致认为：王洪成的水基燃料（自来水，除几滴膨化剂外，近 100% 均为水）的完全燃烧确是事实！…… 5）王洪成这种"水变油"是人类科学史上的一项伟大发明，其意义是无可估量的！"

1995 年 11 月 7 日，原科委"水代油燃料"验证专家组组长吴承康研究员（科学院院士）等两人来我院谈及要在北京对"水变油"的真实性进行再现性试验事宜，我、卢成锹和陈家林同志参加了讨论，吴承康院士提议要专门开一次会议讨论有关工作。

1995 年 11 月 10 日在中科院力学所开了一小型会议，有何祚庥、吴承康院士及力学所、化学所、石科院等单位的 9 人参加。石科院陈家林同志参加并在会上作了发言，要点如下：反伪科学是我们的责任，立场是坚定的；根据国家科委办公厅〔1995〕023 号文件指示"哈尔滨工业大学或其他单位均不宜介入此事"的精神，作为科委领导的下属单位，我院也不宜介入“水变油”的试验过程；但我院愿意承担在京试验所得产物的理化性质测试，保证分析结果的可靠性，鉴于以往的教训，只是对样品负责。(摘自我院的《情况反映》)

我们的要求和观点是明确的：1)做水变油的实验，假如要我们参加，我们就要全过程、全方位参加，对于膨化剂的组分，应该受知识产权保护，我们会尊重对方的正当权益。

2）汽油或柴油样品要做理化分析和组成分析。

3)如果王洪成对水变油如此有把握有信心，而地方上也有那么高的积极性，那么我们建议可否把哈尔滨市的供油卡断，用松花江的水变成汽油或柴油，在本市先用一段时间，以后再考虑推广，这才是体现实践是检验真理的唯一标准。

这些要求和建议义正辞严，尤其第3条更是让王洪成一伙不敢接招儿而原形毕露，因而我们的意见报上去后就犹如石沉大海，没有了下文，鉴别“水变油”是真是假的工作就这样不了了之了。

现在的读者看了我上述的描写过程，一定会看出王洪成一伙的所谓“水变油”，其实只是一出沽名钓誉的闹剧，一个手法拙劣的骗局。但当时我们为了戳穿这个骗局，前后竟历经了10年，确实为此花费了不少的时间和精力。

# 固体酒精的解剖与试制

1984年6月，北京第一家中外合资的五星级饭店——喜来登长城饭店正式运营。

有一天，饭店的经理请我院卢成锹院长吃饭，席间谈起了餐桌上正在燃烧的一盒蓝色胶体状燃料，蓝色的小火苗在加热一碗海参。与会的客人是第一次看见这种使菜肴保温的方式，觉得这种加热方式很科学，效果既好又显得优雅。经理问卢成锹院长：“你们搞石油的能否研究一下，它是什么东西？你们能否生产这玩意？我们很多菜肴的原料都可在国内买到，唯独这玩意要从美国进口，进口太多储存不划算，进口太少又怕临时缺货跟不上，而且价格不菲，一个要近两美元。”卢成锹院长当即答应把样品拿回院做解剖分析。

回院后卢成锹院长找到我，当即说明任务，要我去一室组织研究。我找到黎洁、王宗明和陈志明同志，共同讨论制订出一个研究方案，请他们剖析这盒样品，并尽可能自行试制出这种燃料。他们三人立即开展工作，王宗明和陈志明做红外光谱分析，发现主要成分是乙醇，次要成分是水，还有硝化棉和丙酮等物质。黎洁亲自到长城饭店了解使用情况和要求。据服务员介绍，这种蓝色胶体状固体燃料用马口铁罐装，每罐 100 克，用时把罐盖打开，用火柴一点就着，一罐可燃烧 40 分钟。

根据剖析成分的定量分析，开始摸索如何试制的程序，难点在于如何将硝化棉与乙醇形成均相的胶状物。黎洁经过反复试验，终于发现这几个组分的互溶和形成胶状物的过程。从化学反应结果看，这种产物不应该叫固体酒精，因为它不是固体，而应称为乙醇凝胶。在实验室初步试制成功后，我们制备出 200 克样品，提供长城饭店试用。点燃后开始情况尚好，但突然冒出一个小火星，掉到台布上，把干净的白台布烧了一个窟窿。服务员马上说质量不行。他说当客人正兴致勃勃吃饭时，听到噗的一声会吓一跳，影响食欲，而且把干净的白台布烧个窟隆也是一个事故。黎洁回来以后我们研究结果，认为是原料的纯度不够，特别是硝化棉可能杂质较多。于是对原料中的无机和有机杂质又横扫了一遍，选用化学纯的原料，精心操作配制，燃烧试验后总算过了关。

实验室试验是在 1984 年年末做完的，向卢成锹院长汇报后他很满意，并提出作为新产品交由我院三联公司生产。卢成锹院长当时是海淀区人大代表，他答允要为区里扶贫做点好事。区里领导听说有这个新产品，工艺过程简单，原料易得，作为扶贫是好项目。讨论结果：由我院三联公司与海淀区北安河乡合作共同开发。

遗憾的是，最终这个项目没有成功。究其原因，我认为是社会主义市场竞争意识不够，再加上过于“轻敌”，还有利益分配问题没有达成一致。我认识到，要做成一件事“必须把胜负成败放在第一位，把是非功过放在第二位”才能做成做好。

快到1985年春节了，我们为完成固体酒精剖析与试制也庆祝了一番。黎洁与八室李镇顺等同志共同努力，利用八室的厂房，临时架了一条电缆，搞了一个搅拌釜，试生产了2000多盒固体酒精，每个职工发两盒试用，回家过春节时涮火锅。

# 《石油沥青基碳纤维及其复合材料研究》工作无果而终的反思

上世纪八十年代，我院对开发新材料有兴趣的一些研究人员提出来，要开展以石油沥青作原料，研究沥青基碳纤维作复合材料的构思。我作为分管科研的副院长，认为这个构思很好，就请丁宗禹、彭保中和周路庚3位同志于1983年8月提出了一个石油沥青基碳纤维及其复合材料产品的研究和开发规划。规划在充分调查研究的基础上，对碳纤维及其复合材料的现状和发展前景作了预测；对用石油沥青作为碳纤维的技术与聚丙烯腈和人造丝作原料的优缺点作了对比；对我院开展此项研究的有利条件进行了分析。该项目报到总部立项后，得到技术开发部和基建条件部门的同意和支持。

对于我院以炼油和石油产品为主的研发单位，要向纤维技术延伸是有一定困难的。为了加速开发和弥补我们的短板，1990 年 4 月份，我院借鉴国防科技大学研制碳化硅纤维的经验，从该校移植一套单孔纺丝机及后处理成套实验室设备，用于我们的沥青基碳纤维的单孔纺丝。对燕山工业纺丝沥青和辽河乙烯渣油中试沥青进行可纺性评价，考察了预氧化和碳化条件，先后制成了合格的定长通用级沥青碳纤维。当时正值世界银行通过国家计委要支援我国研究开发，要贷款论证，我们正在争取世界银行贷款，给我院建昌平中试基地提供资金。申请贷款有一套程序，其中重点是世行派代表团来我院考察技术实力和水平，以决定是否贷款有无偿还的能力。为此，我们预先作了充分准备，安排参观点，其中内容之一就是在实验室进行了单孔纺丝表演，当他们见到黑乎乎的黏稠体沥青通过单孔纺丝机形成很细的纤维丝，感到很惊讶。在我的陪同下，一位代表团成员详细问了这项工作的意义，交谈后他伸出大拇指表示称赞。

由于我院没有研究纤维复合材料的基础，我们专门到华东纺织学院引进三位大学毕业生，并与院里从事重油热加工的同志组成团队，在十二室专门从事该项课题研究。从 1991 年研究成功单孔纺丝沥青基碳纤维，到 1996 年建成 1～5 吨/年通用级碳纤维中试装置，并进行连续长丝制备工艺的研究，取得不小的成绩。但以后既没有对该课题进行评议，也没有对装置进行验收，工作就不了了之。究其原因，除了没有按科研程序办事以外，主要是对开题的战略决策没有在院领导班子里认真讨论，未从思想上统一认识。

我当时是分管科研的副院长，对此应负主要责任，现在回顾反思，停下来的原因主要有以下几点：

1）国际上的炼油大公司都没有搞沥青基碳纤维，埃克森、BP、壳牌，他们都没有搞，只有美国阿希兰炼油厂有一套沥青碳纤维的中试装置，而当我听说他们也不再继续研究时，更动摇了我的决心，认为在炼油行业里搞碳纤维难度大，看不到前景。听说阿希兰炼油厂把这套装置连同技术资料以1.2亿元人民币转让给鞍钢，这无异于卸包袱了。因此认为我们应趁早下马，否则会更被动。

2）用石油沥青只能制通用级碳纤维，通用级碳纤维作为原料可以与其他材料制成复合材料，然后生产高性能飞机和汽车刹车片、重量轻强度好的自行车、钓鱼杆、高尔夫球拍等一系列高档消费品，但须要找合作单位，往下延伸才能成为最终产品，这方面我们没有经验，不像油品一出厂就成了商品。

3）从炼油到合成纤维是不是延伸太长，特别是拉丝部分的工艺和机械设备没有基础，而战线拉得太长是否会影响主攻方向的精力。

从现在的观点看，把项目停下来对不对？我自己认为是不对的，是失策。为什么说是失策？

1）国际上的大石油公司都有精细化工的背景，埃克森有丁基橡胶和各种添加剂，BASF是靠各种精细化学品起家的。技术的太单一化不能拓宽眼界。

2）开发石油沥青基碳纤维的研究重点有两个。一个是优良的沥青原料，从一般石油加工中得到的沥青是不能直接作纺丝用的，必须经过一系列的加工过程才能得到合格的纺丝料，可以说这个加工过程是重油加工的精细化。这一系列加工过程包括精细的热加工和催化加工，例如硫、氮、氧杂质的脱除，微量固体颗粒和脱除。沥青料需要合适的分子量分布、组成和结构。而用催化裂化澄清油作沥青料则需要固体粉末的脱除、最终形成各向同性到中间相沥青等，可以说是一个精细的炼油过程。这些工艺过程我们有的有优势，有的还没有优势，对于重油加工来说是可以互相借鉴和互相补充的，在某种程度上可以促进重油加工的工艺发展。另一个重点是纺丝工艺和设备，这需要借鉴外面的力量来发展自己。

3）我们研究院要不要发展新材料，这是值得好好思考的问题。

我们开发催化新材料并与炼油工艺相结合是对的，开发诸如碳纤维新材料并与重油加工相结合也值得考虑。

从最近看到关于沥青基碳纤维进展的报道，无论是通用型或高性能沥青基碳纤维，虽然与聚丙烯腈碳纤维相比强度较差，但价格仅为它的 1/4~1/3。在高温绝热、密封材料、高性能电池、燃料储罐、水泥增强和吸附材料等方面，在军用和民用复合材料开发应用等方面，都显示出良好的发展前景。与我国炼油工业在国际上的地位相比较，我们的碳纤维工业显得落后了许多。

另外，把开发项目停下来在程序上也是有欠缺之处，特别是对从事该项研究工作的同志应当有个交代，要向大家说明原因，并听取他们的意见，对专业人员的工作也要作合理安排。

# 第十五章

# 我的家庭

谈到我的家庭，当然首先要谈我的妻子叶嗣懋。我们俩虽然谈不上是两小无猜时的青梅竹马，但也相识相知的很早，有一段为期不短的恋爱史。



## 与叶嗣懋的那些陈年往事

1946 年读初二时，衢州中学从石梁的乡下迁回了衢州城里，我们初中二年级在天宁寺里安了家。这一年从开化中学转来了一名插班女生，叫叶嗣懋。当时全班只有两名女生，另一名叫何训，是杭州人。

当年的衢州城虽小，但也有钟楼和鼓楼，叶嗣懋家就住在城里钟楼旁边。她父亲叫叶伯敬，是当地很有名的中医，每天就在家里看门诊。叶伯敬解放后曾任衢县人民医院副院长多年，衢县县志已为他列传。

叶嗣懋插班时，社会风气还是男女授受不亲，她又是走读生，早上去学校，下午回家，而班里大部分同学都是从外县来的住宿生，因而我们彼此接触的机会很少。从当时的社会环境、风气和年龄来说，也远远不到谈恋爱的程度，只能说是对某某同学印象好坏而已。

掐指算算，初中两年加上后来的高中三年，我和叶嗣懋同班同学了 5 年，两人在上学时总共没有说过 10 句话，但后来她却成为了我的终生伴侣，似乎有点莫名其妙。不过，几十年后回忆起来，叶嗣懋说，当年虽然没有说过话，但由于我学习成绩好，因而她早就注意到了我，对我有好感。

最早有一件事给她留下了深刻的印象：初二那年我们的教室在天宁寺大雄宝殿后院的两侧厢房，大雄宝殿后院是一大片空场，中间放着一个石制的香炉，同学们下课后就利用这块空地踢球。一天，有位同学不小心把球踢到教室里来，球正巧落在了我的桌子上，打翻了我的墨水瓶，墨水洒在我的笔记本上。当时我的第一反应是生气极了，想要与这位同学去讲理，但马上又一想，人家也不是故意的，得饶人处且饶人，还是算了吧。于是，我默不作声地先把墨水瓶扶起来，再将桌面和笔记本上的墨水渍仔细擦拭干净，然后平静地坐下来继续写自己的作业，就像这事根本没有发生过一样。人说，吃亏是福。恰巧那天叶嗣懋就在一旁，亲眼目睹了这件事的全过程，使她感到汪燮卿这位同学为人老实，宁可自己吃亏也不与别人争吵，因而在她刚到衢中的第一年，我就给她留下一个朴实有涵养的好印象。

初二时，教音乐的俞淮老师是一位虔诚的佛教徒。他是浙江省新昌人，是为躲避日本鬼子的侵略来到衢中教书的。这学期他教我们唱的一首歌曲叫《天长地久》，描述牛郎织女的爱情故事。我和嗣懋又都很喜欢这首歌，因歌词表述的感情十分细腻动人，但曲子却带有和尚念经般的味道，唱时只有敲小木鱼的“滴答滴答”声配合。男女独唱和合唱相结合，男的唱的是牛郎，女的唱的是织女，歌词如下：

(合)红遮翠障锦云中/人间鸾凤御炉香/飘渺随风/今宵花月多美好/春气溢深宫。

(男)愿似这金钗彩凤/双翅交飞在云中/愿似这玲珑钿盒/百岁同心情意浓。

(女)看双星一年一度重逢/似这般天长地久/愿彼此恩爱相同。

(男)栉风沐雨/尽力耕种/要麦黄稻熟庆丰收/有饭大家吃/民生第一功。

(女)焚膏继晷/尽力纺织/要成布成帛夺天功/有衣大家穿/民生第一功。

(合)一年容易又秋风/屈指佳期又到/度银河又梦到巫峰。

(女)你别来无恙/依旧意气如虹/力田辛苦/雨雨风风/恨盈盈一水/如隔关山重重/不能相依朝夕/只有灵犀一点通。

(男)你韶华永驻/依旧玉貌花容/女红辛苦/雨雨风风/恨盈盈一水/如隔关山重重/不能欢乐相共/只有灵犀一点通。

(合)来也匆匆/去也匆匆/良宵苦短/情话偏浓/纵使会少离多/都是天长地久/人间天上不相同。

这是一首爱情歌，也是描述男女长期别离时的抒情歌，上世纪三十年代由周璇和白云主唱，现在上网在酷狗音乐网上能找到。

我们俩之所以喜欢这支歌，不仅因为它表达了朴实无华的爱情，特别后来的离别之情，“恨盈盈一水，如隔关山重重”“来也匆匆，去也匆匆，良宵苦短，情话偏浓”等歌词引起的共鸣。直到现在，我们都八十四五了，还经常在唱，只是歌词丢三落四，嗣懋就把它从网站下载下来用来练字。

到了1948年，初中三年级时，我们从天宁寺迁回了府山上的学校原址。原来在天宁寺念书的女同学何训已回杭州去了，三年级又来了一个女同学叫罗爱云，因而全班还是只有两位女生。罗爱云是本地人，年龄比我们要大十来岁。她和叶嗣懋关系很好。

很快初三的学习生活就要结束了，在初中毕业的晚会上，临别前同学们都互相交换照片留念，不过由于男女授受不亲的封建观念，交换照片都是在男生与男生之间进行。但这时，罗爱云却走到我前面，把拉我到墙角处说："汪小鬼，你和叶嗣懋也交换照片好不好?"这件事出乎我意料之外，搞得我一时不知所措。我当然不好意思拒绝，于是拿出一张一寸的标准照交给她，她马上就转交给了正在一旁静观我们谈话的叶嗣懋，并旋即转身，很快就把一张叶嗣懋的一寸标准照片塞进了我的手里。就这样，我们俩第一次交换了照片，而且这两张照片至今还保留着。也是从那一刻开始，我意识到了叶嗣懋很关注我，对我有好感，从此我们两人之间就有了一种朦朦胧胧的心心相印的感觉。

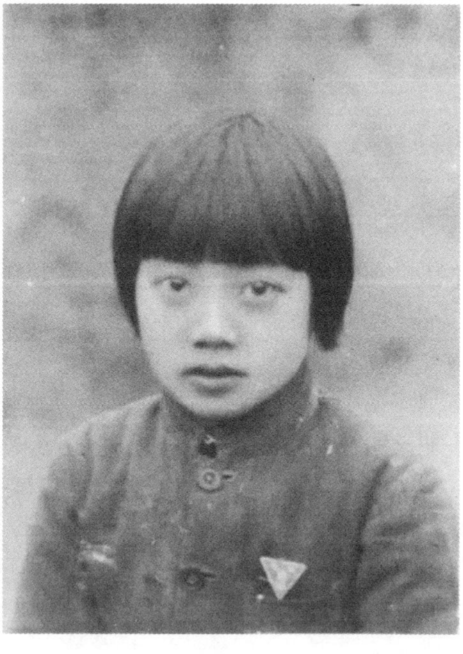

1948 年叶嗣懋赠给我的第一张照片

那是 1948 年冬天在衢中府山上的事。初中毕业后，我在衢州中学继续读高中。叶嗣懋也升入了衢州高中，我们俩依旧是同班同学。但在高中的三年中，我们依旧是"男女授受不亲"，没有什么实质性的接触，倒是后来参加土改的几个月中，短暂的分离给了我们堂而皇之的通信机会。

那时叶嗣懋没有参加土改，她坐镇学校以“通讯员”的身份，与下乡参加土改的同学通过通信交换土改情况，而就是从那时起并非刻意地开始了我们之间的鸿雁传书，并且一直保持了下去。另外，我去乡下参加土改前把行李和书籍放在她家里，由此也多了一层交往。

在那个思想改造这根弦绷得很紧的年代里，我们不仅“鸿雁传书”，而且还记日记，从中也能感觉到初恋起始阶段的那种爱情的朦胧。在我参加土改期间的1951年1月26日，嗣懋在日记里写道：

> 昨天晚上做了一个奇怪的梦，好像你是在一个艺术书店里演话剧，我们都在看，不知怎样，陶翠英(注：我们班主任陈运鑫先生的爱人)会变成夑卿的母亲，她戴着一个女子大约十四五岁的样子，也穿着军衣戴着军帽，说是夑卿的未婚妻。一会儿陶翠英喊道：“她的帽子太大了同你换一顶。”于是夑卿就把帽子从半空中抛了过来。不知怎的就醒了。
>
> 这样奇怪的梦不知怎样会做出来，我自己想想也觉得好笑。将他心里分析起来，也分析不出是什么缘故，真奇怪真好笑。

1951年我考上了北京的清华大学，叶嗣懋也如愿以偿地考上了位于杭州的浙江医学院。“不为良相，愿为良医”，是她们叶家的家教，也是祖训。不仅她父亲是医生，而且她祖父叶左文也是出身于兰溪中医药世家，原本是在兰溪县城开中药店的。

上大学后，我和叶嗣懋一个在北京一个在杭州，就是因为天南地北，距离产生了思念，通信往来在不知不觉中渐渐多了起来。

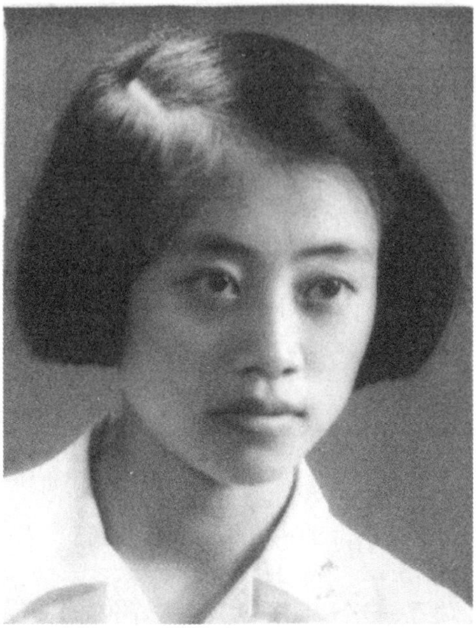

1956 年叶嗣懋在浙江医学院毕业时的照片

1954 年国庆节后我一下收到了她的两封来信。一封是 9 月 30 日晚上写的，一封是 10 月 1 日写的。虽连续两天连发两信，其实也没讲什么要紧的事，只是聊聊天，交流一下思想。9 月 30 日晚上那封信较长，娟秀的竖版小字密密麻麻地写满了两页纸，信中写道：

……今天是国庆节前夕，我想象不出在首都能有多少热闹情况，也想象不到你是怎么来度过的。今天没有晚自修，许多同学上街去了，有的到西湖去了，我却还是关在寝室里。看书吗？没有。玩？也没有。我的面前摆了一张信纸，手握着笔在发痴，想写也写不出什么来。

四年级了，明年这个时候你已经毕业，我也在医院中实习。那时可能会比现在更忙，实习医生的值班时候是二十四小时制(就是每一天每一时每一刻都是你的值班时间，晚上并没有例外，有事的话仍旧要起来)，写信的时间大概更少，可是真的一时一刻也没有空吗？也不会的。三年来的学习长了不少知识，感谢党和政府的关怀和教导，我们由一个不知事的青年，培养成初步掌握了医学知识的人，初步懂得了如何去和死亡作斗争，来使人生活得更愉快，工作的更多一些。这一切虽然我们学的不同，我想你的体会不会比我少，而只会比我多。因为你幸福地生活在北京，生活在离领袖更近的首都。只是回顾起来很惭愧的，在政治上对自己的要求是不够的，摆脱不了小资产阶级的圈子，往往还是考虑到个人的利益问题，而没有参加到革命的大家庭中来，和人家很少谈到这个问题，怕作思想斗争，有些时候也为这些问题苦恼得夜里睡不这觉，可是却不敢向组织上反映，有时觉得算了吧，不要去想。你看过《远离莫斯科的地方》吗？我刚看过，当党委会审查到别里捷入党的时候，他曾经自己提出来为什么大家不问他："为什么到现在才入党？"他的回答正和我一直来的想法相同，认为入团入党不过是一个形式，只要内心具有觉悟就够了，在党外团外同样可以得到进步。可是这个想法实在是不对的，老实说这其实只是为自己在作辩护，难道在团外真的可以进步得一样吗？现在想起来还是为了一个个人利益丢不开。对有些问题想得到，可是做不到，因此口里就懒得说，逃避了现实的考验，明知这样做不好，可是还是这样做了。

谈的很杂乱，实在是太多了，写不完，我只当是对自己的检查……

10月1日的来信很短，不满一页纸，全信如下：

燮卿：祝你在一九五四年国庆节过得愉快，身体健康，学习进步！

罗松来信问你的通讯地址，这个问题只好由你自己回答，因为事实上连我自己也不太清楚。戴昌达、王昌安也问你好，可是惭愧得很，我不能告诉他们关于你的消息。他们都在南京。

我胃病还没有好，时常发得重一些，心里很闷。

盼来信。握手！

嗣懋　五四年国庆

正是这一封封的鸿雁传书，一次次的思想交流和情况互通，我和叶嗣懋两颗天南地北的心在一点点地拉近，感情也在于无声处悄悄地建立，积累……

# 八年后的重逢

我去东德留学后，1960 年 6 月底，高教部安排全体留学生回国集训。已在异国他乡待了 3 年，能回趟国大家当然非常高兴。而这次回国，我还有一个比别人更高兴之处，就是想利用这个机会回国结婚。我与叶嗣懋虽天各一方，相距 7500 多公里，但人相远却心相近，一直频频鱼雁传书。尽管一别已经 8 年未曾谋面，但通过长期的“两地书”不仅产生了深厚的感情，而且已经确定了携手终身的关系，因此我决定趁这次难得的回国探亲机会把婚事办了。

因为外币是不许带回国的，带回去也不能换成人民币，只能在东德买点东西，所以听到可以回国以后，大家都忙着买东西。我把准备回去结婚的决定告诉同学们后，支部全体同志旋即就为我们俩买了一本高级相册，做为结婚礼品。由于叶嗣懋是学医的，一个喜欢画画的同学还在相册第一页上，画了一个女医生在看显微镜的素描，并每人都签上了名字以资纪念。我则为结婚买了布料、台布、尼龙丝巾、彩色胶卷和当时尚属稀少的各种塑料家用器皿。

7月初在北京集中，经过两个星期的政治学习及总结后，组织上给每个人发了探亲路费，我们可以回家了。

我先到杭州去看叶嗣懋，同行的是麦塞堡的熊大庆同学，他的女朋友王子珍也在浙江医学院。7月16日坐火车到达杭州城站时，已是晚上9点多钟，立刻见到了来接我们的嗣懋。已经时隔8年啦，她都有点认不出我了。虽然照片上也看过多次，但她觉得真人看上去要比照片上的我胖了许多。大概是因为在国外吃得好，营养丰富，所以与她印象里的我中学时那面黄肌瘦的模样相差太远了。不过，那个年代，胖是福呀。当时食品短缺，想瘦容易，想胖难，两人见面道一句“你胖了”，是一句常见的恭维之语。

我们走出站台，嗣懋要了一辆三轮车，直接拉到西湖边上的一家小旅馆，把我安顿下后她就回学校去了，约定明天早上来接我去逛西湖。

七月中旬正是杭州最闷热的天气，这家旅社里已没有空房间，只在堂前放了几张可供睡觉的竹躺椅。我找了一张，用毛巾擦了一下，躺下去还是觉得火辣辣的，闷热异常，没有一丝凉风，身上的汗水不断往下流。没办法，我只好把躺椅搬到门外去睡，殊不知外边更糟糕，西湖的湖水白天受阳光辐射，晚上蒸发出来的水汽更闷热。当然，这也与我在德国生活了3年有关，已经适应德国那高纬度的寒冷了，一下回到纬度低了20多度的杭州，竟一时难以适应家乡这低纬度的闷热了。这一夜折腾得我怎么也睡不着，第二天我要嗣懋换个地方，可当时还找不着有空床的旅馆，幸好正赶上学生已放假，我可以栖身学校的教室，睡在医学院大教室的桌子上倒还凉快些，而且离嗣懋也近了许多。

我在杭州住了两天，在闷热的夏天里游西湖，当然不是最佳季节，但由于这是我与嗣懋相识13年以来的第一次牵手，第一次卿卿我我、纵情山水、花前柳下，也是高中毕业分开后的第一次长相聚，所以自然是别有一番风味。第一天游灵隐寺，寺旁边有条小溪，流水潺潺，我们脱下凉鞋把双脚泡在水里，感觉非常舒服；然后携手飞来峰下，漫步石径逶迤，一同感受大自然的鬼斧神工；接着我们走进大雄宝殿，先看那里香烟绕缭，善男信女，念念有词，祈求菩萨保佑；再一起看那些菩萨罗汉不同的身姿形态、不同的雕刻艺术，有的使你恐惧，有的使你敬畏，有的和蔼可亲，有的使你好笑……不觉一上午就过去了，午饭我们是在天外天饭馆吃的，就在灵隐寺旁边，比较大众化。嗣懋专门请我吃东坡肉，是杭帮名菜，口感真的很美，但吃完后突然呕吐不止，显得非常狼狈，趴在桌子上休息了一会儿，才缓过来。我估计是昨晚没有睡好，刚回国生活不习惯所致。

第二天，我们去游了九溪十八涧。这是西湖靠近农村的地方，小桥、流水、土路、菜园，还有一片片小竹林，农夫在田边挑粪施肥，与我小时在外婆家的田园景色差不多。一路上游客很少，很安静，我们边散步边聊天，共同享受着“两人世界”的恬淡和美妙。

在交谈中，嗣懋告诉我今年她姑妈去世了，按照当地的风俗，红白喜事不能当年同时办，而且我们的终身大事她还没有和大人们谈，所以还是先不办为好。我表示理解她的难处，本来是件好事，不要因为匆忙而草率从事，弄得大家都不愉快。这天中午，我们是在一家小餐馆吃的豆腐烧鱼和几样素菜，清清淡淡反倒很对胃口。

第三天一早，我就告别嗣懋单独乘火车回老家龙游了。之后，嗣懋又专门从杭州请假到我家，陪了我三天。这是继我们刚刚杭州两日后的第二次长相聚，也是未过门的儿媳妇第一次登婆家门，母亲以农村待客的最高规格——水煮糖水鸡蛋招待了她。这次小住，嗣懋因亲身体验了我家境的艰难，遂在以后的两年里经常给我家寄钱，予以经济上的资助。

那时正处于三年自然灾害时期，面对除我以外的全家七口人，过去善于经营的父亲也是“巧妇难为无米之炊”无力回天，一家人只能在贫困线上挣扎。当时我在德国，因外汇不允许寄回国而无法救济，家里的生活是靠两位舅父在经济上贴补一点才勉强维持下来，没有饿死人，实属万幸。所以这时嗣懋的汇款就成了雪中送炭，救急救困，帮了家里的大忙。因为那时我们还没有明确关系，父亲对她经济上予以的支援戏称为“是前世欠了我的账”而感激不尽。

龙游的乡下当时没有什么风景名胜，嗣懋来家里后，我们到小南海玩了一天。那里有一排大小不等的岩洞，从岩石上面长年不断地往下滴水，在地面上形成了一个个水池子，我们坐在水池子旁边甜甜蜜蜜、窃窃私语，非常惬意，也非常凉快。

我还带嗣懋去了小南海的名胜之地——童坛殿。这是一座寺庙，庙虽不大，但在当地颇有名气，每逢农历六月十四是这里的传统节日，乡里要举行祭神活动，善男信女，香火缭绕。而每年的正月初三，茶圩里都要到童坛殿去请菩萨，那是全村最热闹的一天，一大清早一群小伙子剥光全身衣服不怕寒冷，只穿一条短裤叉，在脸上、身上、腿上涂抹上各色颜料，用色彩画成鬼怪模样，手持钢叉，一路铿锵有声，光着脚到小南海童坛殿去接菩萨，然后安置在我们家旁边的祠堂里，供全村人敬拜，到正月十五才送回去，敲锣打鼓地去寺里祈求风调雨顺，保一方平安。

我与嗣懋之间最珍贵的家产就是来往的信件，在龙游的这几日，我们把这些信件集在一起，彼此交换着看，美好的回忆尽在其中。

相聚的三天很快就过去了，我们乘同一车次离家返程，她回杭州，我到上海。到了杭州城站，她先下车，临别前她把我的手表上弦的表头拨上去，让时间永远停留在那一刻珍贵的瞬间。

# 别有风格的婚礼

我和叶嗣懋从1946年初中二年级时在衢州相遇，成为同班同学，经过高中阶段的同窗共度，大学阶段及留学五年的鸿雁传书，在长达十六年的相识、相知、相恋和漫长等待后，终于在1962年7月28日，如愿以偿地走到了结婚和组建家庭这一步。

1962年结婚照

举行婚礼的地点是在我们石科院家属区6号楼618号房。为办喜事十一室的同志们帮了很大的忙，非常不容易地为我们借到了一套三间的单元房。这套房子原来是宋副院长住的，因他刚调走房子还空着。这就给了我们一个见缝插针的好机会，先借两个月，用于新婚燕尔。

那天的结婚仪式非常简单，但来的领导、朋友和同事相当多，包括副院长侯祥麟、总工程师林风、十一室和十二室的领导在内，签到的客人共有57人。此前当年留苏回来的糜振暖、李佩珠、尤玉林、吕兆岐、唐俊杰以及时秀香，精心制作了一面丝绸巾，写上对我们俩的结婚贺词，并要求来参加结婚典礼的客人都要在上面签字留念，这件礼物我们一直珍藏着，至今已有56年了，因而也保存下了一份参加婚礼的名单，他们是：颜志光、吴逸芳、李秀珍、宋启宏、钮培南、郭志新、徐文渊、彭建山、叶祖衡、张溥、刘素忱、蔡艾音、李成林、顾新华、冉祥生、成林森、张东珍、李桂平、关雅琴、何鸣元、胡莹君、潘联昌、张景洋、王贤清、李文钊、关书华、杜芳洁、方耕夫、刘子秀、华伟英、张盈珍、沈巧仙、刘济瀛、王永澄、吴朝华、董承训、侯祥麟、李振清、王幼慧、邬伯斌、龚显平、李元芳、林勇强、陈愈、张二水、姜融华、卢成锹、文志炎，还有嗣懋的大哥彦谦和大嫂友平。

2012年金婚纪念时，一起拿着结婚时领导、
朋友、同事签名的丝巾，再次合影

2013年80岁生日时，同时庆祝金婚，拿着签名簿的合影

嗣懋的大哥叶彦谦比我大10岁，那时就职于南京大学，是数学系教授，后来任数学系主任，数学研究所所长。他的主要成就是从事代数曲线和曲面的拓扑研究，编著有《极限环论》《常微分方程讲义》等著作。说起来，嗣懋这个大哥也是我们衢州中学的校友，1940年在衢中高三毕业时他获得了全浙江省会考国文第一名。但是，他更喜爱数学，同年秋考入浙江大学数学系，成为了大数学家陈建功、苏步青的亲授门生。

嗣懋家由她的大哥大嫂作为女方的家长代表出席了我们的婚礼，而我家父母因为我出不起路费，并且父母操着一口家乡土话不会说普通话，因此没有来。婚礼上，是由十一室主任兼支部书记张溥作为男方家长代表讲的话。

婚后，父亲随信寄来了不到100字的贺词：

叶嗣懋父母、哥哥彦谦和弟弟彦升带着汪宜和学海

燮卿 嗣懋 结婚志喜

由煜卿 7 月 28 日来信，欣悉您俩已于星期六举行婚礼，我和您母闻之皆大欢喜。祝贺您俩愿花常好，愿月常圆，白头偕老，夫妇齐眉。因我两袖清风，愧无礼物相赠，深以为憾，特其(寄)数语，聊表纪念。

62，8，5，俊、东同贺

结婚那年，我还收到嗣懋祖父的贺婚七绝一首：

多君犹及忆西湖，
湖上年来道路芜。
梅老无花鹤飞去，
孤山谁与伴林逋。

以贴燮卿贤倩

诗中所提的林逋，是杭州人氏，北宋诗人。他不趋名利，终身不仕，隐居于西湖孤山，未娶妻，长年与梅花、仙鹤作伴，戏称“梅妻鹤子”，就是以梅为妻，以鹤为子。而落款处的“贤倩”一词，是古代翁对婿的敬称，就是贤婿之意。

说到叶嗣懋的祖父，这是一个很有故事的老人。他姓叶，名渭清，字左文，号俟庵，是一位很有知名度的宋史专家。叶渭清生于1886年，1903年18岁时中举人，有“神童”之称。光绪三十三年（1907年），清廷授给他一个候补广东盐运使的官。在候补期间，清末废科举，叶渭清遂师事著名史学家陈黻宸，于是转研史学，与民主促进会创始人、新中国第一任教育部部长和第一任高教部部长的马叙伦同门。后来他们经陈黻宸介绍与国学大师、一代儒宗马一浮为友，共同切磋，交游甚深。在史学界，马叙伦、马一浮、叶渭清，合称“二马一叶”。

1948年叶嗣懋祖父（前排左三）与熊十力（前排右三）等摄于杭州葛荫山庄复性书院

1921年，叶渭清应邀到杭州第一师范学校任教。1928年，随马叙伦至南京国民政府教育部任职。次年，马叙伦兼北京图书馆馆长，又应邀赴北平任北京图书馆编纂部主任，着手校订《宋史》，并代马叙伦处理日常馆务。1935年华北事变后回衢州，继续补订《宋史》，并编定邵康节、陆放翁、程北山年谱。解放后，马一浮任新中国第一任浙江文史馆馆长，叶渭清也随之入职浙江省文史馆任馆员，继续从事研究和补订、校订《宋史》的工作，留有《元椠宋史校记》《嵇康集校记》《陶渊明年谱》《陆游年谱》《宋会要辑稿》等手稿。

叶渭清勤奋好学，博览群书，穷毕生精力研究《宋史》，见解精辟、独到。曾有旧书记载他清末在广东候补盐运使期间是如何博览群书勤奋好学的，云："古婺(即今浙西金华一带)叶渭清，年二十二。以举人试吏部，授广东盐库大使。落落不慕仕进，常徒步走市中，搜古书，伏而读之。自欧学东来，士大夫数典而忘其祖，神州旧籍堆置，败架蠹烂，无复收拾。渭清见书肆常徘徊，终日不肯去。倾其所积，以求周秦两汉之遗古，学士胜流之所咏叹，豪杰贤人之所称述，丹铅狼藉并蓄兼收，满箱满床光气夺目。"

在广东这个幅员辽阔，财富甲天下的地方，当时上自督臣大吏，中有府州县吏，下有主簿典史以及诸杂流人等，不下数千过万，没有一人像叶渭清这样专心于学问的。当恩师陈巘宸问起他，为何这样全身心地投入到钻研学问中？叶渭清回答说，他是一个没有母亲的人。他十九岁时，母亲就亡故了。他今天勤于学问，完全是母亲对他的教育和影响。

据叶渭清回忆，母亲徐氏是浙江兰溪人，出身于当地的名门望族，十五岁嫁给他的父亲。母亲嫁给他父亲时，叶家已相当贫困。但母亲很勤俭，一件衣服往往要穿十多年，而对他读书识字练书法却从不吝啬。叶渭清4岁时，他的母亲就从市集购来纸笔，命他学习。在家里的门上、窗户的木框上以及板壁上都写满了字，教他认。而他"日识数字以为常"。到了第二年，也就是5岁时，母亲专

叶嗣懋娘家的全家福

（前排：祖父和祖母，后排右三为父亲，左三为母亲饶梅仙，右一为大哥彦谦，左一为大嫂友平）

门请了私塾老师到家设馆教他。他家里虽然穷，但母亲很尊敬先生，给塾师的待遇优于别家。他的母亲因为识字不多，但为了督促儿子学业，经常在塾师教他时在里屋静听，一字不遗，默默记在心里。到了晚上睡觉前，母亲就叫他将白天所学背给她听，如果背错或读错，母亲就能指出来，并进行更正。叶渭清说，他小的时候，没有一日荒废过读书练字，虽然父亲在家时也教他，家中也请了塾师，但还是得益于母亲为多。叶渭清家在山乡，附近很少有文学通才。到了十四岁（虚岁），他补了邑庠生（就是秀才），母亲就命他到州里去求良师，一年才回家一次。叶渭清的母亲从小就体弱多病，多次面临死亡。嫁给他父亲后，因为父亲常年在外经商，家中全靠母亲照料。母亲就忍住病痛，全心管理家庭。与邻里融洽、亲友和睦，尽心教导两个儿子，把家治理得井井有条，父亲在外也没有了后顾之忧。一日，他的母亲病得很严重，叶渭清知道后赶了回来，一心想在家照顾母亲，不想再远离家乡。母亲知道他的心事后，就对他说："过去有一个算命先生对你父亲说，你适宜在外，十六七岁时一定要离家远出，否则会母子相克。你回去，我的病就会痊愈，如果你在家，就会加重我的病情。"旧书云："盖母恐渭清废学为是言，以坚其志耳！"也就是说，实际上是母亲为了不耽搁叶渭清的学业和前途而骗他的。可怜天下父母心。正因为有徐氏这样的母亲，才培养出了叶渭清这样一个远近闻名的宋史专家，成为了一个于国于民有用的人才。

这次，已76岁高龄的叶渭清，赠诗与我这个孙女婿，他是以林逋自喻，借古言今。前两句"多君犹及忆西湖，湖上年来道路芜"，意为：大家偶尔还能想起杭州的西湖，湖上的道路这些年因走的人少而荒芜了。那时叶渭清是住在杭州的浙江省文史馆，所以诗中的"西湖"是意指他的居住地，而诗句写得凄凄清清，一是流露出垂老之年的孤独感，二是为后面的两句做铺垫。第三句"梅老无花鹤飞去"，依林逋"梅妻鹤子"的说法可推知，"梅老无花"是说他的老伴现在已经人老珠黄，而诗中的"鹤"，就是指嗣懋了。"鹤飞去"，加上最后一句"孤山谁与伴林逋"，就是向我笑言：你把嗣懋娶走了，以后谁来陪伴我这个孤老头子呢？……用一首古诗，而且这种嗔怪的口吻来恭贺我们的婚姻，嗣懋祖父真是老得可爱，老得有趣。

叶左文先生和外曾孙女汪宜

1962年还处于三年困难时期，生活物资供应非常紧张。那时我还是单身户口，吃大食堂，没有肉票供应。幸好因从事军工产品研制，每月有保健肉票，研究室秘书刘景辉同志对我特殊照顾，给了我五斤肉票。我跑到新街口买到湖南的腌肉，用腌肉烧冬瓜招待了从德国回来的同学，算是在家里简简单单地办了一桌结婚喜宴。还好，在那个“三月不知肉滋味”的日子里，大家倒也吃得不亦乐乎。

## 解决两地分居，嗣懋走上新工作岗位

结婚以后接着就是如何解决两地分居问题，不是我调到杭州，就是嗣懋调来北京。从可能性分析，还是嗣懋调北京比较容易。于是我们又在调动工作解决户口上作努力，不过谈何容易，从现在解决进京户口的难度也可以想象出当年的难度。幸好，中央有一条大城市之间可以实行户口对调的政策，也就是北京与杭州户口一对一的相互调动。当然，还有专业和学历等诸多问题。不知从哪儿来的那股子劲，我拿着介绍信到处瞎跑，从北京医学院、积水潭医院到朝阳医院，到处找，到处问，到处联系，最后终于打听到北医病理教研室有一位叫何茂堂的老师想到杭州去。一个愿进，一个愿出，这样就形成了对调关系，真是天大的好事。但好事又多磨，北医不愿要人，要我们自己去落实工作单位。最后北京市卫生局同意接收，嗣懋来京终于有了着落，家也随之安在了北京。

1963年4月，嗣懋被分配到北京市耳鼻喉研究所工作。该所挂靠在北京市同仁医院，所长是同仁医院副院长徐荫祥教授。徐院长为人和蔼可亲，嗣懋一到所里就被任命为支部副书记并分管科研工作。他对嗣懋说："我只会取咽喉里的异物，其他研究工作你们去搞吧。"

嗣懋从浙江医学院毕业后，先是留校任教。1958 年又到中山医学院高级师资班进修了一年，师从病理学名教授梁伯强和秦光裕两位老师，业务上收获很大。回校后又讲课又带实验，150 人的大课堂不但课前要充分准备，讲完课嗓子简直要喊哑了。教研室的老师对她说："你是浙江省第一位女病理医生。"

现在，这位女病理医生要改行了，心中难免依依不舍，甚至有点不相情愿，但更重要的是要服从需要，服从分配，服从组织安排。耳鼻喉这门课，嗣懋在大学里只学了几个学时，如今要带领一拨人开展研究工作难度可谓不小，但她始终按祖父"清清白白做人，认认真真做事"的家训去开展研究所的工作。

叶嗣懋工作照

研究所的规模虽小，却是当时面向全国唯一的耳鼻喉科研究机构，全所几年来一直围绕研究方向的问题争执不休，好不容易才统一起来。不久，史无前例的“文化大革命”就开始了，翮懋顺理成章地成为所内的第二号走资派和同仁医院的“黑苗子”，边劳动边接受群众的批判，熬过了四年多的动乱生活，才重新恢复工作。当时研究所只有 6 人，女同志居多。他们一分为二，3 人一组留所恢复原来科研门诊及部分实验室工作。另 3 人为一组下楼出院，走进工厂大门，为工人师傅普查及治疗噪声性耳聋，两组定期轮换。1970 年 10 月开始接受防治北京卫戍区警卫师指战员因施放节日焰火而引起的暴震性耳聋的研究课题。在此基础上随着回所人员逐渐增加，正式开展了两项全国性大协作课题——制定《工业噪声安全标准》及《常规武器发射时压力波对人体损伤的安全标准》。同时不断结合临床寻找治疗过去认为不治之症的神经性耳聋的中西医药物。经历过“文革”灾难的科研人员深知这一切来之不易，荒废了的时光，必须用加倍努力的工作弥补回来。去工厂的同志早出晚归，转遍了北京数十个工厂，不论严寒酷暑都得关在不到 4 平方米的活动隔声室里测听，一干就是四五个小时。搞武器噪声的同志更是随演习的野战部队奔走在祖国的四面八方。为了验证武器的性能，夏天去炎热的广州，冬天在零下 40 多度的黑龙江省佳木斯和吉林省白城，东到黄海之滨的青岛，西至戈壁滩上的嘉峪关。为了取得暴震性耳聋听力损伤规律的第一手资料，有时需要追踪炮手从射击后即刻至 2 分钟、4 分钟、8 分钟、10 分钟、15 分钟、30 分钟，1 小时、2 小时、4 小时、8 小时、16 小时、24 小时，甚至 2、3 天的整个听力变化过程，带着手提式的测试仪器，乘军用吉普车从一个连队追到另一个连队，有时还得让值勤的战士将需要复测的战士从熟睡中叫醒。演习场都在空旷的野外，在清一色的解放军战士中冒出几个穿便衣的老百姓已经够显眼，何况有时还是两个女同志。更麻烦的事是上厕所，野战军从来不设女厕所，只能在确认厕所里没人时再由两人换班，一人在外面"站岗放哨"，一个进内"执行任务"。

经过1974~1978年为期4年的艰苦奋战，整个试验共用各种不同的枪、炮弹及TNT炸药一万多发(块)，实验动物二千多只及一千多名炮兵战士的临床观察和测听结果，共获得上万个数据，经过统计整理分析，拟订出我国常规兵器发射压力波的安全标准。在中国人民解放军总后勤部司令部主持召开的技术鉴定会上，海、陆、空三军所属有关科研机构及医学部门的技术人员，经过充分认真的讨论，提出鉴定意见认为："此项研究成果既有一定的理论意义，又有很大的实际价值……据现有资料分析，与国外比较，此项成果已达到国际水平，并填补了国内脉冲噪声标准的空白。"鉴定会后，又经向军口国家标准局申报审查后，终于被批准为中华人民共和国国家军用标准，由国防科工委于1982年发布，1983年在全军正式执行。成果1981年被评为中国人民解放军总后勤部科研成果一等奖。与此同时所内历年来所做的其他各项课题也陆续获得丰收，《工业噪声安全标准》经国家级鉴定会通过，由劳动部、卫生部共同颁布执行，获北京市科研成果奖。《钙剂抢救链霉素急性休克反应》获卫生部第一届科学大会奖。1976年北京市卫生局系统所属研究所年终评比，耳鼻喉研究所被评为先进单位，评委会一致认为，这个所最突出之点是以十几个人的力量，做了如此大量的工作，这种苦干精神值得其他所学习。

嗣懋在北京市耳鼻喉研究所工作了17年，为研究所的发展打下了坚实的基础。但是那时，我在城北海淀区石油化工科学研究院工作，她在城南崇文门工作，家在南池子大街38号东华门大街附近，每天我上下班要骑两小时的自行车，加上考虑孩子的上学问题，权衡再三，只好牺牲她的工作前程，照顾我把家安到了研究院。1980

年她设法调到了北医三院工作。鉴于她的工作经历，当时的北医三院党委书记左奇同志(左奇，女，北医三院首任院长)曾考虑希望她做党的工作，但她觉得以前学习了七年的病理，丢掉实在可惜，而“文革”的经历实在太惨痛了，因此决心把过去学的东西重新拣起来，重操旧业。在消化科郑芝田主任的领导和支持下，嗣懋她们从零开始建立了消化实验室，培养干部，以胃镜肠镜取的样本研究病理改变为主，为患者早诊断早预防提供依据。另外她觉得要把临床与病理检验更好的结合，应该自己去看门诊。她看专家门诊每次只挂15个号，对病人耐心仔细回答问题。二十多年来，把全部身心都投入了“萎缩性胃炎与胃癌的防治”的研究工作中。从1999年3月到2000年年底，选择了两种药物：增生平和去甲基斑蝥素(利佳片)，前者是医科院推荐治疗食道癌与癌前病变的得奖药品，后者是上世纪八十年代就用于肝癌和肝硬化的药物。经过长期的研究和观察，认为去甲基斑蝥素效果明显好于增生平。嗣懋65岁退休，继而又返聘5年，按理说是应该回家安度晚年的时候了，但作为一个从医47年的医生来说，似乎事业才刚开始，她总感到时间不够，想再多看几个病人，这是对社会、对父母和那寄予厚望的老祖父的回报吧！

从对待病人的热情、关心和耐心解释方面，嗣懋在我们研究院是有名的，平时只要她走在马路上碰到行人，不管认识与否，只要向她请教有关病情的医治、防护和调养，只要她知道的，一定仔细回答和讨论，因此，我把她叫做“马路医生”。我们俩只要一出去散步，一碰到请教她的病人，就会站在马路边谈上二三十分钟，有时我等得不耐烦了，只好先走。她在我们院里认识的人比我还多，除了我认识的人以外，收发室发报纸的、清洁工和住在大院的一些老人都叫她叶大夫。她认为，只要医治好一个人，救活一条命，就是她天生的职责。

# 一双儿女

说到子女，知道我们家的人都很羡慕。

大女儿汪宜，生于1963年11月。她和女婿秦钧是清华大学化工系的同班同学，毕业后去美国学习并取得博士学位，后在美国休斯敦贝勒医学院任教。

现女婿秦钧作为“千人计划”引进人才归国工作已7年，在蛋白质组研究上颇有成就。女儿也在去年作为“北京聚才工程”引进人才正式回国接受聘任做研究工作。他们都感到国内工作条件好，愿为祖国科技事业作贡献。

1970年的全家福



儿子汪山，出生于1970年，北京大学力学系毕业后，也到美国学习，现从事计算机软件开发工作。儿媳乔杏文是北医的毕业生。

经过院系调整后，在我们家里，妈妈、儿子和儿媳都是北大人，父亲、女儿和女婿都是清华人，应该说在我们这一代人中是相当满意的。

# 家庭的点点滴滴

与同时代大多数知识分子的命运一样，我们在六七十年代时的生活还是相当艰苦的。

首先是住房问题，嗣懋已怀孕 9 个月了，我还分配不到房子。因为按我院当时的规定，只给女职工分房子，我结婚时借住了三个月的房子必须退出来，也没有一位领导为我说情。眼看快要临产，还是同仁医院伸出了援助之手，分给嗣懋一间小平房，地点在东单洋溢胡同 57 号。那里原是北京市委的医务所，分给我们住的是一间传达室，一进大门靠左面积约有 12 平方米，屋子小而矮，进入门伸手就可触到屋顶，屋顶的材料是石棉瓦，再在上面铺一层薄薄的洋铁皮。这个大杂院有六七户人家，孩子们中午爬到我家屋顶上打架嬉闹，吵得我们没法午睡，待起来赶他们时，他们早就溜跑了。因为屋顶没有保温层，房间里是冬冷夏热。冬天烧蜂窝煤取暖烧饭，有一天早上通风不好，汪宜在屋里煤气中毒，嘴唇发紫，我赶紧把她抱到屋外，过了十几分钟才慢慢缓过来。

就在这样的一个小空间里过日子，我们没有怨言，觉得有这样一个栖息之地已经不错了。冬天房间里要放两辆自行车，炉子、锅、碗柜、桌子、一张大床 4 人睡，硬板床下面的空间放小箱子，里面放衣服。桌子上堆满了书籍和小人书。吃完晚饭收拾完以后，4 个人每人一本书，用我们家乡的话来形容是“鸡蛋壳里做道场”。

1967年冬天的一个星期天中午，在这个小院子里还发生了一件有趣的事。那时全国都在打派仗，公安系统做物证检验的人员和机构全部下放了，市公安局要破一个“反革命”案子，要甄别反动标语上的油墨、纸张和浆糊，公安局的人寻求帮助居然找到我家里来了。大院的邻居们看到门前停了一辆军用吉普车，以为是来抓我的，等我晚上回家了，才知道没有出事。

我们在这小传达室住了5年，邻里关系很好，我们先后把两个孩子汪宜和汪山都寄托在隔壁的王叔叔家。王叔叔是北京市口腔医院的锅炉工。他的爱人刘姨无业在家，就帮我们看孩子，对待他们像对待自己的亲生孩子一样。他们唯一的一个女儿叫王秋芬，比我女儿大一岁，两人也像亲姐妹一样。嗣懋把她的一个月工资全开支在这两个孩子身上，而我的工资则用于维持家庭生活和寄到家里去支持全家生计。那时日子过得紧巴巴的，我还清楚记得一件事：我的二弟友卿来接我母亲回家，在北京车站因行李超重受罚，可我口袋里空空如也，没有办法，只好把原给友卿的20元钱重新要回来，去补罚款。

到了1968年，医院给我们调房子，调到了南池子大街北口38号，在东华门附近，房子面积约有17平米，另外在对面还有搭起来的一间小厨房。这样空间就比原来那个小传达室大多了，地方也比较安静。这里离天安门很近，往南步行十多分钟就到了。一出门往西就是护城河，再往西走就到了故宫的午门。地理位置和环境十分理想，唯一不方便的有两条：一是上公共厕所要横穿马路，清晨起床后马上去排队；二是院子里6户人家共用一个自来水的水龙头，冬天水龙头结冰冻死打不开，要浇热水把冰溶化，因此晚上必须把安在地下的自来水龙头关死，然后用稻草盖上保温。从东华门到嗣懋上班的耳鼻喉研究所，骑自行车只要15分钟，而我骑到研究院需要55分钟，正值中年时期，精力旺盛，但清晨7点出发前也必须抽一支烟，才能振作精神骑得动车。那时买烟要凭票供应，能买得到的好烟只有北京的大前门和上海的光荣牌。早上骑车到达院里东三楼正好赶上早请示，背完老三篇，喊过三遍“万寿无疆”才开始一天的工作。下午 5 点 15 分要“晚汇报”，念完最高指示，再喊完“万寿无疆”，马上骑自行车回家，一边骑一边肚子已咕噜咕噜的饿得直叫，到家以后凡是能往嘴里塞的东西，抓起来就狼吞虎咽般地往嘴里塞。

我们对于家务劳动基本上有个分工，我管买菜做饭，嗣懋管洗衣服和打扫卫生。一到星期天我就骑自行车穿大街过小巷找副食店买肉，因为每次只能买二毛钱肉，买多了就要肉票了，所以要跑三四家副食店买够肥肉解馋和增加热量。洗衣服当然是用搓板，因为一到星期天家家都要洗东西，用水的人多而水龙头只有一个，就得排队，但大家都很客气礼让。有时星期天晚饭后收拾完我们就关起门唱歌，我买了一台电唱机，除了样板戏等革命歌曲外，我们就爱听黄河大合唱。汪宜嗓子好，唱得好，音调也准。汪山则唱得常常走调，他就拿一只筷子敲碗伴奏“张老三，我问你，你的家乡在哪里？……”另外，我们也常唱中学里唱过的如《松花江》《渔光曲》和《慈母心》等歌曲，生活中充满了家庭的乐趣。

但 1976 年 7 月 28 日凌晨 3 点，唐山的大地震可真的把我们吓坏了。我们正在熟睡中忽然感到地剧烈摇晃起来，我马上把汪宜抱起来，赶紧往大街上走，大家都是穿着背心裤衩，甚至还有一丝不挂的，就像聊斋里描写地震的场面一样。第二天回到院里上班，我最担心的是几台大型仪器会不会出问题，水和电的供给有没有中断，幸好实验室未出事故。住在院里的人集体搭帐篷，住在院外的每人发两根木料和两米油毡。我用自行车把木料和油毡驮到东单，与原来的邻居王叔叔他们在东单大马路上搭帐篷睡觉，但蚊子咬得受不了，又偷偷溜回家去睡。那时汪山还寄养在王叔叔家里，身体虚弱发烧，到同仁医院挂点滴。我作为室主任坚持上班，还专门骑自行车到李燕章、潘德全和高红家去家访慰问，在大难时刻大家都感到很温暖。过了十来天地震警报解除后，我们又回到东华门住。为安全起见，我们把硬板床的四条腿用砖头填高，汪宜就睡在我们床底下。

以上就是我们家的点点滴滴，但回忆起来还是津津有味的。

汪叶两家聚会

（从左至右：前排：叶嗣懋、汪燮卿、叶彦复、陈维华；
后排：毛彩仙、叶晓晖、汪宜、秦钧、叶雨涵、叶学思、孙蕾）

传|外|篇

# 同行眼中的汪燮卿

# 殚精竭虑作奉献

石科院原副总工程师　蒋福康

我是石油化工科学研究院的一名老职工，曾任第二研究室主任工程师；科研处副处长、处长；院副总工程师。1985 年起 30 年在汪燮卿院士的领导下工作，1985 年他刚担任研究院副院长，此前因为他长期从事军工油品的分析工作，一上任对院里的主要工艺情况不太熟悉，就常来二室 204 组了解情况，我主管 204 组的工作，又是南方人，工作、学习、生活无所不谈，觉得院长的为人比较随和。记得有一次参观 204 中型试验装置时，组里的青工石永旺跟他开了一个玩笑，在参观中型装置的仪表间时，忽然在地上爬来一条“蛇”，把他吓了一跳，原来是石永旺用塑料薄膜扎成一条蛇的模样，再涂上墨水偷偷放到地上，等他拿起来放在手上玩时，弄得大家哈哈大笑，这也说明当时领导与群众之间关系是比较融洽的。

在整个催化裂化家族工艺开发中，我参加了催化裂解 DCC 技术的开发，重点是在建立中型装置开始，直到工业化试验成功为止的全过程。我清楚地记得，在成立催化裂解矩阵组的动员会上。担任矩阵组组长的汪院长强调任务的艰巨和光荣。当时院里正在讨论如何用好 1 亿吨油。由于我国生产的大庆和胜利原油轻组分少，顾得上汽、柴油的生产供应就顾不上为石油化工提供原料，解决问题的唯一办法就是用重质原料生产乙烯和丙烯。因此开发这个新技术对国民经济发展意义十分重大。他说：“在某种程度上讲，我们是临危受命，应该义无反顾”。接着汪院长又分析了我们的有利条件和不利条件：“我们的有利条件是催化裂化的工艺和催化剂研究和开发能力比较强，在我国炼油厂中都采用国产技术，而这些技术都是我院开发的；我们的技术人才队伍也比较强，干劲大，人心齐，富有战斗力。我们的不利条件是在石油化工领域过去没有做过多少工作，经验缺乏，需要学习新知识，闯出新路子，做出新成绩”。

随后，他即着手主持了研究课题技术方案的论证工作，制定了技术研究总体方案和研制任务书。首先调整科研方向，适时地将石科院相关研究室科研的重点转向该研究领域。果断停下了研究室已开展的另一项科研探索课题，将研究室有限科研资源向该研究课题集中。这是石科院在石油炼制领域一项重大战略决策。意味着石科院向石油化工延伸，从传统生产汽油、柴油催化裂化技术向多产低碳烯烃方向转变，也是用重质原料生产乙烯、丙烯技术一次重大创新探索。

与此同时，他还组织了催化裂解反应机理的理论研究，努力搞清新技术与催化裂化的异同。催化裂解生产低碳烯烃反应过程相对复杂，对烃类催化裂解化学反应、反应热力学和反应动力学特征了解有限，而正碳离子反应机理提供了合理地揭示碳氢化合物催化反应机理的科学方法，是二十世纪日益发展起来的碳氢化合物反应科学知识的基础。他依据文献调研启示，提议：进一步调研催化裂化反应是否都是以正碳离子为过渡态或中间体而进行的，反应过程正碳离子的类型及形成，能否以正碳离子来解释催化裂解反应机理；要研究重质油催化裂解生成丙烯的反应、裂解反应深度与产物分布关系，原料的组成和性质与丙烯生成反应之间的关系。

他先从抓紧实验室探索开始。探索实验是在一个小型固定流化床反应装置上进行的，选定的原料是石蜡基的大庆蜡油，催化剂选用的是含 HZSM-5 沸石的活性组分催化剂，反应条件是有利于最大量生产丙烯的最苛刻的参数。探索实验结果令人振奋，主要技术目标——丙烯产率达到预期。接下来在小型固定流化床和连续流化催化裂化装置上，相继开展了不同原料、多种不同品种分子筛、不同分子筛含量的催化剂优化组合，不同反应参数的大量实验，以确定最佳的催化剂配方、最优工艺条件及最高的丙烯产率。再从催化剂与工艺双管齐下展开试验研究。他明确两大技术关键：催化剂与工艺研发方向、目标和进度。他多次强调：利用院研究室已研发的成熟的工业放大催化材料和催化剂制备工艺、研制新的催化剂；立足我国现有催化裂化技术，研究工艺参数与催化裂解反应的关系，优化工艺条件开发新工艺；加紧建立新的分析方法，确定气、液产品组成和杂质含量，及时提供样品分析结果，从而为课题研究顺利推进确定了方案，并依据前期实验研究数据确定了量化技术目标，确保研究成果达到了国际先进水平。

1991 年 4 月 16 日汪燮卿(右二)和蒋福康(左一)访问美国 Amoco 公司

他认为，在实验室研究基础上，实验研究结果，包括催化剂、工艺必须经重复验证，小试研究结果必需要放大验证。在石油化工科学研究院尽快建设一套 10 千克/时的中试装置，放大制备出满足中试装置试验要求的催化剂，成为确保研究进度和验证实验室研究结果的关键。当时，为了建立中型试验装置，有两种不同的意见：

一种意见认为既然是新工艺，而且与现有装置不同，就应该建一套新装置。而另一种意见认为，新建装置不但需要更多的资金，而且一切从头开始，费时间长，若在原有204中型装置加以适当改造，不但节省资金，更重要的是节省时间，加快科研进度。他果断决策选择改造204老装置，并把这个担子交给我来挑，要我负全部责任。

中型装置的重要性是不言而喻的，它是实验室研究成果迈向工业化的桥梁，中型试验的结果要能正确反应实验室的正确结果，难度的确不小。我虽在204中型工作多年，也积累了不少经验，但这次的改造任务，肯定会遇到新问题，但责无旁贷，下决心保证完成任务。

在改造方案完成以后，汪院长召集院里和室里的专家讨论，我归纳了大家提出的意见进行修改，最后拍板定案。接下来就是有关设备仪表订货。为了争取时间，他很支持我的工作，专门把器材处的黄振声处长找来，要求加快订货进度，处处开绿灯。

1988年中在年处理量近百吨的新建催化裂解中型装置上，该课题完成了中型一系列放大研究和对小试结果实验验证，取得了可以提供设计的完整数据，按预定计划研究内容和要求目标终于取得中试阶段性成果。

随即，他把研发工作的注意力转向了中试阶段性成果工业放大转化。他先内后外，联系院内外工程设计、工业放大试验和生产企业专家，及时研讨工业放大需要解决的问题。当一致认准关键的问题是反应器的选择时，是重新研制反应器还是借用现催化裂化反应系统，存在分歧和争论。催化裂化反应系统，上世纪六十年代用的是床层反应器，七十年代改造升级用的是提升管式反应器，而经中试放大做DCC比较适用的是床层加提升管反应器。有些人认为，技术进步不能“倒退”，现在大多数生产装置已是提升管式反应器，因不需改造，可以选用先试。但中试研究证明这样类型反应器，反应时间受限、气固分离空间受限，并非对多产丙烯新工艺有效。最后在听取各方意见基础上，汪院长决断：“科学实验来不得半点想当然，实验室、中试里用的什么样的反应器，工业试验也应该用同样的反应器。”经过研究协调与设计单位取得共识，既考虑工程放大设计改造可行性，又结合企业拟开展工业试验生产装置实际，形成了吸收两种反应器特点、改造工作量少、运行操控风险小的最优反应器设计方案。

在中国石化总公司的全力支持下，石油化工科学研究院、北京设计院及济南炼油厂通力合作，最终将济南炼油厂闲置的一套催化裂化装置进行了技术改造。济南炼油厂改造成功为第一套工业规模的催化裂解生产装置，于 1990 年 11 月，使用齐鲁石化公司周村催化剂厂生产的 CHP-1 工业催化剂，开始进行 DCC-I 型催化裂解技术的首次工业试验。

工业试验初期，开车不是太顺利。汪院长就召集现场各方面专家，采集数据，分析操作，寻找原因，商讨对策。当时该试验万众瞩目，首次工业试验成败关系重大。那时现场技术小组的专家们去车间分班倒，聚在一起碰情况、讨论技术问题一天几次。他带队同大家一起吃住在企业，一呆就是一两个月，每天必到车间，掌握第一手资料。有时上下午一次还不算，吃完晚饭还要进车间“溜一圈”。未进油前，装置运行一度不太正常，在停下来和继续运行两难境地，到底下一步怎么办？需要有人果断决策和担责。那次关键会议从晚上 12 点讨论到凌晨 4 点，各路专家也拿不定主意，他静心聆听大家意见，最后还是汪院长陈述了理由，拍板决定：“工业试验不能停。装置暂停下来，按修改方案再开车。有什么责任我来担。”第二天，经过短时间的操作调整，结果装置再次按试验 DCC 方案开车运行渐转顺利。他考虑问题非常细致和深入，一般不武断否决别人意见，也不轻易发表意见，但是一旦作出决断，就必定是深思熟虑的。这是令大家感受非常深的一点，也使企业领导肃然起敬。

第一阶段自1990年11月11日到12月28日历时18天正常开停工，第二阶段自1991年5月10日到7月5日，历时67天平稳运行至正常停工。首次工业试验最终按预期计划考察的内容全部完成。

济南炼油厂工业试验成功后，他的脚步依然没有停歇，他的精力和注意力立即转向DCC技术的推介交流和产业规模化应用。他再次不辞劳苦，奔波于企业。第一套以重质原料生产丙烯等低碳烯烃的大型工业装置，40万吨/年催化裂解联合装置终于在1995年3月于安庆石化总厂炼油厂开工投产。该装置投产成功不仅为催化裂解技术的产业化提供了经验，解决了安庆石化总厂供不应求的丙烯腈生产急需的丙烯原料问题，而且为DCC技术推广应用积累了装置设计、建设、运行经验，对提高我国丙烯及下游石化产品自给能力，增加石化企业经济效益具有重要意义。

可以说，这一国际领先、国内外首创、具有我国自主知识产权的DCC技术的开发和转化历程，彰显了我国炼油科技工作者自主创新能力，凝聚了他及其领导科研团队的聪明才智和科学态度，更体现了中国石化团队协作的效率和为共同科技目标的献身精神，佐证了攀登技术高峰的艰辛。他只是一位平凡的人，却拥有高尚的情操和令人尊敬的人格魅力。他是领导，敢担责，却不摆架子，平易待人。他是科技工作者，孜孜以求、执着追求，是一个为追求科研目标坚持拼博的人。人们会说：人生路上可能会遇到各种险阻，到头来或多或少总有遗憾。他爱石化科技高于生活、高于生命，将科技征程上险阻终踩脚下，当科研预定目标实现时，到头来他不会有遗憾。

在石油化工领域，以重质原料生产丙烯等产品的催化裂解技术(简称DCC技术)可谓大名鼎鼎。1991年获中国专利金奖，1992年获中国石化科技进步特等奖，1995年摘得了国家发明一等奖，打破了国家这一奖项此前多年空缺，成为中国石化第一个获得国家发明一等奖的技术，我国第一个炼油技术出口的项目。蕴含着他的智慧和创造，凝聚着他的心血和辛劳。但是在国家发明一等奖的获奖名单里，自始至终主持该项技术研发工作的他却没有把自己的名字列入其中。

对始终秉持“做事要把成败放在第一位，是非功过由他人说”价值观的他来说，对名利显得格外淡定泰然。提起这件事，汪院长曾对采访他的记者平静地说：“申请国家发明一等奖当时名额只有6个。但是参与的人员比较多，除了石科院，当时的济南炼油厂、山东淄博周村催化剂厂在工业化试验和工业化应用中都作出了重要的贡献，他们都是承担了风险的，所以名单中应该有他们的技术负责人；另外还有北京设计院的专家也作出了贡献，作为开发单位石科院最多只能有2个人入围。我想，首先要把DCC技术的第一发明人李再婷署上，其次要把承担具体工作的催化裂化室的科技负责人蒋福康加上。”“胜负成败是第一位的，是非功过是第二位的，首先要调动各方面的积极性，保证把工作做好。”就这样，关于署名的争论最后由他一锤定音，申报获奖人员名单中他坚持不写上他自己的名字。

汪院长英语是“文革”中，拿着中英文两个版本的《毛主席语录》，把中文版的放在上面、英文版的放在下面，“偷偷地”学的，是石科院几乎尽人皆知的“趣闻”。因为他觉得作为一名科技工作者，需要阅读大量的外文资料以获取最新的技术发展理论和动态，所以他对英语“四会”早就提出了自我要求。1992年在兰州炼油厂做MGG的工业化试验时，他每天都要求自己用英语写日记。

面对国际市场，当初技术出口我们毫无市场经验。当时中国石化是一边向国外购买技术，一边研发自己的技术。前期美国石伟工程公司(Stone & Webster Engineering Corporation)向中国石化提供过渣油催化裂化的技术。催化裂解技术对外公开报道后，看到我们开发的DCC新技术他们首先是怀疑，之后才确认没有侵犯他们的知识产权。此后美国石伟工程公司主动要求作为该技术对外转让的代理商，主动和我们洽谈在国外代销技术的事情。他代表中国石化评估对外合作利弊，率队与对方反复交流沟通，谈判合作条款。1993年，美国石伟工程公司与中国石化签约，成为DCC技术在中国之外的商务代理。1994年即与泰国石油化学工业有限公司(TPI)签署DCC技术使用许可协议，在泰国建设一套72万吨/年DCC工业装置，实现了我国炼油成套技术首次出口。与泰国谈判签约过程也一直由他主导和负责。采用中国石化石油化工科学研究院的DCC工艺专利技术(专利号为ZL871054280和USP49800053)装置于1997年5月在泰国建成投产，一直平稳运转至今，并一直使用中国石化的DCC专用催化剂。自此迈步，我国炼油成套技术出口实现零的突破。

与泰国TPI公司达成DCC技术使用许可协议后的10年之间，中国石化DCC技术已有六套装置被许可到泰国、沙特和印度等国。其中，2004年中国石化向沙特阿美石油公司输出该技术，使用我国技术的沙特Petro Rabigh公司建设的一套全球最大的(460万吨/年)DCC装置于2009年5月一次开车成功，年产乙烯22.5万吨、丙烯95万吨，被戏称为“丙烯发生器”。这让我们石化人感到很自豪。这些海外装置的投产，显示了DCC工艺和催化剂的优异性能和世界领先的技术优势，显现了自主创新炼油技术所具有的市场生命力和竞争力，在国际上树立了中国石化的良好形象。

求索之路，可谓路漫漫兮夜以继日。科研高峰，可谓峰巍巍兮锲而不舍。由他搭建和领导的石科院科研团队，继续在以下三方面探寻技术创新新硕果。

汪燮卿院士是重质石油原料多产乙烯、丙烯这一石油化工领域技术创新的开拓者和领军人物，是该领域默默探索的一流学者。他领导开发的、具有我国自主知识产权、国际领先水平的重质石油原料多产乙烯、丙烯系列技术的经历，既体现了老一代炼油科技工作者追求科学强国、科教兴国、振兴石化，急国家所急，为石化科技的发展作出历史性贡献的志向与追求，又再现了同时代炼油科技工作者探索创新、团结协作、勇攀炼油科技高峰的真实情景。人们虽知晓他在这一石油化工领域上的成就，却无人注意过他背后所做的慎密思考、精心组织和不懈努力。这让我们深切地认识到技术创新、科技进步、成果转化，需要领军人物及其带领的科技团队的奋发图强、无私奉献、团结协作和辛勤付出。

我退休后，还一直协助汪燮卿院士工作了十年，那时他担任工程院化工、冶金与材料工程学部的副主任，分管技术咨询和学术活动工作。

2003 年在由侯祥麟院士负责的国家《中国可持续发展油气资源战略研究》项目中，他负责《油气资源节约和替代》课题研究，2004 年完成《节油与替代能源研究》分报告。

2004 年，参加了中国石化曹湘洪、李大东两位院士负责的中国工程院“我国清洁燃料的标准及生产技术”咨询研究。该项目的目的是联合中国石油、中国海油等国内车用燃料油的生产商，中国汽车协会和环保部门等，以中国工程院的名义，向国家发改委、科技部、环保总局等部门提交咨询报告，为制定我国清洁燃料标准和确定合理的生产技术路线提供正确的导向。汪燮卿院士与李大东院士一起负责《我国清洁燃料的标准及生产技术》报告修订。

2004 年 9 月在中国工程院接受上海通用汽车公司委托的“国内车用能源利用现状及对上海通用汽车发动机规划的建议”咨询项目中，他受中国工程院副院长杜祥琬院士之托负责该项咨询研究，于 2005 年 4 月完成《国内车用能源利用现状和发展趋势及对上海通用汽车发动机规划的建议》咨询报告。

2005 年，参加中国工程院组织开展的《中国石油需求远景展望与替代战略研究》，负责下游部分专题研究。围绕课题总的研究目标，他对 2050 年我国的石油需求进行了预测研究，对未来替代液体燃料技术的发展趋势和替代的可能性进行了分析，提交了《中国石油需求的远景展望与替代战略研究》报告。

同年5月在徐匡迪、宋健、钱正英三院士任顾问，中国工程院王淀佐副院长、张彦仲院士负责的“建设节约型社会战略研究”项目中，他与杨奇逊院士共同负责“能源节约工程”课题，并负责其中的“油气资源的节约技术和措施”子课题研究，完成《油气资源的节约技术和措施》课题报告和《能源节约工程》报告。

2006年，参加中国工程院院士杜祥琬副院长、黄其励院士负责的“可再生能源发展战略研究”项目，“生物质能”专题“生物质能源生产技术”子专题，2007年6月底提出子专题报告。

2007年在原国家环保局负责的“中国环境宏观战略研究”项目，在中国工程院副院长沈国舫院士领导的“工业污染防治战略”专题研究中负责“石油与化工工业污染防治战略研究(包括汽车燃料)”子专题研究，完成《石油和化工污染防治战略研究》子专题研究报告。

在中国工程院院士杜祥琬副院长牵头的“中国能源中长期(2030、2050)发展战略研究”中，负责由倪维斗院士牵头的“节能专题组”中的“交通节能”子专题研究，2008年12月完成“交通节能”子专题研究报告。

2010年参与中国工程院院士潘云鹤常务副院长《中国工程院学部调整和学科划分调查与研究》项目，并作为主要负责专家完成《中国工程院学部调整和学科划分调查与研究咨询》报告。

2013年他发起组织石化系统内中国工程院院士，通过对“交通运输节油战略咨询回顾与展望”调研，提出了“加紧落实汽车节油各项措施”院士建议。

汪院士每次接下任务，他都亲自物色联系落实院内外专家，组织专题研究团队，强调从调查研究入手，先讨论拟定咨询研究提纲。在咨询研究中，他考虑问题很有前瞻性，思路具有一定预见性，把握研究方向不偏离主题，研究内容强调突出重点，学术观点要求严谨，研究结论要有依据，安排进度略留余地。研究成果受到国家各有关部门及中国工程院领导的重视和好评，对相关行业(领域)的发展起到了积极的战略性咨询作用。

如今，85岁的汪燮卿院士依然孜孜不倦地工作着，并以对科学研究严谨务实的学风在炼油化工等技术领域辛勤耕耘，以他的智慧和学识继续奉献祖国的石化科技进步事业，为中国石化工业发展殚精竭虑。他不为片面追求名利所羁绊，不为生活尘世的浮华所牵引，不为追求物质的享受所停留。他和常人一样，经过历史风雨的洗涤，经过时间隧道的磨损，经过科技征程的激荡，仍旧发光发热地行进在创新路上。在石化科技领域我们会像记住我国石化行业发展历史一样，记住他的名字和作出的贡献，并从这位德高望重老科技专家的身上，清晰地看到共产党人可贵的精神境界，学习到受人称颂的人生价值。

# 借来东风行春雨

山东恒利石油化工股份有限公司董事长　耿佃华

我与汪院士的结缘是在2002年的9月淄博新材料论坛组织的院士科技行活动中，我有幸作为民营企业的代表出席了这次会议。当时参会人数众多，参会人员十分珍惜这难得的机会踊跃提问，我数十次的举手都没有得到一个提问的机会。无奈之下我将问题写了一张纸条，由工作人员传递给了汪院士。本以为也是没什么希望，没想到的是汪院士竟然与我做了几句简单的交流，决定会后到我公司来看一看实际情况。

汪院士一行到我公司现场考察，当时随行的报社记者、电视台记者提问："为什么淄博市那么多大的企业，都想邀请院士到公司实地考察解决企业面临的难题！而您却选择了一家名不见经传的私营化工企业呢？"汪院士很有哲理地回复说："企业的规模大小，不是我十分看重的！因为所有的大都是从小发展起来的。就像英国著名汽车品牌劳斯莱斯，不就是兄弟两个从修自行车开始起步的。所以我看重的是企业的发展前景，和企业负责人的思路。而且我在二十几年前就从事过这方面的研究，对导热油这个行业也有一定的了解和一定的发言权。相信也能为这种面临突破发展瓶颈的企业，提供一定的帮助。"听到汪院士这样的回答，全场爆发了热烈的掌声，也使我的心情难以平静。汪院士身居高位工作繁忙，但仍时刻不忘关心地方企业，尤其是中小企业的创新发展，这样的情怀真是让人敬佩。

在淄博市政府和省人社部门的强有力推动帮助下，我公司从2003年就开始了与汪院士的产学研合作。

2003年他指导公司研制开发的HL-400型气/液相导热油填补了国内空白；二次分切导热油产品占领了山东省近1/2的市场。研制的热载体整体加热装置，2004年4月通过了山东省科技厅组织的高新技术成果鉴定，被列入国家高新技术目录和地方级火炬计划。

2004年他指导研制开发的HD-315系列合成导热油多次获得省市科学技术进步奖，2006年被国家科学技术部、商务部、国家质量监督检验检疫局、国家环境保护总局授予国家重点新产品，同时被山东省财政厅定为山东省财政专项资金扶持的新产品，目前已有进口、国产660余套生产装置使用总量达10800吨，用户普遍反映良好。目前山东恒利石油化工股份有限公司已具备2万吨/年生产能力，占领80%的山东导热油市场，HD-315系列合成导热油共创销售收入总额2亿多元，利税3000万元，节约外汇3亿元，HD-315系列合成导热油产品技术水平达到国内领先水平，产品接近法国进口导热油K3120水平，实践证明完全可以替代进口产品。

2005年他指导成立了山东恒利导热油工程技术研究所，该所不仅是山东省内导热油行业唯一的研究单位，也是国内唯一的导热油研究所。为导热油行业赶超世界先进水平奠定了基础。

2005年中国工程院汪燮卿院士(右四)与恒利公司董事长耿佃华(右五)洽谈中水应用项目

2006年与汪院士合作在淄博市周村区凤鸣小区建设的淄博市第一批中水回用示范工程，通过了省科技成果鉴定及市环保局的验收，年节水量15万立方米，产生良好的环保节水社会效益。

2006年承担的市科技计划导热油加热系统清洗工艺及规范，通过省科技厅鉴定，获得两项发明专利。

2007年参与了有机热载体国家标准的制定，2007年编写出版了热载体系列知识丛书之一《导热油应用技术基础知识》，2009年出版丛书之二《有机热载体应用技术基础知识》，2015年出版丛书之三《有机热载体事故案例分析》，汪燮卿院士欣然为之作序，为普及热载体使用技术作出了积极贡献。

2008年9月，在汪院士指导下，导热油研究中心应热载体国家标准制定委员会特邀，为国家标准征求意见稿提出五项意见，其中被采纳四项，一项被部分采纳，为行业标准的出台作出了贡献。为适应国家标准之需要，中心先后在江苏徐州，山东临沂、青岛、济南等地多次召开有机热载体国家标准宣贯会，为在行业内贯彻、实施有机热载体国家标准作出贡献。

2009年在汪院士的指导下，经山东省科学技术厅批准，建立了山东恒利院士工作站。工作站由22人组成，其中：院士3名、教授6名、博士3名、经济师2名、工程师5名、专职工作人员3名。工作站遵循“科技创新、注重实效、权利明晰、促进转化”的建站原则，围绕“建好创新平台、加快科技创新、服务经济发展”的目标，制定了涉及管理模式、人员聘用管理方式、知识产权和科研成果保护，权利、义务、工作、生活环境等内容的山东恒利石油化工院士工作站管理办法。

2009年在汪院士的支持下，我公司开发了“1万吨/年HD-360高温液相有机热载体项目”与“10万吨/年废油(HW08)制取有机热载体项目”，两项目已于2011年9月5日通过山东省科学技术厅科技鉴定，产品达到国内领先、国际先进水平。2012年我公司在淄博市周村化工区投资2.04亿元征地60亩，开始了10万吨/年废油(HW08)再利用制取有机热载体项目和1万吨/年高温有机热载体项目的工业化生产。现项目已建成，获得国家发明专利6件，正在进行示范化成果推广。

2013年在汪院士的指导下，我公司以地沟油、加工渣油为原料，成功研制10万吨/年锅炉燃料项目，获得淄博市科技发展计划项目奖，并在汪院士指导下，制定了该项目的企业标准。

2014年在汪院士的指导下，我公司与德国化工专家赫尔波特·乔恩，就废油选择性加氢工艺技术进行了交流探讨取得了可喜成果。乔恩被公司聘请为外籍专家，连续三年在我公司做技术指导。

自合作以来，在汪院士的指导下，我公司已获得国家专利15项，其中10项为发明专利，另有5项科学技术成果通过省部级鉴定，获得省市科技进步奖10余项，企业被地方政府评为文明企业、规模管理先进企业、科研创新先进单位等，多次受到地方政府的表彰和奖励。这些成绩的取得离不开汪院士的关心帮助，离不开汪院士的精心指导，在此我们恒利公司全体干部职工对德高望重的汪院士表示深切的敬意和衷心的感谢。

"长风破浪会有时，直挂云帆济沧海。"在汪院士大力支持下，我们公司也从一个二十几人的化工作坊，发展成现今 5 个下属企业的集团公司(筹)，十几年来解决社会就业 600 余人，上交税金几千万元，企业的点滴进步都倾注了汪院士的心血和汗水，企业的发展也为当地的环保经济发展与社会进步作出了积极的贡献。

# 异想才能天开
## ——汪院士指导我们开发新工艺

浙江大学联合化学反应工程研究所原所长　阳永荣

2005 年，我担任浙江大学联合化学反应工程研究所所长时，与我们所合办《化学反应工程与工艺》杂志的上海石油化工研究院林衍华，他与浙大编辑部主任胡晓萍联系，转达了汪院士希望能来浙大，指导和加强浙江大学与中国石化的产学研合作，为家乡作贡献的心愿。当从胡晓萍博士口中得知这一消息时，我喜不自胜，学校也积极响应，为汪院士冕以数份头衔。但汪院士淡泊名利，只应允了兼职教授一职，但求多为国家做些实事，为石化科研作点贡献。

联合化学反应工程研究所是浙江大学、华东理工大学和中国石化联合创立的，有 30 多年的建所历史。这个平台面向企业、面向创新、面向未来的特点颇为汪院士所青睐，故而汪院士选择以此为基地，指导大家的科研工作。汪院士在浙大化工 10 余年的兼职中，我们相关领域的老师都曾受到过他的指点，获益匪浅。吴素芳教授反应灵敏，她当时正着手从事吸附催化制氢新技术的开发，首先求教于汪院士，并在其指导下取得进展。看到本所老师的学术水平和科研进度突飞猛进，高兴之余，我也倍感压力，随即主动与汪院士交流，表达了我对从事新的科研方向的执着与决心。汪院士被我们的诚意所打动，经过仔细思酌之后，认为我的团队应该介入煤化工的研究领域。

当时国际油价不断攀升，如何将我国宝贵的煤炭资源转化为烯烃，已经成为化学工程界的重要研究课题。凭借对 ZSM-5 分子筛催化剂失活再生周期的准确把握，汪院士指出：如果要开发甲醇制丙烯(MTP)技术，我们应采用最适于构建催化剂反应-再生循环系统的移动床反应器，作为我们研究课题重点突破，这种对科学技术极具前瞻性的预测和判断能力着实令人敬佩。认识汪院士之前，我一直专注于流化床，并对其巨大的工业应用价值以及广大的学术研究空间笃信不疑，而对移动床知之甚少。我记得汪院士在阐释移动床与含 ZSM-5 分子筛的催化剂结合的优势时，用了非常形象的比喻：“催化剂就像人一样会经历幼年期、壮年期、老年期，如果把甲醇制丙烯采用连续移动床工艺，催化剂就永远可以处于壮年期。”之后，他老人家的论断得到了蒋斌波博士的实验验证。缘于此，我对移动床终于产生了浓厚的兴趣，随后通过各种渠道深入工厂，并身体力行，爬进工业移动床反应器内部，亲自观察现有移动床的结构，钻研和开发具有浙大特色的新反应器结构。在一届届博士、硕士们的努力之下，我们所提出的新反应器结构不断完善、并获得了专利保护，其优越的性能也得到了设计院的肯定，不乏有专家给予好评。

经过一段时间艰苦的实验和模拟研究，汪院士适时提出必须将移动床甲醇制丙烯这一科学概念迅速转化为工业生产的实际应用，并把这个新工艺命名为 MMTP。但成果转化是学术界的老大难问题，也是整个过程开发链条中的控制步骤。汪院士在指导我们组建攻关团队时，以自己的大量亲身经历为例，教育我们必须牢记创新引领、奋力拼搏、勇于探索、包容发展，老先生常说的一句话就是你要当“老大”就要甘于奉献，在他的帮助下，浙江大学成功组建包括石科院、洛阳院等国内一流研究设计单位在内的MMTP攻关团队，资源整合优势互补，成果转化突飞猛进。在攻关的过程中，大家砥砺奋进，我得到了多方面的磨砺，受益终身。除了积累了指挥“大兵团”作战的能力外，汪院士渊博的学识、精妙的领导艺术，更让人印象深刻。

汪燮卿院士(中)与王靖岱(左一)、阳永荣(右一)教授合影

如今，汪院士虽年至耄耋，但依然保持着积极的学习态度，对新事物非常敏感，且判断力敏锐，相继为我们提出了诸如纳米线催化剂催化甲烷活化制乙烯、生物质利用等新课题。他老人家经常教育我们做科研，不要作灯泡，光芒万丈却永远照亮不了现象背后的本质。要像激光一样把物体打穿，看清事物背后的本质、把问题彻底解决。在和汪院士的学习过程中，我逐渐有了人生如反应器、如催化剂颗粒的新感悟。人的年纪越大，似乎相当于颗粒的体积就越大。年轻时的我们，就像流化床中的细颗粒，催化活性高，但没有

建立起明确的目标，返混剧烈，许多事情往往不求甚解。步入不惑之年之后，我迫切地感觉自己需要像移动床中的球型颗粒一样有明确的“流型”，朝着既定的目标一步一步地向前迈进，另一方面需要提防自己思维固化保守，莫过早使催化剂结块而丧失活性。

云山苍苍，江水泱泱。汪院士之于我们浙大化工的广大的教师，实是杰出的学习榜样，其学识与风骨，似山高，比水长。

# 大家风范　良师益友

浙江工业大学之江学院原院长　计建炳

我与汪院士结缘是因为生物柴油，如今算来已有十多年时间了，这也正是我们团队进行生物柴油技术研究并成功实现产业化的时间。到目前为止，我们研发的技术已在全国5家企业成功实现产业化。在这过程中，汪院士给以了我们悉心的指导和无私的帮助。

2017年5月5日浙江工业大学生物柴油技术工程实验室技术委员会合影

（前排左三为汪燮卿）

2007 年，由汪院士倡议，在浙江工业大学召开了“浙江省生物质能源与化工论坛”，汪院士亲自主持，并作了《关于发展生物质能源与化工的若干思考》的报告，为我们师生带来了大量前沿信息，开阔了眼界。汪院士在论坛总结中指出，环境污染和能源危机是制约浙江省乃至全世界经济可持续发展的两大瓶颈，发展生物质能等可再生能源是解决问题的有效途径之一。众多学者的研究表明，发展生物柴油、燃料乙醇等生物质能源在技术上是可能的，但学术界仍需加倍努力，不断完善现有技术和开发新技术，降低生物质能源的生产成本，使其在经济上可行。在随后的几次中国工程院工程科技论坛上，我聆听了汪院士的报告和总结讲话，每次都深受启发，受益匪浅。

汪院士对我们的指导不仅在会议上，更多的是对我们具体工作的指导和要求。2006 年，我们在浙江宁波市开始建设 3 万吨/年生物柴油生产装置，于 2009 年建成投产，在这过程中以及投产以后，我数次陪同汪院士到宁波企业察看生产情况。他以生产中遇到的实际问题为导向，就产品质量、副产物利用和开拓生物柴油产业链等方面给予具体的关心和指导，提出要“吃光榨净，清洁生产”。

针对以废油脂为原料生产的生物柴油有异味的问题，他提出要搞清楚产生异味的成分，并帮助我们分析出了产生异味的特定成分，为产品提纯技术完善指明了具体路径。新的生物柴油国家标准要求硫含量在 10 微克/克以下，一般生产的生物柴油均高于此值，脱硫又成了生物柴油生产的一个新课题。同样，汪院士指导我们先搞清硫元素以何种形态存在，并帮助我们分析出了含硫分子的具体结构，为我们找到脱硫措施提供了很大的帮助。由于解决了生物柴油产品质量的关键问题，使得采用我们技术生产的生物柴油质量，不仅能够稳定达到国家新标准，而且能够达到欧盟标准，目前与我们合作的企业，生物柴油持续出口到欧洲。

生物柴油精馏产生的轻组分和重组分植物沥青，一般作为燃料。对此，汪院士指出，应该分析清楚成分加以高值化利用。经分析，轻组分含有较多的低碳链脂肪酸甲酯，分离后可以作为洗涤剂的原料。就植物沥青作为燃料的问题，他指出，其中含有钾钠离子，在锅炉中燃烧会腐蚀炉管，影响锅炉使用寿命，甚至会有安全问题，必须把钾钠离子除去。为此，他亲自组织我们、生物柴油生产厂和燃油经销企业，研究钾钠离子脱除问题，随后我们开展了植物沥青中钾钠离子萃取的工作。在此基础上，汪院士进一步提出脱除钾钠离子后的植物沥青可与重油一起催化裂化，提升植物沥青价值，他亲自联系有关催化裂化企业共同探讨“混炼”的技术问题。生物柴油副产物废甘油，一般企业就事论事加以处理，不可持续，对此，汪院士提出要将其转化为工业甘油。由于原料为废油脂，废甘油成分特别复杂，分离难度远大于油脂化工厂废甘油的提纯。在汪院士的指导下，我们与宁波生物柴油厂紧密合作，解决了一系列技术问题，在全国率先建成了 2 万吨/年生物柴油废甘油提纯的生产线，为我国生物柴油行业持续发展作出了贡献。这些工作，不仅对于充分利用宝贵的生物质资源，提高生物柴油生产的经济效益具有重要的价值，而且他对待问题严谨科学的态度，解决问题的思路对我们以及相关企业人士具有重要的教育意义。

生物柴油生产社会效益显著，而经济效益不高，针对这个问题，汪院士提出要延长生物柴油的产品链。根据汽车可以用电，而飞机必须使用液体燃料的情况，国外发达国家积极发展生物航空燃料的趋势，汪院士提出要将生物柴油进一步转化为生物航空燃料，以应对气候变化和国际形势，为生物柴油产品链延伸指明了重要方向。因此，我们团队经过多年的研究，完成了地沟油生产生物航空煤油的中试生产。在此基础上，他提出了“生物质精细化工厂”的概念，要把“为民、惠民”问题放在第一位，因此要积极发展绿色增塑剂、抗磨剂等生物可降解的产品，并做到清洁生产。绿色增塑剂——脂肪酸环氧甲酯是以生物柴油（不饱和脂肪酸甲酯）为原料经双氧水环氧化制得，其中要使用甲酸为催化剂，甲酸废水处理难度大成本高。对此，他提出了用钛硅分子筛催化新工艺，从源头上消除甲酸废水，为脂肪酸环氧甲酯清洁生产技术研究指明了方向。生物基抗磨剂是国际上研究活跃的领域，生物柴油(不饱和脂肪酸甲酯)—二聚酸—生物基抗磨剂是其中一条技术路线。针对二聚酸传统合成工艺存在催化剂用量大、分离困难、得率低和间歇操作等问题，汪院士提出，采用先进移动床技术。为此，他亲自组织有关科研院所、大学和我们一起讨论工艺路线、催化剂制备和设备结构问题，具体进行指导，为二聚酸生产新技术的研发指明了方向。这种既立足实际问题，又面向技术前沿的科研思想，对于我们团队提升科研水平，树立解决实际问题的思想，给予了很大的帮助。

汪院士对我们的帮助是无私的，他说："我对生物质能源感兴趣，你们年轻人愿意干，我可以毫无保留帮助你们。"每年我与汪院士有 2~3 次见面的机会，每次见面，他总是把上一次见面讨论的内容，将所思所想告诉我们，并回答我们提出的新问题。我们除了讨论具体的科研工作以外，汪院士还提出了许多富有启发的见解，例如："煤炭200多年，石油100多年，已完成完整产业链，生物质能源刚刚开始，不能操之过急""生物质原料与精细化工结合起来""以生物柴油为切入点到生物航煤规模化——10万~20万吨/年，建立完整示范装置，形成生产线，质量、试飞、解决原料、形成完整产业链、商业运作"" 防止成果碎片化，形成生产力""科研、教学、企业结合起来，最后落实在企业""看准方向、踏实干""与民共利事业兴，持之以恒事能成""做激光，不做灯泡，聚焦于一点，攻破难关"。这些见解和教诲，无论对我们科研工作，还是为人处事都是受益匪浅。

自从有幸认识汪院士以后，我们在生物柴油技术研究道路上有了大师的指点，对生物柴油产业领域有了更加系统全面的认识，研究方向更加明确，遇到困难时信心更加坚定。汪院士对生物柴油产业发展路径高屋建瓴的见解，让我们认识到要研发出可复制可推广的生物柴油产业化技术需要解决一系列问题；汪院士对技术洞察入微的真知灼见，促使我们研究工作更加严谨踏实；汪院士不计名利甘当绿叶的奉献精神，对我们从事公益性项目研究的老师来说，树立了良好榜样。我为在科研道路上遇到汪院士这样的良师益友倍感高兴！

# 学生眼中的老师

汪燮卿院士从1978年招收了第一个硕士生起，至今已培养了硕士17名、博士38名、博士后7名，自1995年起就不招硕士生了，只招博士生和博士后。

每当提起自己的导师，这些学子们个个心生敬意，感慨良多。

## 许友好：先生风范山高水长

我来到石油化工科学研究院工作转眼就30年了，很有幸一直得到汪先生等知名学者指导和关爱，从汪先生等老一辈专家身上学到许多有价值的东西，使我终身受益。汪先生做人淡泊名利的高尚风格一直是我模仿学习的榜样，做事敬业精神一直鞭策着我。30年来，在汪先生身边学习和工作点滴往事，历历在目，常常回味，每次均有收获和感动。

学习：在DCC工业试验期间，汪先生是石油化工科学研究院副院长，长时间在济南DCC工业试验现场，与我们同住同吃在济南炼油厂宾馆，由于当时宾馆条件有限，汪先生和另一位领导安排在带卫生间的房间，我们住在没有卫生间的房间。未住几天，与汪先生同住的领导突然提出不与汪先生合住，理由是汪先生一回到房间，就研读陈俊武院士主编的《催化裂化工艺和工程》一书，很少说话，住在一起很别扭，不如与我们这些年轻人住在一起，吹吹牛，打打牌自在。从这件小事反映出汪先生无论在何种情况下，抓紧点滴时间，学习所需要的知识已成习惯。听老同事讲，汪先生最典型的学习事例就是在文化大革命期间，汪先生在毛主席选集下放着《英语900句》。汪先生研究涉及炼油技术许多领域，并均有研究心得，我想这肯定与汪先生勤奋学习有关。现已八十高寿，我每次到他老人家办公室，还看到汪先生坐在计算机边看书学习。学习心得还经常与我交流，希望我们在哪些方面进行关注和研究。

争吵：在 DCC 工业试验装置开工期间，由于当时汽提段存在流化输送不够稳定，喷入到提升管原料不时被切断，装置操作稳定性较差的情况，一直持续到晚上 12 点，无论研究院、设计院和炼油厂有关人员对此情况均感到不满意，情绪多很激动，不免相互抱怨。在这种情况下，研究院、设计院和炼油厂有关人员召开了问题讨论会，会上火药味极浓，相互抱怨，一直持续到凌晨 5 点，当时，我刚参加工作，平时看到这些领导和专家都很谦虚和礼貌，突然变成如此，我觉得很有趣。汪先生在开会期间基本不讲话，研究院冲在最前面的就是蒋福康，一夜争吵，没有任何结果，大家各自回去休息。第二天，汪先生才将三方领导和有关技术人员召到一起，商讨如何解决装置存在的问题，此时，大家的情绪均已稳定下来，各自提出对存在问题的看法以及解决办法，很快经过几天整改，DCC 装置实现了正常运转。当时，我也无法理解汪先生的做法。随着汪先生对我教育的机会增多和我个人的工作阅历的丰富，我才意识到汪先生在工作上尽可能地团结一切力量，尽可能地少批评同事和下属，多鼓励同志们发挥应有作用，以做成事为出发点。

正是汪先生善于团结同志，发挥每位科研人员的积极性，大家才愿意团结在汪先生周围，汪先生与炼油技术各个领域专家和下属均有很好的工作关系，反过来造成了汪先生在炼油技术的许多领域均有建树。在我以后工作中，汪先生多次提醒我要注意团结同志，与同志们一道做好工作，发挥每位工作人员的积极性。

奉献：与我国老一辈科学家一样，汪先生具有强烈的产业报国精神，总是想到研究技术尽快转化为生产力，经常对我们讲，要以做成事为前提，只要对社会和国家有利就做，不要计较个人得失，要服从整体利益，要有大局意识。汪先生一身始终坚守这一信条，只讲奉献。例如，汪先生在 DCC 技术开发中付出大量的心血，与主要技术人员一道参与研究和开发，同时组织和协调各方面力量进行协同攻关，长期吃住在济南炼油厂工业试验现场，遇到问题组织解决，保证了 DCC 技术顺利地完成工业试验。但在 DCC 技术获国家发明一等奖名单上没有汪先生名字。同事们常常提到此事，汪先生总是笑笑："这是我应该做的事情，只要对石科院、中国石化和国家有利，我们就应该多做。"又例如，汪先生指导博士研究生进行高酸原油直接催化裂化技术研究与开发，在研究起初，所有人对此工作不感兴趣，他却默默地工作着。随着原油价格不断上涨，高酸原油加工存在巨大的经济价值，中国石化将此事放到工作日程上，大家才发现汪先生与他的博士研究生早已提出的高酸原油加工技术方案，按照此方案进行工业试验和生产，很快就产生了经济效益，并获中国石化科技进步奖，同样没有汪先生名字。提到此事，汪先生还是笑笑，说"我的想法有用就好"。这样的事例很多，汪先生淡泊名利的高尚人格常常不知不觉在影响着我。每当我感到不公平时，我也常常想起汪先生等老一辈科学家那种淡泊名利的高尚风格，这是社会发展和个人成长必须面对的问题，只有多讲奉献，才能化解一切问题。

教诲：我很荣幸，汪先生对我特别厚爱和关心。在我工作的 30 年中，汪先生常常给我教育和及时指点。在科研工作中，我遇到问题总是首先向汪先生汇报和请教，他总是不厌其烦地给予指导，帮助我解决所面临的问题。对于重要技术的每个细节，他多反复商讨，最终给出准确说法。MIP 技术和 IHCC 技术名称都是汪先生最后确定的。2016 年，他推荐我的专利参加国家专利局专利奖评选，反复多次修改申报材料，最终获专利金奖。在平时接触过程中，常常有意或无意谈谈他个人对人生和社会经历的体会。记得有次他谈文革中的体会，教育我在处理人与人之间关系时不要搞斗争，要搞竞争。斗争和竞争虽然一字之差，但相差甚远。斗争只为个人一己之利，不顾他人死活，竞争是尊重每个人才能和人格，对社会进步和国家发展均有利。在谈到学习曾国藩时，要求我们在工作中多下苦功夫，多下笨功夫，才能在科研工作中做出成就，不能投机取巧。总之，我在几十年科研工作取得的点滴成绩，都离不开汪先生的厚爱和教育。在我也将进入退休的年龄期间，前面还有老师指点，也是人生有幸啊。

先生风范，山高水长……

## 林民：汪老师指导我开发钛硅分子筛

有机化合物氧化是生产含氧化学品的重要化工过程。但传统氧化工艺存在过程复杂、反应条件苛刻、污染环境等缺陷，严重限制了含氧有机化合物的生产和应用。意大利 Enichem 公司研发的钛硅分子筛（TS-1）在有机物的选择性氧化方面，显示了优良的催化性能，突破了分子筛酸性催化的局限，被誉为分子筛领域的里程碑，成为国内外催化科研者的研究热点。尽管各国都投入了大量人力物力，但因 TS-1 制备难度大，合成重复性差，除了发明者 Enichem 公司实现了 TS-1 的批量生产外，尚无其他公司能工业生产。

闵恩泽院士和汪老师早在二十世纪八十年代钛硅分子筛刚刚问世时，就敏锐地意识到这种催化材料的重要性，安排舒兴田任主任的二十二室组织科研人员进行这种催化氧化新材料的开发。但当时我院的研究与国内外众多研究者一样均无法实现钛硅分子筛 TS-1

工业生产技术开发。

1996 年 6 月我荣幸地成为汪老师指导的石科院化学工程与工业化学学科的博士后。汪老师认为石科院是中国石化的直属研究院，作为石科院的博士后要重点研究新材料、新反应和新工艺等方面的新技术，以支撑中国石化的科学技术进步。汪老师为我提出三个研究课题：沥青制备碳纤维的研究；利用分子模拟进行新反应开发的研究；催化氧化新材料钛硅分子筛的研究。汪老师希望我能从中选择一个带有挑战性的课题作为博士后研究课题。

通过文献调研，综合比较，考虑到新催化材料是支撑新反应的重要基础，经汪老师多次审查指导，最终选择《催化氧化新材料钛硅分子筛的研究》作为我的博士后研究课题，舒院士一起协助指导我进行博士后课题研究。

确定课题后，汪老师希望我博士后课题能从基础做起，仔细研究钛硅分子筛 TS-1 合成规律，发现 TS-1 难于合成，重复性差的原因，找到解决问题的方法途径，为我院开发钛硅分子筛 TS-1 提供技术支撑。

研究中汪老师提出做研究要像激光，能集中到一个点，不要像灯泡四处发散。在研究寻找钛硅分子筛难于合成的原因时，发现只有当钛原子插入到硅氧骨架中去，实现了被硅分隔孤立的钛才具有催化氧化活性，而钛与硅分属不同的主副族，如何实现相互分隔而孤立化，工业上很难做到，这应该是钛硅分子筛难于工业合成的重要原因，因此研究钛与硅的相互之间如何交联过程和状态很重要。针对这个问题，需要了解硅、钛酯水解产生的不同硅、钛物种，它们相互之间的联系和作用，以及对钛硅分子筛合成的影响等，而当时连硅酯的水解行为都鲜见有规律研究的报道。对此，汪老师希望我要像激光一样集中精力细致地研究硅钛酯的水解行为。

研究硅、钛酯水解时，采用院内的核磁共振仪来跟踪硅酯水解，以判别硅酯水解过程所产生的各种硅物种，从而解析硅酯的水解反应，但实验未取得理想结果。汪老师发挥他分析基本功扎实的综合判断能力，认为可能是当时我院的核磁共振仪功率不够，在钛酯水解物的干扰影响下，难以清晰分辨硅酯水解物种之间的区别，从而未能获得真实的硅酯水解行为。为此，他和舒兴田老师联系安排我去中科院大连化物所，利用化物所的高功率核磁共振仪进行硅酯水解行为研究。与两位导师讨论后，在化物所设计了不同水解温度下，对硅、钛酯处于不同反应阶段的水解样品进行核磁试验。通过$^{1}$HNMR 和$^{29}$SiNMR 的化学位移值测定，获得了硅酯水解的不同状态硅物种。从而较为细致地研究了硅酯在 TPAOH 中的水解行为。研究发现：不同温度下硅酯水解都存在着单体、二聚、三聚及环聚等硅酸根物种的平衡；产生的硅酸根物种分布与水解温度和时间有关；低聚硅酸根物种有利于硅钛相互分隔而孤立化；水解过程中加水会使水解产物多聚硅酸根物种转化为低聚物种；而大量异丙醇加入将导致单聚和二聚硅酸根物种的高聚；钛酯 TBOT 加入到 TEOS-TPAOH 水解体系中得到的$^{29}$SiNMR 结果明显不同于 TEOS-TEAOH 水解体系；TEOS-TPAOH 水解体系较适合硅钛相互分隔。依据这些研究发现，开发了适当调配硅酯水解，使之与钛酯协同水解的硅、钛酯适度匹配水解和移醇促聚加速硅钛成核的硅钛胶制备新技术，为钛硅分子筛稳定制备提供了重要基础，初步解答了钛硅分子筛 TS-1工业难生产的问题。

由于钛硅分子筛 TS-1 知识产权属于国外 Enichem 公司，在工业应用开发中，需要突破其知识产权制约。汪老师认为不要受现有知识框架约束，要勇于创新，提出“要异想天开，敢有异想，才会有天开”。在与汪老师和舒老师讨论时，认为氧化反应本征动力学是快速反应，制约反应速率和效率的重要因素是扩散，特别是内扩散应该是分子筛催化的氧化反应主要影响因素。为增强反应分子内扩散速率，提高催化效率，提出在粒径约为头发的 1/200 的钛硅分子筛晶粒内制造空心结构，以增强反应分子与催化剂活性中心的可接近性，开发具有自主知识产权的空心钛硅分子筛。

在汪老师和舒老师的精心指导和参与下，我们发明了空心钛硅分子筛。产品获中国、美国、欧洲和日本发明专利。开发了硅钛羟基缩合促进技术，大幅提升了钛硅分子筛的催化性能。发明硅、钛酯匹配水解，分散包裹 Ti 羟基，控制晶相前驱体生成时机和晶核数量等创新技术，实现了空心钛硅分子筛工业稳定生产。发明分子筛表面均布富钛技术，实现了高活性的同时降低表观黏度及提高耐碱性。开发原位黏结、细颗粒去除和表面改性等多项技术，发明可直接用于催化氧化反应的空心钛硅分子筛原粉催化剂。

在表征空心钛硅分子筛时，汪老师指导我找透射电镜（TEM）专家薛用芳教授帮助，在薛用芳用 TEM 细心表征时，发现确实在钛硅分子筛晶内存在空心结构，但当时院内 TEM 仪器提供的相片不是很清晰。随后通过大连化物所包信和院士联系德国 BASF，将样品交换到德国进行 TEM 表征，由德国 BASF 进一步提供了明显的钛硅分子筛晶内空心的 TEM 相片，为空心钛硅分子筛申报国内外产品发明专利提供了佐证材料和依据。当时制备这种空心钛硅分子筛，没有现成技术，没有技术名称定义。与汪老师讨论时，不知该如何称呼这种技术。汪老师提出将这种兼具产生分子筛晶内空心和硅钛羟基缩合的过程命名为“重排技术”，至今这都是制备空心钛硅分子筛过程技术的名称，并已拓展用于其他分子筛制备。

为研究钛硅分子筛结晶过程对催化活性的影响，需要做大量的 X 射线衍射（XRD）表征。当时院内仅有的一台 XRD 衍射仪，不仅要完成众多石科院科研项目，还需要为院内攻读硕士和博士的研究生提供 XRD 分析表征，没有太多空余时间满足这种研究结晶过程需大量 XRD 表征的需求。在汪老师与相关部门协调下，提出傍晚分析室 X 射线衍射仪工作人员下班后，提供晚上 17：30~23：30 时间供我自己去做钛硅分子筛结晶过程 XRD 分析表征，解决了研究钛硅分子筛结晶过程需要大量 XRD 表征的需求。

2008 年汪燮卿夫妇(中)与学生林民(左一)、张宝吉(右一)在千岛湖合影

汪老师与舒老师指导的钛硅分子筛创新团队，开发了具有自主知识产权的催化氧化新材料空心钛硅分子筛，使中国石化成为继 Enichem 之后第二家能工业化生产钛硅分子筛的企业，不仅掌握了催化氧化新材料空心钛硅分子筛工业化制备技术，更是创造了四个“首创”：首创世界独特的空心分子筛；首创无须成型可直接用于氧化反应的纳米/亚微米多空心钛硅分子筛原粉催化剂；首创空心钛硅分子筛水解成核新工艺；首创低排放低能耗的工业制造技术。

催化新材料空心钛硅分子筛的开发和应用先后获国家技术发明奖二等奖 2 项，中国发明专利优秀奖 2 项，中国石化技术发明一等奖 3 项，中国石化科技进步一等奖 1 项，湖南省科技进步二等奖 1 项。我们这些钛硅分子筛研究工作者与汪老师和舒老师组成的研究团队也获得 2016 年中国石化优秀创新团队称号。

我从 1996 年师从汪老师做博士后，到博士后出站以来的二十多年研究钛硅分子筛开发中，一直受汪老师精心指导和帮助，在两位导师精心指导和培养下，我本人被中国石化评定为学术带头人、高级专家、突出贡献专家和科技创新功勋，并获得中国工程院光华工程科技奖。

在钛硅分子筛研究领域，基于汪老师对催化氧化新材料空心钛硅分子筛所作的贡献，汪老师不仅是优秀创新团队指导者和成员，还获得国家技术发明二等奖 1 项；中国发明专利优秀奖 2 项；中国石化技术发明一等奖 2 项。

## 朱玉霞：我的恩师汪老师

汪燮卿院士是我的恩师，也是我生命中最敬重和感激的人。

1981 年我考入清华大学化学与化学工程系物理化学及仪器分析专业，恰好与汪老师的女儿汪宜一个班。汪宜勤奋好学，为人低调，大约过了很长时间才听说她父亲不仅是清华的学长，而且早已经是仪器分析方面的专家了。寒假期间到汪宜家里玩，有幸见到了汪老师，感觉老师非常和蔼，平易近人。家庭生活中，汪老师以身作则，严于律己，子女教育上也是不怒而威，孩子们耳濡目染，从小养成很好的学习习惯，女儿和儿子分别考上了清华和北大。

慕名汪老师的成就和石科院良好的科研环境，1986 年本科毕业后我想报考汪老师的研究生。然而不巧的是，汪老师当年已经收取了两个免试推荐的学生，好消息是陆婉珍老师当时也招研究生，因此通过考试我还是幸运地被录取到石科院攻读硕士学位，1989 年毕业以后留在石科院工作。

经过几年的工作，对石油化工专业领域有了进一步的认识和了解，为了进一步拓展知识面和提升知识水平，1995 年我终于有幸成为了汪老师的博士生，也圆了自己当年的拜师梦。有缘跟随汪燮卿院士读博士，对我的个人成长和事业发展都产生了深远的影响。

汪老师给我论文的选题紧密结合当时的炼油形势，博士论文的题目是《几种高钒原油钒化合物形态及催化裂化催化剂抗钒组分的研究》。在催化裂化过程中，原料油中的钒化合物组分会沉积在催化剂上，在再生器的水热高温气氛下，分解后呈现很强的流动性，以非化学计量的方式使分子筛的骨架严重脱铝，破坏分子筛的骨架结构，造成催化剂严重失活，因此寻找新的抗钒催化材料和制备性能更好的催化剂已成为当时的一个热点。在寻找能够与钒形成高熔点化合物新材料的过程中，汪老师推荐我看《盖墨林无机化学手册》（Gmelins Handbuch der Anorganichen Chemie），该手册是德国化学会主编的。虽然在清华学习五年中有过文献检索的介绍，但这手册我还真是没有实际接触过。当时石科院图书馆没有，我就去中科院图书馆查找，查到的相图资料，德文标注不明白的，就去找老师帮助翻译和解释。老师的悉心指导和这本手册打开了我的论文思路，导师渊博的学识，严谨的科研态度以及勤奋忘我的科研精神使我受益匪浅。在汪老师的指导下，对炼油技术，特别是催化裂化工艺和催化剂有了更多的理解。论文工作期间，一直鞭策自己要更加努力，更加优秀。论文工作涉及分析、合成、表征和催化剂微反测试，受到了比较全面的训练，培养了具有一定独立工作和创新思维的能力，博士毕业论文获得了侯祥麟奖。

汪老师是德国留学的博士，德语好可以理解，但是英文水平也很高。老师的英文，都是点点滴滴的时间自学出来的。博士论文工作期间，有一篇文章到美国 ACS 年会上交流，最初的 ACS 文章稿件，写的磕磕绊绊，老师修改后才拿的出手。参加会议后深感英文听力太差，交流比较吃力，所以博士毕业后，我想到英语国家读博士后。加拿大重油加工中心的 Dr. Siauw Ng 博士收到我的简历后，马上回信给我，说他认识汪老师，只要导师能推荐就可以给我机会。由此在汪老师的推荐下，我顺利申请到了加拿大自然基金会的基金，以博士后的身份来到加拿大阿尔伯塔省的国家重油加工中心，从事重油加工方面的有关研究工作。在加拿大期间，除了科研工作，我也利用这个机会特别注重英语学习。实验室里不同国家来的移民，发音差异很大，多注意和他们交流，训练出比较好的听力和沟通能力。这段时间的工作积累，为我在开拓催化裂化催化剂的海外市场和技术服务中奠定了基础。无论在和客户面对面的沟通，还是通过电话会议的交流中，英语方面基本上不存在困难了。

汪老师对我们的教诲、帮助、启迪，不仅体现在做学问上，还包括做人做事的道理。在加拿大两年博士后工作结束后回院，面对工作管理中的一些问题向老师请教，老师给我留下最深刻的一句话就是：成败第一，功名其次。石油炼制领域的工作都是团队合作，单独靠一两个人是不能完成的，只有团结协作，才能取得最好的结果，取得工业应用的成功。记住了老师的叮嘱，真使自己工作中少走了很多弯路。再次对老师深深地鞠躬感谢！

1998 年 8 月朱玉霞博士论文答辩会
答辩委员从左至右依次为：陆婉珍(左二)、侯芙生(左三)、
汪燮卿(左四)、徐承恩(右三)、袁乃驹(右二)

## 傅晓钦：言传身教益终生

2003 年 9 月，我光荣地成为了一名石油化工科学研究院的博士研究生，在这里我也幸运遇到了我的导师——中国工程院院士汪燮卿。

我的导师是一位平易近人、爱岗敬业的老师。还记得 2003 年 9

月初，到石科院报到后第二天下午，我去老师办公室拜见导师。虽然以前就听说汪老师非常和蔼可亲，平易近人，但我不免还是有点紧张。但是真的见到老师后，发现汪老师真的和气，说话不急不缓，唠家常式地询问了我在镇海炼化期间的工作和生活情况，还细心地征求我以后想学习研究的方向。交谈中我提到以前在炼化做工艺研究时经常碰到分析数据和工艺研究结果不对称的情况，希望以后的研究方向能做一些分析研究，来提高工作能力。汪老师语重心长地对我说，分析确实很重要，它是工艺的眼睛，但只有把工艺和分析结合起来，研究才会更有意义。老师还和我聊到现在常规原油高价徘徊，每桶接近 80~90 美元，而高酸原油价格只有 70 多美元左右，加工高酸原油有相当不错的利润。但目前有一个大问题，它对加工设备腐蚀厉害，目前还没有一个很好的加工工艺，而高酸原油腐蚀却有明显的温度特点，在<220℃石油酸腐蚀极弱；>220℃时，腐蚀随温度升高而加剧；270~280℃，腐蚀性最强；280~350℃，温度升高，腐蚀下降；350~400℃，腐蚀重新加剧；>400℃时，腐蚀明显减弱。老师建议我的博士课题可定为高酸原油脱酸研究方向，把高酸原油腐蚀特点和炼油工艺有机的结合起来，这样既有分析研究又有工艺研究，一定会提高我的工作能力的。就这样老师当天就把我的研究方向定了，我心里真是很高兴，能遇到一位这样学识渊博，平易近人的好老师，真的很幸运。再后来我的课题研究中遇到问题，就会经常去找老师求教，而老师总是不厌其烦地指导我，每次都能让我心满意足地回去，而那时候老师已经是接近 80 岁的高龄老人了。每次我向老师汇报课题或有问题需要向他求助时，几乎都没有和他提前约好，却都能在办公室里遇见他，这充分说明了我的老师是多么的爱岗敬业，他言传身教也激励着我要以老师为榜样，好好工作，干一行，爱一行，钻一行，精一行。

我的导师是一位以创新为己任的老师。根据石科院的教学进度安排，2004 年上半学期要开展博士开题报告。老师在“五一”放假前让我到办公室去汇报高酸原油催化脱酸技术研究的文献调研、文献综述等进展情况。汇报后，老师说开展课题研究，要打破框框，要有创新思维，要有哥伦布竖鸡蛋的精神。然后就和我说起了哥伦布竖鸡蛋的故事，直到今日故事的情节还让我记忆犹新：在西班牙国王的支持下，哥伦布先后四次出海远航，开辟了横渡大西洋到美洲的航路。1492 年 10 月，哥伦布终于发现了美洲大陆。在临行前，国王举行宴会为他饯行，作陪的有国王的亲信和大臣们。席间，国王令侍卫端来一盘煮熟了的鸡蛋，发给参宴的每一位客人，要他们把鸡蛋竖起来。大臣们小心翼翼用双手把鸡蛋竖了起来，一放手又倒下去了。国王心中暗自好笑，见哥伦布不动声色，于是也要哥伦布把鸡蛋竖起来。哥伦布毫不犹豫地把鸡蛋的一端往桌上一敲，鸡蛋就乖乖地竖在桌子上了。国王对哥伦布的智慧大为赞赏。老师说，现在研究题目高酸原油直接催化裂化，就是考验你有没有哥伦布竖鸡蛋的精神。这个哥伦布竖鸡蛋的故事一直激励着我完成了整个研究生的过程，同时在老师们的认真指导和关心下，我先后完成了石油酸的催化脱羧分子模拟研究、高酸原油催化脱羧机理实验验证和高酸原油催化脱羧工艺中试等研究项目，并取得了满意的成果，顺利地拿到了博士毕业文凭。

高酸原油流化催化脱酸技术工作引起石科院领导的高度重视，认为有可能开辟一条高酸原油加工的新工艺，有必要在此基础上进一步做工业化试验来验证它的可行性和经济性，经向中国石化总公司申请后同意在清江石化和高桥石化进行工业化试验，试验结果表明该技术为加工高酸原油提供了一条目前世界上独有的技术路线，具有创新性和显著的经济效益。因此该技术获得了 2009 年度中国石化集团公司科技进步奖一等奖和 2009 年国家能源局科技进步二等奖，获奖名单上没有我导师的名字，却有我这个学生的名字。我所获得三个授权中国发明专利中，老师的排位也是靠后的。老师的淡泊名利、高风亮节给我留下了深刻的印象。

老师启发我的创新精神，也一直鞭策着我之后的研究工作。在当前的工作中我把傅里叶红外技术和分析前处理吹扫技术有效的结合起来，发明了一种水中挥发性物质检测装置，获得了中国发明专利，且装置产品实现了商业化。

我虽然和老师只有短暂的三年相处时间，但老师循循善诱的教导和不拘一格的思路给予我无尽的启迪，他平易近人的态度、爱岗敬业的精神、执着创新的精神、淡泊名利的思想，一直在影响、激励着我，让我受益终生。

## 李本高：恩师向我传真经

“问渠哪得清如许，为有源头活水来。”我即将步入退休大军的队伍了，回顾自己三十几年的职业生涯，以及在科研和管理方面取得的一点成绩，与汪老师的教诲和栽培是分不开的，由衷感谢老师无私地传授给我做人的真经。

想当初，我们初入职场的年轻人，往往是带着美好的理想参加工作，工作中难免眼高手低，缺少经验，不能把一件事扎扎实实地做好、做精，且有些好高骛远。自己也不例外，但工作中的问题没有逃过汪老师的火眼金睛。

记得一次在汪老师办公室汇报工作，快要结束时，老师语重心长地对我说：“一个人在工作中要有自己的根据地，你才能有发展。退一步讲，如果没有根据地，一个单人间也行；再退一步讲，如果没有单人间，一张床位也行，总之要有自己的立足之地。”这些话给我留下了极其深刻的印象，不但终身难忘，而且影响我的职业生涯。这次谈话使我有点茅塞顿开的感觉，是啊，如果连一张床都没有，那人就没法生存了。从此以后，力求把工作做实做好，经过日积月累，慢慢在自己的研究领域得到了领导和同行的认可和尊重，有了自己的“一张床”，企业在遇到水处理技术方面的问题时，一般总是能够想到我。

老师不但关心我的人生道路，而且向我传授解决问题的具体方法。记得自己刚刚走上研究室领导岗位，在解决员工之间的矛盾时，当事双方总是认为自己对、对方错，感到棘手，矛盾解决的效果不理想，甚至有时出现事与愿违的结果，感到压力大。经过几次挫折后去向汪老师请教，老师告诉我："你知道不等式的传递原理吗？如果甲、乙、丙、丁……等人，甲乙两人产生矛盾，往往很难分清谁是谁非，但如果甲又与丙或丁产生矛盾，这时可以判断问题主要出在甲。"经过老师的指点，加上自己举一反三的灵活应用，慢慢掌握了解决矛盾的方法，使我领导的二十五室逐步成为全院人际关系最和谐的研究室。

## 唐津莲：仰之弥高，钻之弥坚

2007 年 9 月，我有幸成为汪燮卿院士的博士研究生，一入师门受益一生。正如某师兄在 2013 年 2 月 23 日老师八十寿辰时所言：汪老师正直宽容、严谨求实、文理兼修。老师从我认识以来，确实是一位严谨博学、耐心宽容、以育人为己任的好老师。

2007 年 9 月 2 日我和同期师弟门秀杰开学后见导师，导师问我们石油化工科学研究院的门口写了什么？听到回答以后，老师说："'崇尚科学、求实创新'是石科院的院训，也是我对你们的要求。老师叮嘱我们："要做事先做人。作为科研工作者，要做一个诚实正直的人，更要做一个爱国爱科学，实事求是，理论联系实际的学者。"汪老师在 2009 年研究生院士座谈会上的主题就是"做人、做事、做学问"，也谈到了怎样做人，谈到了自己早年求学德国的经历，谈到了侯祥麟院士等将个人命运同祖国的命运联系在一起的老一代石化人的经历。汪老师重视做学问也重视德才兼修，在 2013 年 2 月八十寿辰之日要求所有的学生以"爱国、创新、包容、厚德"的北京精神检视自我，"有目标，有计划，自我检查""忠厚传家久，诗书继世长"。2016 年教师节老师对学生们提出"清清白白做人，认认真真做事”的要求。

汪老师在八十寿辰之日和研究生座谈会上都提到“莫等闲，白了少年头，空悲切”，并亲笔题写赠送给学生们。老师说：“人要有立足之地，我们科研人的立足之地就是创新。”“创新是兴趣，创新是责任，有恒为成功之本。”怎样创新呢？老师教导我们：“温故而知新，经常思考，常思出灵感。”要求我们：对实验过程仔细观察分析、对比，灵活运用知识、理论，举一反三、理论联系实际，把知识与生活紧密结合。老师说：“饺子为什么香，是因为饺子里面蒸气压高；灯火焰温度为什么越里层温度越低，这与本生灯温度区原理一致。”老师在研究生座谈会上理论联系实际，还为我们讲解了马王堆尸体不腐的化学分析，飞机机翼结垢原因分析。老师说：“学习贵在融会贯通，贵在勤奋，认真思考、反复思考，科学来不得偷懒。”

汪老师说：“做科研要异想天开。”哥伦布立鸡蛋，创新就是要打破常规，胆大心细。异想天开也是有迹可循的，在 2009 年 5 月 13 日我和汪老师讨论课题时，老师说在产业界搞应用研究，科研创新要注意采用 3N 原则，3N 即 Neighbor、Next、Nearest。Neighbor 即关注相邻领域的新进展新突破，他山之石可以攻玉，能否为我所用。Next 即关注本领域的理论研究新进展，下一阶段要搞什么。Nearest 即关注本领域的工业生产新动向，根据生产需求攻克技术难题取得突破。3N 原则也体现了科研开发的循序渐进过程：别人在干什么（Neighbor），我们要干什么（Next），我们怎么着手干（Nearest）。

汪老师交给我的第一个课题《S Zorb 烟气膜分离工艺开发》，就是科研创新 3N 原则的很好体现。该课题主要是针对 S Zorb 装置烟气 $N_2$ 含量高而 $O_2$ 含量低，$SO_2$ 含量高而 $CO_2$ 含量低的特点，采用已在 $CO_2$ 富集领域工业化应用的聚砜复合中空纤维膜富集烟气中 $SO_2$ 并回收 $N_2$ 作为装置回用。实验证明膜分离 S Zorb 烟气工艺是可行的，渗透气富集了烟气中 97% 的 $SO_2$，而收率为 60% 的尾气 $SO_2$ 质量分数不高于0.5%，满足一级工业氮气要求，也可以用于S Zorb吸附剂的再生或汽提。

2009年9月8日在谈到膜法烟气脱硫技术实施可行性时，汪老师指示：开发新技术要考虑技术经济概念。要考虑所开发技术的应用属性"雪中送炭，锦上添花，画蛇添足"。"雪中送炭"是急炼油厂之所需，应时而生；如果是"雪中送炭"，就要有"激光精神"，攻克难题，以点带面，认真分析数据，提炼精华。"锦上添花"对已有技术改进完善，"锦上添花"的技术也可以有但可以后进行，技术开发要抓住主要矛盾。"画蛇添足"虽是打破了常规，却不是我们所需要的，科学技术开发是要失败的。

创新要异想天开打破常规，然而技术开发却要本着"3个精细"原则，即：成本精打细算、工艺精耕细作、产品质量精雕细刻。我的博士论文题目是《多环芳烃在催化裂化反应过程中的空间约束研究》，主要是采用八氢菲、全氢菲、二异丙基萘等模型化合物，研究其在Y型分子筛催化剂上进行的多环芳烃环烷环开环反应和烷基侧链断裂反应行为，为高液体收率、低生焦的HSCC技术重质油选择性催化裂化技术开发提供理论依据。2009年5月4日开题伊始，讨论该论文立意时，催化裂化技术开发要体现分子炼油概念，具体要分子剪裁、最大液收、最少代价；要以石油资源的高效利用和循环利用为目标，以"减量化、再利用、资源化"为原则实现石油加工的循环经济。2010年6月30日我博士论文即将答辩之际，汪老师说，炼油应从粗放型到精细化，炼油技术开发要遵循"精打细算、精耕细作、精雕细刻"的"3精细"原则。

汪老师是和蔼可亲的。我在老师面前谈工作也谈生活谈孩子教育。谈工作之余，老师也会关心我们的家庭琐事个人得失，年年教师节我们看望老师也问问我们一年的得失，2015年教师节老师要我们说说一年的好事。在孩子教育方面老师是成功的，儿女一个清华一个北大又留学国外。我问老师怎么做到的，老师说，言传身教，大人都白天忙于工作晚上还要学习，孩子自然要跟着学习自立自强。

汪老师也是严谨的。2008 年我的一篇待发表文章《$H_2S$ 对 FCC 汽油硫化物生成的影响》拿给老师指正。老师不仅逐字看了，问了相关问题还指出了英文摘要某个用词错误。我不服气地说："印度已发表文章就是这样用词的。"老师拿出牛津字典查到相关字条，给我详细讲解词条内涵；并由此引导我不要反驳老师也不要人云亦云。2009 年 12 月 2 日，我写了《S Zorb 烟气膜分离工艺开发》报告，拿给老师审阅，老师纠正了我一些用词："膜法制氮"应为"膜法回收氮气"，"吸收"应是"反应"，老师指出要考虑氮气回收与买氮气成本；我写了"基础设计与可行性分析"，老师说应命名为"设计基础"，挺多工作没做不能写"工艺设计"，没做寿命试验就不能称做"可行性"。最后老师教导我：做了什么工作就做了什么工作，不能放大优点忽略劣势；力求严谨避免言过其实，科学要实事求是。

汪老师还是与时俱进的。汪老师穿着质朴但却喜欢紧跟新技术潮流，并喜欢推荐一些科学家名人逸事给我们所有学生。工作上老师走在炼油技术开发前端，指导我们工作上的研究开发方向，2016 年在谈到生物燃料开发时老师提到评价产品环境友好性要看生命周期。生活上老师也会倡导新事物，我买智能手机有了微信，就是因为老师在 2014 年教师节推荐我们用微信，介绍微信的方便之处。

美国教育心理学家、认知心理学家布鲁纳说，教师不仅是知识的传播者，而且是模范。汪老师就是这样一位科学家，一名好老师。《论语 · 子罕》中有一句话"仰之弥高，钻之弥坚"，意为"越仰望越显得高远，越钻研它越显得坚固"，最能表达博导汪院士的教导对我的影响，师恩让作为一名科研人员的我受益终生，也鞭策着我前进。

天涯海角有尽处，只有师恩无穷期。感谢我的老师，成为您的学生何其幸运！

2013 年汪燮卿(右四)八十岁生日时与曹湘洪院士(右三)、
工程院学部负责人及学生们合影

## 王振宇：我的导师汪燮卿先生

汪燮卿先生是我做博士研究生时的导师。我做博士期间从汪老师那儿得到的教诲，是我一生中最重要的精神财富。

2002 年我正好三十岁，正是精力充沛，雄心勃勃的年纪，那年我报考了汪老师的博士研究生。博士研究生面试时的场景，我至今还记得。面试的考官有两位，一位是我的导师汪燮卿先生，另一位是一室的主任杨明彪，这也是我第一次和汪老师正式接触。那时汪老师已经快七十岁了，但气色很好，满脸的慈祥，目光柔和，镇定从容，似乎一切难题到汪老师这里就全都化解了，我本来紧张的心情也一下子平静了下来。汪老师的名气很大，拥有诸多头衔，如：工程院院士，副院长，国际知名的科学家，还在 15 届世界石油大会参加审稿和组织工作，我想汪老师一定会问一些高深的专业知识，因此颇费了一番心思做准备，希望给汪老师留下一个好印象。然而汪老师的问题却出乎意料，汪老师说：“你的成绩还不错，但关键是要把书本上的知识运用到实践中去。举个简单的例子吧，我们都吃过饺子，热饺子好吃，凉饺子就没那么好吃了，这是为什么呢？”我一下子语塞了，脑子飞快地旋转，试图把这个问题和哪个高深的理论联系起来。汪老师顿了一下，接着说道：“刚煮出来的饺子里面充满高温时的饱和蒸气压，吃的时候气味儿就先飘出来了，自然很香，凉饺子的饱和蒸气压低，气味也不浓，自然不香。”哦，原来如此，我顿时觉得眼前一亮，这样的话我还是第一次听到。汪老师给我的第一印象就是：注重实际，要能解决实际的问题，要学会从简单的习以为常的现象中，发现其背后的道理。

汪老师对学生的要求还是很高的。要知识面宽，能找到创新点，特别是开题的时候，要查阅大量的文献，了解前人研究的历史和目前的研究状况，才能提出新的想法，新的思路，解决别人不能解决的问题，我记得有一次我写了一篇开题时的文献调研报告提交给汪老师。其中有一个不同厂家生产药剂的表格，这个表格是从别人的文章中摘抄的，也没有认真分析。汪老师后来找到我，问我为什么表格中厂家的生产能力要比实际产量大很多，我这才发现的确如此。我当时也看了这个表格，只是没有汪老师这么细致，能发现其中的问题。是啊，产能与产量的差异，不是从另一个侧面反映了市场的需求吗？

做博士论文期间，汪老师会不定期地找学生讨论研究进展。每次去见汪老师，我都有些惴惴不安，因为汪老师看问题非常准，每次都能切中要害。我深恐因为自己努力不够，或进展不快，遭到汪老师批评，其实汪老师从来没有正面批评过我，只是从我疏忽的地方启发我的思路，给我建议。每次从汪老师办公室出来，我都觉得头脑清醒，干劲儿十足。

汪老师就是这样的一位智慧长者，因为自身修养很高，从他那里总能学到一些做人做事的道理。俗话说，“听君一席话，胜读十年书”，用在汪老师身上再恰当不过了。

## 王乃鑫：一次难忘的答辩会

我是2013年师从汪燮卿院士的，当时老师已经80岁高龄，而我才刚刚进入石油领域3年。能在入行之初就得到名师大家的指导，是我的幸运。汪老师的教诲，不仅仅是知识上业务上的，更多的是如何做人做事，如何面对人生。老师给予的知识可能使我受益10年，教我的学习方法能使我受益20年，而老师言传身教的做人道理，将使我受益终身，永难忘怀。

自从开始跟随汪老师学习，老师严谨的治学态度，缜密的逻辑思维，扎实的知识基础，清晰的科研思路，都给我留下了深深的印象。刚开始向老师汇报工作时，我特别紧张，要心情忐忑地认真准备好几天。课题出现问题，向老师请教时，老师不会直接告诉你怎么做，而是用一些他亲身经历的实例引导启发，让学生自己找到解决方法，即使做错了也不会批评，而是指导学生总结经验教训。有时涉及到具体实验方案，我的方法和老师提出的不太一样，老师也不会武断地否定我，而是认真地听我解释我的思路，然后和我一起讨论，选出最佳方案。谈完课题工作，汪老师都会和我闲谈几句，有时问问我的生活情况，有时说说自己的工作生活经历。当时的我总觉得就是闲谈，可是静下心来想一想，老师的工作生活经历，就是最好的人生指导、生活智慧。而这些教诲如春风潜入夜，润物细无声，使我不知不觉的有所收获。所以到后期，能和老师汇报工作，和老师闲谈几句家常，简直是一种享受，让我如沐春风。

汪老师对我的教诲，既有言传又有身教，而身教更多，更令我难忘。我记忆最深刻的一件事发生在我毕业答辩时，当时请的答辩主席是梁文杰先生，梁先生也是石油炼制界的泰斗。答辩定于工作日的早上9点30分，但梁先生家住的比较远，车程要90分钟，而且必经之路是北京最拥堵的京承高速。梁先生年事已高，不方便住在附近的宾馆，而答辩时间也不能改为下午。所以，只能早上6点就去接老先生出门，以避开上班的早高峰。这里要特别感谢梁文杰先生不辞劳苦，不畏奔波，一点儿没有老先生的架子，而是特别痛快地答应了我们的安排。这些安排我都向汪老师进行了汇报。

答辩当天，作为主角的我 7 点刚过就来到答辩现场调试设备，使我万万没有想到的是，汪老师也几乎与我同时来到了答辩现场。我满腹疑惑地问老师为什么来这么早，老师说了一句非常平常，但使我铭记一生的话："这么早去接梁先生，他肯定到早了，我早点过来陪他。"我顿时心中百般滋味，不知如何感谢老师的细心与周到，更敬佩老师的为人，老师的大家风范，以及处处为他人着想的精神。临近答辩的我，满是兴奋，不安，紧张，激动，可以说当时满脑子都是自己的事情，而丝毫没有考虑其他。早早的去接梁先生是为了保证答辩顺利进行，而没有考虑为了躲开早高峰，年过 80 的老先生要早到答辩现场 1 个多小时，即使是在休息室里休息，如果没有相熟的人做伴，也是十分尴尬的。而这一切，汪老师竟然都为我考虑到了，特意早起过来等梁先生，为了不让我分心，让我全身心地准备答辩，这些细节也都没有提前告诉我，而是自己用实际行动帮我把这个漏洞补上了。这个细节，给我上了重要的一课——尊师重道不是挂在嘴边，而是要融入行动中。越是面对人生重大事件，越不能只站在自己的角度，也要为他人着想。这些话，老师没有对我说，但用自己的行动给我做了最好的诠释，这就是真正的为人师表！

果然不出汪老师所料，由于接梁先生的车出发得早，成功地避开了京承高速的早高峰，到达答辩现场时才刚刚 7 点 30 分，而此时，汪老师已经在休息室等候梁先生了。如果没有汪老师的细心周到，年过耄耋的梁先生可能要在休息室白白等上将近两个多小时，这将是多大的失礼与不周！还好有汪老师的相伴，时间过得很快，两位老先生相谈甚欢，而我的博士答辩也顺利通过。

白驹过隙，每当我回忆当天的事情，想起的不是答辩的紧张激动，不是答辩委员问的问题，也不是老师同学的祝贺，而是汪老师那句“这么早去接梁先生，他肯定到早了，我早点过来陪他。”这句话包含着老先生们对学生负责的态度，甘于奉献的精神，为他人着想的习惯，这些正是我要学习的。

正所谓“教诲如春风，师恩似海深”。我有幸成为汪老师的弟子，在老师的教诲中成长成熟。老师俨然一位智慧的老者，传播做人做事的智慧；又犹如一座明塔，让我的人生有前进的方向；但更像一缕春风，一丝细雨，无声无息，潜移默化地滋润着自己的学生。在科研上，学生们不可能都达到汪老师的高度，但在人生的道路上，我们每个学生都会以汪老师为榜样！

2003年70岁生日时汪燮卿院士(左六)与学生们摄于怡生园

**宋清虎**：2005年9月，我读博士的第一天，我去汪老师办公室。汪老师慈祥地看着我：“跟我读博士，你打算学什么呀?”

原以为，我已经32岁了，我来读博士，我是有想法的。但是，既然汪老师这么问了，他的问题一定有超出我预期的东西。

所以，我坚定地说：“汪老，我不知道！”

汪老师缓缓道来：“第一，学做人。第二，学方法。第三，学这篇博士论文。”果不其然！

2008 年 8 月，我博士论文答辩通过。我在想，汪老师讲的第三点，博士论文是完成了。第二点讲的学方法，好像也学到了一些。就是，三年中，汪老师从来没有专门跟我提过“学做人”的事。当然，我也相信“学做人”不是教的，而是悟的！这件事，我一直在思考、在回忆。

记得有一次，汪老师作为研究生答辩评委，点评一名硕士生的时候，说了两句话：“年轻人，错了不要紧，要改；不会不要紧，要学！”

至今，我一直以为“错了不要紧，要改；不会不要紧，要学！”是我跟汪老师学到的“学做人”。

**侯小敏**：2016 年 9 月，按照石科院博士研究生培养要求，汪老师在培训楼给我们上博士前沿课，下课之后，几位同学一起送汪老师回家，在回去的路上，一位博士同班同学施洋问我：“听说汪院士在德国留过学？”我说：“是的。”这位中国人民大学德语专业毕业的同学顿时来了兴致，说：“我要突击试探一下汪院士的德语水平。”说罢他就走到汪老师身边直接用德语对话，汪老师很高兴地与他用德语聊起天来，两个人一边走一边聊，直到汪老师家楼下两人才停下对话。最后汪老师夸赞施洋同学德语不错，我这位同学很不好意思的说：“没想到汪院士德语这么流利，我德语专业过了八级都不如您，您实在太厉害了！”再后来见到我后常问：“汪院士最近在院里吧？他德语真的太好了，我实在佩服他，我想找机会再去跟他德语对话。”

汪老师早年在德国留学，至今 85 岁高龄的他对待德语的态度依然是活到老，学到老。他这种终身学习的态度值得我们每个人学习。

汪老师培养学生的态度是十分尽心尽力的。我在 2016 年 10 月份上完博士课之后进入实验室，根据老师给出的课题制备样品和调研选择反应仪器。由于我的课题反应体系是油担载在催化剂上，这区别于常规的油和催化剂在反应前分开的情况。这种新的反应体系产物的定量和定性需要建立新的表征方法。2016 年 12 月份，我用 TG-MS 做了探索实验，将数据结果拿给汪老师看。汪老师针对我的结果提出了宝贵建议，并亲自来到石科院第一室研究室 107 组 212 房间与 TG-MS 负责人邹亢教授进行沟通交流。汪老师这种对学生课题尽心尽力的态度和严谨求实的科学态度让我心生敬意。

由于我课题反应体系的特殊性，需要用到 Py-GC/MS(热解色谱/质谱仪)，但是目前石科院还没有可用于我实验的这种平台，因此需要自己搭建 Py-GC/MS。对于一个学生来讲，搭建这样一个平台几乎是不可能的事，我将难处告诉了汪老师，汪老师马上找到张月琴师姐和刘泽龙老师给我帮助，并时时关注仪器搭建情况。在此过程中，汪老师可谓是呕心沥血。汪老师常给我说的一句话是："有什么解决不了的问题就来找我。"听了这句话后我深受感动。汪老师慈祥、善良、大气、厚德载物，像培养自己的孩子一样培养学生，尽心尽力。汪老师不但学术造诣有目共睹，为人为学更是令人敬仰。我为自己能在这样一位大师麾下学习感到荣耀。

**张书红：**早在 2003 年，汪院士提出了"炼油造气一体化技术"的构思，该构思的出发点是为炼油厂提供氢源，解决 FCCU 碳质过剩的问题，减少金属、硫氮的污染，为焦炭甚至渣油的利用提供一条有益的途径。当时在讨论此技术构思时，院学委会主任、主持人闵恩泽院士认为，这一课题虽然不确定性因素很多，风险很大，但是是导向性基础研究，是战略性题目，意义长远、重大。在目前国家即将出台政策禁止高硫石油焦出厂的严格限制下，该技术思路更体现出了其战略性和意义重大。该技术由于采用劣质渣油流态化加工、同时焦炭原位气化的组合技术，在技术、工程上都有很大的难度，汪院士对此有深刻认识，他指出该技术必须很好地解决"四化"

问题(即雾化、流化、裂化和气化)才有生命力。在他的带领下，一批研发人员包括他的学生王子军、朱玉霞、张书红、李延军、吴治国、门秀杰、张美菊、谭丽、朱元宝等都投入到对该技术的开发中。经过大家的不懈努力，该构思最终以劣质渣油接触裂化-焦炭气化一体化技术(Resid Cracking and Coke Gasification Integrated Technology，简称 RCGT)得以实现，申请专利 70 多件，授权 36 件。RCGT 技术是延迟焦化技术的升级，主要是解决劣质渣油焦化过程产生的高硫石油焦的利用和液收低的问题，目前正在开展中型试验研究，初步结果达到了预期目标。

# 附录一　汪燮卿大事年表

1933年2月15日(农历正月二十一)，生于浙江省龙游县茶圩镇的一个手工业者家庭，父亲汪高俊，母亲徐东凤。

1938年8月，进入靖端小学学习。

1941年4月，家乡遭到日本飞机轰炸。

1942年5~8月，龙游县城被日寇占领；同年夏天，家中产业及茶圩镇因衢江改道而被洪水吞噬，举家迁入外婆家。

1943年2月，在龙游北乡的模环小学读五年级。

1944年2月，在龙游城内育德小学读六年级春季班。

1944年9月，在龙游西门小学读六年级秋季班。

1945年2月~1948年2月，在省立衢州中学读初中。

1948年2月~1950年10月，在省立衢州中学读高中。

1950年3月，参加了新民主主义青年团。

1950年10月，响应政府号召，参加衢州的土地改革。

1951年9月，就读于清华大学化工系。

1953年9月，高等院校院系调整，转入新成立的北京石油学院炼制系。

1953年6月29日，加入中国共产党。

1956年7月，北京石油学院大学毕业。

1956年8月，赴民主德国莱比锡留学，在卡尔马克思大学工农学院学习德语。



1957年9月，在麦塞堡化工学院有机化工专业读研究生。

1959年3月24日，在贝林市“奥托·格罗提渥”联合企业做博士论文实验。

1960年6~8月，回国参加留学生暑期集训。

1961年5月，完成博士生的论文和考试，成为麦塞堡化工学院第一个拿到博士学位的外国留学生。

1961年5~6月，在洛伊纳(LEUNA)石油化工厂和布纳(BUNA)化工厂实习，并参观了蔡茨(Zeitz)加氢厂，司娃蔡特(Schwarzeide)费-托合成油厂，费娃(FEWA)合成洗涤剂厂。

1961年7月，离开民主德国，学成回国。

1961年10月，到石油部石油科学研究院工作，被分配到航空煤油研究室(十一室)。

1962年2~6月，任专题组长，进行了国产大庆、新疆(克拉玛依)和玉门一号轻航空煤油的烃族组成分析，并对苏联T-5型喷气燃料化学组成进行了对比分析。

1962年7月28日，与中学同学叶嗣懋结婚。

1962年10月，担任工程师、课题组长。

1963~1965年，进行国外军用喷气燃料的剖析，先后分析了99号、74号和528号三个油样。

1963年11月25日，女儿汪宜出生。

1963年3月~1964年6月，参加空军油料部针对大庆航煤在使用过程中出现的变色现象组织的实地调查，开展了颜色变化的原因及其对使用性能的影响研究。

1963~1964年，将第六届世界石油大会论文《航空燃料的清洁标准》翻译为中文，收集在《第六届世界石油会议报告论文集》中，1965年5月由中国工业出版社出版。

1964年7月，作为课题组长，具体负责日本日立公司制造的HU-11A透射电子显微镜的安装调试和应用工作。

1964年10~12月，作为兼职翻译，随石油部生产技术司代表团赴英国、瑞士和法国考察炼油设备。

1965年1月，主持日本引进的JNM-4H-100型核磁共振(NMR)仪的安装调试和应用。

1965年6月，担任第十四研究室副主任。

1965年10月底，作为翻译，参与石油部勘探开发部门从联邦德国引进的第一台修井作业机的安装、调试和验收工作。

1966年年底~1968年年底，自学日语，并翻译了日文书《核磁气共鸣法》，1968年完成译稿。

1967年4~5月，作为翻译，在上海石油机械厂验收从联邦德国引进的第二台作业机。

1968年5月底，赴太原机场调查飞机熄火事故，从飞机油路系统找出技术原因，排除故障。

1969年5月，主持对在珍宝岛保卫战中被我军缴获的T-62型坦克的发动机燃料、润滑油和润滑脂的全面分析。

1971年6月~1972年9月，主持国产红旗高级轿车刹车失灵事故的油品分析工作。1971年6月18日提交了分析报告，并成功开发出719合成刹车油。

1970年3月5日，儿子汪山出生。

1972年6月底，与同事王宗明南下长沙，开始研究马王堆汉墓“防腐棺水之谜”。

1973年5月，去河南太康干校参加第一期干校轮训。

1974年1月，从河南五七干校轮训回来，被正式任命为第一研究室主任。

1974年3月，主持从联邦德国引进的MAT-311A有机质谱仪的安装和调试工作。

1974年6月12日，随同燃料化学工业部副部长徐今强访问联邦德国，参观访问了巴斯夫、赫斯特、拜尔、壳牌哥道夫炼油厂、克虏伯、鲁奇、德马克、乌德、齐默和小精细化工厂。

1975年5月，主持激光拉曼光谱仪的安装和调试工作。

1978 年 5 月，担任中国石油学会理事。

1979 年 7~8 月，与卢成锹副院长访问美国，参观美国克利夫兰城的路博利佐尔(Lubrizol)添加剂公司总部、纽约埃克森公司国际事业部和添加剂事业部，以及位于圣安东尼奥的美国西南研究院，讨论合作事宜。

1979 年 12 月，随石油部侯祥麟副部长参观巴黎国际实验室仪器博览会。

1980 年 5 月 20 日~6 月 12 日，随石油部侯祥麟副部长率领的代表团访问壳牌公司在法国、英国、荷兰和联邦德国的炼油厂和研究所。5 月 20~29 日参观访问了法国 PAUILLAC 炼油厂、PETIT COURONNE 炼油厂、GRAND-COURONNE 研究中心。5 月 29 日起，参观英国桑顿(THORNTON)研究中心、斯坦洛(STANLOW)炼油厂、壳牌总部、壳牌海文炼油厂(SHELL HAVEN REFINERY)。6 月 4 日起访问荷兰壳牌总部、壳牌鹿特丹炼油厂、壳牌皇家实验室。6 月 11 日参观壳牌在西德的哥道夫(GODORF)炼油厂。

1981 年 5 月，参加在明尼苏达州明尼阿堡利斯城召开的第 21 届 ASMS 美国质谱年会，提交论文《用质谱法鉴定中国某些原油和生油岩中的生物标记化合物》，以张贴论文被大会录用。

1983 年 4 月，被石油工业部任命为石油化工科学研究院副院长。

1984 年 11 月，随中国石化副总经理盛华仁率领的石油化工技术考察团访问联邦德国和英国。这是中国石化总公司成立后第一个出国技术考察团。

1986 年 1 月 30 日~2 月 5 日，随中国石化张皓若副总经理参加时任国家经委副主任朱镕基率领的代表团，赴瑞士达沃斯参加了世界经济论坛讨论会。会后，顺访了瑞士的汽巴-嘉基公司、联邦德国的巴斯夫、赫司特、许尔斯和诺贝尔公司，法国的道达尔、埃尔夫、阿托化学公司和法国石油研究院。

1987年4月，访问民主德国，在贝林接受了当地政府授予的“荣誉市民”的称号及证书。

1987年11月，被评为教授级高级工程师。

1990年10月，在济南炼油厂主持DCC工业试验。

1991年4月8日，在美国休斯敦AIChE春季年会的“催化和热加工生产烯烃”分组会上作学术报告，介绍了1990年11月DCC工业装置运行结果。

1992年8月，在兰州炼油厂，主持MGG工业化试验。

1994年6月，访问日本千代田化工建设株式会社。

1995年2月3日，在伦敦世界石油大会本部，参加第十五届世界石油大会科学规划委员会(SPC)，会上被选为SPC委员。

1995年3月，第一套40万吨/年催化裂解工业装置在安庆石化开车成功，并于当年8月16~18日进行了工业标定。

1995年5月，当选为中国工程院院士。

1995年5月，去伊朗伊斯法罕参加世界石油大会规划委员会。

1995年9月，参加第一次海峡两岸石油科技研讨会，访问台湾中油公司。

1996年1月，改任石油化工科学研究院总工程师。

1997年4月，到华盛顿参加世界石油大会规划委员会。

1997年10月12~16日，第十五届世界石油大会在北京隆重举行。作为世界石油大会科学规划委员会委员，参与组织了本次大会。

1999年4月，到布达佩斯参加世界石油大会科学规划委员会。

1999年4月，应邀顺访德国，在斯图加特大学作了《钛硅分子筛的合成和表征》的学术报告。

1999年8月，退居二线，任院学位委员会主任。

2001年9月，在贵阳参加《石油炼制与化工》编委会。

2002年5月，在美国AIChE春季新奥尔良年会上宣读了论文

《催化热裂解(CPP)——重油催化裂化向生产乙烯和丙烯的飞跃》。

2002年5月，时任中国工程院院长的徐匡迪院士，带领各学部有关负责同志到山东济南讨论中国工程院与山东省合作事项，作为化工、冶金与材料工程学部代表参加了签字仪式。之后又代表化工、冶金与材料学部与山东省淄博市刘慧晏市长签订合作协议。

2002年6月~2010年6月，任中国工程院化工、冶金与材料工程学部副主任，分管咨询和学术活动。

2003年5月26日，以徐匡迪院长和侯祥麟院士为首，听取时任总理的温家宝同志关于“研究石油天然气资源可持续发展战略问题”的指示。

2003年6月~2004年6月，参与侯祥麟院士负责的国家“中国可持续发展油气资源战略研究”项目，负责“油气资源节约和替代”课题研究，完成《中国可持续发展油气资源战略研究》中的《节油与替代能源研究》分报告。

2003年8月25日，给时任国家发改委的副主任张国宝写报告，希望将CPP工艺推向工业化，当天就得到同意的批示，准备在沈阳石蜡化工厂应用此技术。

2003年10月30日，参加向时任国务院总理的温家宝同志汇报《中国可持续发展油气资源战略研究》阶段报告。

2004年2月11日，主持石油炼制学会与汽车工程学会联合召开的“油气资源的节约与替代战略研究”研讨会。

2004年4月，被海南省人民政府聘任为科技顾问。

2004年4月，在工程院“中长期科技发展规划战略研究”咨询项目中，负责专题1“科技发展总体战略研究。”

2004年6月~2005年7月，参加侯祥麟院士主持的《油气资源发展趋势与潜力(2020~2050)》战略咨询。

2004年10月，与李大东、曹湘洪院士共同完成工程院资询项目“我国清洁燃料标准及生产技术”。

2004年9月~2005年4月，受中国工程院副院长杜祥琬院士委托，接受上海通用汽车公司提出的“国内车用能源利用现状及对上海通用汽车发动机规划的建议”咨询项目。

2005年5月，应聘为浙江大学联合研究所兼职教授。

2005年8月，参加中国工程院副院长杜祥琬院士组织的《中国石油需求远景展望与替代战略研究》课题研究，负责下游部分，组织了由徐承恩、陈立泉等院士和相关单位专家组成的研究队伍，开展了我国《2020~2050年油气资源可持续发展与替代战略研究》。

2005年8月，在“建设资源节约和环境友好型社会若干重大战略问题研究”咨询项目中负责“能源节约”课题组。

2006年5月~2007年6月，参加杜祥琬副院长负责的“可再生能源发展战略研究”项目，负责“生物质能”专题“生物质能源生产技术”子专题报告。

2006年9月，负责完成“中国可持续发展油气资源战略研究”后续课题的第二课题“中国石油需求的远景展望与替代（2020~2050）”。

2007年4月25日，组织工程院化工、冶金与材料工程学部在杭州召开了浙江省生物质能源与化工论坛。

2007年5月~2014年10月，与舒兴田院士共同主持，组织开发成功《移动床甲醇制丙烯催化剂和工艺研究》，通过由王基铭院士主持的中国石化股份公司技术评议。

2007年5月，在中国工程院副院长沈国舫院士主持的“工业污染防治战略”专题研究中，负责“石油与化工工业污染防治战略研究（包括汽车燃料）”子专题研究，完成《石油和化工污染防治战略研究》子专题研究报告。

2008年12月，在中国工程院院士杜祥琬副院长主持的“中国能源中长期（2030、2050）发展战略研究”中，完成“交通节能”子专题研究报告。

2009年4月，组织工程科技论坛第84场“生产生物质燃料的原料与技术”。

2009年9月，经山东省科学技术厅批准，建立了山东恒利院士工作站。

2010年5月，与舒兴田院士共建宁波欧迅化学新材料技术有限公司院士工作站。

2011年4月，组织工程科技论坛第116场“非粮作物和生物质废弃物综合利用技术——生物与化学加工”。

2011年5月，岳阳市组织了“岳阳市绿色催化氧化工艺院士工作站”建设的论证会，和舒兴田院士共同组建院士工作站，为岳阳昌德化工实业有限公司提供技术咨询。

2011年11月~2014年2月，参加中国工程院潘云鹤常务副院长主持的“中国工程院学部调整和学科划分调查与研究”咨询项目，完成《中国工程院学部调整和学科划分调查与研究》咨询报告。

2012年5月~2014年8月，参加中国工程院重大咨询研究项目“我国交通运输用生物燃料产业关键技术开发、示范与应用”。

2012年11月11日，衢州中学(现称衢州第一中学)成立110周年，和夫人叶嗣懋参加了庆祝典礼。

2013年8月，提出“加紧落实汽车节油各项措施”院士建议。

2014年6月25日，参加在浙江省宁波市举行的“院士工作站”签约仪式，“院士工作站”落户宁波杰森绿色能源科技有限公司。

2016年2月~2017年12月，参加由王基铭院士主持的“中国炼油和现代煤化工产业可持续发展重大问题战略研究”咨询。

# 附录二　汪燮卿主要论著目录


1. Wang Xieqing, Birthler R, Leibnitz E. Beitraege zur Kenntnis asphaltischer Stoffe in der Mitteldrucksumpfphase(in German)[M]. Freiberger Forschungshefte (East Germany), 1964.
2. 陆婉珍，汪燮卿．近代物理分析方法及其在石油工业中的应用[M]. 北京：石油工业出版社，1984.
3. 汪燮卿，刘济瀛．石油树结奇异果[M]. 北京：清华大学出版社，2000.
4. 李大东，龙军，汪燮卿，张宝吉．中国石油学会第五届石油炼制学术年会论文集[M]. 北京：中国石化出版社，2005.
5. 曹湘洪，李大东，汪燮卿，龙军．中国工程院化工、冶金与材料工程学部第五届学术会议论文集[M]. 北京：中国石化出版社，2005 .
6. 侯芙生，汪燮卿，龙军．中国炼油技术[M]. 3 版．北京：中国石化出版社，2011.
7. 汪燮卿，舒兴田．重质油裂解制轻烯烃[M]. 北京：中国石化出版社，2014.
8. Wang Xieqing, Xie Chaogang, Li Zaiting, Zhu Genquan. Catalytic processes for light olefin production[M]//Hsu C S, Robinson P R. Practical Advances in Petroleum Processing, Springer, New York, 2006: 149-168.
9. Zhu Genquan, Xie Chaogang, Li Zaiting, Wang Xieqing. Catalytic Processes for Light Olefin Production[M]// Hsu Robinson. Springer Handbook of Petroleum Technology, Springer, 2017.
10. 何鸣元，汪燮卿，魏凤新．气相色谱法用于煤油轻镏分烃类组成分析[J]. 燃料化学学报，1966，(1)：54-61.
11. 薛用芳，安秀文，汪燮卿．润滑脂结构的电子显微镜观察[J]. 石油化工，1974，(1)：1-6.
12. 汪燮卿，唐伟英，陆婉珍．我国石油分析的进展[J]. 分析化学，1979，(6)：450-456.
13. Wang Zongming, Wang Xieqing, Lu Wanzhen. The vibrational spectra of phosphorus sulfides and quantitative determination of phosphorus sulfide (P4S9) in phosphorus sulfide (P4S10) by laser Raman spectrophotometry[C]. C. R. -Conf. Int. Spectrosc. Raman, 7th, 1980.
14. 汪燮卿，李科，郎纫赤，尚慧云．中国某些盆地的生油岩和原油中的生物标记化合物

[J]. 石油学报，1980，(1)：52-62.
15. 汪燮卿，祁鲁梁．石油卟啉的分离和鉴定方法[J]. 石油勘探与开发，1980，(6)：25-33.
16. 祁鲁梁，郎纫赤，汪燮卿．我国一些原油中镍卟啉化合物初步研究[J]. 石油学报，1981，(4)：107-116.
17. 林文瑛，林瑞芳，汪燮卿．ZSM-5 分子筛催化剂的择形性能及反应产物分布的初步研究[J]. 石油炼制与化工，1981，(11)：18-23.
18. 汪燮卿，张庆恩．气相色谱/质谱/计算机联用中若干技术问题的讨论[J]. 分析仪器，1982，(1)：39.
19. Wang Xieqing，Huang Xinfen，Ren Chengmin，Zhang Qingen. Analysis of basic nitrogen compounds in cat-cracked gasoline by capillary gas chromatography/mass spectrometry and thermionic detector[C]. Proc. Sino-West Ger. Symp. Chromatogr.，1983.
20. Lu Wanzhen，Zou Naizhong，Yu Erguo，Wang Xieqing. Capillary columns made from Chinese quartz[C]. Proc. Sino-West Ger. Symp. Chromatogr.，1983.
21. 邹乃忠，于尔果，汪燮卿，陆婉珍．国产天然石英制作弹性毛细管色谱柱[J]. 石油炼制与化工，1983，(1)：51-56，44.
22. 汪燮卿，郎纫赤，祁鲁梁．Petroporphyrins in Gaosheng Crude Oil[J]. Geochemistry (English Language Edition)，1983，(3)：251-260.
23. 汪燮卿，张庆恩．气相色谱/质谱/数据处理系统联用中若干技术问题的探讨[J]. 石油炼制与化工，1983，(3)：46-51.
24. 姜玉春，汪燮卿，付霞云，刘鸿．用激光拉曼光谱研究 $SO_3$-$HNO_3$ 和 $HNO_3$-$H_2S_2O_7$ 溶液的分子-离子组成及测定 $NO_2^+$ 的浓度[J]. 分析化学，1983，(4)：241-245.
25. 陆贵根，汪燮卿，陆婉珍．质谱法分析单烷基苯分子量分布[J]. 分析化学，1983，11(5)：329-335.
26. 汪燮卿，王宗明．新实验技术在材料研究中的应用讲座 第十讲 激光喇曼光谱及其应用[J]. 物理，1984，(1)：44-49，32.
27. 丁继红，李占武，汪燮卿，陆婉珍．国产 52# 强酸型阳离子交换树脂在碱性氮化物富集中的应用[J]. 化学试剂，1984，(4)：224-226.
28. 祁鲁梁，张铮，汪燮卿．胜利渣油中镍化合物的类型及其镍含量在溶剂脱沥青/加氢精制过程中的变化[J]. 石油炼制与化工，1984，(4)：49-51.
29. 汪燮卿．我国炼油分析技术的回顾与展望[J]. 石油炼制与化工，1987，(9)：46-50.
30. 赵天波，祁鲁梁，汪燮卿．我国一些原油中盐类的组成及脱盐效果的研究[J]. 石油学报(石油加工)，1988，(3)：76-81.

31. 杜吉洲，张金锐，袁双印，汪燮卿．原油加工过程碱金属及碱土金属氯化物的变化及分布[J]．石油炼制与化工，1989，(5)：28-35.
32. 李再婷，蒋福康，闵恩泽，汪燮卿．催化裂解制取气体烯烃[J]．石油炼制与化工，1989，(7)：31-34.
33. Wang Xieqing, Liao Huisheng, Hu Yanxiou, Da Zhijian, Min Enze. Properties and application of noble metal containing pillared montmorillonite for hydrocracking and aromatization[C]. Proc. Int. Conf. Pet. Refin. Petrochem. Process., 1991.
34. 相先春，关景杰，虞至庞，汪燮卿．层柱分子筛改性中喇曼光谱特性研究[C]//中国物理学会光散射专业委员会．中国物理学会光散射专业委员会成立十周年暨第六届学术会议论文集(下册)，1991.
35. 张青，吴文辉，汪燮卿．孤岛混合原油 250~400℃馏分中石油羧酸的组成研究[J]．石油学报(石油加工)，1991，(1)：70-79.
36. 周涵，李科，汪燮卿，徐亦方，沈复．润滑油基础油的氧化安定性与结构组成关系的模式识别[J]．石油学报(石油加工)，1992，(1)：10-16.
37. 周涵，李科，汪燮卿，徐亦方，沈复．我国润滑油基础油黏度指数的模式识别[J]．石油学报(石油加工)，1992，(3)：59-66.
38. 周涵，李科，汪燮卿，徐亦方，沈复．润滑油基础油结构组成对其降凝剂感受性影响的模式识别[J]．石油学报(石油加工)，1992，(4)：17-23.
39. 霍永清，王亚民，汪燮卿，陈祖庇，方纪才，徐世泰．多产液化气和高辛烷值汽油 MGG 工艺技术[J]．石油炼制与化工，1993，(5)：41-52.
40. 赵天波，萨学理，汪燮卿，陆婉珍．同时测定氢及烃类的微反色谱系统[J]．色谱，1994，(3)：192-193.
41. 段启伟，戴隆秀，江燮卿，黄大智，李照非．由烷氧基铝制备催化剂载体氧化铝[J]．石油炼制与化工，1994，(3)：1-3.
42. 戴隆秀，段启伟，汪燮卿，黄大智，李照非．低碳烷氧基铝水解制备氧化铝的新方法[J]．石油学报(石油加工)，1994，(4)：25-30.
43. 汪燮卿，蒋福康．论重质油生产气体烯烃几种技术的特点及前景[J]．石油炼制与化工，1994，(7)：1-8.
44. Chen, Z. B., Huo, Y. Q., Zhong, L. S., Wang, Z. Y., Wang, X. Q.. Residue catalytic cracking to produce light olefins and gasoline[C]. Preprints - American Chemical Society, Division of Petroleum Chemistry, 1995.
45. 赵天波，萨学理，汪燮卿，陆婉珍．钒沉积对 Y 沸石催化剂裂化活性及物相的影响[J]．石油学报(石油加工)，1995，(2)：109-115.

46. 汪燮卿，陈祖庇，蒋福康．重质油生产轻烯烃的 FCC 家族工艺比较[J]．炼油设计，1995，(6)：15-18，3.

47. 刘泽龙，彭朴，汪燮卿．二次加工柴油中烯烃的分析[J]．分析化学，1996，(5)：530-534.

48. 李凤艳，赵天波，萨学理，汪燮卿，陆婉珍．钒对催化裂化催化剂的中毒机理[J]．石油化工，1996，(6)：55-60.

49. Guan Jingjie，Yu Zhiqing，Chen Zhenyu，Liu Qinglin，Wang Xieqing. Pillared rectorite microspheric catalyst for cracking heavy oil [C]. Preprints - American Chemical Society, Division of Petroleum Chemistry，1997.

50. Wang Xieqing，Yue Shufan，Fu Wei. $^{27}Al$, $^{29}Si$，and $^{31}P$ NMR study of ZRP series zeolite. A modified HZSM5 type zeolite series[J]. Shiyou Lianzhi Yu Huagong，1997，28(S)：10-16.

51. Guan Jingjie，Yu Zhiqing，Chen Zhenyu，Tang Liwen，Wang Xieqing. A new synthetic route and catalytic characteristics of pillared rectorite molecular sieves[J]. Studies in Surface Science and Catalysis，1997，105：61-68.

52. 陈拥军，李本高，汪燮卿．有机抗菌剂研究的新进展[J]．石油炼制与化工，1997，28(1)：56-63.

53. 蒋福康，汪燮卿．炼油厂增产柴油技术的探讨[J]．石油炼制与化工，1997，28(7)：1-6.

54. 蒋福康，汪燮卿．催化裂化增产柴油的研究[J]．石油炼制与化工，1997，28(8)：9-13.

55. Zhu Yuxiia，Wang Xieqing，Liu Zelong. Analysis of vanadium components in vacuum residue of Chinese crude and its impact on HDM process[C]. Preprints-American Chemical Society, Division of Petroleum Chemistry，1998.

56. Wang Xieqing，Zhong Xiaoxiang，Zhao Yuzhang，Jiang Fukang. Production of gasoline oxygenate feeds totally based on the integration of novel and improved refining process[C]. Proceedings of the World Petroleum Congress，1998.

57. 林民，汪燮卿，王贤清．石蜡微小乳化液的制备研究(Ⅰ)[J]．石油与天然气化工，1998，(1)：25-27，34.

58. 彭朴，胡延秀，汪燮卿．催化裂解轻油精制新途径[J]．石油炼制与化工，1998，29(2)：15-18.

59. 林民，汪燮卿，王贤清．石蜡微小乳化液的制备研究(Ⅱ)[J]．石油与天然气化工，1998(2)：96-99+132-133.

60. 孙明永，胡延秀，汪燮卿．DCC 与 MIO 汽油馏分的选择性加氢[J]．石油炼制与化工，

1998，29，(3)：18-22.

61. 朱玉霞，汪燮卿．我国原油中的钙含量及其分布的初步研究[J]．石油学报(石油加工)，1998，(3)：60-64.

62. 汪燮卿．从第 15 届世界石油大会看炼油工业的发展趋势[J]．石油炼制与化工，1998，29(4)：3-9.

63. 林民，舒兴田，汪燮卿．TS-1 分子筛合成配方模型的研究[J]．石油学报(石油加工)，1998，(4)：42-46.

64. 张永光，汪燮卿．中国汽油组成适应环保要求的对策[C]//中国科学技术协会、浙江省人民政府．面向 21 世纪的科技进步与社会经济发展(下册)，1999.

65. 林民，舒兴田，汪燮卿，赵琦，韩秀文，林励吾，包信和．TS-1 分子筛的合成 Ⅰ．$^{29}$Si 和$^{1}$H NMR 研究正硅酸乙酯的水解[J]．催化学报，1999，(1)：30-35.

66. 朱玉霞，汪燮卿．原料油中的钙分布在催化裂化过程中的变化[J]．石油学报(石油加工)，1999，(1)：40-45.

67. 林民，舒兴田，汪燮卿．TS-1 分子筛合成影响因素研究[J]．石油学报(石油加工)，1999，(2)：18-24.

68. 张青，张文星，汪燮卿．原油脱钙技术现状与展望[J]．石油化工动态，1999，(3)：44-46.

69. 林民，舒兴田，汪燮卿．环境友好催化剂 TS-1 分子筛的合成及应用研究[J]．石油炼制与化工，1999，30(8)：1-4.

70. Xie Chaogang，Zhang Zhigang，Li Zaiting，Wang Xieqing. Catalyst hydrothermal deactivation and coke formation in catalytic pyrolysis process for ethylene production[C]. Preprints - American Chemical Society，Division of Petroleum Chemistry，2000.

71. 侯典国，汪燮卿．我国一些原油中钙化合物分布及形态的研究[J]．石油学报(石油加工)，2000，(1)：54-59.

72. 李凤艳，汪燮卿，陈拥军，李本高．氯球制备水不溶性海因类杀菌剂的研究[J]．精细化工，2000，(4)：220-222+240.

73. 侯典国，汪燮卿．钙对催化裂化催化剂活性的影响及抗钙助剂的研究[J]．石油学报(石油加工)，2000，(4)：13-18.

74. 李凤艳，汪燮卿，陈拥军，李本高．树脂亲水性对水不溶性海因类杀菌剂杀菌活性的影响[J]．精细化工，2000，(5)：260-262.

75. 李凤艳，汪燮卿，陈拥军，李本高．交联结构对水不溶性聚季铵盐类杀菌剂性能的影响[J]．应用化学，2000，(5)：566-568.

76. 李凤艳，赵天波，汪燮卿，陈拥军，李本高．硅胶固载 γ-氯丙基三甲氧基硅烷制备水不溶性杀菌剂中间体[J]. 精细化工，2001，(1)：59-61.

77. 李凤艳，汪燮卿，陈拥军，李本高．水不溶性聚合物杀菌剂[J]. 石油化工高等学校学报，2001，(2)：39-43.

78. 刘鸿洲，汪燮卿．ZSM-5分子筛中引入过渡金属对催化热裂解反应的影响[J]. 石油炼制与化工，2001，32(2)：48-51.

79. Xu Youhao，Zhang Jiushun，Long Jun，Wang Xieqing. A new FCC process MIP for production of clean gasoline component[J]. China Petroleum Processing and Petrochemical Technology，2001，(3)：43-48.

80. 李凤艳，赵天波，汪燮卿，陈拥军，李本高．交联聚苯乙烯树脂固载杀菌活性官能团制备季铵盐类杀菌剂[J]. 石油化工高等学校学报，2001，(3)：22-25.

81. 刘泽龙，汪燮卿．酚类化合物对柴油安定性的影响[J]. 石油学报(石油加工)，2001，(3)：16-20.

82. 李凤艳，赵天波，汪燮卿，陈拥军，李本高．以硅胶为载体通过3-胺丙基三甲氧基硅烷偶联剂制备季铵盐类水不溶性杀菌剂的方法研究(Ⅰ)[J]. 离子交换与吸附，2001，(4)：350-354.

83. 李凤艳，汪燮卿，陈拥军，李本高．以硅胶为载体合成水不溶性季铵盐类杀菌剂[J]. 应用化学，2001，(6)：496-497.

84. 李凤艳，赵天波，汪燮卿，陈拥军．以离子交换树脂为原料合成水不溶性杀菌剂[J]. 石油炼制与化工，2001，32(9)：61-63.

85. 谢朝钢，汪燮卿，郭志雄，魏强．催化热裂解(CPP)制取烯烃技术的开发及其工业试验[J]. 石油炼制与化工，2001，32(12)：7-10.

86. 侯祥麟，汪燮卿．制约我国石油加工科技发展的几个因素[N]. 光明日报，2002-08-16.

87. Wang Xieqing，Shi Wenyuan，Xie Chaogang，Li Zaiting. Catalytic pyrolysis process (CPP) - An upswing of RFCC for ethylene and propylene production[C]. Pre - Print Archive - American Institute of Chemical Engineers，2002.

88. Xie Chaogang，Wang Xieqing，Guo Zhixiong，Wei Qiang. Commercial trial of catalytic pyrolysis process for manufacturing ethylene and propylene[C]. Proceedings of the World Petroleum Congress，2002.

89. 彭朴，汪燮卿．加入WTO后的油田化学品发展对策[C]//中国科学技术协会、四川省人民政府．加入WTO和中国科技与可持续发展——挑战与机遇、责任和对策(下册)，2002.

90. 王永峰，王京，黄蔚霞，刘冬云，李凤艳，汪燮卿．核磁共振在新型水不溶性杀菌剂研制中的应用[C]//中国物理学会波谱专业委员会．第十二届全国波谱学学术会议论文摘要集，2002.

91. Wang Xieqing，Peng Pu. Development of oilfield chemicals based on advantages in petrochemical feedstocks[J]. China Petroleum Processing and Petrochemical Technology，2002，(1)：1-6.
92. 汪燮卿．莫等闲，白了少年头，空悲切——回忆我的少年时代[J]. 江淮文史，2002，(1)：27-39.
93. 李凤艳，赵天波，汪燮卿，陈拥军，李本高．以硅胶为载体通过 $\gamma$-胺丙基三甲氧基硅烷偶联剂制备季铵盐类水不溶性杀菌剂的方法研究(Ⅱ)[J]. 离子交换与吸附，2002，(2)：111-118.
94. 陈涓，彭朴，汪燮卿．化学交联聚乙烯醇的降滤失机理[J]. 油田化学，2002，(2)：101-104，117.
95. Lin Min，Shu Xingtian，Wang Xieqing，Zhao Qi，Bao Xinhe，Han Xiuwen. $^{29}$Si and $^{1}$H high-resolution NMR investigation on the hydrolysis of TEOS in TS-1 synthesis[J]. China Petroleum Processing and Petrochemical Technology，2002，(3)：35-39.
96. 李凤艳，赵天波，汪燮卿，陈拥军，李本高．以磺酸阳离子交换树脂为原料合成含硫水不溶性杀菌剂[J]. 环境污染与防治，2002(3)：147-149.
97. 伊红亮，施至诚，李才英，汪燮卿．催化热裂解工艺专用催化剂 CEP-1 的研制开发及工业应用[J]. 石油炼制与化工，2002，33(3)：38-42.
98. 张剑秋，田辉平，达志坚，范中碧，汪燮卿．磷改性 Y 型分子筛的氢转移性能考察[J]. 石油学报(石油加工)，2002，(3)：70-74.
99. 李凤艳，赵天波，汪燮卿，陈拥军，李本高．以固载氯烷基硅氧烷的硅烷的硅胶中间体为原料制备水不溶性杀菌剂[J]. 水处理技术，2002，(3)：143-145.
100. Hou Dianguo，Wang Xieqing，Xi，Chaogang，Shi Zhicheng. Studies on the reaction mechanism of CPP and the factors affecting the yields of ethylene andpropylene[J]. China Petroleum Processing and Petrochemical Technology，2002，(4)：51-55.
101. 赵天波，李凤艳，汪燮卿，王京，陈拥军，李本高．硅胶固载硅烷偶联剂的核磁共振波谱研究[J]. 波谱学杂志，2002，(4)：359-363.
102. 李本高，陈拥军，汪燮卿．可再生不溶性杀菌剂构效关系研究[J]. 工业用水与废水，2002，(4)：1-3.
103. 侯典国，汪燮卿，谢朝钢，施至诚．催化热裂解工艺机理及影响因素[J]. 乙烯工业，2002，(4)：1-5.
104. 陈涓，彭朴，汪燮卿，赵艳，周仕明，丁士东．化学交联聚乙烯醇的交联度和降失水性能的关系[J]. 钻井液与完井液，2002，(5)：25-27，57.

105. 鲁维民，汪燮卿，钟孝湘，李松年. FCC 再生催化剂快速汽提的研究[J]. 石油炼制与化工，2002，33(9)：9-12.

106. 赵天波，李凤艳，汪燮卿，陈拥军，李本高. 带长链烷基季铵盐杀菌活性官能团树脂的合成[J]. 环境污染治理技术与设备，2002，(10)：68-71.

107. 侯祥麟，汪燮卿. 20 世纪中国石油加工领域科技发展[J]. 自然辩证法研究，2002，(11)：5-9.

108. 谢朝钢，汪燮卿. 催化热裂解技术的工业应用前景[C]//中国化工学会石油化工专业委员会. 中国化工学会 2003 年石油化工学术年会论文集，2003.

109. Hou Dianguo, Xie Chaogang, Wang Xieqing. Commercial Application of CPP for Producing Ethylene and Propylene from Heavy Oil Feed[J]. China Petroleum Processing and Petrochemical Technology, 2003, (1): 19-22.

110. 李凤艳，赵天波，汪燮卿，陈拥军，李本高. 红外光谱法研究硅胶表面固载硅氧烷的键合反应[J]. 石油化工高等学校学报，2003，(2)：20-24.

111. 汪燮卿. 催化热裂解——以重质原料发展石化的新途径[J]. 石油知识，2003，(2)：4-5.

112. Zhang Baoji, Wang Xieqing. Study on Preparation and Application of Ti/Si Complex Zeolite [J]. China Petroleum Processing and Petrochemical Technology, 2003, (3): 49-52.

113. 李凤艳，赵天波，汪燮卿，陈拥军. 氯丙基硅氧烷作偶联剂制备的硅胶类杀菌剂的表征和再生性能研究[J]. 石油炼制与化工，2003，34(3)：56-60.

114. 林民，舒兴田，汪燮卿. $^{1}H \rightarrow ^{13}C$ 和 $^{1}H \rightarrow ^{29}Si$ CP/MAS NMR 研究钛硅分子筛晶化[J]. 石油学报(石油加工)，2003，(3)：33-37.

115. 朱玉霞，汪燮卿. 钒酸盐化合物热稳定性研究[J]. 石油学报(石油加工)，2003，(3)：78-82.

116. 申海平，严加松，丁宗禹，汪燮卿. 石油沥青制备炭质催化剂载体的研究[J]. 石油沥青，2003，(4)：14-18.

117. 朱玉霞，汪燮卿. 镧、磷复合添加组分对催化裂化催化剂物化性能的影响[J]. 石油学报(石油加工)，2003，(4)：8-14.

118. 柯明，汪燮卿，张凤美. 磷改性 ZSM-5 分子筛催化裂解制乙烯性能的研究[J]. 石油学报(石油加工)，2003，(4)：28-35.

119. 柯明，汪燮卿，张凤美. Physicochemical Features of Phosph orus-Modified ZSM-5 Zeolite and Its Performance on Catalytic Pyrolysis to Produce Ethylene[J]. Chinese Journal of Chemical Engineering, 2003, (6): 59-64.

120. 汪燮卿．关于开发碳四、碳五馏分生产丙烯技术方案的探讨[J]．当代石油石化，2003，(9)：5-8.

121. 柯明，汪燮卿，张凤美．分子筛孔结构和硅铝比对催化裂化产品中乙烯选择性的影响[J]．石油炼制与化工，2003，34(9)：53-58.

122. 林民，舒兴田，汪燮卿．钛硅分子筛晶化过程 XRD 和 FT-IR 的研究[J]．石油炼制与化工，2003，34(10)：38-43.

123. Xu Youhao，Wang Xieqing. Study on Reaction Mechanism for Cracking FCC Gasoline on Acid Catalyst[J]. China Petroleum Processing and Petrochemical Technology，2004，(1)：23-28.

124. Xu Youhao，Wang Xieqing. Study on Disproportionation Reaction of FCC Gasoline on Acid Catalyst[J]. China Petroleum Processing and Petrochemical Technology，2004，(2)：35-40.

125. 汪燮卿．我国节约用油问题探讨[J]．当代石油石化，2004，(2)：1-4.

126. 黄蔚霞，李云龙，汪燮卿．离子液体在催化裂化汽油脱硫中的应用[J]．化工进展，2004，(3)：297-299.

127. 徐振洪，于丽，谭丽，李本高，汪燮卿．新型高效原油脱钙剂 RPD-Ⅱ及其应用研究[J]．炼油技术与工程，2004，(4)：44-48.

128. 徐振洪，谭丽，于丽，汪燮卿．原油脱钙剂工业试验[J]．炼油技术与工程，2004，(10)：46-48.

129. 刘杰，李本高，汪燮卿．超支化聚合物杀菌剂的合成及性能评价[J]．石油炼制与化工，2004，35(10)：68-72.

130. 林民，朱斌，舒兴田，汪燮卿．钛硅分子筛 HTS 的开发和应用[C]//中国化工学会、中国化工学会石油化工专业委员会．中国化工学会 2005 年石油化工学术年会论文集，2005.

131. 汪燮卿．对汽车节油与发展替代燃料若干问题的思考[J]．当代石油石化，2005，(2)：1-4.

132. 郝小明，刘伟，代振宇，周涵，景振华，汪燮卿．茂金属催化剂负载化及负载机理的研究进展[J]．化工进展，2005，(2)：169-173.

133. 朱根权，张久顺，汪燮卿．丁烯催化裂解制取丙烯及乙烯的研究[J]．石油炼制与化工，2005，36(2)：33-37.

134. 朱丙田，汪燮卿，候栓弟，许克家，钟孝湘．一种新型下行管入口结构流体力学性能的数值模拟[J]．计算机与应用化学，2005，(3)：189-194.

135. 柯明，汪燮卿，张凤美．高温水热处理后磷改性 HZSM-5 分子筛的结构变化[J]．石油化工，2005，(3)：226-232.

136. 胡晓春，汪燮卿．国外交通运输节油经验和启示[J]. 中国工程科学，2005，(3)：1-5.

137. 吴治国，张瑞驰，汪燮卿．炼油与气化结合工艺技术的探索[J]. 石油学报(石油加工)，2005，21(4)：1-6.

138. 吴治国，张久顺，汪燮卿．温度和氧气分压对 FCC 再生器中一氧化碳浓度的影响[J]. 石油炼制与化工，2005，36(8)：18-22.

139. 傅晓钦，田松柏，侯栓弟，汪燮卿．高酸原油催化脱酸工艺研究进展[J]. 化工进展，2005，(9)：968-970.

140. 郝小明，代振宇，周涵，景振华，汪燮卿．分子模拟技术在茂金属催化剂研究中的应用[J]. 化工学报，2005，(10)：2033-2035.

141. 沈希军，张军，王嘉骏，冯连芳，蒋士成，汪燮卿．聚酯切片流态化特性的研究[J]. 石油化工，2005，(12)：1164-1167.

142. 林民，朱斌，舒兴田，汪燮卿．新型钛硅分子筛 HTS 合成及表征[C]//中国化学会催化委员会．第十三届全国催化学术会议论文集，2006.

143. 汪燮卿，李本高．石油化工污水回用现状和发展趋势[C]//中国海水淡化与水再利用学会、中国工程院化工冶金与材料学部、浙江省膜学会．第一届海水淡化与水再利用西湖论坛论文集，2006.

144. 沈希军，张军，李金霞，冯连芳，蒋士成，汪燮卿．PET 固相缩聚工艺技术分析[J]. 合成技术及应用，2006，(1)：30-33.

145. 朱丙田，侯栓弟，许克家，张占柱，汪燮卿．一种新型入口结构的下行管的流体力学性能[J]. 过程工程学报，2006，(2)：173-177.

146. 沈希军，李金霞，冯连芳，张军，蒋士成，汪燮卿．PET 固相缩聚前后的结晶行为[J]. 华东理工大学学报(自然科学版)，2006，(2)：165-168，176.

147. 陶志平，梁馨，刘建华，汪燮卿．油-水体系中枝孢霉菌对 A3 钢腐蚀行为的影响[J]. 石油学报(石油加工)，2006，22(2)：98-102.

148. 叶宗君，许友好，汪燮卿．FCC 汽油重馏分的催化裂化和热裂化产物组成的研究[J]. 石油学报(石油加工)，2006，22(3)：46-53.

149. 李本高，汪燮卿．污水回用技术进展与发展趋势[J]. 工业用水与废水，2006，(4)：1-6.

150. 郝小明，周涵，刘伟，代振宇，景振华，汪燮卿．茂金属化合物 $Cp_2ZrCl_2$ 与硅胶表面相互作用分子模拟[J]. 计算机与应用化学，2006，(5)：457-461.

151. 汪燮卿，傅晓钦，田松柏，侯栓弟．高酸原油流化催化裂解脱羧酸技术的初步研究

[J]. 当代石油石化，2006，(10)：7-13，49.

152. 沈希军，张军，冯连芳，蒋士成，汪燮卿. 聚酯熔体热水中造粒传热过程的模拟[J]. 石油化工，2007，(1)：55-58.

153. 李本高，汪燮卿，陆婉珍. 污水回用技术的进展与发展趋势[J]. 环境经济，2007，(5)：59-64.

154. 傅晓钦，田松柏，侯栓弟，汪燮卿. 蓬莱和苏丹高酸原油中的石油酸结构组成研究[J]. 石油与天然气化工，2007，(6)：507-510.

155. 许友好，汪燮卿. 催化裂化过程反应化学的进展[J]. 中国工程科学，2007，(8)：6-14.

156. 许友好，崔守业，汪燮卿. FCC 汽油烯烃双分子裂化反应及其与双分子氢转移反应之比的研究[J]. 石油炼制与化工，2007，38(9)：1-5.

157. 张月琴，汪燮卿，杨海鹰. 离子色谱在石化炼厂气中氮氧化物测定方面的应用[C]//厦门大学谱学分析与仪器教育部重点实验室. 第十二届全国离子色谱学术报告会论文集，2008.

158. Fu Xiaoqin，Dai Zhenyu，Tian Songbai，Long Jun，Hou Shuandi，Wang Xieqing. Catalytic decarboxylation of petroleum acids from high acid crude oils over solid acidcatalysts[J]. Energy & Fuels，2008，22(3)：1923-1929.

159. 王振宇，汪燮卿，徐振洪，李本高. 环烷酸对高沥青质稠油乳状液稳定性的影响[J]. 石油炼制与化工，2008，39(10)：43-47.

160. Fu Xiaoqin，Dai Zhenyu，Tian Songbai，Hou Shuandi Wang Xieqing. Molecular simulation of naphthenic acid removal on acidic catalyst -（Ⅰ）Mechanism of catalytic decarboxylation [J]. China Petroleum Processing and Petrochemical Technology，2008，(1)：49-54.

161. Fu Xiaoqin，Tian Songbai，Hou Shuandi，Long Jun，Wang Xieqing. Molecular simulation of naphthenic acid removal on acidic catalyst Ⅱ. Experimental results of catalytic decarboxylation over acidic catalysts[J]. China Petroleum Processing and Petrochemical Technology，2008，(2)：29-33.

162. 唐津莲，许友好，徐莉，汪燮卿. 庚烯与 $H_2S$ 在酸性催化剂上的反应机理 Ⅰ. 硫醇、硫醚生成机理[J]. 石油学报(石油加工)，2008，24(2)：121-127.

163. Tang Jinlian，Xu Youhao，Gong Jianhong，Wang Xieqing. Effect of Olefins on Formation of Sulfur Compounds in FCC Gasoline[J]. China Petroleum Processing and Petrochemical Technology，2008，(3)：23-31.

164. Lin Min，Zhu Bin，Shu Xingtian，Wang Xieqing. Synthesis and Characterization of Hollow Titanium Silicalite Zeolite(HTS)[J]. China Petroleum Processing and Petrochemical Tech-

nology, 2008, (3): 1-5.
165. 唐津莲，许友好，徐莉，汪燮卿．庚烯与 $H_2S$ 在酸性催化剂上的反应机理Ⅱ．噻吩类化合物生成机理[J]．石油学报(石油加工)，2008，24(3)：243-250.
166. Lin Min, Zhu Bin , Shu Xingtian, Wang Xieqing. Study on Crystallization of Titanium Silicalite( Ⅰ ) [J]. China Petroleum Processing and Petrochemical Technology, 2008, (4): 19-24.
167. 沈希军，张军，顾雪萍，冯连芳，蒋士成，汪燮卿．聚酯切片结晶行为与固相缩聚过程新流程方案[J]．高分子材料科学与工程，2008，(8)：155-158.
168. 李本高，汪燮卿．水质特性与水质的关系研究[J]．工业水处理，2008，(10)：71-73.
169. 朱斌，林民，舒兴田，汪燮卿．钛硅分子筛 HTS-2 的合成[C]//中国化学会分子筛专业委员会．第十五届全国分子筛学术大会论文集，2009.
170. 林民，刘郁东，朱斌，舒兴田，汪燮卿．苯乙烯环境友好氧化制备苯乙醛[C]//中国化学会催化委员会．第六届全国环境催化与环境材料学术会议论文集，2009.
171. 汪燮卿．山高流水继世长——怀念侯祥麟院士[J]．化学进展，2009，21(4)：573-576.
172. 唐津莲，许友好，龚剑洪，汪燮卿．FCC 汽油硫化物的生成动力学[J]．石油学报(石油加工)，2009，25(4)：477-484.
173. 唐津莲，许友好，刘宪龙，汪燮卿．流化催化裂化汽油含硫化合物生成规律的考察[J]．石油化工，2009，38(1)：30-34.
174. 唐津莲，许友好，程从礼，汪燮卿．$H_2S$ 对 FCC 汽油硫化物生成的影响[J]．石油炼制与化工，2009，40(1)：34-38.
175. Lin Min, Zhu Bin, Shu Xingtian, Wang Xieqing. Study on Crystallization of Titanium Silicalite Zeolite ( Ⅱ ) [J]. China Petroleum Processing and Petrochemical Technology, 2009 (1): 31-38.
176. Xu Li, Zhang Wenhao, Fan Heli, Xie Chaogang, Wang Danhong, Peng Zhien, Wang Xieqing. Oxidative desulfurization over molybdenum - containing MCM - 41 [ J ] . China Petroleum Processing and Petrochemical Technology, 2009, (3): 39-47.
177. 张月琴，汪燮卿，杨海鹰．气体中氮氧化物分析方法进展[J]．现代科学仪器，2009，(3)：109-111.
178. Tang Jinlian, Xu Youhao, Cheng Congli, Wang Xieqing. Study on MIP Technology for Production of EURO Ⅳ Clean Gasoline: 1. Analysis of Rules for Transformation of Sulfur Compounds and Factors Influencing Sulfur Content in MIP Naphtha[J]. China Petroleum Process-

ing and Petrochemical Technology，2009，(4)：27-33.

179. Wu Sufang，Li Lianbao，Zhu Yanqing，Wang Xieqing. A micro-sphere catalyst complex with nano $CaCO_3$ precursor for hydrogen production used in ReSER process[J]. Engineering Sciences，2010，8(1)：22-26.

180. Men Xiujie，Zhan Shuhong，Li Yanjun，Wu Zhiguo，Wang Zijun，Wang Xieqing. Characterization of Catalytic Cracking Catalysts Regenerated by Gasifying Deposited Coke[J]. China Petroleum Processing and Petrochemical Technology，2010，12(1)：5-12.

181. Tang Jinlian，Xu Youhao，Gong Jianhong，Wang Xieqing. MIP Technology for Pruduction of EuroⅣ Clean Gasoline：Ⅱ. Correlation Model of Sulfur Content of MIP Naphtha and Its Application[J]. China Petroleum Processing and Petrochemical Technology，2010，12(1)：49-53.

182. Men Xiujie，Zhan Shuhong，Li Yanjun，Wang Zijun，Wang Xieqing. Comparison on Non-isothermal Oxidation between Spent Catalytic Cracking Catalysts and Coal[J]. China Petroleum Processing and Petrochemical Technology，2010，12(2)：33-40.

183. 吴治国，汪燮卿，张久顺. FCC 再生低碳排放供氢工艺探索研究[J]. 石油学报(石油加工)，2011，27(4)：516-521.

184. 唐津莲，许友好，汪燮卿，龚剑洪. 二异丙基萘在分子筛催化剂上的侧链断裂反应[J]. 石油学报(石油加工)，2012，28(2)：174-179.

185. 门秀杰，张书红，张美菊，李延军，王子军，汪燮卿. 焦炭气化对接触裂化催化剂物化性能的影响[J]. 石油学报(石油加工)，2012，28(5)：717-723.

186. 门秀杰，张书红，张美菊，李延军，王子军，汪燮卿. 接触剂上焦炭的气化反应性能[J]. 石油学报(石油加工)，2012，28(6)：1001-1005.

187. 唐津莲，许友好，汪燮卿. 八氢菲在分子筛催化剂上的环烷环开环反应[J]. 石油学报(石油加工)，2012，28(6)：900-906.

188. 唐津莲，许友好，汪燮卿. 全氢菲在分子筛催化剂上环烷环开环反应的研究[J]. 燃料化学学报，2012，40(6)：721-726.

189. 唐津莲，许友好，汪燮卿，程从礼. 十氢萘在分子筛催化剂上的开环反应研究[J]. 燃料化学学报，2012，40(12)：1422-1428.

190. 唐津莲，许友好，汪燮卿，龚剑洪. 四氢萘在分子筛催化剂上环烷环开环反应的研究[J]. 石油炼制与化工，2012，43(1)：20-25.

191. 胡晓春，张宝吉，蒋福康，汪燮卿. 汽车节油迫在眉睫[J]. 中国工程科学，2013，15(10)：10-15.

192. 李财富，李本高，汪燮卿. 国内水基钻井液降滤失剂研究现状[J]. 中外能源，2013，18(2)：39-44.

193. 胡晓春，汪燮卿，蒋福康，张宝吉. 汽车节油减排措施和政策[J]. 中外能源，2013，18(12)：10-17.

194. 谭丽，汪燮卿，朱玉霞，王子军. 钒在催化裂化过程中的价态及其对催化剂的毒害[J]. 石油炼制与化工，2013，44(2)：1-7.

195. 谭丽，汪燮卿，朱玉霞，王子军，任飞，李本高．钒污染 FCC 催化剂上钒的价态变化及其对催化剂结构的影响[J]. 石油学报(石油加工)，2014，30(3)：391-397.
196. 张书红，王子军，龙军，汪燮卿．反应温度对塔河常压渣油接触热裂化反应的影响[J]. 石油学报(石油加工)，2014，30(4)：575-580.
197. 朱元宝，张书红，王子军，汪燮卿．铁沉积对劣质重油裂化接触剂性能的影响[J]. 石油炼制与化工，2014，45(1)：6-10.
198. 张书红，王子军，龙军，汪燮卿．科威特减压渣油及其窄馏分接触热裂化反应规律研究[J]. 石油炼制与化工，2014，45(2)：1-7.
199. 朱元宝，王子军，朱玉霞，汪燮卿．钙对劣质重油接触裂化接触剂性能的影响[J]. 石油炼制与化工，2014，45(4)：14-18.
200. 严丽霞，蒋云涛，蒋斌波，廖祖维，黄正梁，王靖岱，阳永荣，汪燮卿．移动床甲醇制丙烯技术的工艺与工程[J]. 化工学报，2014，65(1)：2-11.
201. 蒋斌波，严丽霞，魏令泽，冯翔，廖祖维，黄正梁，王靖岱，阳永荣，汪燮卿．稀释气对甲醇制丙烯反应产物的影响[J]. 石油学报(石油加工)，2015，31(2)：556-562.
202. 汪燮卿．为创新铺路[J]. 石油学报(石油加工)，2015，31(2)：205-207.
203. 汪燮卿．汽车节油利国利民[J]. 科技导报，2015，33(8)：1.
204. 王乃鑫，刘泽龙，汪燮卿，祝馨怡，田松柏．气相色谱-飞行时间质谱表征馏分油芳烃分子组成的馏程分布[J]. 石油化工，2015，44(11)：1388-1395.
205. 张月琴，汪燮卿，宋以常，凌烈祥，炼油厂烯烃资源气中 $NO_x$ 的分析方法研究与应用[J]. 石油炼制与化工，2015，46(1)：83-88.
206. 唐津莲，许友好，徐莉，汪燮卿．S Zorb 烟气膜分离技术考察[J]. 石油学报(石油加工)，2016，32(1)：170-174.
207. 唐津莲，刘宪龙，许友好，汪燮卿．$N_2$ 中 $SO_2$ 对 S Zorb 吸附剂活性组分的影响[J]. 石油学报(石油加工)，2016，32(2)：350-354.
208. 王乃鑫，汪燮卿，刘泽龙．环己烷氧化副产物全组分的质谱分析[J]. 质谱学报，2016，37(1)：43-51.
209. 李延军，张书红，申海平，汪燮卿．接触裂化积炭接触剂物化性质研究[J]. 炼油技术与工程，2016，46(6)：20-24.
210. 张书红，任磊，李延军，汪燮卿．待生剂上焦炭部分氧化制 CO 本征反应动力学[J]. 石油炼制与化工，2016，47(5)：1-5.
211. 王乃鑫，汪燮卿，刘泽龙，朱玉霞．生物重油与减压蜡油共催化裂化生产高辛烷值汽油的研究[J]. 石油炼制与化工，2016，47(7)：27-31.
212. 许友好，汪燮卿．石油重质烃高效利用的 IHCC 工艺理论基础与工业实践[J]. 石油学报(石油加工)，2017，33(3)：395-402.

# 附录三　汪燮卿主要授权专利

**中国专利授权：**

1. 廖晖生，胡延秀，吴佳，张馨维，何鸣元，汪燮卿，闵恩泽．低芳烃溶剂油的制造方法：中国，ZL91104458.2[P].1995-11-22.
2. 谢朝钢，潘仁南，李再婷，施文元，汪燮卿．石油烃的催化热裂解方法：中国，ZL92109775.1[P].1995-11-22.
3. 孙明永，胡延秀，汪燮卿，庞桂赐，石玉林，石亚华，刘健生，杨克勇．催化裂解汽油加氢精制方法：中国，ZL94102955.7[P].1997-09-03.
4. 顾侃英，苏兆辉，任永林，汪燮卿．脉冲微型裂解反应装置：中国，ZL97249764.1[P].1999-03-31.
5. 李明林，黄志渊，毕财章，杨克勇，王瑾，张凤美，朱斌，汪燮卿．苯的液相烷基化工艺：中国，ZL95101006.9[P].1999-09-29.
6. 李松年，汪燮卿，霍永清．石油烃类催化转化方法：中国，ZL96100050.3[P].1999-10-06.
7. 戴隆秀，段启伟，王如恩，汪燮卿，纪洪波，林伟国，邓毅．一种制备高纯氧化铝的方法：中国，ZL97104442.2[P].2000-05-17.
8. 关景杰，虞至庆，刘进彦，陈振宇，汪燮卿．一种多产烯烃的改性的层柱黏土催化剂及其制法和应用：中国，ZL96103411.4[P].2000-09-27.
9. 钟孝湘，潘煜，林文才，张瑞驰，李世春，毛安国，汪燮卿，陈祖庇．多产烯烃的催化裂化方法及其提升管反应系统：中国，ZL97120272.9[P].2000-11-01.
10. 关景杰，汪燮卿，虞至庆，陈振宇，刘清林．一种层柱黏土微球重油裂化催化剂及其制备：中国，ZL97116446.0[P].2001-01-03.
11. 谢朝钢，李再婷，施文元，汪燮卿．催化热裂解制取乙烯和丙烯的方法：中国，ZL98120236.5[P].2001-01-17.
12. 陈拥军，李本高，汪燮卿．水不溶性聚季鏻盐型杀菌剂：中国，ZL98120488.0[P].2001-03-07.
13. 陈拥军，汪燮卿，李本高．一种水不溶性聚季鏻盐型杀菌剂及其制备：中国，

ZL97116831. 8[P]. 2001-03-07.

14. 陈拥军，汪燮卿，李本高．一种水不溶性聚季鏻盐型杀菌剂及其制备：中国，ZL97116830. X[P]. 2001-03-07.

15. 陈拥军，汪燮卿，李本高．一种水不溶性聚合物型杀菌剂及其制备：中国，ZL97116726. 5[P]. 2001-06-27.

16. 关景杰，汪燮卿，虞至庆，陈振宇，刘清林，廖易．重油催化热裂解层柱黏土催化剂：中国，ZL97122089. 1[P]. 2001-08-15.

17. 张凤美，舒兴田，施至诚，王卫东，秦凤明，汪燮卿．一种五元环分子筛组合物的制备方法：中国，ZL97116435. 5[P]. 2001-10-03.

18. 张凤美，舒兴田，施至诚，王卫东，秦凤明，汪燮卿．多产乙烯和丙烯的五元环分子筛组合物：中国，ZL97116445. 2[P]. 2001-10-03.

19. 许友好，张久顺，杨轶男，龙军，汪燮卿，李再婷，施至诚．一种制取异丁烷和富含异构烷烃汽油的催化转化方法：中国，ZL99105904. 2[P]. 2001-12-26.

20. 许友好，余本德，张久顺，龙军，汪燮卿，蒋福康．一种降低汽油烯烃、硫和氮含量的催化转化方法：中国，ZL99109196. 5[P]. 2001-12-26.

21. 陈拥军，李本高，汪燮卿．水不溶性聚季鏻盐型杀菌剂：中国，ZL98120489. 9[P]. 2002-07-03.

22. 陈拥军，李本高，汪燮卿．水不溶性聚季鏻盐型杀菌剂：中国，ZL98124442. 4[P]. 2002-07-03.

23. 陈拥军，李本高，汪燮卿．水不溶性聚季鏻盐型杀菌剂：中国，ZL98125095. 5[P]. 2002-07-03.

24. 林民，舒兴田，汪燮卿，朱斌．一种钛硅分子筛的改性方法：中国，ZL98117503. 1[P]. 2002-07-31.

25. 林民，舒兴田，汪燮卿，朱斌．一种钛硅分子筛的合成方法：中国，ZL98102390. 8[P]. 2002-08-21.

26. 林民，舒兴田，汪燮卿，朱斌．一种钛硅分子筛的制备方法：中国，ZL98102391. 6[P]. 2002-08-21.

27. 林民，舒兴田，汪燮卿，朱斌．一种钛硅分子筛的合成方法：中国，ZL98119915. 1[P]. 2002-08-21.

28. 李松年，汪燮卿，钟孝湘，许克家，张久顺，张执刚．一种用于流化催化转化的提升管反应器：中国，ZL98125665. 1[P]. 2002-12-04.

29. 施至诚，王亚民，李再婷，汪燮卿．一种提高液化气产率和汽油辛烷值的方法：中国，ZL00100398. 4[P]. 2003-01-29.

30. 许友好，张瑞驰，张久顺，龙军，汪燮卿．降低汽油中烯烃及硫、氮含量的催化转化方法：中国，ZL00103283.6[P].2003-01-29.

31. 林民，舒兴田，汪燮卿，朱斌．一种制备钛硅分子筛的方法：中国，ZL98101357.0[P].2003-03-05.

32. 朱玉霞，汪燮卿．含磷和稀土的烃类裂化催化剂钝化剂组分及其制备方法：中国，ZL99107788.1[P].2003-06-11.

33. 陈振宇，虞至庆，桂跃强，关景杰，李才英，汪燮卿．层柱黏土催化剂的制备方法：中国，ZL00130261.2[P].2003-06-11.

34. 朱玉霞，汪燮卿．一种含磷和稀土的烃类裂化催化剂及其制备方法：中国，ZL99107787.3[P].2003-06-25.

35. 侯典国，汪燮卿．一种催化裂化抗钙助剂及其应用：中国，ZL99119553.1[P].2003-07-23.

36. 鲁维民，汪燮卿，钟孝湘，李松年．改善流化质量的方法和装置：中国，ZL00107415.6[P].2003-07-23.

37. 虞至庆，关景杰，陈振宇，汪燮卿．层柱分子筛的制备方法：中国，ZL00107714.7[P].2003-08-27.

38. 申海平，丁宗禹，严加松，汪燮卿．中孔发达的活性炭的制备方法：中国，ZL99100354.3[P].2003-09-24.

39. 张剑秋，田辉平，范中碧，汪燮卿．一种含磷Y型沸石及其制备方法：中国，ZL00109746.6[P].2003-09-24.

40. 付英锐，汪燮卿，关景杰，虞至庆．一种乙烯和丙烯的制取方法：中国，ZL00103425.1[P].2003-10-22.

41. 陈拥军，李本高，汪燮卿，王秀，李亚红．聚合物型两性杀菌剂及其制备：中国，ZL99100352.7[P].2003-11-26.

42. 陈拥军，李本高，汪燮卿，王秀，李亚红．一种聚合物型两性杀菌剂及其制备：中国，ZL99100353.5[P].2003-11-26.

43. 林民，舒兴田，汪燮卿，朱斌．一种钛硅分子筛及其制备方法：中国，ZL99126289.1[P].2003-12-31.

44. 李松年，汪燮卿，侯栓弟，许克家．烃油的两段催化裂化方法：中国，ZL00122845.5[P].2004-02-11.

45. 张剑秋，田辉平，范中碧，汪燮卿．含磷Y型沸石及其制备方法：中国，ZL00109745.8[P].2004-03-17.

46. 鲁维民，汪燮卿，钟孝湘，李松年．一种再生催化剂汽提塔和汽提再生催化剂的方法：

中国，ZL00103385.9[P].2004-07-07.

47. 李凤艳，汪燮卿，李本高，陈拥军．水不溶性杀菌剂及其制备方法：中国，ZL00105685.9[P].2004-09-08.

48. 林民，舒兴田，汪燮卿，朱斌，汝迎春，王一萌，宗保宁．一种钛硅分子筛的改性方法：中国，ZL01140182.6[P].2004-09-15.

49. 吴治国，张久顺，汪燮卿．一种利用催化裂化再生烟气制氢的方法：中国，ZL01123770.8[P].2004-10-06.

50. 鲁维民，汪燮卿，钟孝湘，李松年．一种催化剂脱气塔和脱除催化剂携带气体的方法：中国，ZL00103384.0[P].2004-10-13.

51. 谢朝钢，汪燮卿，李再婷，张久顺，张执刚，侯典国．一种增产乙烯和丙烯的重质石油烃催化转化方法：中国，ZL01119807.9[P].2004-12-08.

52. 李松年，侯栓弟，许克家，汪燮卿，钟孝湘，武雪峰，何峻．一种组合式烃油催化转化方法：中国，ZL02120781.X[P]. 2004-12-22.

53. 朱丙田，侯栓弟，龙军，许克家，李松年，钟孝湘，赵俊鹏，汪燮卿．待生催化剂的汽提方法：中国，ZL02130789.X[P].2005-03-02.

54. 朱丙田，侯栓弟，龙军，许克家，李松年，钟孝湘，何峻，汪燮卿．一种塔盘式催化裂化汽提器内构件：中国，ZL02130790.3[P].2005-03-02.

55. 张剑秋，田辉平，范中碧，汪燮卿．一种含磷Y型沸石裂化催化剂及其制备方法：中国，ZL01115620.1[P].2005-05-04.

56. 张剑秋，田辉平，范中碧，汪燮卿．含磷Y型沸石裂化催化剂及其制备方法：中国，ZL01115621.X[P].2005-05-04.

57. 陈涓，彭朴，汪燮卿．一种油井水泥降失水剂组合物：中国，ZL01130979.2[P].2005-05-04.

58. 徐振洪，李本高，汪燮卿．用石蜡氧化生产脂肪酸的副产物脱除烃油中金属的方法：中国，ZL02100236.3[P].2005-06-08.

59. 谢朝钢，罗一斌，赵留周，王殿中，施至诚，李明罡，舒兴田，汪燮卿．一种石油烃裂解制取低碳烯烃的催化剂：中国，ZL02153374.1[P].2005-06-08.

60. 张宝吉，汪燮卿，薛用芳．一种中孔含铝分子筛的制备方法：中国，ZL02125737.X[P].2005-06-29.

61. 徐莉，杨明彪，汪燮卿，李云龙，田松柏．一种燃料油脱硫吸附剂及其制备方法：中国，ZL03102401.7[P].2005-07-27.

62. 张宝吉，汪燮卿，薛用芳．一种钛硅分子筛的制备方法：中国，ZL02125738.8[P].2005-08-31.

63. 刘宪龙，徐莉，杨明彪，汪燮卿，许友好，张久顺．一种降低汽油硫含量的方法：中国，ZL03122848.8[P].2005-10-26.

64. 朱丙田，侯栓弟，龙军，许克家，李松年，钟孝湘，武雪峰，汪燮卿．一种使再生催化剂脱除烟气的方法：中国，ZL02130788.1[P].2005-11-09.

65. 张宝吉，汪燮卿．一种钛硅分子筛复合材料及其合成方法：中国，ZL03137915.X[P].2005-11-09.

66. 谢朝钢，李再婷，龙军，汪燮卿．一种制取乙烯和丙烯的石油烃催化热裂解方法：中国，ZL03147978.2[P].2006-01-04.

67. 谢朝钢，李再婷，龙军，汪燮卿．一种增产轻烯烃的石油烃催化转化方法：中国，ZL03147977.4[P].2006-01-04.

68. 张宝吉，汪燮卿．一种高钛含量中孔分子筛的制备方法：中国，ZL02125736.1[P].2006-03-22.

69. 谢朝钢，杨义华，朱根权，龙军，汪燮卿．利用轻质石油馏分催化转化生产乙烯和丙烯的方法：中国，ZL03147976.6[P].2006-03-29.

70. 吴治国，张久顺，汪燮卿，张瑞驰，谢朝钢，朱根权，高永灿，马建国．一种炼油与气化相结合的工艺方法：中国，ZL02153378.4[P].2006-04-26.

71. 黄蔚霞，李云龙，杨明彪，段启伟，汪燮卿．噻吩类化合物烷基化方法及在馏分油脱硫中的应用：中国，ZL03137916.8[P].2006-05-31.

72. 赵留周，罗一斌，谢朝钢，欧阳颖，贺方，王殿中，舒兴田，汪燮卿．一种增产乙烯和丙烯的催化热裂解催化剂：中国，ZL200410004477.3[P].2006-08-02.

73. 吴治国，张久顺，汪燮卿．一种上流式低灰气化炉：中国，ZL03102270.7[P].2006-08-30.

74. 黄蔚霞，李云龙，汪燮卿．负载型催化剂及其制备和在汽油脱硫降烯烃中的应用：中国，ZL200410037677.9[P].2006-10-25.

75. 刘杰，李本高，汪燮卿．一种高分子杀菌剂及其制备方法：中国，ZL200310122461.8[P].2006-11-29.

76. 朱根权，舒兴田，汪燮卿，罗一斌，吴治国，施至诚．一种制取小分子烯烃的催化转化催化剂：中国，ZL200410068931.1[P].2007-08-22.

77. 龙军，达志坚，李大东，汪燮卿，舒兴田，张久顺，聂红，谢朝钢，张执刚，王巍．一种生产低碳烯烃和芳烃的方法和装置：中国，ZL200410068934.5[P].2007-08-22.

78. 朱根权，张久顺，谢朝钢，汪燮卿，吴治国．一种选择性制取小分子烯烃的催化转化方法：中国，ZL200410068930.7[P].2007-11-28.

79. 田松柏，傅晓钦，汪燮卿，侯栓弟，龙军，张久顺，许友好．一种加工高酸值原油的方法：中国，ZL200510051243.9[P].2008-01-23.
80. 侯栓弟，李松年，张占柱，龙军，达志坚，张久顺，汪燮卿．烃类反应油气的分离方法：中国，ZL200410086224.5[P]. 2008-01-23.
81. 张占柱，李松年，侯栓弟，龙军，达志坚，张久顺，谢朝钢，李家栋，汪燮卿．烃油催化裂解反应产物的分离方法：中国，ZL200410096306.8[P].2008-04-02.
82. 田松柏，傅晓钦，汪燮卿，侯栓弟．一种烃原料催化脱酸方法：中国，ZL200510087234.5[P].2008-04-02.
83. 龙军，达志坚，李大东，汪燮卿，舒兴田，张久顺，聂红，谢朝钢，张执刚，王巍．一种生产低碳烯烃和芳烃的方法：中国，ZL200580001369.3[P].2009-03-04.
84. 李大东，汪燮卿，龙军，达志坚，舒兴田，谢朝钢，聂红，张久顺．一种生产低碳烯烃和芳烃的化工型炼油方法：中国，ZL200410006189.1[P].2009-05-13.
85. 龙军，侯栓弟，毛俊义，张占柱，张久顺，汪燮卿，武雪峰，何峻．一种脱除烃油中石油酸的方法：中国，ZL200510135233.3[P].2009-07-08.
86. 黄蔚霞，李云龙，汪燮卿．一种离子液体酸量测定及表征方法：中国，ZL200410096312.3[P].2009-08-05.
87. 刘杰，李本高，汪燮卿．负载型超支化聚合物、其制备及作为杀菌剂的应用：中国，ZL200510105435.3[P].2009-10-14.
88. 侯栓弟，傅晓钦，汪燮卿，田松柏，龙军，张久顺，舒兴田，罗一斌，达志坚．一种催化脱除烃油中石油酸的方法：中国，ZL200510135179.2[P].2010-02-03.
89. 朱根权，张久顺，谢朝钢，汪燮卿，高永灿，崔淑新．一种制取小分子烯烃的组合工艺方法：中国，ZL200510126066.6[P].2010-05-12.
90. 唐津莲，许友好，刘宪龙，程从礼，徐莉，汪燮卿．一种烃油在流态化反应器内非临氢催化吸附脱硫的方法：中国，ZL200610112729.3[P].2010-08-25.
91. 王振宇，徐振洪，汪燮卿，李本高．一种破乳剂及其制备方法和应用：中国，ZL200710119555.8[P].2010-08-25.
92. 王振宇，徐振洪，汪燮卿，李本高．一种复合破乳剂及其使用方法：中国，ZL200710119554.3[P].2010-08-25.
93. 朱根权，谢朝钢，张久顺，汪燮卿．一种制取小分子烯烃的方法：中国，ZL200610083442.2[P].2010-08-25.
94. 唐津莲，许友好，刘宪龙，程从礼，徐莉，汪燮卿．一种烃油在固定床反应器内非临氢催化吸附脱硫的方法：中国，ZL200610112727.4[P].2010-09-22.
95. 许友好，程从礼，汪燮卿，刘宪龙，常学良．一种有烟气换热的甲醇制二甲醚的流化催化转化方法：中国，ZL200610114160.4[P].2010-10-20.

96. 林民，史春风，龙军，朱斌，舒兴田，汪燮卿，汝迎春．一种 TS-1 分子筛的制备方法：中国，ZL200610112721.7[P].2010-12-22.
97. 许友好，程从礼，汪燮卿，刘宪龙，常学良．一种有催化剂换热的甲醇制二甲醚的流化催化转化方法：中国，ZL200610114161.9[P].2010-12-22.
98. 门秀杰，张书红，王子军，李延军，吴治国，汪燮卿．一种用于含炭质材料气化的气化炉：中国，ZL201020172843.7[P].2010-12-22.
99. 林民，史春风，龙军，朱斌，舒兴田，慕旭宏，罗一斌，汪燮卿，汝迎春．一种 TS-1 分子筛的合成方法：中国，ZL200610144214.1[P].2011-01-19.
100. 林民，黄顺贤，朱斌，舒兴田，慕旭宏，罗一斌，汪燮卿，汝迎春．一种制备环氧丙烷的方法：中国，ZL200710064980.1[P].2011-01-19.
101. 史春风，林民，朱斌，舒兴田，慕旭宏，罗一斌，汪燮卿，汝迎春．一种钛硅分子筛的改性方法：中国，ZL200810115866.1[P].2011-02-09.
102. 龙军，汪燮卿，程从礼，许友好，龚剑洪，朱根权，谢朝钢，毛安国，达志坚，张久顺．甲醇制二甲醚的流化催化转化方法：中国，ZL200610113489.9[P].2011-04-20.
103. 龙军，汪燮卿，程从礼，许友好，龚剑洪，谢朝钢，毛安国，达志坚，张久顺．甲醇制二甲醚的双反应区流化催化转化方法：中国，ZL200610113490.1[P].2011-04-20.
104. 林民，黄顺贤，朱斌，舒兴田，慕旭宏，罗一斌，汪燮卿，汝迎春．一种连续生产环氧丙烷的方法：中国，ZL200710099853.5[P].2011-04-20.
105. 林民，史春风，龙军，朱斌，舒兴田，慕旭宏，罗一斌，汪燮卿，汝迎春．一种催化丙烯环氧化生产环氧丙烷的方法：中国，ZL200710175281.4[P].2011-04-20.
106. 林民，史春风，龙军，朱斌，舒兴田，慕旭宏，罗一斌，汪燮卿，汝迎春．一种制备环氧丙烷的方法：中国，ZL200710175278.2[P].2011-04-20.
107. 林民，史春风，朱斌，舒兴田，慕旭宏，罗一斌，汪燮卿，汝迎春．一种合成 TS-1 分子筛的方法：中国，ZL200710177407.1[P].2011-04-20.
108. 汪燮卿，唐津莲，许友好，谢朝钢，徐莉，张久顺．一种用膜回收烟气中硫的方法：中国，ZL200810055795.0[P].2011-04-20.
109. 林民，史春风，朱斌，舒兴田，慕旭宏，罗一斌，汪燮卿，汝迎春．一种钛硅分子筛的改性方法：中国，ZL200810102304.3[P].2011-04-20.
110. 唐津莲，汪燮卿，许友好，刘宪龙，张久顺，谢朝钢．一种用膜回收烟气中氮气的方法：中国，ZL200810055797.X[P]. 2011-04-20.
111. 龙军，张久顺，侯栓弟，武雪峰，毛安国，张占柱，田松柏，汪燮卿．一种劣质原油生产高辛烷值汽油的方法：中国，ZL200710099847.X[P].2011-05-18.
112. 史春风，林民，朱斌，舒兴田，慕旭宏，罗一斌，汪燮卿，汝迎春．一种改性钛硅分子筛的方法：中国，ZL200810115865.7[P].2011-05-18.

113. 林民，史春风，朱斌，舒兴田，慕旭宏，罗一斌，汪燮卿，汝迎春．一种合成 TS-1 分子筛的方法：中国，ZL200710177408.6[P].2011-06-15.

114. 林民，史春风，朱斌，舒兴田，慕旭宏，罗一斌，汪燮卿，汝迎春．一种微孔钛硅分子筛材料及其制备方法：中国，ZL200810055798.4[P].2011-06-15.

115. 林民，史春风，朱斌，舒兴田，慕旭宏，罗一斌，汪燮卿，汝迎春．一种高钛含量介孔分子筛的合成方法：中国，ZL200810101125.8[P].2011-06-15.

116. 林民，史春风，朱斌，舒兴田，慕旭宏，罗一斌，汪燮卿，汝迎春．一种具有介孔和微孔结构的钛硅材料的合成方法：中国，ZL200810101124.3[P].2011-06-15.

117. 林民，史春风，朱斌，舒兴田，慕旭宏，罗一斌，汪燮卿，汝迎春．一种催化氧化苯乙烯合成环氧苯乙烷的方法：中国，ZL200710177417.5[P].2011-07-20.

118. 林民，史春风，朱斌，舒兴田，慕旭宏，罗一斌，汪燮卿，汝迎春．介孔钛硅材料的制备方法：中国，ZL200810057266.4[P].2011-07-20.

119. 龙军，侯栓弟，王子军，田辉平，许克家，严加松，朱丙田，汪燮卿．一种烃油转化方法：中国，ZL200610169868.X[P].2011-07-20.

120. 林民，史春风，龙军，朱斌，舒兴田，慕旭宏，罗一斌，汪燮卿，汝迎春．一种介孔钛硅分子筛材料的合成方法：中国，ZL200610144215.6[P].2011-08-10.

121. 侯栓弟，龙军，张久顺，张占柱，许克家，何峻，武雪峰，汪燮卿，李松年．一种烃油转化方法：中国，ZL200610169869.4[P].2011-08-10.

122. 林民，史春风，龙军，朱斌，舒兴田，慕旭宏，罗一斌，汪燮卿，汝迎春．一种合成含钛分子筛材料的方法：中国，ZL200610169520.0[P].2011-11-02.

123. 朱斌，史春风，林民，舒兴田，慕旭宏，罗一斌，汪燮卿，汝迎春．一种催化氧化烯丙醇生产环氧丙醇的方法：中国，ZL200810105370.6[P].2011-11-02.

124. 张月琴，杨海鹰，汪燮卿．一种 $NO_2$ 吸收剂和吸收管及其应用：中国，ZL200810117458.X[P].2011-11-02.

125. 林民，史春风，朱斌，舒兴田，慕旭宏，罗一斌，汪燮卿，汝迎春．一种制备含钛介孔材料的方法：中国，ZL200810057265.X[P].2011-11-02.

126. 林民，史春风，龙军，朱斌，舒兴田，慕旭宏，罗一斌，汪燮卿，汝迎春．一种含贵金属的微孔钛硅材料及其制备方法：中国，ZL200710064981.6[P].2011-11-30.

127. 汪燮卿，徐莉，唐津莲，许友好，谢朝钢，李正．一种降低烃油中硫化物的吸附剂：中国，ZL200710177410.3[P].2011-11-30.

128. 唐津莲，许友好，汪燮卿，龚剑洪，程从礼，谢朝钢．一种采用膜分离处理克劳斯尾气的方法：中国，ZL200810055796.5[P].2011-11-30.

129. 林民，史春风，朱斌，舒兴田，慕旭宏，罗一斌，汪燮卿，汝迎春．一种钛硅分子筛的改性方法：中国，ZL200810102305.8[P].2011-12-21.

130. 林民，史春风，朱斌，舒兴田，慕旭宏，罗一斌，汪燮卿，汝迎春．一种合成环氧丙烷的方法：中国，ZL200810115873.1[P].2011-12-21.

131. 史春风，林民，朱斌，舒兴田，慕旭宏，罗一斌，汪燮卿，汝迎春．一种合成含贵金属钛硅材料的方法：中国，ZL200810118777.2[P].2011-12-21.

132. 史春风，林民，朱斌，舒兴田，慕旭宏，罗一斌，汪燮卿，汝迎春．一种原位合成含贵金属的钛硅分子筛材料的方法：中国，ZL200810118778.7[P].2012-01-25.

133. 林民，史春风，龙军，朱斌，舒兴田，慕旭宏，罗一斌，汪燮卿，汝迎春．一种催化氧化环己烷的方法：中国，ZL200710175280.X[P].2012-02-15.

134. 林民，史春风，朱斌，舒兴田，慕旭宏，罗一斌，汪燮卿，汝迎春．一种钛硅分子筛材料的改性方法：中国，ZL200810116447.X[P].2012-02-15.

135. 张月琴，杨海鹰，汪燮卿．便携式 $NO_x$ 采样装置：中国，ZL200810222629.5[P].2012-02-15.

136. 朱斌，史春风，林民，舒兴田，慕旭宏，罗一斌，汪燮卿，汝迎春．一种 *N*-氧化吡啶的制备方法：中国，ZL200810105369.3[P].2012-02-22.

137. 史春风，林民，朱斌，舒兴田，慕旭宏，罗一斌，汪燮卿，汝迎春．一种改性钛硅分子筛的方法：中国，ZL200810222193.X[P].2012-02-22.

138. 林民，史春风，龙军，朱斌，舒兴田，慕旭宏，罗一斌，汪燮卿，汝迎春．一种催化氧化叔丁醇的方法：中国，ZL200710099851.6[P].2012-05-09.

139. 许友好，徐莉，汪燮卿，达志坚，张久顺，谢朝钢，唐津莲．一种脱硫吸附剂：中国，ZL200710177415.6[P].2012-05-09.

140. 史春风，林民，朱斌，舒兴田，慕旭宏，罗一斌，汪燮卿，汝迎春．一种钛硅分子筛材料的后处理方法：中国，ZL200810118776.8[P].2012-05-23.

141. 朱斌，林民，舒兴田，慕旭宏，罗一斌，汪燮卿，史春风，汝迎春．一种钛硅分子筛的改性处理方法：中国，ZL200810119342.X[P].2012-05-23.

142. 龙军，李正，谢朝钢，朱根权，汪燮卿，舒兴田，罗一斌，杨义华．一种生物油脂的催化转化方法：中国，ZL200710099837.6[P].2012-05-30.

143. 谢朝钢，朱根权，李正，龙军，汪燮卿，舒兴田，罗一斌，宋宝梅．一种植物油脂或/和动物油脂的催化转化方法：中国，ZL200710099839.5[P].2012-05-30.

144. 张久顺，侯栓弟，何峻，毛安国，张占柱，田松柏，汪燮卿．一种劣质原油生产低碳烯烃的方法：中国，ZL200710304474.5[P].2012-05-30.

145. 张月琴，汪燮卿．气体计量检测装置的隔爆外壳和隔爆气体计量检测设备：中国，

ZL201120371396. 2[P]. 2012-05-30.

146. 吴治国，张久顺，谢朝钢，龙军，汪燮卿，高永灿，朱根权，马建国，宋宝梅，张萍．一种重质石油烃与甲醇共同进料制取低碳烯烃和汽油的方法：中国，ZL200610169666. 5[P]. 2012-06-27.

147. 林民，史春风，朱斌，舒兴田，慕旭宏，罗一斌，汪燮卿，汝迎春．一种丁酮肟的合成方法：中国，ZL200810102835. 2[P]. 2012-06-27.

148. 史春风，林民，朱斌，舒兴田，慕旭宏，罗一斌，汪燮卿，汝迎春．一种含贵金属钛硅沸石材料的制备方法：中国，ZL200910131991. 6[P]. 2012-07-04.

149. 史春风，林民，朱斌，舒兴田，慕旭宏，罗一斌，汪燮卿，汝迎春．一种制备含贵金属钛硅沸石的方法：中国，ZL200910131990. 1[P]. 2012-07-04.

150. 唐津莲，许友好，刘宪龙，程从礼，徐莉，汪燮卿．一种烃油在移动床反应器内非临氢催化吸附脱硫的方法：中国，ZL200610112731. 0[P]. 2012-07-18.

151. 王振宇，徐振洪，汪燮卿，李本高．一种复合脱盐剂及其使用方法：中国，ZL200710119556. 2[P]. 2012-07-18.

152. 吴治国，龙军，汪燮卿，张久顺，谢朝钢，侯栓弟．一种热裂解与气化联合加工重质油的方法：中国，ZL200710178843. 0[P]. 2012-07-18.

153. 林民，史春风，朱斌，舒兴田，慕旭宏，罗一斌，汪燮卿，汝迎春．一种氢气氧气存在下的氯丙烯环氧化方法：中国，ZL200710177418. X[P]. 2012-07-18.

154. 林民，史春风，朱斌，舒兴田，慕旭宏，罗一斌，汪燮卿，汝迎春．一种环氧环己烷的制备方法：中国，ZL200810102836. 7[P]. 2012-07-18.

155. 林民，史春风，朱斌，舒兴田，慕旭宏，罗一斌，汪燮卿，汝迎春．一种钛硅分子筛材料后处理的方法：中国，ZL200810119448. X[P]. 2012-07-18.

156. 史春风，林民，朱斌，舒兴田，慕旭宏，罗一斌，汪燮卿，汝迎春．一种钛硅材料的制备方法：中国，ZL200810166857. 5[P]. 2012-07-18.

157. 龙军，吴治国，汪燮卿，张久顺，毛安国，谢朝钢．一种烃油转化方法：中国，ZL200710179609. X[P]. 2012-07-18.

158. 林民，史春风，龙军，朱斌，舒兴田，慕旭宏，罗一斌，汪燮卿，汝迎春．一种催化环己酮氨肟化的方法：中国，ZL200710099850. 1[P]. 2012-07-25.

159. 林民，史春风，朱斌，舒兴田，慕旭宏，罗一斌，汪燮卿，汝迎春．一种用贵金属源处理钛硅分子筛的方法：中国，ZL200810119341. 5[P]. 2012-07-25.

160. 朱斌，林民，舒兴田，慕旭宏，罗一斌，汪燮卿，史春风，汝迎春．一种合成含贵金属钛硅材料的方法：中国，ZL200810166855. 6[P]. 2012-07-25.

161. 林民，史春风，朱斌，舒兴田，慕旭宏，罗一斌，汪燮卿，汝迎春．一种钛硅分子筛材料的改性方法：中国，ZL200810119447.5[P].2012-08-15.

162. 史春风，林民，朱斌，舒兴田，慕旭宏，罗一斌，汪燮卿，汝迎春．一种钛硅沸石材料的改性方法：中国，ZL200910131993.5[P].2012-08-15.

163. 史春风，林民，朱斌，舒兴田，慕旭宏，罗一斌，汪燮卿，汝迎春．一种对钛硅沸石进行改性的方法：中国，ZL200910131992.0[P].2012-08-15.

164. 龙军，徐莉，许友好，谢朝钢，汪燮卿，李正，达志坚，张久顺，林伟．一种降低烃油硫含量的吸附剂：中国，ZL200710177411.8[P].2012-08-29.

165. 史春风，林民，朱斌，舒兴田，慕旭宏，罗一斌，汪燮卿，汝迎春．一种含贵金属钛硅材料的合成方法：中国，ZL200810222192.5[P].2012-08-29.

166. 吴治国，王子军，门秀杰，汪燮卿．一种劣质重油裂化气化催化剂：中国，ZL200910143623.3[P].2012-08-29.

167. 朱斌，史春风，林民，舒兴田，慕旭宏，罗一斌，汪燮卿，汝迎春．一种氧化丁烯的制备方法：中国，ZL200810117924.4[P].2012-09-05.

168. 徐莉，许友好，唐津莲，汪燮卿，杨萍华，谢朝钢．一种脱硫吸附剂组合物：中国，ZL200710177409.0[P].2012-09-12.

169. 李本高，罗咏涛，于丽，汪燮卿，谭丽．一种脱除烃原料中镍和钒的方法：中国，ZL200710303999.7[P].2012-09-12.

170. 龙军，吴治国，汪燮卿，张久顺，毛安国，谢朝钢．一种烃油转化方法：中国，ZL200710179701.6[P].2012-09-12.

171. 许友好，田龙胜，谢朝钢，鲁维民，张久顺，龙军，达志坚，汪燮卿，舒兴田，田辉平．一种多产丙烯同时制取芳烃的催化转化方法：中国，ZL200710120106.5[P].2012-10-10.

172. 林民，史春风，朱斌，舒兴田，慕旭宏，罗一斌，汪燮卿，汝迎春．一种苯酚的制备方法：中国，ZL200710177419.4[P].2012-10-10.

173. 林民，史春风，龙军，朱斌，舒兴田，慕旭宏，罗一斌，汪燮卿，汝迎春．一种苯酚羟基化制备对苯二酚和邻苯二酚的方法：中国，ZL200710175279.7[P].2012-12-12.

174. 许友好，田龙胜，谢朝钢，鲁维民，张久顺，龙军，达志坚，汪燮卿，舒兴田，田辉平．一种制取乙烯、丙烯和芳烃的催化转化方法：中国，ZL200710120105.0[P].2012-12-12.

175. 林民，史春风，朱斌，舒兴田，慕旭宏，罗一斌，汪燮卿，汝迎春．一种含钛介孔材料的合成方法：中国，ZL200810101123.9[P].2012-12-12.

176. 林民，史春风，朱斌，舒兴田，慕旭宏，罗一斌，汪燮卿，汝迎春．一种含贵金属钛硅材料的原位合成方法：中国，ZL200810166856.0[P].2012-12-12.

177. 朱根权，谢朝钢，龙军，汪燮卿，舒兴田．一种从生物油脂制取低碳烯烃和芳烃的催化转化方法：中国，ZL200710176573. X[P]. 2013-01-09.

178. 张书红，王子军，龙军，李延军，李子锋，申海平，朱丙田，汪燮卿．一种用于待生剂上焦炭气化制合成气的再生器：中国，ZL201220355497. 5[P]. 2013-01-30.

179. 朱丙田，侯栓弟，王子军，张书红，汪燮卿．一种重油雾化喷嘴：中国，ZL201220336904. 8[P]. 2013-01-30.

180. 林民，史春风，龙军，朱斌，舒兴田，慕旭宏，罗一斌，汪燮卿，汝迎春．一种合成钛硅分子筛的方法：中国，ZL200610144213. 7[P]. 2013-03-06.

181. 朱根权，谢朝钢，李正，龙军，汪燮卿，舒兴田，罗一斌．一种生物油脂和矿物油组合催化转化方法：中国，ZL200710099840. 8[P]. 2013-03-06.

182. 徐莉，许友好，林伟，汪燮卿，谢朝钢，达志坚，张久顺，唐津莲．一种降低轻质烃油硫含量的吸附剂：中国，ZL200710177413. 7[P]. 2013-03-06.

183. 王振宇，王征，李本高，汪燮卿．一种烃油深度脱盐的方法：中国，ZL200910131996. 9[P]. 2013-03-06.

184. 李正，谢朝钢，朱根权，龙军，汪燮卿，舒兴田，罗一斌，宋宝梅．提高生物油脂催化转化反应中低碳烯烃产率的方法：中国，ZL200710099838. 0[P]. 2013-03-27.

185. 许友好，汪燮卿，谢朝钢，田龙胜，张久顺，龙军，达志坚，舒兴田，田辉平．一种制取丙烯的催化转化方法：中国，ZL200710120110. 1[P]. 2013-03-27.

186. 林民，史春风，龙军，朱斌，舒兴田，慕旭宏，罗一斌，汪燮卿，汝迎春．一种具有介孔和微孔结构的含钛复合材料及其制备方法：中国，ZL200710099852. 0[P]. 2013-04-24.

187. 许友好，谢朝钢，戴立顺，崔守业，鲁维民，张久顺，龙军，达志坚，聂红，郭锦标，田松柏，田辉平，汪燮卿，舒兴田，何鸣元，李大东．一种制取丙烯和芳烃的催化转化方法：中国，ZL200810101852. 4[P]. 2013-04-24.

188. 徐莉，许友好，汪燮卿，达志坚，张久顺，谢朝钢，林伟，田辉平．一种降低轻质烃油中硫化物的方法：中国，ZL200710177412. 2[P]. 2013-06-05.

189. 徐莉，谢朝钢，许友好，唐津莲，杨萍华，汪燮卿，达志坚，张久顺．一种降低轻质烃油中硫化物的吸附剂：中国，ZL200710177414. 1[P]. 2013-06-05.

190. 吴治国，王子军，门秀杰，汪燮卿．一种兼具裂化和气化作用的催化剂及其制备方法：中国，ZL200810246526. 2[P]. 2013-06-05.

191. 龙军，吴治国，汪燮卿，张久顺，毛安国，谢朝钢．一种烃油转化方法：中国，ZL200710179607. 0[P]. 2013-06-05.

192. 张月琴，杨海鹰，汪燮卿．烃类气体中所含 $H_2S$ 的吸收剂及应用：中国，

ZL200810119439.0[P].2013-06-26.

193. 武雪峰，侯栓弟，许友好，汪燮卿，张占柱，赵俊杰，张同旺．一种流化床甲烷水蒸气重整制氢的方法：中国，ZL201110074454.X[P].2013-06-26.

194. 龙军，吴治国，汪燮卿，张久顺，毛安国，谢朝钢．一种烃油转化方法：中国，ZL200710179702.0[P].2013-06-26.

195. 侯典国，汪燮卿，谢朝钢．一种烃油的催化转化方法：中国，ZL200910148618.1[P].2013-09-04.

196. 龙军，汪燮卿，吴治国，王子军，申海平，张久顺，李延军．一种重质烃油原料的加工方法：中国，ZL200910177440.3[P].2013-09-04.

197. 龙军，汪燮卿，吴治国，王子军，申海平，张久顺，李延军．一种弱催化裂化渣油加工方法：中国，ZL200910177439.0[P].2013-09-25.

198. 侯典国，汪燮卿，谢朝钢．一种烃油的催化转化方法：中国，ZL200910148617.7[P].2013-11-06.

199. 侯典国，汪燮卿，谢朝钢．一种烃油的催化转化方法：中国，ZL200910157461.9[P].2013-12-25.

200. 门秀杰，张书红，王子军，李延军，吴治国，汪燮卿．一种加工劣质重油的方法：中国，ZL201010158093.2[P].2014-01-15.

201. 朱元宝，张书红，王子军，李延军，李子锋，汪燮卿．一种用于待生剂上焦炭气化的再生设备：中国，ZL201320534878.4[P].2014-03-12.

202. 唐津莲，许友好，崔守业，汪燮卿．原油生产丙烯和高辛烷值汽油的催化转化方法：中国，ZL201010000950.6[P].2014-03-12.

203. 唐津莲，汪燮卿，刘宪龙，徐莉．一种用膜回收烟气中氮气的方法：中国，ZL201010132009.X[P].2014-03-12.

204. 龙军，汪燮卿，吴治国，王子军，张久顺，申海平，王卫平．一种沉积含碳化合物的固体颗粒的处理方法：中国，ZL200910135881.7[P].2014-03-26.

205. 侯典国，汪燮卿，谢朝钢，张久顺．烃油转化方法：中国，ZL201010519116.8[P].2014-03-26.

206. 侯典国，汪燮卿，谢朝钢，张久顺．一种烃油转化方法：中国，ZL201010519140.1[P].2014-03-26.

207. 龙军，汪燮卿，吴治国，王子军，申海平，张久顺，李延军．一种劣质重油加工焦炭气化的组合方法：中国，ZL200910177441.8[P].2014-04-30.

208. 门秀杰，张书红，王子军，李延军，吴治国，汪燮卿．一种加工劣质重油兼产合成气的方法：中国，ZL201010158103.2[P].2014-04-30.

209. 谢朝钢，朱根权，汪燮卿，张执刚，陈昀，高永灿．一种页岩油加工方法：中国，ZL201010202744.3[P].2014-04-30.
210. 朱根权，谢朝钢，汪燮卿，张执刚，陈昀，高永灿．一种页岩油的催化转化方法：中国，ZL201010202781.4[P].2014-04-30.
211. 唐津莲，许友好，程从礼，龚剑洪，汪燮卿．原油生产优质轻质燃料的催化转化方法：中国，ZL200910224270.X[P].2014-04-30.
212. 唐津莲，许友好，崔守业，汪燮卿．原油生产高辛烷值汽油的催化转化方法：中国，ZL200910260073.3[P].2014-04-30.
213. 唐津莲，许友好，崔守业，汪燮卿．一种原油生产丙烯和高辛烷值汽油的催化转化方法：中国，ZL201010000949.3[P].2014-04-30.
214. 吴治国，王子军，门秀杰，汪燮卿．一种焦炭转移剂及其制备方法：中国，ZL200910078392.2[P].2014-07-02.
215. 张书红，王子军，李延军，汪燮卿．一种劣质重油接触裂化-气化-再生的组合方法：中国，ZL201010519197.1[P].2014-07-02.
216. 张书红，王子军，门秀杰，李延军，汪燮卿，魏晓丽，董建伟．一种加工劣质重油的组合方法：中国，ZL201010184343.X[P].2014-07-30.
217. 张书红，李延军，王子军，汪燮卿．劣质重油接触裂化-气化联合加工方法：中国，ZL201110074448.4[P].2014-08-20.
218. 唐津莲，许友好，龚剑洪，程从礼，汪燮卿．一种原油生产优质轻质燃料的催化转化方法：中国，ZL200910224269.7[P].2014-08-20.
219. 门秀杰，张书红，王子军，李延军，吴治国，汪燮卿．一种含炭质材料气化制合成气的方法：中国，ZL201010158083.9[P].2014-10-01.
220. 张书红，王子军，门秀杰，李延军，汪燮卿，董建伟．一种提高液体收率的加工重油组合方法：中国，ZL201010184340.6[P].2014-10-01.
221. 李延军，张书红，王子军，汪燮卿，张美菊，于凯．一种重油转化方法：中国，ZL201110256369.5[P].2014-12-31.
222. 张美菊，张书红，王子军，汪燮卿，李延军．一种具有裂化和气化作用的催化剂及其制备方法：中国，ZL201110449244.4[P].2015-01-14.
223. 张美菊，张书红，王子军，李延军，汪燮卿．一种催化剂再生方法：中国，ZL201110324563.2[P].2015-02-25.
224. 朱根权，谢朝钢，汪燮卿．一种烯烃原料催化转化制取丙烯的方法：中国，ZL201010233664.4[P].2015-03-18.
225. 张美菊，朱玉霞，王子军，汪燮卿，张书红，李延军．一种劣质重油的接触裂化催化剂及其制备方法：中国，ZL201210132013. 5[P]. 2015-04-29.
226. 张美菊，王子军，朱玉霞，汪燮卿，张书红，李延军．一种重质油接触裂化-焦炭气化催化剂及其制备方法：中国，ZL201210132022. 4[P]. 2015-05-20.
227. 耿晓棉，林民，朱斌，舒兴田，汪燮卿，史春风，汝迎春．一种苯二酚的制备方法：中国，ZL200810246524. 3[P]. 2015-07-29.
228. 吴治国，汪燮卿，王子军．一种甲烷重整制氢方法及装置：中国，ZL201210219917. 1[P]. 2015-07-29.
229. 王子军，张书红，龙军，朱玉霞，李延军，李子锋，申海平，朱丙田，汪燮卿，杨雪．一种劣质重油的加工方法：中国，ZL201210226614. 2[P]. 2015-07-29.
230. 朱根权，汪燮卿，谢朝钢，张执刚，刘银亮．一种由甲醇高选择性制取丙烯的方法：中国，ZL201210088912. X[P]. 2015-08-26.
231. 朱根权，汪燮卿，谢朝钢，张执刚，刘银亮，陈昀．一种甲醇高选择性制取丙烯的组合工艺：中国，ZL201210088952. 4[P]. 2015-08-26.
232. 张书红，王子军，李延军，李子锋，吴治国，汪燮卿．一种用于加工劣质重油的接触剂及其制备方法和应用：中国，ZL201210227067. X[P]. 2015-08-26.
233. 张书红，王子军，龙军，申海平，朱玉霞，李延军，李子锋，朱丙田，汪燮卿，陈振宇．一种重油加工方法：中国，ZL201210253866. 4[P]. 2015-08-26.
234. 王子军，张书红，龙军，朱玉霞，李延军，李子锋，申海平，朱丙田，汪燮卿，杨雪．一种重油的组合加工方法：中国，ZL201210253850. 3[P]. 2015-08-26.
235. 张书红，王子军，龙军，李延军，李子锋，申海平，朱丙田，朱玉霞，汪燮卿，杨雪．一种重油的组合加工方法：中国，ZL201210225940. 1[P]. 2015-09-23.
236. 杨雪，朱玉霞，王子军，陈振宇，罗一斌，张书红，汪燮卿．一种多功能催化组合物：中国，ZL201210262817. 7[P]. 2015-09-23.
237. 朱丙田，侯栓弟，王子军，张书红，汪燮卿．一种重油接触裂化方法和重油接触裂化装置：中国，ZL201210397407. 3[P]. 2015-09-23.
238. 朱丙田，侯栓弟，王子军，张书红，汪燮卿．一种重油裂化反应器和重油裂化方法：中国，ZL201210397732. X[P]. 2015-09-23.
239. 唐津莲，汪燮卿，龚剑洪，刘宪龙．一种采用膜分离处理克劳斯尾气的方法：中国，ZL201110272622. 6[P]. 2015-11-25.
240. 申海平，张书红，王子军，龙军，朱玉霞，李延军，李子锋，朱丙田，汪燮卿，陈振宇．一种兼产甲烷的重油组合加工方法：中国，ZL201210252796. 0[P]. 2016-01-13.
241. 张书红，王子军，申海平，吴治国，李延军，李子锋，汪燮卿．一种劣质重油高效利用的方法：中国，ZL201210410124. 8[P]. 2016-01-20.

242. 张书红，王子军，申海平，吴治国，李延军，李子锋，汪燮卿．一种重油的加工方法：中国，ZL201210409263.9[P].2016-01-20.

243. 申海平，张书红，王子军，龙军，朱玉霞，李延军，李子锋，朱丙田，汪燮卿，杨雪．一种兼产甲烷的重油加工方法：中国，ZL201210253853.7[P].2016-05-25.

244. 杨雪，王子军，朱玉霞，陈振宇，张书红，罗一斌，汪燮卿．一种多功能催化组合物：中国，ZL201210262943.2[P].2016-05-25.

245. 李明罡，张巍，王萍，王殿中，罗一斌，慕旭宏，舒兴田，汪燮卿，刘建强．一种核壳型ZSM-5分子筛小球催化剂：中国，ZL201310093888.3[P].2016-05-25.

246. 朱丙田，侯栓弟，王子军，张书红，汪燮卿．一种重油接触裂化方法和重油接触裂化装置：中国，ZL201210397428.5[P].2016-05-25.

247. 李明罡，张巍，王萍，王殿中，罗一斌，慕旭宏，舒兴田，汪燮卿，刘建强．一种ZSM-5分子筛组合物、制备方法及其应用：中国，ZL201310093921.2[P].2016-07-06.

248. 李明罡，张巍，王萍，王殿中，罗一斌，慕旭宏，舒兴田，汪燮卿，刘建强．一种核壳型小球催化剂：中国，ZL201310093973.X[P].2016-07-06.

249. 李明罡，张巍，王萍，王殿中，罗一斌，慕旭宏，舒兴田，汪燮卿，刘建强．一种甲醇制丙烯催化剂：中国，ZL201310093902.X[P].2016-09-07.

250. 张书红，王子军，申海平，汪燮卿，李延军，李子锋，任磊．一种劣质重油流化加工方法：中国，ZL201310529040.0[P].2017-01-04.

251. 李子锋，张书红，王子军，李延军，申海平，任磊，朱玉霞，汪燮卿．一种同时脱除接触剂上金属的重油轻质化方法：中国，ZL201310526754.6[P].2017-02-01.

252. 侯栓弟，朱丙田，武雪峰，汪燮卿，张久顺，毛安国，李锐，张哲民，张同旺，宋宁宁，刘凌涛，赵俊杰．一种石油烃的吸附脱硫方法：中国，ZL201410584903.9[P].2017-03-01.

253. 李子锋，张书红，王子军，李延军，申海平，任磊，朱玉霞，汪燮卿．一种用于重油加工的气化催化剂及其制备方法和应用：中国，ZL201310524833.3[P].2017-07-25.

254. 朱丙田，侯栓弟，武雪峰，汪燮卿，李锐，张久顺，毛安国，张哲民，张同旺，赵俊杰，刘凌涛，宋宁宁．一种甲烷重整制氢方法：中国，ZL201410584961.1[P].2017-07-25.

255. 朱丙田，侯栓弟，武雪峰，汪燮卿，张久顺，张同旺，宋宁宁，刘凌涛，赵俊杰．一种甲烷重整制氢方法：中国，ZL201410582125.X[P].2017-08-22.

256. 李延军，张书红，申海平，李子锋，任磊，汪燮卿．一种重油雾化喷嘴：中国，ZL201720512268.2[P].2018-03-20.

257. 李延军，张书红，申海平，李子锋，任磊，汪燮卿．一种渣油雾化喷嘴：中国，ZL201720512266.3[P].2018-03-20.

258. 王蕴，吴治国，王卫平，王鹏飞，崔龙鹏，汪燮卿．一种中低温煤焦油全馏分的加工方法：中国，ZL201510717972.7[P].2018-03-20.

**境外授权专利：**

1. 许友好，张久顺，杨轶男，龙军，汪燮卿，李再婷，张瑞驰．一种制取异丁烷和富含异构烷烃汽油的催化转化方法：欧洲，1046696[P].2014-06-11.

2. 许友好，张久顺，杨轶男，龙军，汪燮卿，李再婷，张瑞驰．一种制取异丁烷和富含异构烷烃汽油的催化转化方法：美国，6495028B1[P].2002-12-17.

3. 许友好，张久顺，杨轶男，龙军，汪燮卿，李再婷，张瑞驰．一种制取异丁烷和富含异构烷烃汽油的催化转化方法：日本，3996320[P].2007-08-10.

4. 林民，舒兴田，汪燮卿，朱斌．一种钛硅分子筛及其制备方法：日本，3839662[P].2006-08-11.

5. 林民，舒兴田，汪燮卿，朱斌．一种钛硅分子筛及其制备方法：美国，6475465B2[P].2002-11-05.

6. 林民，舒兴田，汪燮卿，朱斌．一种钛硅分子筛及其制备方法：欧洲，1110910[P].2008-02-13.

7. 鲁维民，汪燮卿，钟孝湘，李松年．脱除再生催化剂携带烟气的汽提塔和汽提方法：芬兰，121989[P].2011-07-15.

8. 鲁维民，汪燮卿，钟孝湘，李松年．脱除再生催化剂携带烟气的汽提塔和汽提方法：日本，4326742[P].2009-06-19.

9. 鲁维民，汪燮卿，钟孝湘，李松年．脱除再生催化剂携带烟气的汽提塔和汽提方法：加拿大，2400500[P].2008-08-26.

10. 鲁维民，汪燮卿，钟孝湘，李松年．脱除再生催化剂携带烟气的汽提塔和汽提方法：挪威，330759[P].2011-07-04.

11. 鲁维民，汪燮卿，钟孝湘，李松年．脱除再生催化剂携带烟气的汽提塔和汽提方法：马来西亚，MY-128827-A[P].2007-02-28.

12. 鲁维民，汪燮卿，钟孝湘，李松年．脱除再生催化剂携带烟气的汽提塔和汽提方法：泰国，21266[P].2007-01-19.

13. 鲁维民，汪燮卿，钟孝湘，李松年．脱除再生催化剂携带烟气的汽提塔和汽提方法：美国，US6723292[P].2004-04-20.

14. 鲁维民，汪燮卿，钟孝湘，李松年．脱除再生催化剂携带烟气的汽提方法：美国，6939823[P].2005-09-06.

15. 谢朝钢，龙军，张久顺，李再婷，汪燮卿．一种增产轻烯烃的石油烃催化转化方法：美国，US7375256B2[P]. 2008-05-20.

16. 谢朝钢，龙军，张久顺，李再婷，汪燮卿．一种增产轻烯烃的石油烃催化转化方法：印度，257009[P]. 2013-08-26.

17. 谢朝钢，龙军，张久顺，李再婷，汪燮卿．一种增产轻烯烃的石油烃催化转化方法：新加坡，115708[P]. 2007-03-30.

18. 谢朝钢，龙军，张久顺，李再婷，汪燮卿．一种增产轻烯烃的石油烃催化转化方法：中国台湾，I259106[P]. 2006-08-01.

19. 黄志渊，舒兴田，徐亚丽，朱斌，王卫东，张凤美，汪燮卿．用于苯液相烷基化及烷基交换的沸石催化剂：意大利，01271256[P]. 1997-05-27.

20. 黄志渊，舒兴田，徐亚丽，朱斌，王卫东，张凤美，汪燮卿．用于苯液相烷基化及烷基交换的沸石催化剂：美国，5600050[P]. 1997-02-04.

21. 谢朝钢，李再婷，施文元，汪燮卿．催化热裂解制取乙烯和丙烯的方法(CPP)：欧洲，0909804[P]. 2010-09-08.

22. 谢朝钢，李再婷，施文元，汪燮卿．催化热裂解制取乙烯和丙烯的方法(CPP)：挪威，319519[P]. 2005-08-22.

23. 谢朝钢，李再婷，施文元，汪燮卿．催化热裂解制取乙烯和丙烯的方法(CPP)：美国，6210562[P]. 2001-04-03.

24. 谢朝钢，李再婷，施文元，汪燮卿．催化热裂解制取乙烯和丙烯的方法(CPP)：日本，4590435[P]. 2010-12-01.

25. 陈拥军，汪燮卿，李本高．水不溶性聚季鳞盐型杀菌剂：德国，19849755[P]. 2006-01-05.

26. 陈拥军，汪燮卿，李本高．水不溶性聚季鳞盐型杀菌剂：美国，6261538[P]. 2001-07-17.

27. 陈拥军，汪燮卿，李本高．水不溶性聚季鳞盐型杀菌剂：日本，3949295[P]. 2007-04-27.

28. 关景杰，汪燮卿，虞至庆，陈振宇，刘清林，廖易．重油催化热裂解层柱黏土催化剂及其制备(CPP)：挪威，319040[P]. 2005-06-05.

29. 关景杰，汪燮卿，虞至庆，陈振宇，刘清林，廖易．重油催化热裂解层柱黏土催化剂及其制备(CPP)：美国，6342153B1[P]. 2002-01-29.

30. 关景杰，汪燮卿，虞至庆，陈振宇，刘清林，廖易．重油催化热裂解层柱黏土催化剂及其制备(CPP)：日本，4068246[P]. 2008-01-18.

31. 张凤美，舒兴田，施至诚，王卫东，秦凤明，汪燮卿．一种含有 Pentasil 型分子筛的组合物及其制备(CPP)：欧洲，0903178[P].2003-11-26.
32. 张凤美，舒兴田，施至诚，王卫东，秦凤明，汪燮卿．一种含有Pentasil型分子筛的组合物及其制备(CPP)：挪威，321464[P].2006-05-15.
33. 张凤美，舒兴田，施至诚，王卫东，秦凤明，汪燮卿．一种含有Pentasil型分子筛的组合物及其制备(CPP)：美国，6080698[P].2000-06-27.
34. 张凤美，舒兴田，施至诚，王卫东，秦凤明，汪燮卿．一种含有Pentasil型分子筛的组合物及其制备(CPP)：日本，3741548[P].2005-11-18.
35. 龙军，达志坚，李大东，汪燮卿，舒兴田，张久顺，聂红，谢朝钢，张执刚，王巍．一种生产低碳烯烃和芳烃的方法：伊朗，32925[P].2005-10-19.
36. 龙军，达志坚，李大东，汪燮卿，舒兴田，张久顺，聂红，谢朝钢，张执刚，王巍．一种生产低碳烯烃和芳烃的方法：沙特阿拉伯，2332[P].2009-12-15.
37. 林民，舒兴田，汪燮卿，朱斌．一种钛硅分子筛及其制备方法：日本，4897321[P].2012-01-06.
38. 龙军，达志坚，李大东，汪燮卿，舒兴田，张久顺，聂红，谢朝钢，张执刚，王巍．一种生产低碳烯烃和芳烃的方法：印度尼西亚，ID P0028759[P].2011-07-15.
39. 龙军，达志坚，李大东，汪燮卿，舒兴田，张久顺，聂红，谢朝钢，张执刚，王巍．一种生产低碳烯烃和芳烃的方法：韩国，10-1147469[P].2012-05-11.
40. 龙军，达志坚，李大东，汪燮卿，舒兴田，张久顺，聂红，谢朝钢，张执刚，王巍．一种生产低碳烯烃和芳烃的方法：新加坡，125012[P].2007-06-29.
41. 龙军，达志坚，李大东，汪燮卿，舒兴田，张久顺，聂红，谢朝钢，张执刚，王巍．一种生产低碳烯烃和芳烃的方法：美国，8778170[P].2014-07-15.
42. 龙军，达志坚，李大东，汪燮卿，舒兴田，张久顺，聂红，谢朝钢，张执刚，王巍．一种生产低碳烯烃和芳烃的方法：印度，247340[P].2011-03-31.
43. 林民，史春风，龙军，朱斌，舒兴田，慕旭宏，罗一斌，汪燮卿，汝迎春．一种含贵金属的微孔钛硅材料及其制备方法：中国台湾，I370751[P].2012-08-21.
44. 林民，史春风，龙军，朱斌，舒兴田，慕旭宏，罗一斌，汪燮卿，汝迎春．一种含贵金属的微孔钛硅材料及其制备方法：南非，2009/06473[P].2012-01-25.
45. 林民，史春风，龙军，朱斌，舒兴田，慕旭宏，罗一斌，汪燮卿，汝迎春．一种含贵金属的微孔钛硅材料及其制备方法：韩国，10-1466631[P].2014-11-24.
46. 林民，史春风，龙军，朱斌，舒兴田，慕旭宏，罗一斌，汪燮卿，汝迎春．一种含贵金属的微孔钛硅材料及其制备方法：澳大利亚，2008234308[P].2012-12-20.
47. 龙军，达志坚，李大东，汪燮卿，舒兴田，张久顺，聂红，谢朝钢，张执刚，王巍．一种生产低碳烯烃和芳烃的方法：日本，4808209[P].2011-08-26.
48. 林民，史春风，龙军，朱斌，舒兴田，慕旭宏，罗一斌，汪燮卿，汝迎春．一种含贵金属的微孔钛硅材料及其制备方法：日本，5340258[P].2013-08-16.

49. 林民，史春风，龙军，朱斌，舒兴田，慕旭宏，罗一斌，汪燮卿，汝迎春．一种含贵金属的微孔钛硅材料及其制备方法：巴西，PI 0808615-0[P]. 2017-06-27.
50. 林民，史春风，龙军，朱斌，舒兴田，慕旭宏，罗一斌，汪燮卿，汝迎春．一种含贵金属的微孔钛硅材料及其制备方法：越南，14466[P]. 2015-08-24.
51. 林民，史春风，龙军，朱斌，舒兴田，慕旭宏，罗一斌，汪燮卿，汝迎春．一种含贵金属的微孔钛硅材料及其制备方法：俄罗斯联邦，2459661[P]. 2012-08-27.
52. 林民，史春风，龙军，朱斌，舒兴田，慕旭宏，罗一斌，汪燮卿，汝迎春．一种含贵金属的微孔钛硅材料及其制备方法：新加坡，155559[P]. 2010-10-29.
53. 林民，史春风，龙军，朱斌，舒兴田，慕旭宏，罗一斌，汪燮卿，汝迎春．一种含贵金属的微孔钛硅材料及其制备方法：美国，8349756[P]. 2013-01-08.
54. 龙军，达志坚，李大东，汪燮卿，舒兴田，张久顺，聂红，谢朝钢，张执刚，王巍．一种生产低碳烯烃和芳烃的方法：美国，9，771，529[P]. 2017-09-26.
55. 关景杰，汪燮卿，虞至庆，陈振宇，刘清林，廖易．重油催化热裂解层柱黏土催化剂及其制备(CPP)：欧洲，0925831[P]. 2010-07-21.
56. 林民，史春风，龙军，朱斌，舒兴田，慕旭宏，罗一斌，汪燮卿，汝迎春．一种含贵金属的微孔钛硅材料及其制备方法：沙特阿拉伯，3921[P]. 2015-03-05.

# 后　记

可以把我这85年划分成前45年和后40年两个阶段。

前45年是动荡年代，从日本鬼子的侵略、国民党的腐败垮台到新中国成立，中国人民站起来了。以后开展了一系列政治运动，这一历史阶段是以斗争为纲的。1978年改革开放以来的这后40年国家强大起来了，人民生活富起来了，我们现在要提倡竞争。竞争与斗争虽一字之差，但内涵十分深刻，我认为最本质的差别是竞争是法治下进行的活动，是按游戏规则进行的活动，是公平的对称的活动，而斗争则缺这三条，所以我反复提倡现在的年轻人要学会竞争，避免斗争。这是做人的一门最重要的学问。

现在社会已经进入大数据时代，我认为大数据首先要建立人的大数据库，人的大数据库要包括人的全生命周期的活动，换句话说就是传记的内容。现在的年轻人整天忙于竞争，但不妨每天花几分钟在笔记本电脑或手机里写点最简单的日记，将来年老了看看自己的人生轨迹，于人于己都有好处。

我的这本传记是我们三个人共同劳动的结晶。

我先用五笔字型打出20多万字的“原坯”，这对于青年人来说是小事一桩，但对我这个老头来说困难不小。首先是记忆力差，各种笔形记不住，我老伴就画了一张表，放在桌子上使我容易找，但还是常常有误，再加上我的血栓后遗症，使左手五个指头肿胀麻木常按错键。但不管怎样，边思考内容边找笔形交替用脑袋反而更轻松。我把“原坯”发给佳齐和鸿洲二位，佳齐主要先从文字上下功夫，从文字纠误、修饰、艺术加工到人物、地理古典考证，以及一些章节的取名编排到全书的布局作出安排，半夜三更还通过微信给我发材料。鸿洲则从学生征稿开始，对重点技术章节审稿，选择合适照片插图并对全书总体作出布置，在本职工作之外增加了不少工作量。我查阅了很多“文革”期间的科研报告，九室906组负责档案管理的魏荣田同志主动帮助我查找和提供资料，在此表示感谢。

本书内容比较平凡，但读懂并不困难，如果读者能在茶余饭后把它作为闲谈资料也就心满意足了。

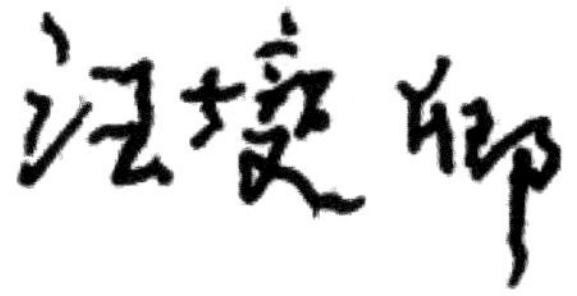

2018年8月20日于北京